NICOLE PIPPKE

Öffentliche und private Abfallentsorgung

Schriften zum Umweltrecht

Herausgegeben von Prof. Dr. Michael Kloepfer, Berlin

Band 92

Öffentliche und private Abfallentsorgung

Die Privatisierung der Abfallwirtschaft nach dem Kreislaufwirtschafts- und Abfallgesetz

Von

Nicole Pippke

Duncker & Humblot · Berlin

Gefördert von der Volkswagen-Stiftung

Die Deutsche Bibliothek – CIP-Einheitsaufnahme

Pippke, Nicole:
Öffentliche und private Abfallentsorgung : die Privatisierung der Abfallwirtschaft nach dem Kreislaufwirtschafts- und Abfallgesetz / von Nicole Pippke. – Berlin : Duncker und Humblot, 1999
(Schriften zum Umweltrecht ; Bd. 92)
Zugl.: Bielefeld, Univ., Diss., 1998
ISBN 3-428-09723-8

Fotoprint: Berliner Buchdruckerei Union GmbH, Berlin
Printed in Germany

ISSN 0935-4247
ISBN 3-428-09723-8

Gedruckt auf alterungsbeständigem (säurefreiem) Papier
entsprechend ISO 9706 ♾

Vorwort

Die vorliegende Arbeit wurde im Sommersemester 1998 von der Fakultät für Rechtswissenschaft der Universität Bielefeld als Dissertation angenommen. Bei der Überarbeitung für die Veröffentlichung konnte Rechtsprechung, Literatur und Gesetzgebung bis Oktober 1998 berücksichtigt werden - zum Teil allerdings nur in den Fußnoten, wie etwa die erst nach der Abgabe erschienene Arbeit von Axel Bree, „Die Privatisierung der Abfallentsorgung nach dem Kreislaufwirtschafts- und Abfallgesetz".

Herzlich danken möchte ich insbesondere Frau Prof. Dr. Gertrude Lübbe-Wolff für die langjährige Förderung und die Betreuung der Arbeit. Mein Dank gilt auch Herrn Prof. Dr. Christoph Gusy für freundliche Unterstützung und zügige Zweitbegutachtung. Ein besonderer Dank geht an Gerhard Nitz, ohne den diese Arbeit so nicht zustande gekommen wäre. Schließlich danke ich auch der Volkswagen-Stiftung, die die Untersuchung im Rahmen eines Forschungsprojekts gefördert hat, sowie meinem Vater für den Druckkostenzuschuß.

Bielefeld, im Oktober 1998

Nicole Pippke

Inhaltsverzeichnis

Erster Teil

Einführung

A. Das Kreislaufwirtschafts- und Abfallgesetz 22
B. Ziel und Gang der Untersuchung 23
C. Die Privatisierungsdiskussion 24
I. Begriff und Formen 24
1. Organisations- oder formelle Privatisierung 25
2. Materielle Privatisierung 26
3. Funktionale Privatisierung 27
4. Beleihung 28
5. Verwaltungssubstitution 29
6. Mischformen 29
II. Privatisierungsmotive 30
III. Die Privatisierungsdiskussion im Bereich der Abfallentsorgung 31

Zweiter Teil

Öffentliche und private Abfallentsorgung unter dem Abfallgesetz

A. Zuordnung der Entsorgungspflichten 33
I. Gesetzliche Regelung 33
1. Öffentliche Entsorgungsträger 36
2. Entsorgungspflicht des Abfallbesitzers 37
II. Einordnung in die Privatisierungskategorien 39
B. Beauftragung Dritter 40
I. Gesetzliche Regelung 40
1. Beauftragung durch die öffentlich-rechtlichen Entsorgungsträger 40
a) Die Regelung des § 3 II 2 AbfG 40
b) Beauftragung zur Schaffung eines Marktes, § 3 II 3 AbfG a.E. 43
2. Beauftragung durch die Abfallbesitzer 44
II. Einordnung in die Privatisierungskategorien 44
1. Beauftragung durch die öffentlich-rechtlichen Entsorgungsträger 44
a) Die Regelung des § 3 II 2 AbfG 44
b) Beauftragung zur Schaffung eines Marktes, § 3 II 3 AbfG a.E. 46
2. Beauftragung durch die Abfallbesitzer 47

C. Sonderfälle 47
I. Gesetzliche Regelung 47
1. Wirtschaftlichere Entsorgung 47
2. Entsorgung außerhalb zugelassener Anlagen 48
3. Rücknahmepflichten, insbesondere VerpackV und Duales System 49
a) Rücknahmepflichten der VerpackV 49
b) Befreiungsmöglichkeit bei Beteiligung an einem flächendeckenden Erfassungssystem 50
c) Duales System 51
II. Einordnung in die Privatisierungskategorien 52
1. Wirtschaftlichere Entsorgung 52
2. Entsorgung außerhalb zugelassener Anlagen 55
3. Rücknahmepflichten 56
D. Fazit 59

Dritter Teil

Öffentliche und private Abfallentsorgung unter dem KrW-/AbfG

A. Zuordnung der Entsorgungspflichten 62
I. Gesetzliche Regelung 62
1. Öffentlich-rechtliche Entsorgungsträger 62
a) Abfälle aus privaten Haushaltungen 63
aa) Entfallen der Überlassungspflicht bei (beabsichtigter) eigener Verwertung 64
bb) Weitere Ausnahmen von der Überlassungspflicht 69
b) Abfälle zur Beseitigung aus anderen Herkunftsbereichen 70
aa) Ausnahmen bei Beseitigung in eigenen Anlagen 72
bb) Weitere Ausnahmen von der Überlassungspflicht 83
c) Das System von Entsorgungs- und Überlassungspflichten 83
d) Fazit 84
2. Entsorgungspflichten der Abfallerzeuger und -besitzer 84
3. Landesrechtliche Überlassungs- und Andienungspflichten 86
a) Reichweite des Regelungsspielraums der Länder 88
b) Landesrechtliche Andienungspflichten 91
c) Landesrechtliche Überlassungspflichten 96
d) Regelungen zur Sonderabfallentsorgung in den übrigen Ländern 97
4. Zusammenfassung 98
II. Einordnung in die Privatisierungskategorien 99
1. Entsorgungspflicht der Erzeuger und Besitzer 99
2. Ausschluß von Abfällen 100
B. Beauftragung Dritter und privater Entsorgungsträger 100
I. Gesetzliche Regelung 100
1. Beauftragung durch die öffentlichen Entsorgungsträger 100

2. Beauftragung durch Abfallerzeuger und -besitzer 103
a) Dritte 103
b) Verbände und Einrichtungen der Selbstverwaltungskörperschaften der Wirtschaft 104
aa) Verbände 104
bb) Einrichtungen der Selbstverwaltungskörperschaften der Wirtschaft 105
cc) Relevanz neben § 16 I 106
II. Einordnung in die Privatisierungskategorien 106
C. Übertragung der Entsorgungspflicht 107
I. Gesetzliche Regelung 107
1. Pflichtenübertragung auf Verbände und Einrichtungen der Selbstverwaltungskörperschaften der Wirtschaft 107
a) Rechtsnatur des Übertragungsakts 111
b) Voraussetzungen für die Pflichtenübertragung 112
aa) Anforderungen an den Antragsteller 112
bb) Kein Entgegenstehen öffentlicher Interessen 114
cc) Zustimmung der öffentlich-rechtlichen Entsorgungsträger 114
dd) Ermessen 118
c) Rechtsfolgen der Pflichtenübertragung 119
aa) Entsorgungspflicht 119
bb) Überlassungs- und Duldungspflichten 120
cc) Auferlegung von Getrennthalte- und Bringpflichten 121
dd) Eigenentsorgungsbefugnis der Abfallerzeuger und -besitzer 121
ee) Gebührenerhebung, Satzungserlaß 122
ff) Weitere Rechtsfolgen 122
d) Ende der Pflichtenübertragung 123
2. Pflichtenübertragung auf Dritte 123
a) Voraussetzungen für die Pflichtenübertragung 124
aa) Anforderungen an den Antragsteller 124
bb) kein Entgegenstehen öffentlicher Interessen 126
cc) Zustimmung der öffentlich-rechtlichen Entsorgungsträger 127
dd) Ermessen 127
b) Rechtsfolgen der Pflichtenübertragung 128
c) Ende der Pflichtenübertragung 129
II. Einordnung in die Privatisierungskategorien 129
1. Verbände und Einrichtungen der Selbstverwaltungskörperschaften der Wirtschaft 133
2. Dritte 133
III. Einzelfragen der Pflichtenübertragung 135
1. Satzungsgewalt 136
a) Abfallsatzung 136
b) Abfallgebührensatzung 137

2. Aufsicht ... 139
3. Rechtsschutz ... 140
4. Haftung ... 141
a) Rechtsmaßstab ... 141
b) Zivilrechtliche Haftung ... 141
c) Strafrechtliche Verantwortlichkeit ... 143
D. Sonderfälle ... 144
I. Gesetzliche Regelung ... 144
1. Wirtschaftlichere Entsorgung ... 144
2. Beseitigung außerhalb zugelassener Anlagen ... 145
3. Rücknahmepflichten ... 146
a) Verpackungsverordnung ... 146
b) Verordnung über die Entsorgung von Altautos ... 148
c) Verordnung über die Rücknahme und Entsorgung gebrauchter Batterien und Akkumulatoren ... 150
II. Einordnung in die Privatisierungskategorien ... 152
1. Wirtschaftlichere Entsorgung ... 152
2. Entsorgung außerhalb zugelassener Anlagen ... 152
3. Rücknahmepflichten ... 153
E. Fazit ... 153

Vierter Teil

Vereinbarkeit der Privatisierungsregelungen mit höherrangigem Recht

A. Europarecht ... 158
I. Vereinbarkeit mit dem EGV ... 158
1. Warenverkehrsfreiheit ... 158
a) Überlassungspflichten ... 159
aa) Maßnahme gleicher Wirkung ... 159
bb) Immanente Tatbestandsbeschränkung durch zwingende Erfordernisse des Umweltschutzes ... 161
b) Rücknahmeverordnungen ... 164
aa) Maßnahme gleicher Wirkung ... 165
bb) Immanente Tatbestandsbeschränkung durch zwingende Erfordernisse des Umweltschutzes ... 165
2. Art. 90 I EGV (Art. 86 EGV n.F.) ... 167
a) Grundsätzliche Zulässigkeit der Errichtung von Entsorgungsmonopolen ... 167
b) Vorgaben des Art. 90 I EGV (Art. 86 EGV n.F.) ... 168
aa) Anwendungsbereich ... 168
bb) Vorgaben ... 169
II. Sekundäres Gemeinschaftsrecht ... 170
1. Entsorgungsordnung ... 170

2. Rücknahmeverordnungen ... 171
B. Verfassungsrecht ... 172
I. Kommunale Selbstverwaltungsgarantie, Art. 28 II GG ... 172
1. Abfallentsorgung als Gegenstand der kommunalen Selbstverwaltung ... 173
2. Verletzung der kommunalen Selbstverwaltungsgarantie durch die Privatisierungsregelungen des KrW-/AbfG ... 175
a) Ausschluß von Abfällen, Beauftragung Privater ... 175
b) Grundsätzliche Verteilung der Entsorgungspflichten ... 176
aa) Kernbereich der kommunalen Selbstverwaltung ... 177
bb) Gewährleistungsbereich außerhalb des Kernbereichs ... 178
c) Übertragung der Entsorgungspflicht ... 180
d) Rücknahmeverordnungen ... 182
e) Übertragung bei wirtschaftlicherer Entsorgung, § 28 II ... 183
3. Ergebnis ... 184
II. Art. 33 IV GG ... 185
III. Sonstiges Verfassungsrecht ... 187

Fünfter Teil

Rechtliche Rahmenbedingungen für Privatisierungen

A. Öffentliches Organisationsrecht ... 191
I. Nordrhein-Westfalen ... 193
II. Andere Bundesländer ... 197
B. Gesellschaftsrecht ... 199
I. Formen ... 199
II. Steuerung ... 200
C. Vergaberecht ... 203
I. Auftragsvergabe bei Auftragswerten unterhalb der Schwellenwerte ... 204
II. Auftragsvergabe bei Auftragswerten oberhalb der Schwellenwerte ... 204
1. "Öffentlicher Auftraggeber" ... 204
2. "Öffentliche Aufträge" ... 206
3. Vergabekriterien ... 207
D. Steuerrecht ... 208
I. Öffentlich-rechtliche Organisationsformen ... 208
II. Privatrechtliche Organisationsformen ... 212
III. Steuerpflicht bei Pflichtenübertragung? ... 212
E. Kartellrecht ... 213
I. Gemischt-wirtschaftliche Entsorgung ... 213
1. Gründung ... 214
a) Anwendbarkeit ... 214
b) Fusionskontrolle ... 216
c) Behinderungs- und Diskriminierungsverbot ... 218
d) Kartellverbot ... 219

2. Beauftragung ... 221
3. Tätigkeit des gemischt-wirtschaftlichen Unternehmens ... 222
II. Verbandsgründung nach § 17 I ... 222
III. Pflichtenübertragung ... 223
IV. Rücknahmesysteme ... 225
1. Fusionskontrolle ... 225
2. Behinderungs- und Diskriminierungsverbot ... 225
3. Kartellverbot ... 226
a) Warenverkehrsbeschränkung ... 226
b) Beschränkung des Nachfragewettbewerbs ... 227
c) Beschränkung des Angebotswettbewerbs ... 228
d) Beschränkung der Sekundärrohstoffmärkte ... 228
4. Europäisches Kartellrecht ... 229
F. Gebühren-/Kostenrecht ... 231
I. Gebührenerhebung durch öffentlich-rechtliche Entsorgungsträger ... 231
1. Besonderheiten der Gebührenerhebung bei funktionaler Privatisierung ... 231
2. Besonderheiten der Gebührenberechnung bei der Übertragung von Anlagevermögen auf Private ... 234
II. Finanzierung der Entsorgung im Falle der Pflichtenübertragung auf private Entsorgungsträger oder Dritte ... 235
1. Gebührenerhebung ... 235
2. Erhebung privatrechtlicher Entgelte ... 237
a) Entgelterhebung durch Beliehene ... 237
b) Entgelterhebung durch Dritte ... 238

Sechster Teil

Umweltpolitische Bewertung der Privatisierungsregelungen

A. Steuerungspotential der Privatisierungsregelungen ... 240
I. Bestimmung der Bewertungskriterien ... 240
1. Zweck der Maßnahme ... 241
2. Ökonomische Effizienz ... 241
3. Ökologische Effektivität ... 243
4. Nichtintendierte/mittelbare Folgen der Privatisierung ... 245
II. Umweltpolitische Bewertung der verschiedenen Privatisierungstatbestände des KrW-/AbfG ... 245
1. Rücknahmepflichten ... 247
a) Steuerungsstruktur der VerpackV und des Dualen Systems ... 248
b) Wirkungen ... 250
c) Institutionelle Schwachpunkte ... 251
d) Fazit ... 257
2. Originäre Zuordnung der Entsorgungspflichten ... 258

3. Insbesondere: "Sonderabfallentsorgung" 260
4. Pflichtenübertragung 261
5. Beauftragung 263
a) Beauftragung durch die Abfallbesitzer und -erzeuger 264
b) Beauftragung durch die öffentlich-rechtlichen Entsorgungsträger 265
c) Insbesondere: Eigengesellschaften und gemischt-wirtschaftliche Unternehmen 267
III. Fazit 268
B. Auswirkungen auf die Steuerungsmöglichkeiten der Kommunen 268
I. Auswirkungen des KrW-/AbfG 269
1. Die Situation in den Kommunen 269
2. Ursachen 273
II. Verbleibende Steuerungsmöglichkeiten 275
1. Weitgehend öffentlich-rechtliche Tätigkeit 275
2. Weitgehende Einschränkung der öffentlich-rechtlichen Entsorgungstätigkeit 277
3. Kooperationen mit Privaten 278
a) Gründung von bzw. Beteiligung an gemischt-wirtschaftlichen Entsorgungsunternehmen 279
b) Beauftragung 280
c) Pflichtenübertragung 282
4. Steuerung bei Rücknahmeverordnungen 283

Zusammenfassung 284

Literaturverzeichnis 293

Sachverzeichnis 318

Abkürzungsverzeichnis

aA	anderer Auffassung
AbfBestV	Abfallbestimmungsverordnung
AbfG	Abfallgesetz
AbfRRL	Abfallrahmenrichtlinie
AbfVerbrG	Abfallverbringungsgesetz
ABl.	Amtsblatt
Abs.	Absatz
a.F.	alte Fassung
AJ	Abfallwirtschaftsjournal
Alt.	Alternative
AltautoV	Altautoverordnung
AKP	Fachzeitschrift für Alternative Kommunalpolitik
AktG	Aktiengesetz
AO	Abgabenordnung
AöR	Archiv des öffentlichen Rechts
Art.	Artikel
BattV	Batterieverordnung
BauGB	Baugesetzbuch
Bay.	Bayern
BayVBl.	Bayerische Verwaltungsblätter
BB	Betriebsberater
Bd.	Band
BDE	Bundesverband der Deutschen Entsorgungswirtschaft
Beil.	Beilage
BestbüAbfV	Bestimmungsverordnung besonders überwachungsbedürftige Abfälle
BestüVAbfV	Bestimmungsverordnung überwachungsbedürftige Abfälle zur Verwertung
BFH	Bundesfinanzhof
BGB	Bürgerliches Gesetzbuch
BGBl.	Bundesgesetzblatt

BGH	Bundesgerichtshof
BGHZ	Entscheidungen des Bundesgerichtshofes in Zivilsachen
BImSchV	Bundesimmissionsschutzverordnung
BKartA	Bundeskartellamt
Bln.	Berlin
BMU	Bundesministerium für Umwelt, Naturschutz und Reaktorsicherheit
Bbg.	Brandenburg
BR-Drs.	Drucksache des Bundesrates
BReg.	Bundesregierung
Brem.	Bremen
BT-Drs.	Drucksache des Bundestages
BVerfG	Bundesverfassungsgericht
BVerfGE	Entscheidung des Bundesverfassungsgerichts
BVerwG	Bundesverwaltungsgericht
BVerwGE	Entscheidung des Bundesverwaltungsgerichts
BW	Baden-Württemberg
bzw.	beziehungsweise
DB	Der Betrieb
ders.	derselbe
d.h.	das heißt
dies.	dieselbe, dieselben
DÖV	Die öffentliche Verwaltung
DSD	Duales System Deutschland GmbH
DStGB	Deutscher Städte- und Gemeindebund
DStR	Deutsches Steuerrecht
DV	Die Verwaltung
DVBl.	Deutsches Verwaltungsblatt
EfbV	Entsorgungsfachbetriebeverordnung
EG	Europäische Gemeinschaft
EGV	Vertrag zur Gründung der Europäischen Gemeinschaft
Einl.	Einleitung
et	energiewirtschaftliche tagesfragen
EuGH	Europäischer Gerichtshof
EuZW	Europäische Zeitschrift für Wirtschaftsrecht
f./ff.	folgend/folgende
FAZ	Frankfurter Allgemeine Zeitung
Fn.	Fußnote

FS	Festschrift
GBl.	Gesetzblatt
GebG	Gebührengesetz
gem.	gemäß
GemH	der gemeindehaushalt
GewArch	Gewerbearchiv
GewO	Gewerbeordnung
GfU	Gesellschaft für Umweltrecht e.V.
GG	Grundgesetz
GmbHG	Gesetz betreffend die Gesellschaften mit beschränkter Haftung
GO	Gemeindeordnung
GRUR	Gewerblicher Rechtsschutz und Urheberrecht
GVBl.	Gesetz- und Verordnungsblatt
GWB	Gesetz gegen Wettbewerbsbeschränkungen
Hb.	Handbuch
HbKWP	Handbuch der kommunalen Wissenschaft und Praxis
HbStR	Handbuch des Staatsrechts
Hess.	Hessen
h.M.	herrschende Meinung
Hmb.	Hamburg
Hrsg.	Herausgeber
Hs.	Halbsatz
idR	in der Regel
insbes.	insbesondere
iSd/v	im Sinne des/der, im Sinne von
iVm	in Verbindung mit
JA	Juristische Arbeitsblätter
Jb.	Jahrbuch
JURA	Juristische Ausbildung
JuS	Juristische Schulung
JZ	Juristenzeitung
KAG	Kommunalabgabengesetz
KPBl.	Kommunalpolitische Blätter
KrW-/AbfG	Kreislaufwirtschafts- und Abfallgesetz
KStG	Körperschaftsteuergesetz
LAbfG	Landesabfallgesetz
LAGA	Länderarbeitsgemeinschaft Abfall

LG	Landgericht
LKT	Landkreistag
LKV	Landes- und Kommunalverwaltung
LSA	Land Sachsen-Anhalt
MDR	Monatsschrift für Deutsches Recht
MM	Müllmagazin
MuA	Müll und Abfall
MV	Mecklenburg-Vorpommern
m.w.Nachw.	mit weiteren Nachweisen
NachwV	Nachweisverordnung
Nds.	Niedersachsen
n.F.	neue Fassung
NJW	Neue Juristische Wochenschrift
Nr.	Nummer, Nummern
NuR	Natur und Recht
NVwZ	Neue Zeitschrift für Verwaltungsrecht
NVwZ-RR	Neue Zeitschrift für Verwaltungsrecht - Rechtsprechungs-Report
NW	Nordrhein-Westfalen
NWVBl.	Nordrhein-westfälische Verwaltungsblätter
o.	oben
OLG	Oberlandesgericht
OVG	Oberverwaltungsgericht
RBHaftG	Gesetz über die Haftung des Reichs für seine Beamten vom 22.5. 1910, RGBl. 798
RdE	Recht der Energiewirtschaft
RL	Richtlinie
Rn.	Randnummer
RP	Rheinland-Pfalz
RSU	Rat von Sachverständigen für Umweltfragen
S.	Seite
Saarl.	Saarland
Sächs.	Sächsische, -es
SächsVBl.	Sächsische Verwaltunsblätter
SH	Schleswig-Holstein
Slg.	Sammlung
s.o.	siehe oben
sog.	sogenannte/r

StGB	Städte- und Gemeindebund
StGR	Städte- und Gemeinderat
StT	Der Städtetag
StuG	Stadt und Gemeinde
StWStP	Staatswissenschaften und Staatspraxis
s.u.	siehe unten
SZ	Süddeutsche Zeitung
TA	Technische Anleitung
TgV	Transportgenehmigungsverordnung
Thür.	Thüringen
TKBG	Tierkörperbeseitigungsgesetz
Tz.	Teilziffer
u.	unten
u.a.	unter anderem, und andere
UPR	Umwelt- und Planungsrecht
UR	Umsatzsteuer-Rundschau
UStG	Umsatzsteuergesetz
UTR	Umwelt- und Technikrecht
u.U.	unter Umständen
v.	vom
v.a.	vor allem
VDI	Verein Deutscher Ingenieure
VerpackV	Verpackungsverordnung
VerwArch	Verwaltungsarchiv
VG	Verwaltungsgericht
VGH	Verwaltungsgerichtshof
vgl.	vergleiche
VKS	Verband Kommunaler Städtereinigungsbetriebe
VStG	Vermögensteuergesetz
VVDStRL	Veröffentlichungen der Vereinigung der Deutschen Staatsrechtslehrer
VWBlBW	Baden-Württembergische Verwaltungsblätter
VwGO	Verwaltungsgerichtsordnung
VwVfG	Verwaltungsverfahrensgesetz
WiB	Wirtschaftsrechtliche Beratung
WiVerw.	Wirtschaft und Verwaltung
WuB	Wasser und Boden

WuW	Wirtschaft und Wettbewerb
ZAU	Zeitschrift für angewandte Umweltforschung
z.B.	zum Beispiel
ZfU	Zeitschrift für Umweltrecht und Umweltpolitik
ZfW	Zeitschrift für Wasserrecht
ZG	Zeitschrift für Gesetzgebung
ZGR	Zeitschrift für Unternehmens- und Gesellschaftsrecht
ZIP	Zeitschrift für Wirtschaftsrecht und Insolvenzpraxis
ZLR	Zeitschrift für das gesamte Lebensmittelrecht
ZögU	Zeitschrift für öffentliche und gemeinwirtschaftliche Unternehmen
z.T.	zum Teil
ZUR	Zeitschrift für Umweltrecht

Erster Teil

Einführung

Die Aufteilung der Verantwortung für die Entsorgung von Abfällen zwischen der öffentlichen Hand und Privaten hat eine lange Tradition. Schon als sich die Städte und Gemeinden als Reaktion auf die katastrophale Entsorgungssituation im Mittelalter, die zu verheerenden Epidemien geführt hatte,[1] nach und nach der Aufgabe der geregelten Abfallentsorgung annahmen, führten sie die erforderlichen Maßnahmen in der Regel nicht selbst durch, sondern beauftragten damit private Unternehmer.[2] Erst mit Beginn des 18. Jahrhunderts setzte eine Entwicklung zu verstärkter Eigentätigkeit der Städte und Gemeinden ein, zum Teil hervorgerufen durch schlechte Erfahrungen mit den beauftragten Privatunternehmen.[3] Seit Ende des 19. Jahrhunderts galt die Abfallbeseitigung "natürlich" als eine "im Kern rein öffentliche Angelegenheit".[4] Die Einschaltung Privater wurde dabei aber nie ganz aufgegeben.[5]

Entsprechend dieser historischen Entwicklung regelte sowohl das Abfallbeseitigungsgesetz von 1972 als auch das Abfallgesetz von 1986 die Abfallbeseitigung als Pflichtaufgabe der nach Landesrecht zuständigen öffentlich-rechtlichen Körperschaften, bei deren Erfüllung sich diese privater Dritter bedienen durften (§ 3 I, II AbfG). Damit war die Einschaltung privater Entsorgungsunternehmer in die im Grundsatz öffentliche Abfallentsorgung ausdrücklich gestattet.[6] Zudem eröffneten die Gesetze den Kommunen unter

---

[1] *Erhard*, Aus der Geschichte der Städtereinigung, S. 18 ff.

[2] *Klowait*, Beteiligung Privater, S. 18.

[3] *Erhard*, Aus der Geschichte der Städtereinigung, S. 45, 56 ff.; *Klowait*, Beteiligung Privater, S. 21.

[4] *Schmeken*, StT 1989, 239, 240; *ders.*, StGB 1989, 7; vgl. auch *Doose*, StT 1983, 585.

[5] Eine Kooperation mit Privaten im Bereich der Abfallentsorgung fand insbesondere in mittleren und kleinen, v.a. ländlichen Gemeinden statt, vgl. BDE, Entsorgung '96, S. 32 f.

[6] *Hoschützky/Kreft*, Recht der Abfallwirtschaft (4. Ergänzungslieferung.), Einf., S. 3; *Klowait*, Beteiligung Privater, S. 22; *Schmeken*, StT 1989, 239, 240; *ders.*, StGB 1989, 7.

bestimmten Voraussetzungen die Möglichkeit, Abfälle von der öffentlichen Entsorgung auszuschließen, wodurch eine private Entsorgungsverantwortung der Abfallbesitzer begründet werden konnte (§ 3 III, IV). Der Umfang der Beteiligung Privater unterlag jedoch in beiden Fällen der Entscheidungsfreiheit der Kommunen. Diese haben von den Möglichkeiten einer Einschaltung privater Unternehmer regen Gebrauch gemacht. Es wird davon ausgegangen, daß unter der Geltung des Abfallgesetzes die Entsorgung von Haushaltsabfällen zu ca. 50 %, von Abfällen aus Gewerbe und Industrie zu ca. 70 % und von Sonderabfällen zu ca. 90 % von Privaten erledigt wurde.[7]

Eine neue Phase wurde spätestens mit dem Erlaß der Verpackungsverordnung eingeläutet, die über das Instrument der Rücknahmepflicht für Hersteller und Vertreiber von Verkaufsverpackungen einen Gutteil der zuvor der öffentlichen Entsorgungspflicht der Kommunen unterfallenden Abfälle bundesrechtlich, d.h. unabhängig von der kommunalen Praxis, privater Entsorgungsverantwortung unterstellte.

Die Verlagerung der Entsorgungsverantwortung von den öffentlich-rechtlichen Entsorgungsträgern auf Private hat sich seitdem zu einem regelrechten Trend entwickelt, der unverkennbar auch dem neuen KrW-/AbfG zugrunde liegt.

A. Das Kreislaufwirtschafts- und Abfallgesetz

Das als Art. 1 des Gesetzes zur Vermeidung, Verwertung und Beseitigung von Abfällen vom 27. September 1994[8] erlassene Gesetz zur Förderung der Kreislaufwirtschaft und Sicherung der umweltverträglichen Beseitigung von Abfällen (Kreislaufwirtschafts- und Abfallgesetz - KrW-/AbfG) ist am 6. Oktober 1996 in Kraft getreten. Es hat das bis dahin geltende Abfallgesetz von 1986 abgelöst und das Abfallrecht insgesamt grundlegend neugeordnet.

Der Gesetzgeber wollte - neben der Anpassung des deutschen Abfallrechts an europarechtliche Vorgaben - mit dem KrW-/AbfG insbesondere die Verteilung der Entsorgungsverantwortung zwischen öffentlich-rechtlichen Entsorgungsträgern und der privaten Wirtschaft neu ordnen. Das neue Abfallrecht soll Kooperationen zwischen öffentlichen und privaten Entsorgungsträgern und Erzeugern und Besitzern von Abfällen fördern und das Marktprinzip in

---

[7] *Struß*, Abfallwirtschaftsrecht, S. 3. Nach Angaben des BDE wurde die Müllabfuhr 1995 für rund 46 der 81 Mio. Bundesbürger durch private Entsorgungsunternehmen erledigt, die im Auftrag der Kommunen tätig waren: BDE, Entsorgung '96, S. 33.

[8] BGBl. I, S. 2705.

der Abfallwirtschaft stärken.[9] Dementsprechend wird im zweiten Teil des KrW-/AbfG, der die "Grundsätze und Pflichten der Erzeuger und Besitzer von Abfällen sowie der Entsorgungsträger" regelt, eine Neuordnung der Verteilung von öffentlicher und privater Entsorgungsverantwortung vorgenommen. Gegenüber der nach bisherigem Abfallrecht grundsätzlich bestehenden Verantwortung der entsorgungspflichtigen Körperschaften öffentlichen Rechts soll die Entsorgungspflicht nunmehr dem Grundsatz nach bei den Erzeugern und Besitzern von Abfall und nur noch ausnahmsweise bei der öffentlichen Hand liegen. Intention dieser grundsätzlichen Zuweisung der Entsorgungspflicht zu den Erzeugern und Besitzern von Abfall ist nach der Begründung zum Regierungsentwurf neben der Förderung der Kreislaufwirtschaft vor allem die Verwirklichung des umweltrechtlichen Verursacherprinzips.[10] Durch den Grundsatz der Eigenverantwortung für die Abfallentsorgung sollen Verbraucher und insbesondere die Wirtschaft gezwungen werden, "'vom Abfall her zu denken', d.h. Rückstände nach Maßgabe der Grundsätze einer abfallarmen Kreislaufwirtschaft zu vermeiden oder als Sekundärrohstoffe vorrangig stofflich, sodann energetisch zu verwerten, ansonsten als Abfall zu entsorgen."[11] Aufgrund der Tatsache, daß die ursprünglich als öffentliche Aufgabe der Daseinsvorsorge[12] ausgestaltete Abfallentsorgung nunmehr grundsätzlich privater Verantwortung unterstellt wird, ist daher häufig von einer Prinzipienwende[13] oder einem Paradigmenwechsel[14] die Rede.

B. Ziel und Gang der Untersuchung

Ziel der Arbeit ist es, das System öffentlicher und privater Abfallentsorgung, wie es durch das KrW-/AbfG vorgegeben wird, darzustellen und in seiner rechtlichen und praktischen Bedeutung zu analysieren. Zwecks Schaffung einer Vergleichsgrundlage ist dazu zunächst das bisherige, unter dem AbfG bestehende Entsorgungssystem darzustellen und sind die darin gegebenen Möglichkeiten einer Beteiligung Privater an der Abfallentsorgung bestimmten Privatisierungsformen zuzuordnen (2. Teil). Sodann ist die Neukonzeption des KrW-/AbfG darzustellen und sind die darin vorgesehenen Privatisierungmöglichkeiten - unter Vergleich mit dem bisherigen System - ebenfalls

---

[9] Vgl. die Ausschußbegründung, BT-Drs. 12/7284, S. 18.

[10] BT-Drs. 12/5672, S. 32.

[11] Ebd. S. 2, 37.

[12] S. nur *Kloepfer*, Umweltrecht, § 12 Rn. 77.

[13] *Breuer*, in: Klett/v.Köller/Schmitt-Gleser, Kreislaufwirtschafts- und Abfallgesetz, S. 27, 34.

[14] *Kahl*, DVBl. 1995, 1327, 1328.

zu kategorisieren (3. Teil). Des weiteren wird die Vereinbarkeit der privatisierungsbezogenen Regelungen mit dem Grundgesetz, insbesondere der kommunalen Selbstverwaltungsgarantie nach Art. 28 II GG, und mit dem Europarecht untersucht (4. Teil) und werden die außerhalb des Abfallrechts bestehenden rechtlichen Rahmenbedingungen für Privatisierungen der Abfallwirtschaft ermittelt, die für das Verhältnis öffentlicher und privater Entsorgung von Bedeutung sein können (5. Teil). Auf dieser Grundlage soll schließlich eine rechtspolitische Bewertung der Privatisierungsregelungen des KrW-/AbfG erfolgen (6. Teil).

C. Die Privatisierungsdiskussion

Um den Einstieg in die Materie zu erleichtern, soll zuvor jedoch ein knapper Überblick über die allgemeine Privatisierungsdiskussion gegeben werden. Die Privatisierung von Verwaltungsaufgaben ist seit Jahrzehnten im Gespräch,[15] wobei sich die Diskussion mit der zunehmenden Verknappung der öffentlichen Haushalte auf immer neue Verwaltungsbereiche ausweitet.[16] Auch der kostenintensive Bereich der Umweltverwaltung wird verstärkt auf Privatisierungspotentiale abgeklopft.[17] So wenig der schillernde Begriff der Privatisierung im Laufe der Diskussion an Schärfe gewonnen hat, so vielfältiger sind die Motive für Privatisierungsmaßnahmen geworden.

I. Begriff und Formen

Der Begriff der Privatisierung wird für eine Vielzahl von Erscheinungsformen der Beteiligung Privater an der öffentlichen Verwaltung und der privatrechtlichen Handlungs- und Organisationsformen der Verwaltung verwandt.[18] Eine einheitliche Definition ist daher nicht möglich.[19]

---

[15] Vgl. die Nachw. bei *Knemeyer*, WiVerw 1978, 65, 67 ff.

[16] Vgl. nur *Schoch*, DVBl. 1994, 962 ff.

[17] *Lecheler*, BayVBl. 1994, 555, 556 f.

[18] *Peine*, DÖV 1997, 353, 354, sieht den Begriff daher als "zum Schlagwort degeneriert" an, dem "alles und damit letztlich nichts zugeordnet werden kann".

[19] Vgl. *Ambrosius*, StWStP 1994, 415, 417; *v. Arnim*, Rechtsfragen der Privatisierung, S. 16 f.; *Bauer*, VVDStRL 54 (1995), 243, 250 f.; *Bree*, Privatisierung der Abfallentsorgung, S. 34 f.; DStGB, Privatisierung in Städten und Gemeinden, S. 13; *Kämmerer*, JZ 1996, 1042, 1043 f.; *Schoch*, DVBl. 1994, 962. Ausführlich zum Privatisierungsbegriff *v. Hagemeister*, Privatisierung, S. 33 ff.

Erschwert wird jeder Versuch einer Einkreisung des Privatisierungsbegriffs und einer Kategorisierung der verschiedenen Privatisierungsformen durch die zunehmende Auflösung der herkömmlichen Dichotomie von staatlichen und privaten Agenden in der Verwaltungspraxis.[20] Eine klare rechtliche Einordnung der Privatisierungsformen ist jedoch aufgrund der unterschiedlichen Rechtsfolgen, die die Rechtsordnung an öffentlich-rechtliches und privatrechtliches Tätigwerden knüpft,[21] für eine rechtsdogmatische Auseinandersetzung weiterhin unerläßlich.[22] Unter Ausklammerung der Übertragung staatlichen Eigentums auf Private als "klassische Form der Privatisierung"[23] soll hier je nach

- der *gesetzlichen Zuordnung der Pflicht zur Wahrnehmung einer Aufgabe zum Staat oder zu privaten Rechtssubjekten,*
- der *tatsächlichen Wahrnehmung einer Aufgabe durch den Staat oder Private* sowie
- den *öffentlich-rechtlichen oder privatrechtlichen Rechtsbeziehungen* gegenüber dem Bürger

folgende Einteilung zugrunde gelegt werden:

1. Organisations- oder formelle Privatisierung

Bei einer Organisations- oder formellen Privatisierung bleibt die Verpflichtung des Staates zwar unverändert, der öffentliche Aufgabenträger bedient sich bei der Wahrnehmung dieser Aufgabe aber der Organisationsformen des Privatrechts, tritt im Rechtsverkehr also als Privatrechtssubjekt auf.[24]

---

[20] S. allgemein zu neuen Erscheinungsformen staatlichen und insbesondere kooperativen Handelns *Hoffmann-Riem*, DÖV 1997, 433 ff.

[21] Insbesondere bzgl. Rechtsweg, Haftung, Rechtsmaßstab, Aufsicht.

[22] *V. Hagemeister*, Privatisierung, S. 9 ff., 12 m.w.Nachw.; vgl. auch *Hoffmann-Riem*, DÖV 1997, 433 f.

[23] *Schmidt*, in: Biernat/Hendler/Schoch/Wasilewski, Grundfragen des Verwaltungsrechts und der Privatisierung, S. 212 f.

[24] *Brüning*, NWVBl. 1997, 286, 288; *v. Hagemeister*, Privatisierung, S. 44 ff.; *Hoffmann-Riem*, DVBl. 1996, 225, 226; *Knemeyer*, WiVerw 1978, 65, 66; *Krölls*, GewArch 1995, 129, 130 f.; *Lecheler*, BayVBl. 1994, 555, 559; *Schoch*, Privatisierung der Abfallentsorgung, S. 35 f.; *ders.*, DVBl. 1994, 962; *ders.*, DÖV 1993, 377, 378; *Schmidt*, in: Biernat/Hendler/Schoch/Wasilewski, Grundfragen des Verwaltungsrechts und der Privatisierung, S. 213 f.; *Wahl*, DVBl. 1993, 517, 518 f.; *Witte-Wegmann*, in: Festgabe Sandrock, S. 333, 337 f.; Wolff/Bachof/*Stober*, Verwaltungsrecht II, § 104a Rn. 1 ff.

Eine formelle Privatisierung geschieht in der Regel durch die Überführung öffentlicher Einrichtungen in privatrechtliche Gesellschaftsformen, z.B. eine GmbH oder AG, wobei die Geschäftsanteile ganz in öffentlicher Hand verbleiben.[25] Notwendige Folge der formellen Privatisierung einer öffentlichen Einrichtung ist, daß die Rechtsbeziehungen des dadurch entstandenen Privatrechtssubjektes zum Bürger privatrechtlicher Natur sind;[26] außer im Falle einer Beleihung (dazu unten 4.) kann eine Person des Privatrechts nicht öffentlich-rechtlich tätig werden.[27]

2. Materielle Privatisierung

Eine materielle[28] oder auch Aufgabenprivatisierung[29] liegt demgegenüber vor, wenn sowohl die tatsächliche Wahrnehmung einer Aufgabe als auch die Pflicht zur Wahrnehmung dieser Aufgabe vom Staat in den privaten Sektor verlagert wird. Der Aufgabenbestand des Staates wird dadurch reduziert, so daß eine Entlastung eintritt.[30] In diesem Zusammenhang wird daher auch von "echter"[31] oder von Privatisierung "im engen - und eigentlichen Sinn"[32] gesprochen. Folge einer materiellen Privatisierung ist allerdings nicht, daß sich der Staat zwangsläufig aus jeglicher Verantwortung zurückzieht; vielmehr treten an die Stelle der staatlichen Eigenverantwortung andere Steuerungsinstrumente, die je nach "Verantwortungsstufe" schwächer oder stärker auf das private Handeln einwirken und die von bloßer Beobachtung über Kontroll- und Überwachungsinstrumente bis hin zu detaillierter Regulierung eine Fülle verschiedener Erscheinungsformen aufweisen können.[33] Die

---

[25] DStGB, Privatisierung in Städten und Gemeinden, S. 27 f.; *Lecheler*, BayVBl. 1994, 555, 559.

[26] *Ehlers*, Verwaltung in Privatrechtsform, S. 172 f.; *Maurer*, Allgemeines Verwaltungsrecht, § 3 Rn. 26. Eine öffentlich-rechtliche Handlungsform kommt nur im Falle der Beleihung in Betracht.

[27] *V.Arnim*, Rechtsfragen der Privatisierung, S. 14.

[28] *Schoch*, Privatisierung der Abfallentsorgung, S. 37 ff.; Monopolkommission, 9. Hauptgutachten, BT-Drs. 12/3031, S. 23; *Wahl*, DVBl. 1993, 517, 518.

[29] *Bauer*, VVDStRL 54 (1995), 243, 251 f., Fn. 41; *Brüning*, NWVBl. 1997, 286, 287; *Krölls*, GewArch 1995, 129 131; *Osterloh*, VVDStRL 54 (1995), 204, 223.

[30] *Bauer*, VVDStRL 54 (1995), 243, 251 f., Fn. 41; *Wahl*, DVBl 1993, 517, 518; *Witte-Wegmann*, in: Festgabe Sandrock, S. 333, 336.

[31] *Püttner*, LKV 1994, 193, 195.

[32] *Knemeyer*, WiVerw 1978, 65, 67.

Rechtsbeziehungen zu dem die Leistung in Anspruch nehmenden Bürger sind bei der Wahrnehmung einer materiell privatisierten Aufgabe notwendig privatrechtlich.

Häufig erfolgt die materielle Privatisierung im Wege einer sogenannten normativen Inpflichtnahme Privater, bei der der Staat bestimmte im öffentlichen Interesse stehende Pflichten, die keine Verwaltungsaufgaben sind, Privatrechtssubjekten als eigene Angelegenheit auferlegt.[34] Diese nehmen die Aufgabe dann in eigener Verantwortung und auf privatrechtlicher Basis wahr.

3. Funktionale Privatisierung

Die funktionale Privatisierung meint den Einsatz von privaten Verwaltungshelfern[35] aufgrund eines zivilrechtlichen Vertrages bei der Wahrnehmung von Verwaltungsaufgaben.[36] Als einzig mögliche Form der Einbeziehung Privater bei der Erledigung von Pflichtaufgaben - soweit nicht gesetzlich eine Beleihung oder Verwaltungssubstitution gestattet ist - ist die funktionale Privatisierung in diesen pflichtigen Verwaltungsbereichen besonders häufig:

---

[33] *Schmidt-Aßmann*, in: Hoffmann-Riem/Schmidt-Aßmann/Schuppert, Reform des Allgemeinen Verwaltungsrechts, S. 43 f.; *Bauer*, VVDStRL 54 (1995), 243, 277 ff.; *Hoffmann-Riem*, DÖV 1997, 433, 440 ff.; *Schuppert*, in: Ipsen, Privatisierung öffentlicher Aufgaben, S. 17, 26 ff.; *ders.*, StWStP 1994, 541, 553 ff.

[34] *V. Hagemeister*, Privatisierung, S. 24 f.; *Kauther*, Private als Träger von öffentlichen Einrichtungen mit Anschluß- und Benutzungszwang, S. 99 ff.; *Michaelis*, Der Beliehene, S. 78 ff.; *Steiner*, Öffentliche Verwaltung durch Private, S. 184 ff. (gesetzliche Indienstnahme); vgl. auch *Bree*, Privatisierung der Abfallentsorgung, S. 58 ff.; *Wallerath*, Öffentliche Bedarfdeckung und Verfassungsrecht, S. 82, bezeichnet diese Kategorie als vom Staat vorgeschriebenes "staatsaussparendes Bürgerverhalten".

[35] Z.T. wird auch der dem Zivilrecht entnommene Begriff des "Erfüllungsgehilfen" verwandt, z.B. *Steiner*, Öffentliche Verwaltung durch Private, S. 113; *v. Hagemeister*, Privatisierung, S. 52; hier soll jedoch der verwaltungsrechtlich geprägte Begriff des Verwaltungshelfers beibehalten werden.

[36] *Bree*, Privatisierung der Abfallentsorgung, S. 43 ff.; *Krölls*, GewArch 1995, 129, 131 f.; *Schoch*, DÖV 1993, 377, 378; *ders.*, DVBl. 1994, 962, 963; *Wahl*, DVBl. 1993, 517, 519; anders *Vitzthum*, AöR 104 (1979), 580, 591, der - bei Einteilung in lediglich zwei Kategorien - diesen Fall wie den der Organisationsprivatisierung der formalen Privatisierung unterstellt; anders auch *v. Hagemeister*, Privatisierung, S. 53, der diesen Begriff für eine Erscheinungsform der materiellen Privatisierung verwendet, sowie *Schoch*, DVBl. 1994, 1, 3, der in diesem Zusammenhang von einer materiellen Privatisierung der Aufgabenerledigung spricht. Als "contracting out" bezeichnen den Einsatz von Verwaltungshelfern *Möschel*, FS Gernhuber, S. 908, sowie Monopolkommission, 9. Hauptgutachten, BT-Drs. 12/3031, S. 23.

Eine materielle Privatisierung von Pflichtaufgaben ist hier ausgeschlossen, da der Träger einer solchen Aufgabe über ihre Zuweisung nicht verfügen darf.[37] Der Staat bleibt beim Einsatz von Verwaltungshelfern vielmehr unverändert zur Aufgabenerfüllung verpflichtet. Es wird ihm das Handeln des Verwaltungshelfers zugerechnet, so daß - öffentlich-rechtliche - Rechtsbeziehungen weiterhin lediglich zwischen Staat und Bürger, nicht aber zwischen Bürger und Verwaltungshelfer bestehen.[38]

Innerhalb dieser Organisationsform sind eine Fülle verschiedener Modelle denkbar, von denen hier neben dem "Grundfall" der Beauftragung privater Unternehmen mit untergeordneten Tätigkeiten im Rahmen einer der öffentlichen Verwaltung obliegenden Aufgabe nur das Betreiber- und das Betriebsführungsmodell erwähnt seien.[39]

4. Beleihung

Beliehene sind natürliche oder juristische Personen des Privatrechts, die ihnen durch oder aufgrund Gesetzes übertragene hoheitliche Kompetenzen im eigenen Namen selbständig wahrnehmen.[40] Mit den Kategorien der formellen und der materiellen Privatisierung ist dem Rechtsinstitut der Beleihung gemein, daß zum Zweck der Entlastung des Staates Privatrechtssubjekte tätig werden.[41] Wie bei der materiellen Privatisierung geht auch bei der Beleihung die Pflicht auf den Privaten über. Im Unterschied zu allen oben genannten Formen der Privatisierung wird der beliehene Private jedoch funktionell zu einem Träger staatlicher Verwaltung und im Rahmen seiner Beleihung Zuordnungssubjekt öffentlichen Rechts.[42] Sowohl Pflicht wie auch Aufgaben-

---

[37] *Schoch*, DÖV 1993, 377, 378; *Wahl*, DVBl. 1993, 517, 519; vgl. auch OVG Rh.-Pfalz, DVBl. 1985, 176, 177.

[38] *V.Arnim*, Rechtsfragen der Privatisierung, S. 15; *Peine*, DÖV 1997, 353, 357; *Steiner*, Öffentliche Verwaltung durch Private, S. 113 ff.

[39] Eine Darstellung der verschiedenen Modelle findet sich bei *Tettinger*, in: FS Friauf, S. 569, 571 ff.; *ders.*, DÖV 1996, 764, 765 f.

[40] *V. Arnim*, Rechtsfragen der Privatisierung, S. 13 f.; *Krölls*, GewArch 1995, 129, 132; *Stober*, Hb. des Wirtschaftsverwaltungs- und Umweltrechts, S. 869 f.; *Wolff/Bachof/Stober*, Verwaltungsrecht II, § 104 Rn. 2.

[41] *V. Hagemeister*, Privatisierung, S. 70.

[42] *V. Arnim*, Rechtsfragen der Privatisierung, S. 17 f.; *Brüning*, NWVBl. 1997, 286, 287; *Krebs*, in: Isensee/Kirchhof, HbStR III, § 69 Rn. 10, 39; *Scholz*, NJW 1997, 14, 15; *Wolff/Bachof/Stober*, Verwaltungsrecht I, § 22 Rn. 25, § 34 Rn. 9.

wahrnehmung sind insoweit demnach staatlich; die Rechtsbeziehungen zum Bürger grundsätzlich öffentlich-rechtlich.[43]

Aus Gründen des Rechtsstaats- und Demokratieprinzips ist die Beleihung nur durch Gesetz oder aufgrund eines Gesetzes zulässig.[44]

5. *Verwaltungssubstitution*

Eine weitere Privatisierungsform stellt der Fall dar, daß einem Privaten das *Recht* zur Wahrnehmung einer Aufgabe eingeräumt wird, der Staat sich also von der Aufgabenwahrnehmung zurückzieht und dem Privaten die Tätigkeit überläßt, die *Pflicht* jedoch bei der Verwaltung verbleibt. Von der funktionalen Privatisierung unterscheidet sich dieser Fall dadurch, daß der Private nicht von der Verwaltung mit der Erfüllung der Aufgabe beauftragt, sondern aus autonomen Motiven, selbständig und weisungsunabhängig tätig wird. Anders als bei der Beleihung werden ihm aber keine hoheitlichen Befugnisse übertragen; die Handlungsform ist notwendig privatrechtlich. Es liegt aber auch keine materielle Privatisierung vor, da die Verwaltung verpflichtet bleibt. Für diese Form der Beteiligung Privater soll der Begriff der Verwaltungssubstitution verwendet werden.[45]

6. *Mischformen*

Aufgrund der Vielgestaltigkeit der möglichen Privatisierungen lassen sich nicht alle Erscheinungsformen unter die genannten Kategorien subsumieren. Häufig liegen vielmehr Mischformen vor; z.B. kann die Gründung gemischtwirtschaftlicher Unternehmen, sog. Public-Private-Partnerships, an denen sowohl ein Verwaltungsträger als auch private Unternehmen beteiligt sind, eine Mischung aus formeller und materieller Privatisierung darstellen, und können formell privatisierte Eigen-, gemischt-öffentliche oder gemischt-

---

[43] Soweit der Grundsatz der Formenwahlfreiheit gilt, können auch Beliehene privatrechtliche Organisations- und Handlungsformen wählen, *v. Hagemeister*, Privatisierung, S. 61.

[44] *V. Hagemeister*, Privatisierung, S. 66; *v. Heimburg*, Verwaltungsaufgaben, S. 36 f.; *Peine*, DÖV 1997, 353, 361; *Steiner*, Öffentliche Verwaltung durch Private, S. 301; *Wolff/Bachof/Stober*, Verwaltungsrecht II, § 104 Rn. 6.

[45] Siehe auch *v. Heimburg*, Verwaltungsaufgaben, S. 139; *Klowait*, Beteiligung Privater, S. 116 f.; sowie letzthin *Bree*, Privatisierung der Abfallentsorgung, S. 55 f. ("Verwaltungsersetzung").

wirtschaftliche Gesellschaften als Verwaltungshelfer oder sogar Beliehene in die öffentliche Verwaltung eingeschaltet werden.

II. Privatisierungsmotive

Die Motive für Privatisierungen staatlicher Aufgaben sind vielfältig. Neben dem in der Regel ausschlaggebenden Wunsch nach einer Entlastung der staatlichen Haushalte werden häufig Kriterien wie die höhere Flexibilität, Beschleunigung, Effektivität und Effizienz privater Rechtssubjekte oder -formen, ein Kooperationsbedürfnis zwischen Staat und Privaten, die Erschließung privaten Know-Hows und Kapitals sowie insbesondere Wettbewerbsaspekte genannt.[46] Dabei sind die Motive jedoch je nach Privatisierungsform unterschiedlich:

Mit einer formellen Privatisierung, die in erheblichem Umfang bzw. ganz von den Regeln des öffentlichen Haushalts-, Dienst-, Vergabe- und Organisationsrechts sowie von der staatlichen Aufsicht entbindet und Haftungsbeschränkungen ermöglicht, zu einer Verselbständigung des Aufgabenträgers beiträgt und gleichzeitig den politischen Einfluß der öffentlich-rechtlichen Entscheidungsträger verringert, soll in der Regel eine flexiblere, effizientere und effektivere Aufgabenwahrnehmung einhergehen.[47] Diese soll die durch die dann erfolgende Veranlagung zur Mehrwertsteuer erhöhten Kosten, die durch die Möglichkeit zum Vorsteuerabzug nur zum Teil ausgeglichen werden, nicht nur auffangen, sondern sogar verringern.[48]

Eine materielle Privatisierung, die eine Aufgabe in den privaten Bereich verlagert, soll vor allem zu einer Entlastung der staatlichen Haushalte sowie

---

[46] Vgl. *Ambrosius*, StWStP1994, 415, 418 ff; *Bauer*, VVDStRL 54 (1995), 256 f.; *Krölls*, GewArch 1995, 129, 133 ff.; *Osterloh*, VVDStRL 54 (1995), 206, 209 ff.; *Schoch*, DVBl. 1994, 1 ff.; *Schuppert*, Die Mitbestimmung 1993, 29, 32 f.; *Witte-Wegmann*, in: Festgabe Sandrock, S. 333 ff.

[47] DSTGB, Privatisierung in Städten und Gemeinden, S. 27 f.; *Ehlers*, Verwaltung in Privatrechtsform, S. 292 ff.; *Engel*, Mittelbare Kommunalverwaltung, S. 39 ff.; *Erbguth/Stollmann*, DÖV 1993, 798, 801ff.; *Schmidt*, ZGR 1996, 345, 348; *Stober*, NJW 1984, 449, 452.

[48] Kritisch zu den behaupteten betriebswirtschaftlichen Vorteilen *Bellefontaine*, GemH 1988, 265 ff.; allgemein *Ehlers*, DÖV 1986, 897, 900 ff.; *Erbguth/Stollmann*, DÖV 1993, 798, 801 ff.; *Schoch*, DÖV 1993, 377, 381 ff.; *ders.*, DVBl. 1994, 1, 8 ff.

einer Anwendung des Marktprinzips und der Verringerung politischer Einflußnahme zwecks Steigerung der Effizienz und Effektivität führen.[49]

Der funktionalen Privatisierung liegen im wesentlichen Kostenfaktoren zugrunde; häufig ist eine Vorhaltung spezialisierten Personals in der öffentlichen Verwaltung wirtschaftlich nicht sinnvoll, so daß durch eine gezielte Nutzbarmachung privater Leistungsfähigkeit Kosten gespart werden können.[50] Motiv für eine funktionale Privatisierung können aber auch Kooperationsbedürfnisse der öffentlichen Hand sein.

Die Beleihung dient primär der Entlastung der öffentlichen Verwaltung durch die Heranziehung privaten Sachverstandes oder privater sachlicher oder personeller Kapazitäten.[51] Im Unterschied zur materiellen Privatisierung ist die Beleihung daher nicht in erster Linie eine Mittel zur Stärkung marktwirtschaftlicher Kräfte.[52]

Die Verwaltungssubstitution als Möglichkeit staatsersetzenden Privathandelns bei unveränderter Aufgabenträgerschaft der Verwaltung soll vor allem die Eigeninitiative und -verantwortung Privater fördern und so zu einer Entlastung der öffentlichen Verwaltung beitragen. In zweiter Linie kann sie der Kooperation zwischen der öffentlichen Hand und dem Bürger dienen.[53]

III. Die Privatisierungsdiskussion im Bereich der Abfallentsorgung

Im Bereich der Abfallentsorgung haben vor allem die Anfang der neunziger Jahre prognostizierte Knappheit von Entsorgungskapazitäten, der sog. "Müllnotstand"[54], sowie ständig steigende technische Anforderungen an die

---

[49] Monopolkommission, BT-Drs. 12/3031, S. 25; *Schoch*, DVBl. 1994, 962, 967; *Schuppert*, StWStP 1994, 541, 543.

[50] *Hoffmann-Riem*, DVBl. 1996, 225, 226 ff.; Monopolkommission, BT-Drs. 12/3031, S. 24; *Schoch*, DVBl. 1994, 962, 968.

[51] *V. Hagemeister*, Privatisierung, S. 55; *v. Heimburg*, Verwaltungsaufgaben und Private, S. 114 f.; *Maurer*, Allgemeines Verwaltungsrecht, § 23 Rn. 57; *Peine*, DÖV 1997, 353, 361; *Steiner*, Öffentliche Verwaltung durch Private, S. 290 ff.; *Stober*, Hb. des Wirtschaftsverwaltungs- und Umweltrechts, S. 869 f.

[52] So auch *Schultz*, in: Klett/v.Köller/Schmitt-Gleser, Kreislaufwirtschafts- und Abfallgesetz, S. 243, 251.

[53] *Klowait*, Beteiligung Privater, S. 116 ff.

[54] So noch die BReg. in der Begründung zu dem Entwurf eines Gesetzes zur Vermeidung von Rückständen, Verwertung von Sekundärrohstoffen und Entsorgung von Abfällen, BT-Drs. 12/5672, S. 34 f.; ebenso *Bauer*, in: Bauer/Schink, Organisa-

Entsorgung[55] und die damit einhergehenden Kostensteigerungen[56] die Privatisierungsdiskussion angekurbelt.[57] Die Kommunen waren mit der Entsorgungsaufgabe häufig überfordert, und zwar nicht nur im Hinblick auf finanzielle, sondern auch auf technische und personelle Kapazitäten.[58] Die Beteiligung Privater an der Abfallentsorgung wurde unter der Prämisse propagiert, daß die private Entsorgung flexibler, effektiver und effizienter durchgeführt werden würde.

Mittlerweile hat sich zwar herausgestellt, daß die erwarteten immensen Steigerungen des Abfallaufkommens ausgeblieben sind, die jährliche Abfallmenge sogar zurückgegangen ist[59] und daher Überkapazitäten an Entsorgungsanlagen vorhanden sind[60], die zu einem "Wettkampf um den Müll" geführt haben.[61] Diese Entwicklung hat jedoch dadurch, daß nunmehr auch das wirtschaftliche Risiko der Abfallwirtschaft offenbar wurde, die Privatisierungsforderungen nur noch zusätzlich angeheizt.

---

tionsformen, S. 1 ff.; *Kahl*, DVBl. 1995, 1327, 1332 f.; *Schoch*, Privatisierung der Abfallentsorgung, S. 1 ff. m.w.Nachw.

[55] Siehe TA Abfall vom 12.3.1991, BMBl. S. 139, ber. S. 469, sowie TA Siedlungsabfall vom 14.5.1993, BAnz. Nr. 99a.

[56] Nach der Abfallwirtschaftsbilanz 1993 - WA II/UBA - sind die Gebühren für die Abfallentsorgung seit 1990 um mehr als das Doppelte gestiegen, Umwelt (BMU) 1996, 120, 122. S. dazu den Kommentar von *Vorholz*, Die Zeit vom 2.2.1996. Vgl. außerdem Süddeutsche Zeitung v. 20.3.1995, 26.6.1995 und 15./16. 7.1995, Stuttgarter Zeitung v. 10.2.1996.

[57] *Schink*, VerwArch 1994, 251 ff.

[58] *Kahl*, DVBl. 1995, 1327, 1333.

[59] Vgl. Abfallwirtschaftsbilanz 1993 - WA II/UBA -, Umwelt (BMU) 1996, 120 ff.

[60] *Holzapfel*, Umwelt (BMU) 1996, 18 f.; *Just*, Umwelt (BMU) 1996, 16 f.; Süddeutsche Zeitung v. 5.7.1995, Frankfurter Allgemeine Zeitung v. 6.12.1995, Der Spiegel, Nr. 22/1996, S. 58 f. Im Jahre 1994 waren die Deponien und Verbrennungsanlagen nur noch zu 60 - 70 % ausgelastet, so RSU unter Verweis auf eine Umfrage des Bundesverbandes der Deutschen Entsorgungswirtschaft, Umweltgutachten 1996, Tz. 382.

[61] *Bree*, Privatisierung der Abfallentsorgung, S. 27 f.; vgl. auch Neue Westfälische v. 26.8.1995; Frankfurter Allgemeine Zeitung v. 6.2.1996; Der Spiegel, 3/1996, 40 ff.; Süddeutsche Zeitung v. 7.5.1996.

Zweiter Teil

Öffentliche und private Abfallentsorgung unter dem Abfallgesetz

Um eine Vergleichsgrundlage für die durch das KrW-/AbfG eintretenden Änderungen zu schaffen, soll zunächst eine Darstellung des Systems öffentlicher und privater Abfallentsorgung nach dem AbfG erfolgen.

Das Entsorgungssystem des AbfG läßt sich vergröbernd als grundsätzliches "Zwei-Stufen-Konzept" darstellen, mit einer Zuordnung der Entsorgungspflichten auf der ersten (A.) und einer Option zur Einschaltung Dritter in die Erfüllung dieser Pflichten auf der zweiten Stufe (B.); von diesem Grundmodell abweichende Möglichkeiten einer Einschaltung Privater sind als Sonderfälle zu qualifizieren (C.). Der Darstellung der jeweiligen gesetzlichen Regelung (I.) folgt jeweils eine Einordnung der Privatisierungsformen in die oben aufgeführten Privatisierungskategorien (II.).

Von der Betrachtung ausgenommen werden sollen die Möglichkeiten einer zwangsweisen Einbeziehung Privater nach §§ 3 V, VII AbfG. Einziger Zweck dieser Vorschriften war es, die effiziente Entsorgung durch die Verpflichteten sicherstellen zu können; das System der privaten und öffentlichen Entsorgung wurde dadurch nicht berührt.[1]

A. Zuordnung der Entsorgungspflichten

I. Gesetzliche Regelung

Die Entsorgungspflicht stellt eine hoheitliche Aufgabenzuweisung dar; sie begründet die Pflicht zur ordnungsgemäßen Entsorgung der Abfälle und zieht außerdem haftungsrechtliche Folgen nach sich.[2] Diese Aufgabenzuweisung wurde im AbfG von § 3 II 1 und III, IV vorgenommen. Für das System öffent-

---

[1] *Kunig*/Schwermer/Versteyl, AbfG, § 3 Rn. 55.

[2] *Krahnefeld*, NuR 1996, 269, 270 f.

licher und privater Entsorgung ist entscheidend, welche Entsorgungspflichten in welchem Umfang und unter welchen Voraussetzungen öffentlichen oder privaten Rechtssubjekten zugeordnet wurden.

Abfall und damit Gegenstand der Entsorgungs- und Überlassungspflicht nach § 3 I AbfG war jede bewegliche Sache, deren sich der Besitzer entledigen will, wobei Entledigung die Gewahrsamsaufgabe mit dem Ziel bedeutet, sich von einer Sache zu befreien, ohne dabei eine weitere Verwendung oder Verwertung der Sache anzustreben (§ 1 I 1, 1. Alt. AbfG - subjektiver Abfallbegriff), oder deren Entsorgung nach Maßgabe des Abfallrechts wegen ihrer Gefährlichkeit für die Allgemeinheit geboten ist (§ 1 I 1, 2. Alt. AbfG - objektiver Abfallbegriff) oder die der Besitzer zum Zweck der Verwertung der entsorgungspflichtigen Körperschaft oder von ihr beauftragten Dritten überläßt (§ 1 I 2 AbfG - erweiterter Abfallbegriff).[3] Zentrale Bedeutung kam dabei dem subjektiven Abfallbegriff zu, der ausschließlich von dem Entledigungswillen des Besitzers bestimmt war, unabhängig davon, ob die Sache nach der Verkehrsanschauung noch einen Wert hatte oder verwertbar war.[4] Der Entsorgungspflichtige konnte dem Abfallbesitzer daher nicht entgegenhalten, die Sache sei noch verwend- oder verwertbar und daher kein Abfall.[5] Nicht dem subjektiven Abfallbegriff unterfielen sämtliche vom Abfallbesitzer zur Weiterverwendung oder zur Verwertung durch private Unternehmen bestimmten Stoffe, soweit die Unternehmen nicht als Beauftragte der entsorgungspflichtigen Körperschaften tätig wurden.[6] Die Verwertung dieser sogenannten Wertstoffe bzw. Wirtschaftsgüter fand somit außerhalb des Abfallrechts statt;[7] weder die Entsorgungs- noch die Überlassungspflichten des § 3 AbfG fanden auf sie Anwendung. Verwertbare Stoffe konnten aber - unabhängig von ihrer Verwertbarkeit - unter den objektiven Abfallbegriff fallen, wenn deren geordnete Entsorgung *als Abfall* zur Wahrung des Wohls der Allgemeinheit, insbesondere des Schutzes der Umwelt, geboten war, § 1 I 1, 2. Alt. AbfG;[8] Gefahren für das Wohl der Allgemeinheit konnten dabei sowohl in den Eigenschaf-

---

[3] Vgl. nur *Bartels*, Abfallrecht, S. 15 ff.; *v.Lersner/Wendenburg*, Recht der Abfallbeseitigung, Kz. 1110 Rn. 4 ff.; *Kersting*, Die Abgrenzung zwischen Abfall und Wirtschaftsgut, S. 40 ff.; Kunig/*Schwermer*/Versteyl, AbfG, § 1 Rn. 3 ff.

[4] Kunig/*Schwermer*/Versteyl, AbfG, § 1 Rn. 12.

[5] *Franßen*, in: FS Redeker, S. 457, 461, bezeichnet den subjektiven Abfallbegriff aus diesem Grunde als "Abfallbegriff der Wegwerfgesellschaft".

[6] Kritisch hierzu *Franßen*, in: FS Redeker, S. 457, 461 ff.

[7] Vgl. zum Verwertungsbegriff BVerwG, DVBl. 1994, 1013 ff. (Tongrubenurteil).

[8] Vgl. *Kersting*, Die Abgrenzung zwischen Abfall und Wirtschaftsgut, S. 74 ff.

ten der Sache selbst begründet liegen als auch in der gegenwärtigen Aufbewahrung oder der künftigen Verwendung oder Verwertung der Sache.[9]

Den Begriff des Abfallbesitzers definierte das AbfG selbst nicht. Die Formulierung spricht zunächst für eine zivilrechtliche Bedeutung im Sinne der §§ 854 ff. BGB.[10] Besitz wäre dann die von einem natürlichen Willen getragene unmittelbare oder mittelbare tatsächliche Sachherrschaft.[11] Angesichts der unterschiedlichen Funktionen der Regelungen - die §§ 854 ff. BGB dienen primär dem Schutz des Besitzers vor Störungen seiner tatsächlichen Sachherrschaft, die abfallrechtlichen Regelungen demgegenüber der Zuordnung und Begrenzung der Verantwortlichkeit für entstandenen Abfall - kann es bei der Deutung des Besitzbegriffs im Abfallrecht aber nicht auf den Herrschaftswillen ankommen.[12] Vielmehr ist allein auf die tatsächliche Sachherrschaft abzustellen, unabhängig von einem auf die Begründung von Besitz gerichteten Willen.[13] Dabei ist ein gewisses "Mindestmaß" an tatsächlicher Sachherrschaft erforderlich, aber auch ausreichend.[14] Kein Abfallbesitz im Sinne des Abfallrechts ist danach anzunehmen, wenn sich die tatsächliche Herrschaftsbeziehung des vermeintlichen Besitzers zu den Abfällen nicht von derjenigen beliebiger anderer Personen unterscheidet.[15] Ein Grundstückseigentümer, Pächter oder Mieter ist danach insbesondere nicht Besitzer solcher Abfälle, die auf seinem Grundstück gegen seinen Willen von Dritten verbotswidrig dort abgelagert wurden,[16] sofern er keine rechtliche oder tatsächliche Möglichkeit hat, den Zugriff oder Zutritt der Allgemeinheit zu verhindern.[17] Nicht ausgeschlossen ist hingegen der abfallrechtliche Besitz von Abfällen, die aufgrund

---

[9] Vgl. BVerwG, DVBl. 1993, 1137 ff. (Altreifen); BVerwG, DVBl. 1993, 1139 ff. (Bauschutt); VGH Kassel, NJW 1987, 393.

[10] S. die Nachw. bei *Klett/Enders*, BB 1996, 2003, Fn. 4.

[11] Vgl. *Bassenge*, in: Palandt, § 854 Rn. 2, 5.

[12] BVerwG, NJW 1989, 1295, 1296; BVerwGE 67, 8, 12; BGH, NVwZ 1985, 447 f.; VGH Baden-Württemberg, GewArch 1994, 269; *Bartels*, Abfallrecht, S. 18; Kunig/*Schwermer*/Versteyl, AbfG, § 1 Rn. 9; a.A. *Heintzen/Druschel*, Jb. UTR 1996, 361 ff.

[13] BVerwG, UPR 1998, 304; Kunig/*Schwermer*/Versteyl, AbfG, § 1 Rn. 9 m.w.Nachw.; *Krahnefeld*, NuR 1996, 269, 270.

[14] BVerwG, UPR 1998, 304; BVerwG, NJW 1989, 1295, 1296; BVerwG, NJW 1984, 817 f.; BVerwG, GewArch 1994, 296, 297 m.w.Nachw.; *Bartels*, Abfallrecht, S. 19.

[15] BVerwG, UPR 1998, 304.

[16] BVerwG, NJW 1984, 817, 818.

[17] BVerwG, UPR 1998, 304; BVerwG, NJW 1989, 1295, 1296.

bestimmter Naturvorgänge wie Sturm oder Überschwemmung oder durch höhere Gewalt auf nicht frei zugängliche Grundstücke gelangen.[18]

Der Begriff der Entsorgung umfaßte gemäß § 1 II AbfG die Abfallverwertung und das Ablagern von Abfällen sowie die Phasen des Einsammelns, Beförderns, Behandelns und Lagerns von Abfällen.

1. Öffentliche Entsorgungsträger

§ 3 II 1 AbfG verpflichtete die nach Landesrecht bestimmten Körperschaften öffentlichen Rechts zur Entsorgung der auf ihrem Gebiet angefallenen Abfälle.[19] Die Vorschrift normierte damit ein grundsätzliches Entsorgungsmonopol der öffentlichen Hand,[20] dem nicht nur eine Überlassungspflicht der Abfallbesitzer gemäß § 3 I AbfG und ein Entsorgungsanspruch derselben, sondern auch ein grundsätzliches Verbot der Selbstentsorgung korrespondierte.[21]

Öffentlich-rechtliche Organisationsformen der Abfallentsorgung sind der Regiebetrieb, der Eigenbetrieb bzw. die eigenbetriebsähnliche Einrichtung sowie Formen interkommunaler Zusammenarbeit wie die Beteiligung an einem Zweckverband[22].[23]

---

[18] BVerwG, UPR 1998, 304, 305; a.A. OVG NW, NuR 1996, 314, 315.

[19] Zu Trägern der Abfallentsorgungsaufgabe haben die Landesgesetzgeber überwiegend die Kreise und kreisfreien Städte bestimmt. In einigen Ländern wurden die Aufgaben zwischen den Kreisen und den kreisangehörigen Gemeinden aufgeteilt; so ist in Hessen das Einsammeln, in NW das Einsammeln und Befördern der angefallenen Abfälle den kreisangehörigen Gemeinden übertragen. Andere Landesabfallgesetze sehen für bestimmte Aufgaben eine Rückübertragungsmöglichkeit auf die kreisangehörigen Gemeinden vor. Im Saarland nimmt der Abfallentsorgungsverband Saar die Entsorgungspflicht wahr.

[20] BVerwG, JZ 1993, 409, 410; BVerwG, NVwZ 1990, 467, 468; *Hölscher*, ZUR 1995, 175.

[21] *Kloepfer*, Umweltrecht, § 12 Rn. 82; ferner *Beckmann*, NWVBl. 1995, 81, 83 f.

[22] Z.B. nach § 6 LAbfG NW; vgl. *Bartels*, Abfallrecht, S. 133 f.; zum Kommunalen Abfallentsorgungsverband Saar (KABV) *Schüssler*, in: Himmelmann, Öffentliche Unternehmen in der Abfallwirtschaft, S. 176 ff. Von diesen Fällen eines selbst entsorgungspflichtigen Verbandes zu trennen ist das Modell, daß ein Verband Entsorgungstätigkeiten als beauftragter Dritter wahrnimmt, wie z.B. der Kommunalverband Ruhrgebiet (KVR) für seine - weiterhin entsorgungspflichtigen - Mitgliedskörperschaften, vgl. *Bartels*, Abfallrecht, S. 131.

[23] *Schink*, VerwArch 1994, 251, 256; *Püttner*, Hb. der kommunalen Wissenschaft und Praxis Bd. 5, S. 119 ff.

Beteiligungen Privater an der Abfallentsorgung waren nur als Ausnahme von der grundsätzlich öffentlich-rechtlichen Entsorgung in abschließend geregelten Fällen zulässig.

2. *Entsorgungspflicht des Abfallbesitzers*

Auf der ersten Stufe der originären Zuordnung der Entsorgungspflichten stellte die Entsorgungspflicht des Abfallbesitzers nach § 3 III, IV AbfG einen solchen Ausnahmefall dar. § 3 III AbfG normierte das Recht der zur Entsorgung verpflichteten öffentlich-rechtlichen Gebietskörperschaften, mit Zustimmung der zuständigen Behörde Abfälle, die nicht aus privaten Haushaltungen stammen, durch Satzung oder Einzelfallentscheidung ausnahmsweise von der öffentlichen Entsorgung oder auch nur einzelnen Phasen der Entsorgung[24] auszuschließen, soweit sie sie nach Art oder Menge nicht mit den in privaten Haushaltungen anfallenden Abfällen entsorgen konnten. Die danach entscheidende Frage der Möglichkeit zur Entsorgung bestimmte sich nach den konkreten örtlichen Verhältnissen; es kam maßgeblich auf die bei der Körperschaft vorhandenen finanziellen, technischen und personellen Kapazitäten an.[25] Der Ausschluß von der Entsorgung nach § 3 III AbfG bewirkte einen Übergang der Entsorgungspflicht auf den Abfallbesitzer, § 3 IV AbfG. Gleichzeitig entfiel die Überlassungspflicht des § 3 I AbfG. Als Folge des Ausschlusses war der Abfallbesitzer für die Entsorgung seiner Abfälle im Rahmen der Gesetze selbst verantwortlich.[26]

Aufgrund des Ausnahmecharakters der Vorschrift sollte ein Ausschluß von der öffentlichen Entsorgung nur unter engen Voraussetzungen zulässig sein.[27] Dennoch haben die entsorgungspflichtigen Körperschaften davon - auch nach der Verschärfung durch das Gesetz zur Änderung des Abfallbeseitigungsgesetzes vom 21.6.1976[28] - recht weitgehenden Gebrauch gemacht.[29] Zweck der

---

[24] *Kunig*/Schwermer/Versteyl, AbfG, § 3 Rn. 47.

[25] BVerwG, JZ 1993, 409, 410 f.; OVG Koblenz, NVwZ 1989, 180 f.; *Bartels*, Abfallrecht, S. 161; *Dippel*, Die Kommunen im Recht des Umweltschutzes, S. 107; *v.Lersner/Wendenburg*, Recht der Abfallbeseitigung, Kz. 1130 Rn. 30; *Kloepfer*, VerwArch 1979, 195, 201 ff.; *Kunig*/Schwermer/Versteyl, AbfG, § 3 Rn. 42.

[26] *Peine*, in: Blaurock, Verantwortung für Abfall, S. 79, 85 ff.

[27] BVerwG, NVwZ 1990, 467, 468; im einzelnen *v.Lersner/Wendenburg*, Recht der Abfallbeseitigung, Kz. 1130 Rn. 30; *Kunig*/Schwermer/Versteyl, AbfG, § 3 Rn. 38; *Winkelmann*, UPR 1991, 169, 171.

[28] BGBl. I, S. 1601.

[29] *Hölscher*, ZUR 1994, 176, 177; *Peine*, in: Blaurock, Verantwortung für Abfall, S. 79, 85.

Vorschrift war zum einen die Sicherstellung einer effizienten und effektiven kommunalen Abfallentsorgung; soweit die Gewerbemüllbeseitigung aufgrund der - häufig aus gefährlichen Abfällen im Sinne des § 2 II AbfG bestehenden - Zusammensetzung oder Menge der Abfälle organisatorisch und finanziell aufwendig ist, kann sie weit über die kommunale Leistungsfähigkeit hinausgehen und damit letztlich auch die Hausmüllentsorgung gefährden.[30] Zum anderen wurde § 3 III AbfG, indem er dem Abfallerzeuger oder -besitzer das Beseitigungsrisiko auferlegte, als Ausprägung des umweltrechtlichen Verursacherprinzips angesehen.[31] Darüberhinaus wurde der Norm eine umweltpolitische Präventionsfunktion beigemessen, indem der Abfallbesitzer aufgrund der drohenden Selbstentsorgungspflicht mittelbar zur Abfallvermeidung gezwungen war.[32] Da die Vorschrift somit ausschließlich öffentlichen Interessen zu dienen bestimmt war, kam ein Anspruch des Abfallbesitzers auf Ausschluß seines Abfalls oder auf ermessensfehlerfreie Entscheidung nicht in Betracht.[33]

Nahm der Abfallbesitzer die Entsorgungspflicht selbst wahr, lag ein Fall der sog. Eigenentsorgung[34] vor. Er durfte dabei Abfälle grundsätzlich nur in dafür zugelassenen Anlagen entsorgen, § 4 I 1 AbfG, bedurfte für das Betreiben einer Abfallentsorgungsanlage mithin einer Genehmigung bzw. Planfeststellung gemäß § 7 AbfG, durfte nur mit Genehmigung gemäß § 12 I 1 AbfG transportieren und unterlag der abfallrechtlichen Überwachung.

Aufgrund der auf die tatsächliche Sachherrschaft abstellenden Definition des Abfallbesitzes[35] liegt die These nahe, der zur Entsorgung verpflichtete Abfallbesitzer habe sich schlicht durch die Übertragung des Besitzes auf einen Dritten, durch Rechtsgeschäft mit einem Dritten oder gar durch Besitzaufgabe seiner Entsorgungspflicht entledigen können.[36] Eine solche Auslegung wäre jedoch mit der ordnungsrechtlichen Funktion[37] der mit dem Abfallbesitz begründeten Entsorgungspflicht nicht vereinbar. Auch stünde damit der Umstand, daß die Entsorgungspflicht bei der Einschaltung eines Erfüllungsgehilfen nach § 3 IV 2 iVm II 2 AbfG auch in dem (Regel-)Fall, daß dieser in Erfüllung dieses Auftrags tatsächliche Sachherrschaft an den Abfällen be-

---

[30] BVerwG, NVwZ 1990, 467, 468; *Kunig*/Schwermer/Versteyl, AbfG, § 3 Rn. 38.

[31] *V.Lersner/Wendenburg,* Kz. 1130 Rn. 29; *Kloepfer,* VerwArch 1979, 195, 197.

[32] BVerwG, NVwZ 1990, 467, 468; *Kunig*/Schwermer/Versteyl, AbfG, § 3 Rn. 39.

[33] *Kunig*/Schwermer/Versteyl, AbfG, § 3 Rn. 48; *Winkelmann*, UPR 1991, 169, 171.

[34] *Bartels*, Abfallrecht, S. 166; *Kloepfer*, VerwArch 1979, 195, 196; *Kloepfer/Follmann*, DÖV 1988, 573, 575; *Peine*, NWVBl. 1988, 193.

[35] S.o. unter I.

[36] So wohl *Klett/Enders*, BB 1996, 2003, 2004; *Krahnefeld*, NuR 1996, 269, 270.

[37] Vgl. BVerwG, UPR 1998, 304.

gründete, unberührt blieb, im Widerspruch.[38] Es ist daher davon auszugehen, daß die einmal aufgrund des Anfalls von Abfall bei dem Besitzer entstandene Entsorgungspflicht nicht allein durch Besitzwechsel oder -aufgabe zum Erlöschen gebracht werden konnte.[39] Wie bei der zivilrechtlichen Verkehrssicherungspflicht bei der Abfallbeseitigung[40] und der Störereigenschaft des Abfallerzeugers nach § 1004 BGB[41] blieb vielmehr der ursprünglich Verpflichtete entsorgungspflichtig, bis der - ordnungsgemäße - Entsorgungsvorgang abgeschlossen war.[42]

Die Erfüllung der Entsorgungspflicht konnte in ihren Modalitäten durch landesrechtliche Regelungen zur Sonderabfallentsorgung, insbesondere Überlassungs- und Andienungspflichten, begrenzt werden.[43] Die Sonderabfälle im Sinne des § 2 II AbfG waren zwar nicht mit den nach § 3 III AbfG ausgeschlossenen Abfällen identisch, doch machten sie einen wesentlichen Teil derselben aus.[44] Die Sonderabfallentsorgungssysteme der Länder verschoben die durch das Bundesrecht in § 3 IV AbfG vorgegebene Verantwortungsverteilung z.T. erheblich.[45]

II. Einordnung in die Privatisierungskategorien

Zur Entsorgung der gemäß § 3 III AbfG ausgeschlossenen Abfälle waren anstelle der ursprünglich verpflichteten Körperschaft die Abfallbesitzer selbst verpflichtet, wie § 3 IV AbfG ausdrücklich festlegte. Durch den Ausschluß ging somit die Entsorgungspflicht für die betreffenden Abfälle auf ihren Besitzer über; dieser wurde durch § 3 IV AbfG, der ihm die Entsorgung als eigene Angelegenheit auferlegte, normativ inpflichtgenommen. Daran änderte auch die Möglichkeit einer Einschaltung Dritter nach § 3 IV 2 iVm II 2 AbfG nichts; eine Beauftragung nach dieser Vorschrift ließ die Entsorgungspflicht

---

[38] S.u. B.I.; a.A. *Krahnefeld*, NuR 1996, 269, 270, der den Anwendungsbereich des § 3 IV AbfG auf die Fälle beschränken will, in denen der Dritte als Abfallmakler oder Besitzdiener, also als "Nichtbesitzer" tätig wird.

[39] *Krieger*, DB 1996, 613, 615.

[40] BGH, NJW 1976, 46 ff.; dazu *Ekrutt*, NJW 1976, 885 f.; *Birn*, NJW 1976, 1880.

[41] OLG Dresden, NVwZ 1995, 934 f.

[42] *Kunig*/Schwermer/Versteyl, AbfG, § 3 Rn. 51.

[43] *Hölscher*, ZUR 1995, 176, 177; zur Frage der Zulässigkeit landesrechtlicher Regelungen vgl. *Peine*, NWVBl. 1988, 193, 195.

[44] *Kunig*/Schwermer/Versteyl, AbfG, § 3 Rn. 41.

[45] *Peine*, in: Blaurock, Verantwortung für Abfall, S. 79, 88.

unberührt.[46] Der Ausschluß von der öffentlichen Entsorgung bewirkte mithin eine materielle Privatisierung der Entsorgungspflicht.[47]

B. Beauftragung Dritter

Die Beauftragung[48] Dritter mit der Erfüllung der Entsorgungspflicht läßt die Zuordnung der Entsorgungspflicht unberührt; der Auftraggeber wird dadurch nicht von seiner Pflicht befreit.[49]

I. Gesetzliche Regelung

Verwaltungsträger können sich zur Erfüllung ihrer Pflichten Dritter bedienen. Das stellte § 3 II 2 AbfG - rein deklaratorisch[50] - auch für die nach Abfallrecht entsorgungspflichtigen Körperschaften fest. § 3 II 2 fand gemäß § 3 IV 2 AbfG auch auf die selbst zur Entsorgung verpflichteten Besitzer von der Entsorgung ausgeschlossener Abfälle Anwendung. Auch diese konnten sich demnach zur Erfüllung ihrer Pflichten Dritter bedienen (sog. privatbeauftragte Fremdentsorgung).[51]

1. Beauftragung durch die öffentlich-rechtlichen Entsorgungsträger

a) Die Regelung des § 3 II 2 AbfG

Als "Dritte" im Sinne des § 3 II 2 AbfG, deren sich die öffentlich-rechtlichen Entsorgungsträger zur Erfüllung ihrer Pflichten bedienen konnten, kamen sämtliche rechtsfähigen Personen des privaten oder öffentlichen Rechts in Betracht, also andere Gebietskörperschaften oder öffentlich-rechtliche

---

[46] *Kunig*/Schwermer/Versteyl, AbfG, § 3 Rn. 33.

[47] So auch *Kahl*, DVBl. 1995, 1327, 1332.

[48] Die "Beauftragung" im Sinne des § 3 II 2 AbfG ist nicht mit dem "Auftrag" der §§ 662 ff. BGB, der lediglich die unentgeltliche Geschäftsbesorgung beinhaltet, identisch; gemeint sind vielmehr insbesondere entgeltliche Dienst- und Werkleistungen.

[49] *Kunig*/Schwermer/Versteyl, AbfG, § 3 Rn. 33.

[50] *V.Lersner/Wendenburg*, Kz. 1130 Rn. 15; *Schoch*, DVBl. 1994, 1, 8; *Struß*, Abfallwirtschaftsrecht, S. 76; *Winkelmann*, UPR 1991, 169, 170. Vgl. auch *Peine*, DÖV 1997, 353, 357.

[51] *Kloepfer*, Umweltrecht, § 12 Rn. 88.

Zweckverbände,[52] insbesondere aber natürliche und juristische Personen des Privatrechts.[53] Zum Teil wurde angenommen, auch der Abfallbesitzer selbst könne "Dritter" im Sinne dieser Vorschrift sein.[54] Diese Auslegung widersprach allerdings dem Wortlaut des § 3 II 2; der Abfallbesitzer ist im *zwei*seitigen Verhältnis zur Körperschaft eben gerade nicht "Dritter".[55] Nach Sinn und Zweck der Vorschrift, die Verwaltung durch die Möglichkeit einer Einschaltung verwaltungsexterner Personen in die Entsorgung zu entlasten, ist jedoch nicht ersichtlich, warum sich nicht auch der Abfallbesitzer im Rahmen eines zivilrechtlichen Vertrages mit der Körperschaft zu der Erfüllung von Entsorgungsaufgaben verpflichten können sollte: Dem Abfallbesitzer steht es aufgrund der Privatautonomie frei, eine Verpflichtung einzugehen, um dafür eine Gegenleistung zu erhalten; da sich durch eine Einschaltung als Erfüllungsgehilfe an der Zuordnung der Entsorgungspflichten nichts ändert, ist er insoweit auch nicht schutzbedürftig.[56] Einer Auslegung, die auch den Abfallbesitzer als Dritten im Sinne von § 3 II 2 AbfG qualifizierte, steht daher nichts entgegen.

Das Vorgehen der entsorgungspflichtigen Körperschaften bei der Einschaltung Dritter ist zweistufig: Die Entscheidung über das Ob einer Beauftragung und die Person des Dritten ist öffentlich-rechtlicher Natur,[57] das Verhältnis zwischen der Körperschaft und dem beauftragten Dritten wird dagegen durch privatrechtlichen (Werk-)Vertrag ausgestaltet.[58] Öffentlich-rechtliche Rechtsbeziehungen bestehen dabei weiterhin nur zwischen der entsorgungspflichtigen Körperschaft und dem Abfallbesitzer: Die Körperschaft bleibt dem Abfallbesitzer gegenüber zur Entsorgung verpflichtet, dementsprechend

---

[52] OVG NW, NWVBl. 1988, 44, 46. Nicht unter § 3 II 2 AbfG fällt allerdings eine *Übertragung der Entsorgungspflicht* auf andere öffentlich-rechtliche Körperschaften; dabei handelt es sich vielmehr um eine - durch Landesrecht, z.B. § 6 I 2 AbfG NW, mögliche - Zuständigkeitsübertragung, vgl. *v.Lersner/Wendenburg*, Recht der Abfallbeseitigung, Kz. 1130 § 3 Rn. 15.

[53] *Bartels*, Abfallrecht, S. 130; *Kunig*/Schwermer/Versteyl, AbfG, § 3 Rn. 31; *v.Lersner/Wendenburg*, Recht der Abfallbeseitigung, Kz. 1130 Rn. 15; *Schoch*, Privatisierung der Abfallentsorgung, S. 16.

[54] *Klowait*, Beteiligung Privater, S. 68.

[55] *Bartels*, Abfallrecht, S. 131; *v.Lersner/Wendenburg*, Recht der Abfallbeseitigung, Kz. 1130 Rn. 15.

[56] *Klowait*, Beteiligung Privater, S. 68.

[57] *Bartels*, Abfallrecht, S. 132; *Peine*, DÖV 1997, 353, 357 Fn. 48; *ders.*, in: Schmidt, Öffentliches Wirtschaftsrecht, S. 371, 453 f.; *Winkelmann*, UPR 1991, 169, 170.

[58] *Bartels*, Abfallrecht, S. 132; *Beckmann*, in: *Bauer/Schink*, Organisationsformen, S. 43; *Kloepfer*, VerwArch 1979, 195, 197; *v.Lersner/Wendenburg*, Recht der Abfallbeseitigung, Kz. 1130 Rn. 15; *Lottermoser*, Fortentwicklung, S. 214.

besteht auch die Überlassungspflicht ebenso wie die Gebührenpflicht des Abfallbesitzers nur ihr gegenüber.[59] Zwischen dem Dritten und dem Abfallbesitzer entsteht kein Rechtsverhältnis; der Dritte kann für seine Leistung daher insbesondere keine Gebühren bei dem Abfallbesitzer erheben.[60] Zur Zahlung seines Entgeltes ist vielmehr die Kommune selbst aufgrund des mit dem Dritten geschlossenen Vertrages verpflichtet.

Ein Anspruch des Dritten auf Beauftragung aus § 3 II 2 AbfG kam nicht in Betracht, da die Norm ausschließlich öffentlichen Interessen und nicht auch dem Interesse privater Entsorgungsunternehmen zu dienen bestimmt war.[61]

Aufgrund der auch bei einer Einschaltung Dritter weiterhin bestehenden Verantwortung der entsorgungspflichtigen Körperschaften für die ordnungsgemäße Entsorgung gemäß § 3 II 1 AbfG waren diese zu einer angemessenen Steuerung der Aufgabenerledigung verpflichtet; sie mußten daher den Beauftragten sorgfältig auswählen und sich ihm gegenüber ausreichende Kontroll-, Weisungs- und Eingriffsrechte vorbehalten.[62] Dabei waren die Anforderungen an die Sorgfalt bei der Auswahl und an die Intensität der Kontrolle um so größer, je höher das Gefahrenpotential der Aufgabe.[63]

Exkurs: Gemischt-wirtschaftliche Abfallentsorgung

Auch einen Fall des § 3 II 2 AbfG stellte das Modell der Gründung von privatrechtlichen gemischt-wirtschaftlichen Unternehmen dar, an denen sowohl die entsorgungspflichtige Kommune als auch private Entsorger betei-

---

[59] *Beckmann*, in: Bauer/Schink, Organisationsformen, S. 38, 44; *Dippel*, Die Kommunen im Recht des Umweltschutzes, S. 170; *Kirchberg*, VBlBW 1994, 469, 471; *Kloepfer*, VerwArch 1979, 195, 196 f.; *Kunig*/Schwermer/Versteyl, AbfG, § 3 Rn. 33; *v.Lersner/Wendenburg*, Recht der Abfallbeseitigung, Kz 1130 Rn. 15; *Lottermoser*, Fortentwicklung, S. 214; *Schink*, VerwArch 1994, 251, 258 f.; *Winkelmann*, UPR 1991, 169, 170.

[60] *Peine*, in: Schmidt, Öffentliches Wirtschaftsrecht, S. 371, 453; *Steiner*, Öffentliche Verwaltung durch Private, S. 114.

[61] BVerwGE 62, 224, 225, 229 f.; *Kunig*/Schwermer/Versteyl, AbfG, § 3 Rn. 34; *Winkelmann*, UPR 1991, 169, 170.

[62] *Bartels*, Abfallrecht, S. 132; *Kirchberg*, VBlBW 1994, 469, 471; *Peine*, DÖV 1997, 353, 358; *v.Lersner/Wendenburg*, Recht der Abfallbeseitigung, Kz. 1130 Rn. 15; *Schink*, Eildienst LKT 1997, 388, 390 ff.

[63] BGH, NJW 1994, 1745 ff.; BGH, NJW 1976, 46, 47; *Schink*, Eildienst LKT 1997, 388, 391 f.

ligt sind.[64] Obwohl diese von den entsorgungspflichtigen Körperschaften häufig umfassend mit den Aufgaben der Abfallentsorgung betraut wurden, waren sie nichtsdestotrotz lediglich Verwaltungshelfer;[65] ein Übergang der Entsorgungspflicht war nach der Regelung des § 3 AbfG nicht möglich. Je nach der Reichweite und Ausgestaltung der Beauftragung stellte sich bei der Einschaltung gemischt-wirtschaftlicher Unternehmen allerdings das Problem des Verlustes von Steuerungsmöglichkeiten der entsorgungspflichtigen Körperschaft. Als Entsorgungsverantwortliche war sie verpflichtet, sich ausreichende Steuerungsmöglichkeiten zu erhalten.[66] Fungierte ein gemischtwirtschaftliches Entsorgungsunternehmen in weiten Teilen lediglich als "Holding" dergestalt, daß es nicht oder nur in begrenztem Umfang selbst operativ tätig war und im übrigen Unteraufträge an Dritte erteilte, die ebensogut die Kommune selbst vergeben konnte, wurde die aus § 3 II 1 AbfG folgende Verantwortung ausgehöhlt.[67] Eine solche Konstruktion war daher in der Regel als abfallrechtswidrig einzustufen.

b) Beauftragung zur Schaffung eines Marktes, § 3 II 3 AbfG a.E.

Von einer Beauftragung Dritter war auch in § 3 II 3 AbfG die Rede. Danach hatte die Abfallverwertung Vorrang vor der sonstigen Entsorgung, wenn neben der technischen Möglichkeit und wirtschaftlichen Zumutbarkeit ein Markt für den bei der Verwertung entstehenden Sekundärrohstoff besteht oder durch Beauftragung Dritter geschaffen werden konnte. Dadurch sollte gewährleistet werden, daß das Verwertungsgebot nur eingriff, soweit es wirtschaftlich überhaupt sinnvoll war, und nicht Recycling-Produkte hergestellt wurden, die auf dem Markt nicht absetzbar waren.[68] Die Begründung des Gesetzgebers zu § 3 II 3 AbfG[69] sowie der Bezug zum Markt sprechen dafür, daß der Begriff des Dritten sich hauptsächlich auf private Unternehmen bezog, somit wesentlich enger als in § 3 II 2 AbfG zu verstehen war.

---

[64] *Beckmann*, in: Bauer/Schink, Organisationsformen, S. 38, 44 f.; *Pauly/Figgen/Hünnekens*, Gemischtwirtschaftliche Entsorgungsunternehmen, S. 18 ff.; *Stober*, in: Tettinger, Public-Private-Partnerships, S. 36 f.

[65] *Osterloh*, VVDStRL 54 (1995), 230 ff.

[66] *Kirchberg*, VBlBW 1994, 469, 471.

[67] *Engel*, Gemischtwirtschaftliche Abfallentsorgung, S. 8 f.

[68] *Kunig*/Schwermer/Versteyl, AbfG, § 3 Rn. 35.

[69] BT-Drs. 10/2885, S. 15: "Die Körperschaften sollten sich bei der Verwertung ... privater Dritter bedienen. Private Unternehmen können die Abfallverwertung meist effektiver gestalten.".

2. Beauftragung durch die Abfallbesitzer

Auch die selbst zur Entsorgung verpflichteten Besitzer von der Entsorgung ausgeschlossener Abfälle konnten gemäß § 3 IV 2 AbfG, der auf § 3 II 2 AbfG verwies, Dritte mit der Erfüllung ihrer Pflichten beauftragen. Auch § 3 II 3 AbfG fand Anwendung. Die Rechtsbeziehungen zwischen dem Abfallbesitzer und dem mit der Entsorgung Beauftragten waren dabei rein privatrechtlicher Natur.

Nach § 3 IV 2 iVm II 3 AbfG hing auch die Pflicht der Abfallbesitzer zur Verwertung ihrer Abfälle u.a. davon ab, ob durch Beauftragung Dritter ein Markt für ihre Sekundärrohstoffe oder Energie geschaffen werden konnte.

II. Einordnung in die Privatisierungskategorien

Bei einer Einordnung der Beauftragung Dritter mit der Erfüllung der Entsorgungspflicht nach § 3 II 2 AbfG ist zu unterscheiden zwischen der Beauftragung durch öffentlich-rechtliche Entsorgungsträger einerseits und der durch selbst zur Entsorgung verpflichtete Abfallbesitzer andererseits.

1. Beauftragung durch die öffentlich-rechtlichen Entsorgungsträger

a) Die Regelung des § 3 II 2 AbfG

Bei einer Beauftragung nach § 3 II 2 AbfG übernahmen die Dritten lediglich die technische Ausführung oder Erfüllung der Entsorgungspflicht, die unverändert der öffentlich-rechtlichen Körperschaft oblag.[70] Eine Übertragung der Entsorgungspflicht dergestalt, daß die Pflicht gänzlich auf den Beauftragten überging und dieser an die Stelle der entsorgungspflichtigen Körperschaft trat, wie es bei einer materiellen Privatisierung der Fall wäre, war nach § 3 II 2 AbfG nicht möglich,[71] da es sich bei der Abfallentsorgung gemäß § 3 II 1 AbfG um eine Pflichtaufgabe der entsorgungspflichtigen Körperschaften handelte, deren Zuweisung nicht zu ihrer Disposition stand.[72] Der beauftragte

---

[70] *Kirchberg*, VBlBW 1994, 469, 471; *Kunig*/Schwermer/Versteyl, AbfG, § 3 Rn 33; *Winkelmann*, UPR 1991, 169, 170.

[71] *V.Lersner/Wendenburg*, Kz. 1130 Rn. 15; *Schoch*, Privatisierung der Abfallentsorgung, S. 38; *ders.*, DVBl. 1994, 1, 7 f.; *Tettinger/Mann*, Jb. UTR 1995, 113, 124.

[72] *Hofmann*, VBlBW 1994, 121, 122; *Osterloh*, VVDStRL 54 (1995), S. 230; *Schoch*, DÖV 1993, 377, 378.

Dritte wurde somit lediglich als Verwaltungshelfer tätig.[73] Nach der oben vorgenommenen Einteilung handelte es sich um einen Fall der funktionalen Privatisierung, soweit der Dritte ein privates Rechtssubjekt war.

In der Praxis hat sich eine Fülle verschiedener Erscheinungsformen der Beauftragung nach § 3 II 2 AbfG herauskristallisiert.[74] Das wohl noch häufigste Modell war die Beauftragung privater Unternehmen durch den für die Abfallentsorgung zuständigen Regie- oder Eigenbetrieb der entsorgungspflichtigen Körperschaft mit einzelnen Tätigkeiten, z.B. der Müllabfuhr, der Einsammlung und/oder Verwertung von Wertstoffen, dem Betrieb oder der Errichtung einer Abfallentsorgungsanlage.

Auch die Entsorgung durch privatrechtliche Eigengesellschaften (Entsorgungs-GmbH) der entsorgungspflichtigen Körperschaften könnte eine funktionale Privatisierung darstellen. In der Regel wurde dieser Fall zwar der Organisationsprivatisierung zugeordnet.[75] Eine Qualifizierung als Organisationsprivatisierung würde aber voraussetzen, daß § 3 II 1 AbfG ein Handeln in Privatrechtsform gestattete.[76] Gebot § 3 II 1 AbfG oder eine andere Norm hingegen ein öffentlich-rechtliches Handeln der entsorgungspflichtigen Körperschaft, konnten Eigengesellschaften nur als Verwaltungshelfer nach § 3 II 2 AbfG eingeschaltet werden. Für die Möglichkeit einer privatrechtlichen Handlungsform gegenüber dem Bürger könnte der Grundsatz der Formenwahlfreiheit der Verwaltung[77] sprechen. Die Formenwahlfreiheit gilt jedoch nicht unbeschränkt; sie ist ausgeschlossen, wenn durch Gesetz eine öffentlich-rechtliche Handlungsform vorgeschrieben ist. In welcher Form die entsorgungspflichtige Körperschaft ihre Entsorgungsaufgaben zu erfüllen hatte, bestimmte § 3 II 1 AbfG selbst nicht. Eine Pflicht zu öffentlich-rechtlichem Tätigwerden könnte

---

[73] *Winkelmann,* UPR 1991, 169, 170; *Struß,* Abfallwirtschaftsrecht, S. 76; *Tettinger*, GewArch 1988, 41, 46; zum Begriff des Verwaltungshelfers vgl. *Maurer*, Allgemeines Verwaltungsrecht, § 23 Rn. 60. Zum Teil wird hierfür auch der aus dem Zivilrecht entnommene Begriff des Erfüllungsgehilfen verwendet; siehe *Kloepfer,* VerwArch 1979, 195, 197; *Schoch,* Privatisierung der Abfallentsorgung, S. 39 f.; *Vitzthum*, AöR 104 (1979), 580, 592. Da dieser im vorliegenden Zusammenhang mit dem des Verwaltungshelfers identisch ist, soll der Begriff "Erfüllungsgehilfe" nur verwendet werden, wenn der Auftraggeber ein Privatrechtssubjekt ist.

[74] S. nur die Beispiele bei *Bauer/Schink*, Organisationsformen in der öffentlichen Abfallwirtschaft, S. 103 ff., 112 ff.; *Schink*, VerwArch 1994, 251, 256 f.

[75] *Schink*, VerwArch 1994, 251, 256; *Schoch*, Privatisierung der Abfallentsorgung, S. 35.

[76] Welche Organisationsform die Verwaltung wählen kann, hängt u.a. von der gesetzlich gebotenen Rechtsform des Handelns ab, siehe *Ehlers,* Verwaltung in Privatrechtsform, S. 172.

[77] *Ehlers*, Verwaltung in Privatrechtsform, S. 64 f. m.w.Nachw.; *Erbguth/ Stollmann*, DÖV 1993, 798, 799.

sich jedoch aus § 3 I AbfG ergeben haben, der einen bundesrechtlichen Anschluß- und Benutzungszwang an die öffentliche Einrichtung "kommunale Abfallentsorgung" anordnete.[78] Ob allein das Bestehen eines Anschluß- und Benutzungszwanges eine privatrechtliche Handlungsform ausschließt, ist umstritten.[79] Jedenfalls ergab sich die Pflicht zu öffentlich-rechtlicher Entsorgungstätigkeit aber aus dem Landesrecht; nach den Abfallgesetzen der Länder regeln die entsorgungspflichtigen Körperschaften die Abfallentsorgung durch Satzung und erheben sie Gebühren.[80] Die Rechtsbeziehungen zwischen der entsorgungspflichtigen Körperschaft und dem Bürger sind damit notwendig öffentlich-rechtlich auszugestalten. Eine Eigengesellschaft kann aber nur privatrechtlich handeln; öffentlich-rechtliches Tätigwerden kommt nur in Betracht, soweit hoheitliche Kompetenzen übertragen wurden, die Gesellschaft also Beliehene ist. Dafür mangelte es unter dem alten Abfallrecht jedoch an einer gesetzlichen Ermächtigungsgrundlage. Eine Übertragung der Entsorgungspflicht war danach nicht zulässig; die öffentlich-rechtliche Körperschaft blieb Aufgabenträger.[81] Kommunale Eigengesellschaften konnten somit, da ihre Handlungsform notwendig privatrechtlich war, das Verhältnis zum Bürger aber öffentlich-rechtlicher Natur sein mußte, nicht in unmittelbare Rechtsbeziehungen zum Bürger treten. Die entsorgungspflichtige Körperschaft konnte sie daher lediglich als Verwaltungshelfer gemäß § 3 II 2 AbfG in die öffentlich-rechtliche Entsorgung einschalten.[82] Es handelte sich also auch hierbei um einen Fall der funktionalen Privatisierung.

b) Beauftragung zur Schaffung eines Marktes, § 3 II 3 AbfG a.E.

Da § 3 II 3 AbfG sowohl für die Entsorgungspflichtigen als auch für die Besitzer ausgeschlossener Abfälle Anwendung fand, kam eine funktionale Privatisierung im oben genannten Sinne allenfalls im Hinblick auf die der öffentlichen Entsorgungspflicht unterliegenden Abfälle, insbesondere die zum Zweck der Verwertung überlassenen Abfälle nach § 1 I 2 AbfG, in Betracht.

---

[78] *Kunig*/Schwermer/Versteyl, AbfG, § 3 Rn. 13; *v.Lersner/Wendenburg*, Recht der Abfallbeseitigung, Kz. 1130 Rn. 4.

[79] Vgl. *Ehlers*, Verwaltung in Privatrechtsform, S. 176; *Frotscher*, Die Ausgestaltung kommunaler Nutzungsverhältnisse bei Anschluß- und Benutzungszwang, S. 9 ff., 16.

[80] Siehe nur § 9 I, II AbfG NW; §§ 4, 6 AbfG LSA; § 3 I, III SaarlAbfG; § 8 I, II AbfG BW.

[81] *Osterloh*, VVDStRL 54 (1995), 204, 233.

[82] Vgl. auch *Bodanowitz*, Organisationsformen für die kommunale Abwasserbeseitigung, S. 29 ff., sowie *Engel*, Gemischtwirtschaftliche Abfallentsorgung, S. 63.

2. Beauftragung durch die Abfallbesitzer

Eine funktionale Privatisierung lag bei einer Einschaltung von Erfüllungsgehilfen durch die zur Entsorgung verpflichteten Abfallbesitzer nicht vor, da es sich nicht um eine Beteiligung an Verwaltungsaufgaben handelte: Mit dem Ausschluß von der Entsorgung wurde die Aufgabe bereits materiell privatisiert. § 3 IV 2 iVm II 2 AbfG wies lediglich darauf hin, daß der Abfallbesitzer seiner Entsorgungspflicht nicht höchstpersönlich nachzukommen hatte.

C. Sonderfälle

Sonderfälle eines Tätigwerdens Privater auf dem Gebiet der Abfallentsorgung fanden sich in § 3 VI AbfG, § 4 II, IV AbfG und in auf § 14 AbfG beruhenden Rücknahmeverordnungen.

I. Gesetzliche Regelung

1. Wirtschaftlichere Entsorgung

Nach § 3 VI 1 AbfG konnte die zuständige Behörde dem Inhaber einer Abfallentsorgungsanlage auf seinen Antrag die Entsorgung solcher Abfälle übertragen, die er wirtschaftlicher zu entsorgen in der Lage war als eine nach § 3 II 1 AbfG entsorgungspflichtige Körperschaft.[83] Für den Fall, daß die Körperschaft dann zur Entsorgung der verbleibenden Abfälle nicht oder nur mit unverhältnismäßigem Aufwand in der Lage war, konnte die Übertragung außerdem mit der Auflage verbunden werden, daß der Antragsteller gegen Erstattung der Kosten alle Abfälle zu entsorgen hatte. Dieser Zusatz sollte verhindern, daß sich der Betreiber nur die "Rosinen" aus den kommunalen Entsorgungsaufgaben herauspickte und der Körperschaft nur ein nicht wirtschaftlich zu erledigender Rest verblieb.[84] § 3 VI AbfG baute damit in besonderem Maße auf die Kooperation zwischen der entsorgungspflichtigen Körperschaft und dem Privaten.[85]

Die Übertragung stand im Ermessen der zuständigen Behörde. Nach der Entstehungsgeschichte der Norm sollte sich daraus kein Anspruch des Antrag-

---

[83] Zu den Voraussetzungen vgl. *v.Lersner/Wendenburg,* Recht der Abfallbeseitigung, Kz. 1130 Rn. 53 ff.

[84] *Kunig*/Schwermer/Versteyl, AbfG, § 3 Rn. 63.

[85] *Kunig*/Schwermer/Versteyl, AbfG, § 3 Rn. 59.

stellers ergeben.[86] Ein Anspruch des Antragstellers auf Übertragung der Entsorgung bei Ermessensreduktion auf Null wäre nur in Betracht gekommen, wenn die Vorschrift nicht nur öffentliche, sondern auch Interessen des Anlageninhabers schützen sollte.[87] Für die Begründung subjektiver Rechte des Antragstellers könnte sprechen, daß die Übertragung der Entsorgungspflicht auf Antrag eine Begünstigung des Anlageninhabers darstellte.[88] Auch die Berücksichtigung der Zumutbarkeit in Satz 2 a.E. könnte auf einen auch drittschützenden Charakter der Norm hindeuten. Jedoch reicht der Umstand allein, daß eine Norm für den Bürger vorteilhaft ist, noch nicht für die Annahme eines subjektiven Rechts aus; es muß vielmehr die Begünstigung als solche vom Gesetz gewollt sein.[89] Dagegen spricht insbesondere der Umstand, daß der Gesetzgeber in § 3 II 1 AbfG die Entsorgungspflicht und damit auch die Organisation der Abfallentsorgung aus umweltpolitischen Gründen grundsätzlich den entsorgungspflichtigen Körperschaften öffentlichen Rechts überantwortet hat.[90] Daß diese Organisationsmacht durch subjektive Rechte privater Entsorger eingeschränkt werden sollte, war dabei nicht bezweckt. Selbst bei einer Ermessensreduktion auf Null hatte der Anlageninhaber mithin auf die Übertragung der Entsorgung keinen einklagbaren Anspruch.

2. Entsorgung außerhalb zugelassener Anlagen

Nach § 4 I 1 AbfG durften Abfälle grundsätzlich nur in den dafür zugelassenen Anlagen oder Einrichtungen entsorgt werden. Der 1990 eingefügte Satz 2 gestattete daneben eine Entsorgung in Anlagen, die überwiegend einem anderen Zweck als der Abfallentsorgung dienen und die einer immissionsschutzrechtlichen Genehmigung nach § 4 BImSchG unterliegen. Eine Aussage über die Zuordnung der Entsorgungspflichten wurde dadurch nicht getroffen, es ging vielmehr lediglich um die Art und Weise der Entsorgung.[91] § 4 I AbfG regelte somit nur die Modalitäten der Erfüllung der nach § 3 II, IV bestehenden Entsorgungspflichten.

---

[86] *Kloepfer*, Umweltrecht, § 12 Rn. 94.

[87] Bejahend *Kunig*/Schwermer/Versteyl, AbfG, § 3 Rn. 62, der allerdings die praktische Relevanz eines solchen Anspruchs bezweifelt; ebenso *Kloepfer*, Umweltrecht, § 12 Rn. 94; *v.Lersner/Wendenburg*, Recht der Abfallbeseitigung, Kz. 1130 Rn. 54.

[88] Vgl. *v.Lersner/Wendenburg*, Recht der Abfallbeseitigung, Kz. 1130 Rn. 57.

[89] *Maurer*, Allgemeines Verwaltungsrecht, § 8 Rn. 8.

[90] Vgl. BVerwGE 62, 224, 229 f.

[91] *Klowait*, Beteiligung Privater, S. 83.

Ausnahmen vom Anlagenzwang des § 4 I AbfG im Einzelfall konnte die zuständige Behörde gemäß § 4 II AbfG durch Verwaltungsakt zulassen, wenn keine Beeinträchtigung des Wohls der Allgemeinheit, insbesondere der in § 2 I AbfG genannten Belange, zu befürchten war. Die Entscheidung stand im Ermessen der Behörde. Da es sich bei § 4 II um eine nicht nur öffentliche, sondern zumindest auch die wirtschaftlichen Interessen des Betreibers schützende Norm handelte - Zweck der Vorschrift war es, einen Ausgleich für das grundsätzliche Selbstentsorgungsverbot in Fällen unzumutbarer Härte zu schaffen[92] -, hatte der Antragsteller einen Anspruch auf ermessensfehlerfreie Entscheidung, der sich im Falle einer Ermessensreduktion auf Null zu einem Anspruch auf die Ausnahme verdichten konnte.[93]

Generelle Ausnahmen konnte für die Entsorgung bestimmter Abfälle oder bestimmter Mengen dieser Abfälle eine von der jeweiligen Landesregierung erlassene Rechtsverordnung gemäß § 4 IV AbfG vorsehen. Von dieser Ermächtigung haben die Länder vor allem für pflanzliche Abfälle aus der Land- und Forstwirtschaft Gebrauch gemacht.

Die ausnahmsweise Zulässigkeit einer Entsorgung von Abfällen außerhalb dafür zugelassener Anlagen oder Einrichtungen nach § 4 II, IV AbfG ergab nur Sinn, wenn der Besitzer auch von der Überlassungspflicht des § 3 I AbfG befreit war.[94]

3. Rücknahmepflichten, insbesondere VerpackV und Duales System

Private Entsorgungsverantwortung kann schließlich durch die Normierung von Rücknahmepflichten entstehen.[95] Eine Ermächtigungsgrundlage für die Anordnung von Rücknahmepflichten enthielt das AbfG in § 14.

a) Rücknahmepflichten der VerpackV

Bedeutenster Anwendungsfall dieser Ermächtigung ist die 1991 erlassene Verpackungsverordnung[96]. Diese soll zu einer Verringerung des hohen

---

[92] Vgl. *Hoppe/Beckmann*, Planfeststellung und Plangenehmigung im Abfallrecht, S. 35.

[93] *Kunig*/Schwermer/Versteyl, AbfG, § 4 Rn. 34.

[94] *Kloepfer,* VerwArch 1979, 195, 196 Fn. 3; *v.Lersner/Wendenburg,* Recht der Abfallbeseitigung, Kz. 1140 Rn. 31; *Reiland,* BayVBl. 1975, 66, 70; *Winkelmann,* UPR 1991, 169, 174.

[95] *Häder/Weiland*, ZAU 1996, 247, 248, 250; *Rutkowsky/Tegner*, ZAU 1996, 507, 508.

Anteils der Verpackungen am gesamten Abfallaufkommen beitragen. Dazu werden in §§ 4, 5 und 6 VerpackV Hersteller und Vertreiber von Transport-, Um- und Verkaufsverpackungen grundsätzlich verpflichtet, diese nach Gebrauch zurückzunehmen und einer stofflichen Verwertung außerhalb der öffentlichen Abfallentsorgung zuzuführen. Gemäß § 11 VerpackV können sie sich dabei Dritter bedienen. Hinter der VerpackV stand der Gedanke der Produktverantwortung und damit letztlich das umweltrechtliche Verursacherprinzip; Hersteller und Vertreiber sollten als diejenigen, die in Gestalt der Verpackungen potentiell umweltgefährdende Gegenstände in den Wirtschaftskreislauf einbringen, auch für deren spätere Entsorgung, hier durch stoffliche Verwertung, verantwortlich sein. Dadurch sollten Anreize entstehen, Verpackungen zu minimieren und entsorgungsfreundlich zu gestalten.

b) Befreiungsmöglichkeit bei Beteiligung an einem flächendeckenden Erfasungssystem

Als Schlupfloch für den Bereich der Verkaufsverpackungen ließ der Gesetzgeber den Herstellern und Vertreibern die durch § 6 III 1 VerpackV eröffnete Möglichkeit, der individuellen Rücknahmepflicht durch die Beteiligung an einem System zu entgehen, das im Einzugsgebiet des verpflichteten Vertreibers flächendeckend eine regelmäßige Abholung der Verkaufsverpackungen beim Endverbraucher oder in dessen Nähe gewährleistet und die im Anhang der Verordnung festgelegten Anforderungen erfüllt. Danach muß das System sicherstellen, daß die Verpackungen durch geeignete Hol- oder Bringsysteme beim Endverbraucher erfaßt und anschließend sortiert und stofflich verwertet werden (Anhang I), wobei sowohl für die Erfassung (bezogen auf das gesamte Verpackungsaufkommen) wie auch für die Sortierung (bezogen auf die erfaßten Verpackungen) bestimmte, nach Materialien differenzierende Quoten erfüllt werden müssen (Anhang II und III); die aussortierten Wertstoffe hat das System einer stofflichen Verwertung zuzuführen und dies in überprüfbarer Form nachzuweisen (Anhang IV).[97] Die befreiende Wirkung tritt erst mit der behördlichen Feststellung durch die zuständige oberste Landesbehörde für Abfallwirtschaft ein, daß ein solches System flächendeckend eingerichtet ist, § 6 III 6 VerpackV.[98] Voraussetzung für die Feststellung ist nach § 6 III 2-4 VerpackV eine Abstimmung auf die vorhandenen örtlichen

---

[96] VerpackV v. 12.6.1991, BGBl. I, S. 1234, geändert durch VO v. 26.10.1993, BGBl. I, S. 1782.

[97] Näher zu den Systemanforderungen *Flanderka*, BB 1996, 649 f.

[98] Vgl. zum Begriff der Flächendeckung *Hofmann-Hoeppel*, DVBl. 1993, 873 ff.; zur Feststellung nach § 6 III *Weidemann*, DVBl. 1992, 1568 ff.

Sammel- und Verwertungssysteme der entsorgungspflichtigen Körperschaften, deren Belange besonders zu berücksichtigen sind und die die Übernahme bzw. Mitbenutzung der vorhandenen Einrichtungen gegen ein angemessenes Entgelt verlangen können.

c) Duales System

Zur Errichtung eines solchen "Dualen Systems" wurde am 28. 9.1990 die "Der Grüne Punkt Duales System Deutschland Gesellschaft für Abfallvermeidung und Sekundärrohstoffgewinnung mbH" (DSD) gegründet; 1997 erfolgte eine Umwandlung in eine Aktiengesellschaft. Ihr Zweck ist die kollektive Organisation der Sammlung und Vorsortierung rücknahmepflichtiger gebrauchter Verkaufsverpackungen. Gesellschafter sind Unternehmen des Handels, der Verpackungs- und der Konsumgüterindustrie.

Nach und nach wurde die DSD in allen Bundesländern als flächendeckendes System zum Einzug von Verkaufsverpackungen im Sinne des § 6 III 1, 6 VerpackV festgestellt. Seitdem ist sie anstelle der daran beteiligten Hersteller und Vertreiber verpflichtet, Verkaufsverpackungen vom Endverbraucher zurückzunehmen und einer erneuten Verwendung oder stofflichen Verwertung außerhalb der öffentlichen Entsorgung zuzuführen, soweit sie ihr von dem Verbraucher überlassen werden.[99] Die Beteiligung am Dualen System erfolgt durch den Abschluß eines Zeichennutzungsvertrages mit der DSD zur Verwendung des geschützten Warenzeichens "Der Grüne Punkt" auf der Verpakkung des jeweiligen Produktes.[100] Antragsteller ist dementsprechend regelmäßig die abfüllende/abpackende Industrie oder - bei handelseigenen Marken - das Handelsunternehmen, bei importierten Produkten der Importeur. Die Lizenz zur Verwendung des "Grünen Punktes" vergibt die DSD gegen ein in der Höhe zunächst nur vom Volumen, seit 1994 von Volumen, Gewicht und Materialart der Verpackung abhängiges Entgelt unter der Voraussetzung, daß die Wiederverwertbarkeit der betreffenden Verpackung durch eine Abnahme- und Verwertungsgarantie eines Entsorgers nachgewiesen wird.[101] Für die

---

[99] Bestehen bleibt die Rücknahmepflicht der Hersteller und Vertreiber für Um- und Transportverpackungen, soweit der Endverbraucher diese nicht mit der Ware nach Hause nimmt, §§ 4, 5 VerpackV.

[100] Vgl. *Flanderka*, BB 1996, 649, 651 f.; anschaulich zur Funktionsweise des Dualen Systems auch *Selmayr*, UPR 1998, 99 f.

[101] Garantiegeber sind für Papier/Karton/Pappe die *Interseroh AG zur Verwertung von Sekundärrohstoffen*, die *Vereinigung für Wertstoffrecycling GmbH* und die *Gesellschaft für Papierrecycling mbH* und die *Recostra SA*, für Glas die *Gesellschaft für Glasrecycling und Abfallvermeidung mbH*, für Kunststoffverpackungen die *DKR Deutsche Gesellschaft für Kunststoffrecycling mbH*, für Getränkekartons die *ReCarton*

meisten Verpackungsstoffe liegen allerdings pauschale Verwertungsgarantien vor, was den Verwender von einem konkreten Verwertungsnachweis gegenüber der DSD entbindet. Mit den Einnahmen aus den Lizenzentgelten finanziert die DSD die Sammlung, die Beförderung zu der Sortierstelle und die Vorsortierung der gebrauchten Verkaufsverpackungen, z.T. auch deren Verwertung.[102] Mit der Erfüllung dieser Tätigkeiten beauftragt die DSD jeweils für ein bestimmtes Gebiet unter Abstimmung mit der jeweiligen entsorgungspflichtigen Körperschaft lokale Entsorger, wobei sowohl die entsorgungspflichtige Körperschaft selbst als auch ein zu diesem Zweck gegründetes gemischt-wirtschaftliches oder ein rein privates Entsorgungsunternehmen in Betracht kommen.[103] Die Entsorger hatten die erfaßten Materialien nach der ursprünglichen Fassung der Leistungsverträge kostenlos an einen von der DSD benannten Garantiegeber überlassen (sog. "Schnittstelle Null"); nach Beanstandung dieser Regelung durch die Europäische Kommission können die Entsorger die Materialfraktionen Papier/Pappe/Karton, Glas, Weißblech und Aluminium nunmehr wahlweise selbst vermarkten, die Vermarktung gemeinsam mit einem Garantiegeber durchführen oder auch die Materialien weiterhin an einen Garantiegeber abgeben. Kunststoff muß einem mit der DSD verbundenen Unternehmen überlassen werden.

II. Einordnung in die Privatisierungskategorien

1. Wirtschaftlichere Entsorgung

Die rechtliche Einordnung der Übertragung der Entsorgung nach § 3 VI AbfG bereitet Schwierigkeiten, da sie davon abhängig ist, ob dabei die Entsorgungspflicht mit auf den Anlagenbetreiber überging und ob dieser hoheitliche Befugnisse erhielt.[104] Die gesetzliche Regelung war insoweit nicht eindeutig.

Gesellschaft für Wertstoffgewinnung mbH, für Aluminium die *Interseroh AG*, die *Deutsche Aluminium Verpackung Recycling GmbH* und für Weißblech die *Interseroh AG*, *die Thyssen Sonnenberg GmbH*, die *Rasselstein Hoesch GmbH* und die *Krupp Hoesch Rohstoff- und Recycling GmbH*.

[102] Erhebliche Zuzahlungen durch das DSD müssen z.B. für die Abnahme etlicher Kunststoff- und Verbundverpackungen gezahlt werden, s. *Spangenberg/Verheyen*, Von der Abfallwirtschaft zum Stoffstrommanagement, S. 50.

[103] Zu den verschiedenen Modellen s. *Queitsch*, UPR 1995, 246, 249 f.; *Schmeken/Schwade*, VerpackV, S. 92 f.

[104] Vgl. *Klowait*, Beteiligung Privater, S. 84 f., der von einer "eigentümlichen Zwischenstellung" des § 3 VI AbfG im System des § 3 spricht; *Kunig*/Schwermer/Versteyl, AbfG, § 3 Rn. 59.

Zum Teil wurde die Auffassung vertreten, eine Übertragung der Entsorgung nach § 3 VI AbfG führe nicht zu einem Übergang der Entsorgungspflicht von der entsorgungspflichtigen Körperschaft auf den Anlageninhaber, vielmehr ergebe sich aus einer historischen und systematischen Auslegung, daß dieser lediglich im Rahmen der Erfüllung tätig werde, während die Körperschaft zur Entsorgung verpflichtet bleibe.[105] So wäre in § 3 VI nicht nur von der *verpflichteten* Körperschaft die Rede, auch der Vergleich zu dem nicht nur explizit als Ausnahme von der öffentlichen Entsorgung geregelten, sondern auch nur unter besonderen Voraussetzungen zulässige Fall der ausgeschlossenen Abfälle in § 3 III, IV AbfG zeige, daß § 3 VI eine Ausnahme von § 3 II 1 AbfG gerade nicht normieren wollte. Gegen diese Interpretation sprechen jedoch abgesehen von dem Wortlaut ("übertragen") im wesentlichen drei Aspekte: Der Vergleich mit § 3 III, IV AbfG hinkt insofern, als diese von ihrer Konzeption her zu einer belastenden Maßnahme ermächtigten[106], die Übertragung der Entsorgung nach § 3 VI 1 AbfG hingegen durch begünstigenden Verwaltungsakt[107] erfolgte. Eine ausdrückliche Regelung des Übergangs der Entsorgungspflicht in § 3 IV AbfG kann somit darauf zurückgeführt werden, daß der Ausschluß von Abfällen von der Entsorgung als Versagung einer "begünstigenden staatlichen Leistung"[108] eine Belastung des Abfallbesitzers darstellte und damit einer gesetzlichen Ermächtigungsgrundlage bedurfte. Dieses Erfordernis stellte sich bei § 3 VI 1 AbfG, der eine Begünstigung des Anlagenbetreibers regelte, nicht. Für einen Übergang der Entsorgungspflicht auf den Anlageninhaber spricht zum zweiten eine teleologische Auslegung. So machte ein Antrag nach § 3 VI AbfG wirtschaftlich nur Sinn, wenn der Anlageninhaber nicht auf die freiwillige Überlassung der Abfälle durch den Besitzer angewiesen war. Es mußte ihm gegenüber demnach eine Überlassungspflicht bestehen. Das war nach § 3 I AbfG aber nur dann der Fall, wenn er auch Entsorgungspflichtiger wurde. Schließlich ist gegen eine Qualifizierung des Anlageninhabers als Erfüllungsgehilfe das systematische Argument anzuführen, daß dann die Regelung des § 3 VI 1 AbfG bereits vollständig von § 3 II 2 AbfG erfaßt und damit überflüssig gewesen wäre.

---

[105] *Klowait,* Beteiligung Privater, S. 71 f. m.w.Nachw., 118 f.; ähnlich *v. Heimburg*, Verwaltungsaufgaben, S. 143 f.

[106] Ausführlich *Kloepfer*, VerwArch 79 (1979), 195, 199f.; *ders.*, Umweltrecht, § 12 Rn. 92.

[107] *V.Lersner/Wendenburg,* Recht der Abfallbeseitigung, Kz. 1130 Rn. 57; *Tettinger/Mann*, Jb. UTR 1995, 113, 125.

[108] *Kloepfer*, VerwArch 1979, 195, 199.

Mit der herrschenden Auffassung[109] ist demnach davon auszugehen, daß bei einer Übertragung der Entsorgung nach dieser Vorschrift nicht nur die Wahrnehmung der Entsorgungspflicht, sondern auch die Entsorgungspflicht selbst auf den Inhaber der Entsorgungsanlage übertragen wurde. Sofern es sich um einen privaten Anlageninhaber handelte, könnte diese Übertragung mithin eine materielle Privatisierung der Aufgabe darstellen. Der Vorgang könnte andererseits jedoch auch als Beleihung zu qualifizieren sein.[110] Von der materiellen Privatisierung unterscheidet sich die Beleihung dadurch, daß der Beliehene der Verwaltung angegliedert und im Rahmen seiner Beleihung Zuordnungssubjekt öffentlichen Rechts wird. Zur Abgrenzung kommt es somit darauf an, ob eine Übertragung der Entsorgungspflicht nach § 3 VI AbfG mit der Übertragung hoheitlicher Befugnisse einhergeht.[111] Eine hoheitliche Befugnis des Anlagenbetreibers kam allenfalls insofern in Betracht, als nach einer Übertragung der Entsorgungspflicht die Überlassungspflicht des Abfallbesitzers gemäß § 3 I AbfG gegenüber dem Anlagenbetreiber bestand. Dieser konnte daher vom Abfallbesitzer die nötige Mitwirkung und die Duldung des Einsammelns verlangen. Es erscheint jedoch zweifelhaft, dieses Verhältnis zwischen Anlagenbetreiber und Abfallbesitzer für die Annahme einer hoheitlichen Befugnis des ersteren ausreichen zu lassen.[112] Die die hoheitlichen Befugnis im wesentlichen ausmachenden Zwangsbefugnisse[113], hier also die Befugnisse zum Erlaß entsprechender Verwaltungsakte sowie zur zwangsweisen Durchsetzung der Mitwirkungs- und Duldungspflichten des Abfallbesitzers mit den Mitteln des Verwaltungszwangs (Ersatzvornahme, Zwangsgeld, unmittelbarer Zwang), oblagen vielmehr weiterhin der zuständigen Behörde; für eine Übertragung dieser Befugnisse zusammen mit der Entsorgungspflicht fehlte eine gesetzliche Ermächtigungsgrundlage. In Anbetracht dieser Umstände kann daher von einer Beleihung des Anlagenbetreibers im Fall der Übertragung der Entsorgung nach § 3 VI AbfG nicht gesprochen werden. Es handelte sich vielmehr um eine materielle Privatisierung der Entsorgungspflicht.

---

[109] *Franßen*, in: *Salzwedel*, Grundzüge des Umweltrechts, S. 420; *Kloepfer*, Umweltrecht, § 12 Rn. 90; *Kunig*/Schwermer/Versteyl, AbfG, § 3 Rn. 59; *v.Lersner/Wendenburg*, Recht der Abfallbeseitigung, Kz. 1130 Rn. 58; *Tettinger/Mann*, Jb. UTR 1995, 113, 124 f.; *Winkelmann*, UPR 1991, 169, 173.

[110] So *Stober*, in: *Tettinger*, Public-Private-Partnerships, S. 31; *Struß*, Abfallwirtschaftsrecht, S. 77 ff.

[111] Gefolgt werden soll dabei der sog. "Rechtsstellungstheorie", vgl. *v. Hagemeister*, Privatisierung, S. 59 f.; *v. Heimburg*, Verwaltungsaufgaben und Private, S. 33 f.; *Michaelis*, Der Beliehene, S. 69.

[112] Vgl. *Peine*, in: Schmidt, Öffentliches Wirtschaftsrecht, S. 371, 449; *ders.*, UPR 1992, 121, 124.

[113] Vgl. *Schmidt-Bleibtreu/Klein*, Art. 33 Rn. 12.

2. *Entsorgung außerhalb zugelassener Anlagen*

Eine Privatisierungsform können die Fälle der Entsorgung außerhalb zugelassener Anlagen nach § 4 II, IV AbfG nur für solche Abfälle darstellen, die der Entsorgungspflicht der Körperschaft unterlagen; die Entsorgungspflicht für ausgeschlossene Abfälle war bereits eine materiell private Pflicht.

Entscheidend für die Einordnung in eine der Privatisierungskategorien ist dabei die Frage, ob mit dem Wegfall der Überlassungspflicht, der mit der ausnahmsweisen Zulässigkeit der Entsorgung von Abfällen außerhalb dafür zugelassener Anlagen oder Einrichtungen nach § 4 II, IV AbfG einherging, auch die Entsorgungspflicht auf den Abfallbesitzer überging. Aus dem Wegfall der Überlassungspflicht ergab sich in jedem Fall ein *Recht* zur Eigenentsorgung. Fraglich ist aber, ob den in § 4 normierten Ausnahmetatbeständen im Hinblick auf die Zuordnung der Entsorgungs*pflichten* ein eigener Regelungsgehalt zukam.

Ein Übergang der Entsorgungspflicht bei einer Ausnahmegenehmigung nach § 4 II und bei Gebrauchmachen von einer nach § 4 IV in Verbindung mit der entsprechenden landesrechtlichen Verordnung eröffneten Möglichkeit wurde häufig mit dem Argument vertreten, das Recht zur Eigenentsorgung mit der Befreiung von der Überlassungspflicht des § 3 I AbfG ziehe die Pflicht zur Entsorgung mit sich.[114] Das würde jedoch voraussetzen, daß die Überlassungspflicht des § 3 I der Entsorgungspflicht des § 3 II 1 notwendig und in jedem Fall korrespondierte.[115] Eine solche Aussage folgt aus dem Wortlaut der Vorschriften jedoch nicht zwingend. Gegen einen Pflichtenübergang ist vielmehr aus systematischer Sicht anzuführen, daß § 3 AbfG die Zuordnung der Entsorgungspflichten abschließend regelte und sich § 4 AbfG lediglich auf die Art und Weise der Entsorgung bezog. Auch der Zweck der in § 4 II, IV AbfG geregelten Ausnahmen vom Anlagenzwang, nicht - wie bei § 3 III AbfG - der Entlastung der entsorgungspflichtigen Körperschaft, sondern der "Entscheidungs- und Verfügungsfreiheit des Besitzers"[116] zu dienen, spricht gegen einen Übergang der Entsorgungspflichten. So war nicht die mangelnde Fähigkeit der Körperschaft, die betreffenden Abfälle selbst zu entsorgen, sondern vielmehr die Frage maßgeblich, ob eine Entsorgung in Abfallentsorgungsanlagen für bestimmte Abfälle unter Umweltschutzgesichtspunkten notwendig und sinnvoll war oder ob zugunsten des Abfallbesitzers davon

---

[114] *Klowait,* Beteiligung Privater, S. 77 ff., 83; *Struß,* Abfallwirtschaftsrecht, S. 45

[115] So in der Tat *Brosche,* DVBl. 1977, 235, 236: "lückenlose Deckung von Überlassungspflicht und Beseitigungspflicht".

[116] *V.Lersner/Wendenburg*, Recht der Abfallbeseitigung, Kz. 1130 Rn. 4.

abgewichen werden konnte.[117] Folglich ging die Entsorgungspflicht in den Fällen des § 4 II und IV AbfG nicht über. Der Besitzer war lediglich zur selbstverantwortlichen Entsorgung berechtigt, nicht aber verpflichtet; die Entsorgungspflicht der Gebietskörperschaft nach § 3 II 1 AbfG blieb - subsidiär - bestehen. Der Abfallbesitzer konnte die Abfälle, auf die sich die Ausnahme bezieht, daher auch weiterhin der entsorgungspflichtigen Körperschaft überlassen.[118]

Die Körperschaft zog sich also im Rahmen ihrer Entsorgungspflicht in den Fällen des § 4 II, IV AbfG insoweit aus der Aufgabenwahrnehmung zurück, wie sie vom Abfallbesitzer tatsächlich durchgeführt wurde; da die öffentliche Hand subsidiär verpflichtet blieb und diese Pflicht auflebte, wenn und soweit der Abfallbesitzer die Entsorgung nicht durchführte, ist diese Fallgruppe als Verwaltungssubstitution zu qualifizieren.

Soweit die Ausnahmen ausgeschlossene Abfälle betrafen, regelten sie lediglich die Art und Weise der privaten Entsorgungstätigkeit. Eine Privatisierung war darin nicht zu sehen.

3. Rücknahmepflichten

Eine Einordnung des durch die Verpackungsverordnung eingeführten privaten Entsorgungssystems für Verpackungen unter die oben angeführten Privatisierungsformen gestaltet sich wegen der komplexen rechtlichen Konstruktion schwierig.

Die zur Rücknahme verpflichteten Hersteller und Vertreiber haben die zurückgenommenen Verpackungen einer erneuten Verwendung oder einer stofflichen Verwertung außerhalb der öffentlichen Entsorgung zuzuführen. Dadurch sollte ein privates Entsorgungssystem geschaffen werden.[119] Voraussetzung für eine Entsorgung *außerhalb der öffentlichen Entsorgung* nach dem AbfG war aber, daß die abfallrechtlichen Vorschriften, insbesondere die Entsorgungspflicht der entsorgungspflichtigen Körperschaften sowie die Pflicht der Besitzer zur Überlassung an dieselben, keine Anwendung auf die durch die Hersteller und Vertreiber oder das an deren Stelle getretene DSD zu entsorgenden Verpackungen fanden. Überwiegend wurde diese Frage über § 1

---

[117] *V.Lersner/Wendenburg*, Recht der Abfallbeseitigung, Kz. 1140 Rn. 42.

[118] So auch *VGH München*, NuR 1988, 391, 393 sowie *Kunig*/Schwermer/Versteyl, AbfG, § 4 Rn. 36 (für § 4 II); *v.Lersner/Wendenburg*, Kz. 1130 Rn. 4 (für § 4 IV).

[119] BR-Drs. 819/90, S. 31.

III Nr. 7 AbfG gelöst.[120] Jedoch entfiel die Abfalleigenschaft der Verpackungen und damit die Anwendbarkeit des Abfallrechts bereits aufgrund der Übergabe an den Rücknahmepflichtigen: Die gebrauchten Verpackungen wurden einem gewerblichen Unternehmen zur Verwertung überlassen und unterfielen damit weder dem subjektiven, noch dem objektiven, noch dem erweiterten Abfallbegriff des § 1 I AbfG.[121] An dieser Stelle kam mithin die schon bei Erlaß des AbfG diskutierte Frage auf, ob § 1 III Nr. 7 AbfG überhaupt eigenständige Bedeutung hatte. Zum Teil wurde die Auffassung vertreten, die Vorschrift stellte eine Erweiterung des in § 1 I normierten Abfallbegriffes dar.[122] Dafür spricht, daß eine Ausnahme vom Anwendungsbereichs nur Sinn machte, wenn dieser über den Abfallbegriff überhaupt eröffnet war. Nach anderer Auffassung sollten mit § 1 III Nr. 7 Anforderungen an gewerbliche Sammlungen[123] bzw. eine Grundlage zur Unterbindung einer privaten Verwertung normiert werden[124]. Beiden Auslegungen steht jedoch der Ausnahmecharakter der Vorschrift entgegen. Es ist daher davon auszugehen, daß § 1 III Nr. 7 lediglich deklaratorische Bedeutung zukam. Das AbfG und somit insbesondere die Entsorgungspflicht der öffentlich-rechtlichen Körperschaften nach § 3 II 1 sowie die Überlassungspflicht des § 3 I fanden somit auf Verpackungen, die den nach der VerpackV Rücknahmepflichtigen übergeben werden, keine Anwendung.[125]

Der Endverbraucher blieb allerdings berechtigt, Verkaufsverpackungen weiterhin der nach § 3 II 1 AbfG entsorgungspflichtigen Körperschaft zu überlassen; eine Überlassungspflicht an die Hersteller und Vertreiber oder das DSD bestand nicht.[126] Im Falle der Überlassung an die Körperschaft lebte das abfallrechtliche Regime wieder auf, da dann die Voraussetzungen des subjektiven bzw. des erweiterten Abfallbegriffs nach § 1 I AbfG vorlagen. Der Entsorgungspflicht konnten die entsorgungspflichtigen Körperschaften dabei nicht dadurch entgehen, daß sie Verpackungsabfälle nach § 3 III AbfG von der Entsorgung ausschlossen: Ein Ausschluß war nur für nicht aus privaten

---

[120] Z.B. HessVGH, NVwZ 1995, 299 f.; *Queitsch*, UPR 1995, 246, 249; *Schmeken/Schwade*, VerpackV, S. 103 f.; *Strecker/Berndt*, VerpackV, S. 28 f.; *Struß*, Abfallwirtschaftsrecht, S. 84.

[121] *Arndt/Köhler*, NJW 1993, 1945, 1947; a.A. *Thomé-Kozmiensky*, Verpackungsverordnung, S. 64 ff.

[122] *Backes*, DVBl. 1987, 333, 335.

[123] *Bartels*, Abfallrecht, S. 33.

[124] Kunig/*Schwermer*/Versteyl, AbfG, § 1 Rn.79.

[125] HessVGH, NVwZ 1995, 299 f.

[126] *Arndt/Köhler*, NJW 1993, 1945 ff.; *Frenz*, GewArch 1994, 145, 149 f.; *Papier*, in: UTR 26, Umweltschutz und technische Sicherheit im Unternehmen, S. 105, 126; *Queitsch*, in: Abfallwirtschaft im Umbruch, S. 281.

Haushaltungen stammende Abfälle zulässig, Verkaufsverpackungsabfälle sind jedoch in aller Regel Haushalts- und keine Gewerbeabfälle und können zusammen mit Hausmüll entsorgt werden.[127]

Die Rücknahmepflichtigen nach der VerpackV, d.h. Vertreiber und Hersteller sowie das DSD, sind mithin nicht an die Stelle der entsorgungspflichtigen Gebietskörperschaften, sondern neben sie getreten; die Körperschaften blieben für Verpackungsabfälle entsorgungspflichtig, soweit sie ihnen vom Endverbraucher überlassen wurden.[128]

Dies legt eine Einordnung als Verwaltungssubstitution nahe: Die Gebietskörperschaft bleibt zur Entsorgung verpflichtet, die Rücknahmepflichtigen werden nicht hoheitlich und damit nicht als Beliehene, aber auch nicht als Verwaltungshelfer, sondern selbständig tätig. Gegen eine Qualifizierung der Rücknahmepflichtigen als Verwaltungssubstitute spricht jedoch, daß Hersteller und Vertreiber sowie das DSD nicht auf freiwilliger Basis tätig, sondern durch die Vorschriften der VerpackV zur Rücknahme und Entsorgung verpflichtet waren. Daß für Verpackungsabfälle potentiell zwei Verpflichtete existierten, nämlich Vertreiber und Hersteller auf der einen, die entsorgungspflichtigen Körperschaften auf der anderen Seite, und je nach Entscheidung des Endverbrauchers, die Verpackung entweder zurückzugeben oder aber der öffentlichen Entsorgung zuzuführen, die eine oder die andere Pflicht auflebte, lag allein an dem aus dem subjektiven Abfallbegriff folgenden Umstand, daß bei der Überlassung an die Hersteller und Vertreiber oder das DSD das abfallrechtliche Regime entfiel.[129]

In die oben genannten Kategorien läßt sich das aufgrund der VerpackV geschaffene private Entsorgungssystem daher nicht ohne weiteres einordnen.[130] Am ehesten kann wohl von einer teilweisen materiellen Privatisierung gesprochen werden,[131] und zwar in Form einer Inpflichtnahme Privater.[132]

---

[127] *Arndt/Köhler*, NJW 1993, 1945, 1948 f.

[128] *Frenz*, GewArch 1994, 145, 147; *Koch*, NVwZ 1996, 215, 218; *Queitsch*, UPR 1995, 246.

[129] *Bartlsperger*, VerwArch 1995, 32 ff., insbes. 44 f., hält die VerpackV aus diesem Grund für mit dem AbfG unvereinbar.

[130] *Klowait*, Beteiligung Privater, S. 169.

[131] BayVGH, NVwZ-RR 1995, 650 , 651; *Finckh*, Regulierte Selbstregulierung im Dualen System, S. 111; *Stober*, in: Tettinger, Public-Private-Partnerships, S. 25, 33; *Kiethe/Sproll*, ZIP 1994, 275, 280; in diesem Sinne wohl auch *Frenz*, GewArch 1994, 145, 147 ff. (Aufgabenprivatisierung und zugleich ein Fall der Indienstnahme Privater); *Koch*, NVwZ 1996, 215, 218 (partielle Aufgabenprivatisierung); *Papier*, in: UTR 26, Umweltschutz und technische Sicherheit im Unternehmen, S. 105, 125 ff. (Aufgabe des Verwaltungsmonopols öffentlich-rechtlicher Entsorgung); a.A. *Scholz/ Aulehner*, BB 1993, 2250, 2254 ff. (Fonds und sukzessives faktisches Staatsmonopol).

D. Fazit

Eine Analyse des AbfG ergibt folgendes Entsorgungssystem: Grundsätzlich oblag die Entsorgung den nach Landesrecht entsorgungspflichtigen Körperschaften öffentlichen Rechts. Funktionale Privatisierungen waren dabei in großem Umfang möglich. Darunter fielen auch die weithin unter die Kategorie der Organisationsprivatisierung gefaßten Gestaltungsformen. Materielle Privatisierungen durch die entsorgungspflichtigen Körperschaften waren im Rahmen des § 3 III, IV und des § 3 VI AbfG zulässig. Im Hinblick auf das durch die VerpackV geschaffene private Entsorgungssystem kann allenfalls von einer teilweisen materiellen Privatisierung gesprochen werden. Fälle der Verwaltungssubstitution stellen die Ausnahmen vom Anlagenzwang nach § 4 II, IV AbfG dar, soweit es sich um nicht ausgeschlossene Abfälle handelte und der Entsorger nicht Beauftragter der entsorgungspflichtigen Körperschaft im Sinne des § 3 II 2 war. Eine Beleihung Privater mit Aufgaben der Abfallentsorgung war nach dem AbfG nicht möglich.

Trotz dieser vielfältigen Möglichkeiten einer Beteiligung Privater an der Abfallentsorgung kann von einem dualen System, in dem öffentliche und private Entsorgung gleichberechtigt nebeneinander standen, nicht gesprochen werden. Von der Konzeption her räumte das AbfG der öffentlichen Entsorgung vielmehr klar Vorrang ein; private Entsorgung war lediglich als Ausnahme von der Regel möglich.[133] Dieses grundsätzliche Entsorgungsmonopol der öffentlichen Hand fand seine Rechtfertigung vor allem in der Überlegung, daß einerseits der Einzelne zur ordnungsgemäßen Entsorgung seiner Abfälle in aller Regel nicht in der Lage ist und andererseits eine unkontrollierte, ungeordnete und umweltgefährdende Entsorgung verhindert werden muß.[134] Der konzeptionelle Vorrang einer geordneten Abfallentsorgung durch kommunale Entsorgungsträger vor einer privaten Entsorgung diente danach dem Gesundheitsschutz der Bevölkerung und dem Schutz der Umwelt als Gut der Allgemeinheit.

---

[132] *Frenz*, Verursacherprinzip, S. 58; wohl auch HessVGH, NVwZ 1995, 299 f.

[133] *Beckmann*, NWVBl. 1995, 81, 83 f.; *Hölscher*, ZUR 1995, 176, 177; *Hoppe/ Beckmann*, Planfeststellung und Plangenehmigung im Abfallrecht, S. 21; *Kloepfer*, Umweltrecht, § 12 Rn. 93; RSU, Sondergutachten Abfallwirtschaft, Tz. 150.

[134] BVerGE 62, 227, 229; *Bender/Sparwasser/Engel*, Umweltrecht, S. 593; *Kloepfer*, Umweltrecht, § 12 Rn. 77.

Dritter Teil

Öffentliche und private Abfallentsorgung unter dem KrW-/AbfG

Das KrW-/AbfG geht von einer grundlegend anderen Systematik als das AbfG von 1986 aus, indem es anstelle einer grundsätzlich öffentlichen Entsorgung die grundsätzliche Entsorgungspflicht der Erzeuger und Besitzer von Abfällen bestimmt. Zentrale Bedeutung kommt insoweit den §§ 5 II und 11 I KrW-/AbfG zu, wonach die Abfallerzeuger und -besitzer selbst zur Verwertung und Beseitigung verpflichtet sind, soweit in den §§ 13 bis 18 nichts anderes bestimmt ist. Nur ausnahmsweise obliegt die Entsorgungspflicht danach öffentlich-rechtlichen Trägern.[1] Im Unterschied zum Entsorgungssystem des AbfG liegen dem des KrW-/AbfG nicht zwei, sondern vielmehr im Grundsatz drei Stufen zugrunde, wobei wiederum eine Zuordnung der Entsorgungspflichten die erste (A.) und die Möglichkeiten einer Beauftragung Dritter die zweite Stufe bilden (B.); mit den Optionen einer Übertragung der Entsorgungspflicht auf private Entsorgungsträger und Dritte enthält das KrW-/AbfG jedoch darüberhinaus eine weitere Stufe (C.). Nicht diesen drei Stufen zuzuordnende Möglichkeiten einer Entsorgungstätigkeit Privater stellen Sonderfälle dar (D.)

Entscheidend für die Entsorgungsstrukturen nach dem KrW-/AbfG sind die Entsorgungs- und Überlassungspflichten auf der einen, die Qualifikation eines Stoffes als Abfall sowie seine Herkunft auf der anderen Seite. Dabei bedeutet die *Entsorgungspflicht* als hoheitliche Aufgabenzuweisung[2] die Verantwortung dafür, daß angefallene Abfälle ordnungsgemäß, d.h. insbesondere nach Maßgabe des KrW-/AbfG, der abfallrechtlichen Verordnungen und Verwaltungsvorschriften, entsorgt werden.[3] Die Entsorgung umfaßt nach § 3 VII die Verwertung und die Beseitigung von Abfällen. Die *Überlassungspflicht* hingegen normiert die Pflicht des Abfallerzeugers oder -besitzers, dem Entsorgungspflichtigen die tatsächliche Sachherrschaft an bestimmten Abfällen

---

[1] Näher zur gesetzlichen Regel-Ausnahme-Systematik der §§ 5 II, 11 I und 13 I *Bree*, Privatisierung der Abfallentsorgung, S. 80 f.

[2] *Krahnefeld*, NuR 1996, 269, 270.

[3] *Püttner*, DB 1993, Beil. 10, S. 63, 64.

zu übertragen.[4] Sie umfaßt die Pflicht, die Abfälle zusammenzutragen und dem Entsorgungspflichtigen entsprechend den maßgebenden Bestimmungen so zur Verfügung zu stellen, daß dieser sie ohne weiteres einsammeln kann.[5] Die Erfüllung der dem Entsorgungspflichtigen obliegenden Entsorgungsaufgabe beginnt mit der Einsammlung des Abfalls.[6] *Abfall* und damit Gegenstand der Entsorgungs- und Überlassungspflichten sind nach dem neuen Abfallbegriff des KrW-/AbfG nunmehr alle beweglichen Sachen, die unter die in Anhang I genannten Stoffgruppen fallen und die der Besitzer oder Erzeuger einer Verwertungs- oder Beseitigungsmaßnahme im Sinne des Anhangs II zuführt, zuführen will oder zuführen muß.[7] Erfaßt sind damit auch die vormals dem abfallrechtlichen Regime entzogenen sogenannten Wertstoffe, was nach Schätzungen mindestens zu einer Verdoppelung der dem Abfallregime unterfallenden Stoffe führt.[8] Je nach dem tatsächlichen Entsorgungsvorgang unterscheidet das Gesetz zwischen Abfällen zur Verwertung und Abfällen zur Beseitigung, § 3 I 2 KrW-/AbfG. Indem nunmehr auch der Erzeuger von Abfällen als diejenige Person, durch deren Tätigkeit Abfälle angefallen sind oder die Behandlungen vorgenommen hat, die eine Veränderung der Natur oder Zusammensetzung von Abfällen bewirken,[9] der Entsorgungspflicht unterworfen wurde, steht der Exekutive in dem Fall, daß dieser nicht mit dem Besitzer[10] übereinstimmt, ein weiterer "Störer" zur Verfügung, den sie unter Beachtung der Ermessensgrenzen bei der Störerauswahl neben dem Besitzer oder anstelle des Besitzers zur Erfüllung der Entsorgungspflicht in Anspruch nehmen kann.[11]

---

[4] *Bartram/Schade*, UPR 1995, 253; *Hoppe*, in: Klett/v.Köller/Schmitt-Gleser, Kreislaufwirtschafts- und Abfallgesetz, S. 123, 129.

[5] Vgl. BVerwG, NJW 1989, 1295. Zu den Mitwirkungspflichten des Bürgers bei der Hausmüllentsorgung vgl. Schink/Schmeken/*Schwade*, LAbfG NW, S. 194 f.

[6] BVerwG, VBlBW 1995, 472.

[7] Zum Abfallbegriff s. nur *Bartlsperger*, VerwArch 1995, 32, 56 ff.; *Dieckmann*, ZUR 1995, 169 ff; *Fluck*, DVBl. 1995, 537 ff.; *Gassner*, AöR 1998, 201 ff.; *v.Köller*, Leitfaden Abfallrecht, S. 58 ff.; *Kunig*, NVwZ 1997, 209 ff.

[8] *Meins*, BayVBl. 1997, 66. - *Bender/Sparwasser/Engel*, Umweltrecht, S. 570, sowie *Krahnefeld*, NuR 1996, 269, gehen sogar von einer *dreifach* höheren Abfallmenge aus.

[9] § 3 V KrW-/AbfG. Bei der Auslegung des Erzeugerbegriffs ist ähnlich wie dei der des Besitzerbegriffs auch auf Kriterien der Verantwortlichkeitszuordnung abzustellen; vgl. *Klett/Enders*, BB 1996, 2003, 2004 f.

[10] Zur Definition des Besitzerbegriffs s.o. 2. Teil, A. I.

[11] *Krahnefeld*, NuR 1996, 269, 272; vgl. auch *v.Lersner/Wendenburg,* Recht der Abfallbeseitigung, Kz. 0111 Rn. 5 ff.

A. Zuordnung der Entsorgungspflichten

Während nach altem AbfG allein aufgrund der Qualifizierung einer Sache als Abfall grundsätzlich ein öffentliches Entsorgungssystem eingriff[12], ordnet das KrW-/AbfG entsprechend der Ausweitung seines Anwendungsbereichs die Entsorgungspflichten für Abfälle in Abhängigkeit von ihrer Herkunft (private Haushaltungen oder andere Herkunftsbereiche) auf der einen und dem Entsorgungsweg (Verwertung oder Beseitigung) auf der anderen Seite in einem differenzierten System von Grundsatz, Ausnahmen und Ausnahmen von Ausnahmen entweder Privaten oder öffentlich-rechtlichen Entsorgungsträgern zu.[13]

I. Gesetzliche Regelung

Nach §§ 5 II, 11 I obliegt die Entsorgungspflicht den Abfallerzeugern und -besitzern, soweit sich aus den §§ 13 bis 18 nichts anderes ergibt. Da der Umfang der grundsätzlichen originären Eigenentsorgungspflicht der Erzeuger und Besitzer danach insbesondere vom Umfang der spezielleren Entsorgungspflicht der öffentlich-rechtlichen Entsorgungsträger abhängt, soll diese im folgenden zuerst dargestellt werden.

1. Öffentlich-rechtliche Entsorgungsträger

Die Entsorgungspflichten der öffentlich-rechtlichen Entsorgungsträger sind in § 15 I bestimmt. Eine Legaldefinition des Begriffs der öffentlich-rechtlichen Entsorgungsträger enthält § 13 I 1; danach handelt es sich dabei um die nach Landesrecht zur Entsorgung verpflichteten juristischen Personen. Obwohl diese Umschreibung keine Beschränkung auf juristische Personen *öffentlichen Rechts* enthält, ist davon auszugehen, daß insoweit keine Änderung gegenüber der alten Rechtslage (§ 3 II 1 AbfG: "Die nach Landesrecht zuständigen Körperschaften des öffentlichen Rechts") angestrebt wurde, sondern lediglich dem Umstand Rechnung getragen werden sollte, daß von den Ländern nicht nur Gebietskörperschaften, sondern auch öffentlich-rechtliche Kommunalverbände oder Anstalten öffentlichen Rechts zu Entsorgungspflichtigen

---

[12] *Bartlsperger*, VerwArch 1995, 32, 44 f., 46 ff.

[13] *Bartlsperger*, VerwArch 1995, 32, 65 f.; *Hölscher*, ZUR 1995, 176, 178; *Kunig*, NVwZ 1997, 209, 210; *Versteyl/Wendenburg*, NVwZ 1996, 937, 943; *Weidemann*, NJW 1996, 2757, 2759; *ders.*, GewArch 1997, 311.

bestimmt werden.[14] Juristische Personen des *Privatrechts* kommen als öffentlich-rechtliche Entsorgungsträger im Sinne des § 13 I 1 somit nicht in Betracht.

Nach der Systematik des KrW-/AbfG ist eine Einteilung der Entsorgungspflichten der öffentlich-rechtlichen Entsorgungsträger für Haushalts- auf der einen und für Abfälle aus anderen Herkunftsbereichen auf der anderen Seite sinnvoll.

a) Abfälle aus privaten Haushaltungen

Zur Entsorgung der in ihrem Gebiet angefallenen und ihnen überlassenen Abfälle aus privaten Haushaltungen sind gemäß § 15 I 1 KrW-/AbfG die öffentlich-rechtlichen Entsorgungsträger verpflichtet. Der Begriff der aus privaten Haushaltungen stammenden Abfälle ist im Gesetz nicht definiert. Was darunter zu verstehen ist, kann aber durch eine Negativabgrenzung zu den nicht aus privaten Haushaltungen stammenden Abfällen ermittelt werden. Erfaßt sind danach alle Abfälle, die nicht bei gewerblichen oder sonstigen wirtschaftlichen Tätigkeiten oder in öffentlichen Einrichtungen, sondern regelmäßig im Rahmen der privaten Haushaltsführung anfallen.[15]

Da die Entsorgungspflicht nach § 15 I nur für *überlassene* Abfälle aus privaten Haushaltungen gilt, kommt der Regelung der Überlassungspflichten in § 13 I für die Reichweite der öffentlich-rechtlichen Entsorgungspflicht und damit für das Verhältnis öffentlicher und privater Entsorgung zentrale Bedeutung zu.[16]

Abweichend von den aus §§ 5 II, 11 I KrW-/AbfG folgenden Grundpflichten normiert § 13 I 1 KrW-/AbfG eine grundsätzliche Überlassungspflicht der Erzeuger und Besitzer der aus privaten Haushaltungen stammenden Abfälle. Die ursprüngliche Grundpflicht aus §§ 5 II, 11 I wandelt sich also nach Maßgabe und in dem Umfang des § 13 I um in eine Überlassungspflicht an den öffentlich-rechtlichen Entsorgungsträger.[17] Dieser Pflicht korrespon-

---

[14] *Bree*, Privatisierung der Abfallentsorgung, S. 84 f.; Brandt/Ruchay/*Weidemann*, KrW-/AbfG, B 100, § 13 Rn. 57; wohl auch *Kunig*/Paetow/Versteyl, KrW-/AbfG, § 13 Rn. 6; a.A. *v. Köller*, in: Hoffmann/Müller, Kreislaufwirtschaft zwischen Realität und Utopie, S. 13, 15 f.; *ders.*, in: Schimmelpfeng/Gessenich, KrW-/AbfG, S. 1, 26.

[15] *Fluck*, KrW-/AbfG, § 13 Rn. 76; *Kunig*/Paetow/Versteyl, KrW-/AbfG, § 13 Rn. 14; *Weidemann*, GewArch 1997, 311, 313.

[16] *Bree*, Privatisierung der Abfallentsorgung, S. 81. Zur unterschiedlichen Reichweite von Entsorgungs- und Überlassungspflichten unten c).

[17] *Kunig*/Paetow/Versteyl, KrW-/AbfG, § 13 Rn. 5.

diert ein Entsorgungsanspruch gegenüber dem öffentlichen Entsorgungsträger.[18] Die Pflicht zur Überlassung besteht allerdings nur, soweit Erzeuger und Besitzer zu einer Verwertung nicht in der Lage sind oder eine solche nicht beabsichtigen. Im Unterschied zu der umfassenden Pflicht nach § 3 I AbfG besteht die Überlassungspflicht nach § 13 I 1 KrW-/AbfG somit nur eingeschränkt. Die aus dem Wortlaut zunächst abgeleitete Einschätzung, daß dadurch der Umfang der der Überlassungspflicht unterliegenden Abfälle gegenüber der vormals geltenden Rechtslage abnehme[19], relativiert sich jedoch in Anbetracht des neuen Abfallbegriffs: Zur Verwertung bestimmte Abfälle unterfielen, soweit sie nicht der entsorgungspflichtigen Körperschaft oder von ihr beauftragten Dritten überlassen wurden und damit Abfall nach dem erweiterten Abfallbegriff waren, grundsätzlich nicht dem Abfallrecht und damit auch nicht der Überlassungspflicht des § 3 I AbfG.[20] Nach § 13 I 1 KrW-/AbfG unterliegen demgegenüber auch Abfälle zur Verwertung der Überlassungspflicht, sofern die Erzeuger und Besitzer zu einer Verwertung nicht in der Lage sind oder diese nicht beabsichtigen. Der Anwendungsbereich der Überlassungspflicht ist gegenüber § 3 I AbfG somit nicht eingeschränkt, sondern entsprechend der Erweiterung des Abfallbegriffs zumindest dem Grundsatz nach weiter.[21]

aa) Entfallen der Überlassungspflicht bei (beabsichtigter) eigener Verwertung

Nach § 13 I 1 a.E. entfällt die Überlassungspflicht an die öffentlich-rechtlichen Entsorgungsträger, soweit der Erzeuger oder Besitzer zu einer eigenen Verwertung seiner Haushaltsabfälle in der Lage ist und diese beabsichtigt. Die Auslegung dieser Norm kann zu den umstrittensten Fragen des neuen Abfallrechts gezählt werden; es steht zu befürchten, daß die Handhabung der dort

---

[18] *Fluck*, KrW-/AbfG, § 13 Rn. 56; *Kunig*/Paetow/Versteyl, KrW-/AbfG, § 15 Rn. 7; *Petersen/Rid*, NJW 1995, 7, 14; *Weidemann*, GewArch 1997, 311, 313.

[19] Vgl. *Landsberg/Schink*, StGR 1994, 67, 72 f.; *Queitsch*, StuG 1995, 55, 61; *ders.*, Kreislaufwirtschafts- und Abfallrecht, S. 153; *ders.*, StGR 1996, 330, 333; *Schink*, GemH 1994, 241, 243 f.; *ders.*, DÖV 1995, 881, 883.

[20] Vgl. OVG NW, NWVBl. 1996, 14 f.

[21] *Frenz*, Verursacherprinzip, S. 70 ff.; *Hölscher*, ZUR 1995, 176, 179; *Kunig*/Paetow/Versteyl, KrW-/AbfG, § 13 Rn. 3; *Schink*, in: Brandt/Ruchay/Weidemann, KrW-/AbfG, B 100, § 15 Rn. 21; *ders.*, in: GfU, Kreislaufwirtschafts- und Abfallgesetz - was ändert sich?, S. 113, 120; *ders.*, NVwZ 1997, 435, 436.

normierten Ausnahme von der Überlassungspflicht in der kommunalen Praxis erhebliche Schwierigkeiten bereiten wird.[22]

aaa) Insbesondere stellt sich die Frage, ob die Ausnahme von der Überlassungspflicht nach § 13 I 1 a.E. nur bei einer - tatsächlichen oder geplanten - Eigenverwertung des Abfallbesitzers greift[23] oder ob es ausreicht, daß dieser seine verwertbaren Haushaltsabfälle nach § 16 I an Dritte weitergibt, die dann eine Verwertung durchführen[24]. Die Zulässigkeit einer Drittbeauftragung durch private Haushaltungen würde für die Ausnahme von der Überlassungspflicht Anwendungsbereiche schaffen, die erheblich über den der Eigenkompostierung hinausgehen.[25] Für die Anwendbarkeit des § 16 I im Rahmen des § 13 I 1 wird der Anspruch des KrW-/AbfG ins Feld geführt, primär private Entsorgungsverantwortung begründen zu wollen.[26] Gegen eine solche Auslegung spricht jedoch zum einen der Wortlaut der Norm: Bei einer Einschaltung privater Erfüllungsgehilfen sind die Abfallbesitzer gerade nicht selbst zu einer Verwertung in der Lage.[27] Außerdem beziehen sich die Möglichkeiten einer Einschaltung von Erfüllungsgehilfen nach §§ 16 I, 17 I, 18 I nur auf *Pflichten* der Erzeuger und Besitzer; abweichend von § 5 II besteht gemäß § 13 I 1 jedoch keine Verwertungs*pflicht* für Abfälle aus privaten Haushaltungen, sondern stellt die eigene Verwertung dieser Abfälle lediglich eine *Option* dar,[28] so daß schon insofern der Anwendungsbereich der Normen nicht eröffnet ist.[29] Auch die Systematik des § 13 KrW-/AbfG steht

---

[22] *Landsberg/Schink*, StuGR 1994, 67, 72; *Queitsch*, UPR 1995, 412, 415; *ders.*, Kreislaufwirtschafts- und Abfallrecht, S. 152 ff.; *Schink*, GemH 1994, 241, 243.

[23] So *Queitsch*, StuG 1995, 55, 61.

[24] In diesem Sinne die Ausschußbegründung, BT-Drs. 12/7284, S. 17; *Cosson*, in: BDE, Entsorgung '96, S. 73, 77; *Fluck*, KrW-/AbfG, § 13 Rn. 82; *Frenz*, KrW-/AbfG, § 13 Rn. 10; *Hoppe*, in: Klett/v.Köller/Schmitt-Gleser, Kreislaufwirtschafts- und Abfallgesetz, S. 123, 147 f.; *Krahnefeld*, NuR 1996, 269, 273; *Kunig*/Paetow/Versteyl, KrW-/AbfG, § 13 Rn. 15.

[25] Brandt/Ruchay/*Weidemann*, KrW-/AbfG, B 100, § 13 Rn. 67.

[26] *Beckmann/Kersting*, BB 1997, 161, 166; *Krahnefeld*, NuR 1996, 269, 273 f.; vgl. auch *Bree*, Privatisierung der Abfallentsorgung, S. 111 f., der auf die subjektive Sicht des Abfallbesitzers abstellt; "zur Verwertung in der Lage" sei der Besitzer auch bei einer Einschaltung Dritter, solange er nur einen irgend gearteten Nutzen aus dem Abfall ziehe.

[27] *Arndt*, Kreislaufwirtschaft und kommunale Entsorgung, S. 76; *v.Lersner/Wendenburg*, Recht der Abfallbeseitigung, Kz. 0113 Rn. 15; *Peters*, Umweltverwaltungsrecht, Kap. II, Rn. 62, 142.

[28] *Bongen*, WiB 1996, 713, 715.

[29] *Arndt*, Kreislaufwirtschaft und kommunale Entsorgung, S. 77; *v.Lersner/Wendenburg*, Recht der Abfallbeseitigung, Kz. 0113 Rn. 15; *Schink*, in: GfU, Kreislaufwirtschafts- und Abfallgesetz - was ändert sich?, S. 113, 132; *ders.*, NVwZ

der Anwendbarkeit des § 16 I auf private Haushaltungen entgegen: Die Fälle, in denen die Überlassungspflicht aufgrund einer Einschaltung Dritter entfallen soll, sind in § 13 II und III normiert. Aufgrund des Ausnahmecharakters der Norm ist dabei davon auszugehen, daß die Aufzählung in § 13 III abschließend ist.[30] Einen privaten Markt für verwertbare Haushaltsabfälle wollte der Gesetzgeber darüberhinaus oder daneben nicht schaffen;[31] ein solcher begegnete im Hinblick auf die Sicherstellung ordnungsgemäßer Entsorgung auch erheblichen umweltpolitischen Bedenken,[32] würden doch die Überwachungsmöglichkeiten der Abfallwirtschaftsbehörden erschwert und wäre somit der Anreiz zu illegaler Entsorgung zwecks Umgehung der Abfallgebührenpflicht besonders hoch. Auch bei teleologischer Auslegung ergibt sich somit, daß eine Drittbeauftragung im Rahmen des § 13 I 1 nicht zulässig ist.[33] Die in § 13 I 1 KrW-/AbfG genannte Ausnahme bezieht sich demnach ausschließlich auf die Eigenverwertung.[34]

bbb) Außerdem ist die praktische Umsetzung der in § 13 I 1 a.E. genannten Ausnahme von der Überlassungspflicht durch die öffentlich-rechtlichen Entsorgungsträger höchst umstritten. Dabei geht es vor allem um die Frage, inwieweit für verwertbare Haushaltsabfälle künftig noch ein Anschluß- und Benutzungszwang angeordnet werden kann.

1997, 435, 438; ebenso die Bundesvereinigung der kommunalen Spitzenverbände, zit. nach *Doose*, StT 1997, 234, 235; a.A. *Beckmann/Kersting*, BB 1997, 161, 166.

30 So auch *Arzt*, in: Gaßner/Versmann, Neuordnung, S. 32, 35; *Schink*, ZG 1996, 97, 117; *ders.*, in: GfU, Kreislaufwirtschafts- und Abfallgesetz - was ändert sich?, S. 113, 133; *ders.*, NVwZ 1997, 435, 438; *Versteyl/Wendenburg*, NVwZ 1996, 937, 943; vgl. auch *Arndt*, Kreislaufwirtschaft und kommunale Entsorgung, S. 76; *Arndt/Walter*, WiVerw 1997, 183, 190. A.A. Brandt/Ruchay/*Weidemann*, KrW-/AbfG, B 100, § 13 Rn. 69.

31 Vgl. Schreiben der Bundesvereinigung der kommunalen Spitzenverbände v. 30.9.1996, zit. nach *Doose*, StT 1997, 234, 235; ebenso *Queitsch*, UPR 1995, 412, 416; *Versteyl/Wendenburg*, NVwZ 1996, 937, 943; *Wendenburg*, in: Hoffmann/Müller, Kreislaufwirtschaft zwischen Realität und Utopie, S. 31, 43; a.A. *Krahnefeld*, NuR 1996, 269, 274.

32 *Arzt*, in: Gaßner/Versmann, Neuordnung, S. 35; *Schink*, ZG 1996, 97, 114 f.; *Versteyl/Wendenburg*, NVwZ 1996, 937, 943.

33 Vgl. auch *Arndt*, Kreislaufwirtschaft und kommunale Entsorgung, S. 77; *Arndt/Walter*, WiVerw 1997, 183, 190.

34 So auch die ursprüngliche Auffassung des Bundesumweltministeriums, StT 1996, 61, wonach die Regelung in § 13 I 1 lediglich eine Klarstellung des bereits unter § 3 AbfG geltenden Umfangs der Überlassungspflicht darstellt. Ebenso die Bundesregierung, Antwort auf die Große Anfrage zur Umsetzung des KrW-/AbfG, BT-Drs. 13/3368, S. 20. In einem Schreiben v. 14.1.1997, zit. nach *Doose*, StT 1997, 234, 235, hat sich das Bundesumweltministerium nunmehr jedoch der Gegenauffassung angeschlossen, wonach auch die Verwertung durch Dritte eine eigene Verwertung im Sinne des § 13 I 1 sein soll.

Nach dem in den Gesetzesbegründungen immer wieder genannten Beispiel sollte von der Vorschrift insbesondere die Eigenkompostierung von Bioabfällen durch den Abfallbesitzer erfaßt werden.[35] Soweit der Erzeuger oder Besitzer kompostierbarer Abfälle zu einer ordnungsgemäßen und schadlosen eigenen Kompostierung in der Lage ist, also insbesondere auf seinem Grundstück oder in unmittelbarer Nähe über eine entsprechende Einrichtung verfügt,[36] und eine solche auch durchzuführen beabsichtigt, ist er danach nicht zur Überlassung dieser Abfälle verpflichtet.

Von Seiten der Kommunen besteht die Befürchtung, daß die Ausnahmeklausel die praktische Durchsetzung der Überlassungspflichten generell erheblich erschweren wird; insbesondere im Bereich der Bioabfallkompostierung, soweit sie von den Kommunen selbst betrieben wird, wird aus diesem Grund eine Verschärfung des Problems der Auslastung der dafür vorgehaltenen Entsorgungsanlagen befürchtet.[37] Sie fordern eine enge Auslegung des § 13 I 1 KrW-/AbfG, um die bestehende Ordnung der Entsorgung in den Gebietskörperschaften zu sichern.[38]

Das Instrument zur Durchsetzung der Überlassungspflicht und Erfüllung der Entsorgungspflicht durch die öffentlich-rechtlichen Entsorgungsträger ist der - in der Regel in der örtlichen Abfallsatzung niedergelegte - kommunale Anschluß- und Benutzungszwang. Dabei ist unter Anschlußzwang die Verpflichtung des Eigentümers oder sonst dinglich Berechtigten zu verstehen, auf seinem bewohnten oder gewerblich genutzten Grundstück die Voraussetzungen für den Anschluß an die öffentliche Abfallentsorgung zu schaffen, insbesondere durch Bereitstellung von Stellplätzen und Vorhaltung der vom Entsorgungsträger bestimmten Abfallbehälter, wohingegen durch den Benutzungszwang Abfallbesitzer und -erzeuger zur Benutzung dieser Einrichtung durch Überlassung ihrer Abfälle verpflichtet werden.[39] Die Überlassungspflicht des § 13 I 1 stellt daher einen "bundesrechtlichen Benutzungszwang" dar.[40] Daraus folgt für den kommunalen Benutzungszwang, daß dieser aufgrund der Sperrwirkung des Bundesabfallrechts mit der Über-

---

35 Vgl. nur Begründung zum Regierungsentwurf, BT-Drs. 12/5672, 44.

36 Brandt/Ruchay/*Weidemann*, KrW-/AbfG, B 100, § 13 Rn. 65.

37 *Landsberg/Schink*, StuGR 1994, 67, 72 f.; vgl. auch *Hoppe*, in: Hoppe/Bauer/Faber/Schink, Auswirkungen, S. 63, 75 f.

38 *Queitsch*, StuG 1995, 55, 61.

39 *Pippke*, in: Lübbe-Wolff, Umweltschutz durch kommunales Satzungsrecht, Rn. 307.

40 *Bender/Sparwasser/Engel*, Umweltrecht, S. 598; vgl. zur alten Rechtslage *Kunig*/Schwermer/Versteyl, AbfG, § 3 Rn. 13.

lassungspflicht des KrW-/AbfG im Einklang stehen muß.[41] Ein genereller kommunaler Benutzungszwang mit *Befreiungsmöglichkeiten* im Fall eigener Verwertung, die von einem Antrag und einer im Ermessen der zuständigen Behörde stehenden Genehmigung abhängig sind, ist danach künftig angesichts der Tatsache, daß bei einer den Anforderungen des § 5 III genügenden eigenen Verwertung oder der Absicht zu einer solchen Verwertung die Überlassungspflicht gemäß § 13 I 1 bereits kraft Gesetzes entfallen soll, nicht mehr mit der bundesrechtlichen Regelung vereinbar und daher unzulässig; zulässig sind künftig lediglich der Regelung des § 13 I 1 entsprechende satzungsrechtliche *Ausnahmetatbestände*, bei deren Vorliegen die Überlassungspflicht und damit der Benutzungszwang für die betroffenen Abfälle automatisch entfällt.[42] Dabei stellt sich die weitere Frage, ob der Erzeuger bzw. Besitzer das Vorliegen der Ausnahmevoraussetzungen oder aber der öffentlich-rechtliche Entsorgungsträger ihr Nichtvorliegen nachweisen muß.[43] Das KrW-/AbfG trifft dazu keine Aussage; dem Änderungsvorschlag des Bundesrates, in einem weiteren Satz aufzunehmen, daß der Besitzer auf Verlangen die tatsächliche Verwertung nachzuweisen oder die beabsichtigte Verwertung glaubhaft zu machen hat,[44] wurde nicht gefolgt. Eine Sperrwirkung folgt aus dieser Nicht-Regelung durch den Bundesgesetzgeber aber nicht,[45] so daß dieser Bereich der Regelung durch den kommunalen Satzungsgeber grundsätzlich zugänglich ist.[46] Dabei sprechen insbesondere der Ausnahmecharakter der Eigenverwertung im Rahmen des § 13 I 1, aber auch umweltpolitische und Praktibilitätserwägungen dafür, daß dem die Ausnahme geltend machenden Abfallerzeuger bzw. -besitzer in der Abfallsatzung zumindest eine Darlegungspflicht im Hinblick auf das Vorliegen der Ausnahme-

---

[41] *Beckmann/Kersting*, BB 1997, 161, 168; *Kix*, in: Hoppe/Bauer/Faber/Schink, Auswirkungen, S. 191, 204.

[42] *Hoppe*, in: Klett/v.Köller/Schmitt-Gleser, Kreislaufwirtschafts- und Abfallgesetz, S. 123, 139; *ders.*, in: Hoppe/Bauer/Faber/Schink, Auswirkungen, S. 63, 77; *v.Köller*, Leitfaden Abfallrecht, S. 114; *Pippke*, in: Lübbe-Wolff, Umweltschutz durch kommunales Satzungsrecht, Rn. 310; *Schink*, DÖV 1995, 881, 883; *ders.*, ZG 1996, 97, 112 ff.; *ders.*, in: GfU, Kreislaufwirtschafts- und Abfallgesetz - was ändert sich?, S. 113, 126; *ders.*, NVwZ 1997, 435, 437; Brandt/Ruchay/*Weidemann*, KrW-/AbfG, B 100, § 13 Rn. 70; a.A. *Arndt*, Kreislaufwirtschaft und kommunale Entsorgung, S. 72 ff., sowie *Queitsch*, UPR 1995, 412, 416, die eine Befreiungsregelung auch weiterhin für vereinbar mit Bundesrecht halten.

[43] *Arndt/Walter*, WiVerw 1997, 183, 191 ff.

[44] Vgl. Stellungnahme des Bundesrates zum Regierungsentwurf, BT-Drs. 12/5672, Nr. C. 77.9.

[45] Die Sperrwirkung greift nur, soweit der Bundesgesetzgeber von seinen Regelungskompetenzen Gebrauch gemacht *hat*.

[46] So wohl auch *Kunig*/Paetow/Versteyl, KrW-/AbfG, § 13 Rn. 19.

voraussetzungen, d.h. objektive Möglichkeit ordnungsgemäßer (§ 5 III) eigener Verwertung und Verwertungsabsicht, auferlegt werden kann.[47]

Im Unterschied zum Benutzungszwang ist die Anordnung eines generellen Anschlußzwanges künftig auch für verwertbare Abfälle grundsätzlich zulässig, da das Bundesrecht insoweit keine Aussage trifft und dem kommunalen Satzungsgeber daher ein weiter Gestaltungsspielraum eröffnet ist.[48] Soweit der Abfallbesitzer jedoch ordnungsgemäß kompostiert und aus diesem Grund der Benutzungszwang entfällt, muß ihm ein Anspruch auf Befreiung vom Anschlußzwang zustehen.[49]

ccc) Praktisch ist mit der Regelung des § 13 I 1 keine nennenswerte Änderung gegenüber der alten Rechtslage eingetreten; bei ordnungsgemäßer Eigenverwertung fielen kompostierbare Stoffe nicht unter den Abfallbegriff des § 1 I AbfG und unterlagen daher auch nicht der Überlassungspflicht des § 3 I AbfG, so daß ein kommunaler Benutzungszwang an die öffentliche Abfallentsorgung insoweit auch bislang nicht angeordnet werden konnte.[50]

bb) Weitere Ausnahmen von der Überlassungspflicht

Über die Fälle eigener Verwertung hinaus entfällt die Überlassungspflicht für solche Abfälle aus privaten Haushaltungen, die einer Rücknahme- oder Rückgabepflicht aufgrund einer nach § 24 KrW-/AbfG erlassenen Rechtsverordnung unterliegen, soweit die entsorgungspflichtige Körperschaft nicht an der Rücknahme mitwirkt, § 13 III 1 Nr. 1 KrW-/AbfG. Keine Überlassungspflicht besteht danach z.B. für die nach der VerpackV der Rücknahmepflicht unterliegenden Verkaufsverpackungen, sofern nicht der öffentlich-rechtliche Entsorgungsträger oder ein von diesem beauftragtes Unternehmen, sondern ein unmittelbarer Vertragspartner der DSD die Rücknahme durchführt.

---

47 *Arndt/Walter*, WiVerw 1997, 183, 204; *Jänicke*, in: Gaßner/Versmann, S. 83, 85 ff.; v. *Köller*, Krw-/AbfG, S. 99; *Schink*, StGR 1996, 102, 106; *Queitsch*, StGR 1996, 330, 334. Für den Fall, daß der öffentlich-rechtliche Entsorgungsträger trotz der Darlegungen davon ausgeht, daß die Überlassungspflicht nach § 13 I 1 besteht, muß die Beweislast für das Nichtvorliegen der Ausnahmevoraussetzungen bei allerdings bei ihm liegen, s. *Arndt/Walter*, WiVerw 1997, 183, 204.

48 *Jänicke*, in: Gaßner/Versmann, Neuordnung, S. 83, 86 f., 88 f.; *Kix*, in: Hoppe/Bauer/Faber/Schink, Auswirkungen, S. 191, 204 f.; *Pippke*, in: Lübbe-Wolff, Umweltschutz durch kommunales Satzungsrecht, Rn. 311.

49 Vgl. OVG NW, UPR 1995, 456, 457.

50 OVG NW, UPR 1995, 456, 457; *Gaßner/Siederer*, in: Gaßner/Versmann, Neuordnung, S. 67, 68.

Soweit es sich nicht um besonders überwachungsbedürftige Abfälle handelt, sind auch solche Abfälle von der Überlassungspflicht ausgenommen, die durch gemeinnützige oder gewerbliche Sammlung[51] einer den gesetzlichen Vorschriften entsprechenden Verwertung zugeführt werden, § 13 III 1 Nr. 2 und 3 KrW-/AbfG, im Falle der gewerblichen Sammlung allerdings nur, soweit die ordnungsgemäße, d.h. den Anforderungen des § 5 III genügende Verwertung den öffentlichen Entsorgungsträgern nachgewiesen wird und nicht überwiegende öffentliche Interessen entgegenstehen. Ein Entgegenstehen überwiegender öffentlicher Interessen kommt nicht nur in dem Fall in Betracht, daß gesetzliche Anforderungen nicht eingehalten werden - die Ordnungsmäßigkeit der Entsorgung ist überhaupt Voraussetzung jeder privaten Verwertung -, sondern insbesondere auch dann, wenn die Wirtschaftlichkeit oder gar Funktionsfähigkeit einer vorhandenen öffentlichen Entsorgungsstruktur gefährdet erscheint.[52]

Auch im Hinblick auf diese weiteren Ausnahmen von der Überlassungspflicht ist praktisch keine Änderung gegenüber der alten Rechtslage eingetreten; Stoffe, die durch eine gemeinnützige oder gewerbliche Sammlung einer ordnungsgemäßen und schadlosen Verwertung zugeführt wurden, waren nach § 1 III Nr. 6 und 7 AbfG vom Anwendungsbereich des AbfG und damit auch von der Überlassungspflicht an die öffentlich-rechtlichen Entsorgungsträger ausgenommen.[53]

b) Abfälle zur Beseitigung aus anderen Herkunftsbereichen

Verpflichtet ist der öffentlich-rechtliche Entsorgungsträger gemäß § 15 I 1 KrW-/AbfG grundsätzlich auch zur Entsorgung von in seinem Gebiet angefallenen und ihm überlassenen Abfällen zur Beseitigung aus anderen Herkunftsbereichen. Hingegen fallen Abfälle zur Verwertung nicht unter die Entsorgungspflicht. Abfälle aus anderen Herkunftsbereichen als privaten Haushaltungen sind die bei gewerblichen oder sonstigen wirtschaftlichen Tätigkeiten sowie in öffentlichen Einrichtungen anfallenden Abfälle. Um

---

[51] Darunter fallen nicht Sammlungen durch von dem öffentlich-rechtlichen Entsorgungsträger im Rahmen seiner Entsorgungspflicht nach § 16 I beauftragte Dritte.

[52] *V.Lersner/Wendenburg*, Kz. 0113 Rn. 16; *Frenz*, KrW-/AbfG, § 13 Rn. 27; a.A. *Beckmann/Kersting*, BB 1997, 161, 168. Im Bereich der gemeinnützigen und gewerblichen Sammlungen ist in jüngster Zeit eine verstärkte Aktivität der nach neuen Geldquellen im Entsorgungsbereich suchenden Kommunen zu beobachten, vgl. OVG Bremen, GewArch 1996, 376 ff.; OVG Bremen, GewArch 1997, 437; Süddeutsche Zeitung v. 4.3.1997.

[53] *Gaßner/Siederer*, in: Gaßner/Versmann, Neuordnung, S. 67, 69.

Abfälle zur Beseitigung handelt es sich, wenn sie einem der in Anhang II A genannten Beseitigungsverfahren zugeführt werden (sollen). Darunter fallen grundsätzlich auch verwertbare Abfälle, wenn sie der Erzeuger oder Besitzer aus den in § 5 IV genannten Gründen nicht verwertet, sondern dem öffentlich-rechtlichen Entsorgungsträger *zur Beseitigung* überläßt, selbst wenn dieser sie daraufhin gemäß §§ 15 I 2, 5 II verwertet, weil bei ihm diese Gründe nicht vorliegen.[54] Nach § 15 IV bezieht sich die Entsorgungspflicht der öffentlich-rechtlichen Entsorgungsträger unter den dort genannten Voraussetzungen auch auf "wild" abgelagerte Kfz oder Anhänger.[55]

Eine Überlassungspflicht für die aus wirtschaftlichen Unternehmen und öffentlichen Einrichtungen stammenden Abfälle besteht gemäß § 13 I 2 KrW-/AbfG allerdings nur, soweit deren Erzeuger oder Besitzer, die gemäß § 11 I KrW-/AbfG ebenfalls entsorgungspflichtig sind, diese nicht in eigenen Anlagen beseitigen oder überwiegende öffentliche Interessen eine Überlassung erfordern. Diese Formulierung ist mißverständlich; so stellt nach dem Wortlaut nur die erste Alternative des letzten Halbsatzes, nämlich die Beseitigung in eigenen Anlagen, eine Ausnahme von der grundsätzlichen Überlassungspflicht dar. Das hieße jedoch, daß die zweite Alternative, also das Erfordernis einer Überlassung aufgrund überwiegender öffentlicher Interessen, zu einer Voraussetzung der grundsätzlichen Überlassungspflicht würde.[56] Eine solche Auslegung widerspräche aber der Intention des Gesetzgebers sowie der Systematik des § 13.[57] Vielmehr soll die zweite Alternative, also das Erfordernis einer Überlassung aufgrund überwiegender öffentlicher Interessen, eine Ausnahme von der in der ersten Alternative bestimmten Ausnahme bei der Beseitigung in eigenen Anlagen darstellen; das "oder" ist danach als "es sei denn, daß" zu verstehen.[58] Abfälle zur Beseitigung sind demnach selbst bei der Möglichkeit einer Beseitigung in eigenen Anlagen dem öffentlich-rechtli-

---

[54] *Arndt*, Kreislaufwirtschaft und kommunale Entsorgung, S. 36 f.; *Bree*, Privatisierung der Abfallentsorgung, S. 96; *Kunig*, NVwZ 1997, 209, 214. *Kunig*/Paetow/Versteyl, KrW-/AbfG, § 15 Rn. 1, weist insoweit zutreffend darauf hin, daß "Abfälle zur Beseitigung" bei dem öffentlich-rechtlichen Entsorgungsträger zu "Abfällen zur Verwertung" werden können, die Qualifizierung einer Sache also zwischen den beiden Alternativen des § 3 I 2 wechseln kann.

[55] Zur Frage der Sperrwirkung dieser Vorschrift für landesrechtliche Regelungen betreffend "wilden Müll" allgemein *Kenntner*, VBlBW 1997, 325, 326 f.

[56] So *Bartram/Schade*, UPR 1995, 253, 254; *Fluck*, KrW-/AbfG, § 13 Rn. 112 ff.

[57] Brandt/Ruchay/*Weidemann*, KrW-/AbfG, B 100, § 13 Rn. 79.

[58] VG Minden, Beschl. vom 13.6.1997, Az. 8 L 438/97 (bisher nicht veröffentlicht), S. 11 ff.; so auch die Auffassung des Bundesumweltministeriums, StT 1996, 61, 62, sowie der Bundesregierung, BT-Drs. 13/3368, S. 21.

chen Entsorgungsträger zu überlassen, wenn überwiegende öffentliche Interessen dies erfordern.[59]

aa) Ausnahmen bei Beseitigung in eigenen Anlagen

Die Auslegung der in § 13 I 2 a.E. genannten Ausnahmen gestaltet sich problematisch. Zwar ist unzweifelhaft, daß Erzeuger und Besitzer, die ihre Abfälle in eigenen Anlagen beseitigen, wie die öffentlichen Entsorgungsträger an die Vorschriften des KrW-/AbfG gebunden sind, Abfälle also insbesondere nur in den dafür zugelassenen Anlagen behandeln, lagern oder ablagern dürfen (§ 27 I KrW-/AbfG), die Beseitigung nur ohne eine Beeinträchtigung des Wohls der Allgemeinheit erfolgen darf (§ 10 IV KrW-/AbfG) und die Entsorgungssicherheit gewährleistet sein muß.[60]

aaa) Es ist jedoch zum einen unklar, was unter einer "eigenen Anlagen" zu verstehen ist. Eine entsprechende Definiton enthält das Gesetz nicht. Der Begriff "eigen" legt zunächst eine zivilrechtliche Deutung nahe. Dementsprechend wird im Schrifttum überwiegend entweder in enger Auslegung auf die Eigentumsverhältnisse[61], die alleinige Verfügungsgewalt[62] bzw. eine dingliche Rechtsposition[63] abgestellt oder in weiter Auslegung jedes vertragliche, dingliche oder gesellschaftsrechtliche Nutzungsrecht für ausreichend gehalten[64]. Gegen eine derartige Interpretation spricht jedoch die

---

[59] *Arzt*, in: Gaßner/Versmann, Neuordnung, S. 33, 41 f.; *Beckmann/Kersting*, BB 1997, 161, 165; *Bree*, Privatisierung der Abfallentsorgung, S. 102 ff., 104; *Frenz*, KrW-/AbfG, § 13 Rn. 16; *Krahnefeld*, NuR 1996, 269, 273; *Kunig*/Paetow/Versteyl, KrW-/AbfG, § 13 Rn. 25; *Queitsch*, UPR 1995, 412, 416; *ders.*, StGR 1996, 330, 335; *ders.*, Kreislaufwirtschafts- und Abfallrecht, S. 155; *Schink*, DÖV 1995, 881, 883; *ders.*, ZG 1996, 97, 117 f.; *ders.*, in: Brandt/Ruchay/Weidemann, KrW-/AbfG, B 100, § 15 Rn. 131; *ders.*, in: GfU, Kreislaufwirtschafts- und Abfallgesetz - was ändert sich?, S. 113, 144; *ders.*, NVwZ 1997, 435, 440; *Versteyl/Wendenburg*, NVwZ 1994, 833, 839; *dies.*, NVwZ 1996, 937, 943.

[60] *Queitsch*, Kreislaufwirtschafts- und Abfallrecht, S. 155.

[61] *Schink*, ZG 1996, 97, 119.

[62] *Bongen*, WiB 1996, 713, 716; *Queitsch*, UPR 1995, 412, 416; *ders.*, StGR 1996, 330, 335 f.; *Versteyl/Wendenburg*, NVwZ 1996, 937, 943; *Wendenburg*, in: Hoffmann/Müller, Kreislaufwirtschaft zwischen Realität und Utopie, S. 31, 44.

[63] *Arzt*, in: Gaßner/Versmann, Neuordnung, S. 40 f.; *v.Köller*, Leitfaden Abfallrecht, S. 115; *Queitsch*, UPR 1995, 412, 416. Zu der Frage, ob Mit- oder Gemeinschaftseigentum zur Annahme einer "eigenen Anlage" ausreicht s. *Arndt*, Kreislaufwirtschaft und kommunale Entsorgung, S. 42 ff.; *Arndt/Walter*, WiVerw 1997, 183, 210 ff.

[64] So *Bartram/Schade*, UPR 1995, 253, 255; *Fluck*, KrW-/AbfG, § 13 Rn. 100; *Frenz*, KrW-/AbfG, § 13 Rn. 15; *Kunig*/Paetow/Versteyl, KrW-/AbfG, § 13 Rn. 21 f.;

Entstehungsgeschichte der Norm: Sowohl aus dem Gesetzentwurf der Bundesregierung wie auch aus dem Bericht des Umweltausschusses geht hervor, daß die Überlassungspflicht nur bestehen sollte, soweit die Erzeuger und Besitzer zu einer *Eigenentsorgung* nicht in der Lage sind;[65] der Gesetz gewordene Wortlaut sollte daran nichts ändern, sondern lediglich zum Ausdruck bringen, daß die Eigenentsorgung ordnungsgemäß und damit insbesondere in genehmigten bzw. überwachten Anlagen erfolgen muß.[66] Eine irgend geartete eigentumsrechtliche Bedeutung wurde dem Begriff "eigen" damit nicht beigemessen. Ob der Abfallerzeuger bzw. -besitzer zu einer eigenen Entsorgung in der Lage ist, hängt nicht von seinen Eigentumsverhältnissen an einer Anlage, sondern vielmehr davon ab, ob er *Betreiber* einer solchen Anlage ist.[67] Nur als solcher kann er eine Entsorgung *selbst* durchführen. Eine "eigene Anlage" im Sinne des § 13 I 2 liegt demnach vor, wenn der Abfallerzeuger oder -besitzer Betreiber dieser Anlage im Sinne des anlagenbezogenen öffentlichen Rechts ist.[68] Anlagenbetreiber ist danach diejenige natürliche oder juristische Person bzw. Personenvereinigung, die bestimmenden Einfluß auf die Beschaffenheit, den Betrieb oder die Stillegung der Anlage ausübt,[69] wobei es maßgeblich auf die tatsächliche und rechtliche Verfügungsmacht sowie die Kostentragung ankommt.[70]

Aus § 44 I 1 ergibt sich im Umkehrschluß, daß es zur Annahme einer "eigenen Anlage" nach § 13 I 2 nicht auf einen engen räumlichen und betrieblichen Zusammenhang mit dem Ort der Entstehung des Abfalls beim Erzeuger oder Besitzer ankommt.[71] Es kommen danach auch solche Anlagen

---

Meins, BayVBl. 1997, 66, 72; Himmelmann/*Pohl*/Tünnesen-Harms, Hb. Umweltrecht, B.3. Rn. 69; offengelassen von VG Minden, Beschl. vom 13.6.1997, Az. 8 L 438/97, S. 11 (bislang unveröffentlicht).

[65] Vgl. BReg., BT-Drs. 12/5672, S. 11, 44, Ausschußbegründung, BT-Drs. 12/7284, S. 10, 17

[66] *Jungnickel/Bree*, UPR 1996, 297, 298.

[67] *Bree*, Privatisierung der Abfallentsorgung, S. 99 f.; *Jungnickel/Bree*, UPR 1996, 297, 298.

[68] *Bree*, Privatisierung der Abfallentsorgung, S. 100 f.; *Jungnickel/Bree*, UPR 1996, 297, 298; zustimmend *Arndt/Walter*, WiVerw 1997, 183, 216 f.; *Schink*, in: GfU, Kreislaufwirtschafts- und Abfallgesetz - was ändert sich?, S. 113, 147 ff.; *ders.*, NVwZ 1997, 435, 440; *Versteyl/Wendenburg*, NVwZ 1996, 937, 943.

[69] *Jarass*, BImSchG, § 3 Rn. 70; *Kutscheid*, in: Landmann/Rohmer, Umweltrecht Bd. I, BImSchG § 5 Rn. 25.

[70] *Jungnickel/Bree*, UPR 1996, 297, 298; vgl. auch Kunig/*Schwermer*/Versteyl, AbfG, § 9 Rn. 21.

[71] *Arndt/Walter*, WiVerw 1997, 183, 219 f.; *Bartram/Schade*, UPR 1995, 253, 255; *v.Köller*, Leitfaden Abfallrecht, S. 115; *Schink*, StGR 1996, 102, 107; a.A. VG Hannover, NVwZ 1998, 429, 430; *Wendenburg*, in: Hoffmann/Müller, Kreislaufwirtschaft zwischen Realität und Utopie, S. 31, 44.

in Betracht, die sich nicht auf dem Produktionsgelände, sondern weiter entfernt, unter Umständen gar in einem anderen Bundesland befinden. Der Entsorgung von Abfällen in weit entfernten eigenen Anlagen können aber überwiegende öffentliche Interessen entgegenstehen, was ein Aufleben der Überlassungspflicht nach § 13 I 2 a.E. zur Folge hätte.[72]

bbb) Außerdem ist fraglich, ob die Überlassungspflicht auch dann entfällt, wenn der Abfallbesitzer Dritte, Verbände oder Einrichtungen der Selbstverwaltungskörperschaften der Wirtschaft in die Beseitigung einschaltet, oder ob dies nur bei selbst durchgeführter Beseitigung der Fall ist. Für die Zulässigkeit einer Einschaltung von Erfüllungsgehilfen könnte die Entstehungsgeschichte der Norm sprechen; in den Entwürfen war vorgesehen, daß der Erzeuger oder Besitzer Abfälle nur zu überlassen hat, wenn er zur Eigenentsorgung nicht in der Lage ist,[73] was beinhalten sollte, daß eine Überlassung insoweit gefordert ist, "als der Erzeuger oder Besitzer zur Verwertung oder Entsorgung selbst - auch unter Einschaltung eines Dritten (§ 16) - nicht in der Lage ist"[74].[75] Gegen die Heranziehung dieses entstehungsgeschichtlichen Arguments spricht jedoch, daß in der endgültigen Gesetzesfassung diese Formulierung aufgegeben und statt dessen auf die Beseitigung "in eigenen Anlagen" abgestellt wurde. Hätte der Gesetzgeber den Fall einer Beseitigung durch Erfüllungsgehilfen aufnehmen wollen, wäre dies auch im Wortlaut dieser geänderten letzten Fassung zum Ausdruck gekommen. Bei systematischer Betrachtung ergibt sich vielmehr, daß die Überlassungspflicht nur in dem in § 13 II genannten Fall einer Einschaltung Dritter oder privater Entsorgungsträger entfallen soll, dann nämlich, wenn die Entsorgungspflicht diesen nach §§ 16 II, 17 III oder 18 II übertragen worden ist.[76] Dafür spricht auch die Begründung zum Regierungsentwurf, wonach die Besitzer von Abfällen aus anderen Herkunftsbereichen, soweit sie weder zur Eigenentsorgung in der Lage sind oder Verbände/Kammern an ihre Stelle treten, wie bisher grundsätzlich dem kommunalen Anschluß- und Benutzungszwang unterliegen sollen.[77] Andererseits gelten die §§ 16 I, 17 I, 18 I für alle zur Entsorgung Verpflichteten, ihr Anwendungsbereich ist nicht auf öffentliche Entsorgungsträger oder private Verwertungspflichten beschränkt. Aus systematischen Gründen könnte dies für die Zulässigkeit einer Einschaltung privater Erfüllungsgehilfen bei der Beseitigung in eigenen Anlagen im Sinne des § 13 I 2

[72] Dazu u. ccc).

[73] Regierungsentwurf, BT-Drs. 12/5672, S. 11; Ausschußfassung, BT-Drs. 12/7240, S. 10.

[74] Ausschußbegründung, BT-Drs. 12/7284, S. 17.

[75] So auch *Petersen/Rid*, NJW 1995, 7, 13.

[76] *V.Lersner/Wendenburg*, Kz. 0113 Rn. 21.

[77] BT-Drs. 12/ 5672, S. 44.

sprechen.[78] Dagegen ist jedoch anzuführen, daß § 13 I in bestimmtem Umfang eine Umwandlung der Grundpflichten aus §§ 5 II, 11 I in Überlassungspflichten vornimmt,[79] mit der Folge, daß die Erzeuger und Besitzer insoweit nicht mehr "die zur Verwertung und Beseitigung Verpflichteten" sind und damit von §§ 16 I, 17 I, 18 I gar nicht mehr erfaßt werden.[80] § 13 I 2 a.E. ist daher - als Ausnahme von der Ausnahme - spezieller als § 11 I und §§ 16 I, 17 I, 18 I; eine eigene Beseitigung kann nur in dem dort bestimmten Umfang stattfinden. Die Beseitigung durch Erfüllungsgehilfen stellt danach keinen Fall einer Beseitigung in eigenen Anlagen im Sinne des § 13 I 2 a.E. dar.[81] Nur wenn der Besitzer seine Abfälle in zulässiger Weise in eigenen Anlagen selbst beseitigt, entfällt die Überlassungspflicht an die öffentlichen Entsorgungsträger. Soweit der Erzeuger oder Besitzer dagegen auf eine Fremdbeseitigung durch Dritte angewiesen, ist er zur Überlassung an die öffentlich-rechtlichen Entsorgungsträger gemäß § 13 I 2 verpflichtet.[82]

ccc) Auslegungsbedürftig ist schließlich der in § 13 I 2 a.E. genannte Begriff der "überwiegenden öffentlichen Interessen", die eine Überlassung erfordern können.[83] Streit hat sich insbesondere an der Frage entzündet, ob auch ein wirtschaftliches Interesse der öffentlichen Hand, insbesondere aufgrund einer mangelnden Auslastung der vorhandenen kommunalen Entsorgungseinrichtungen, ein überwiegendes öffentliches Interesse in diesem Sinne darstellen kann[84] oder ob lediglich solche Belange eingestellt werden können, die unmittelbar der Verfolgung des Gesetzeszweckes dienen[85]. Nach beiden Auffassungen stellt der Fortbestand kommunaler Entsorgungsanlagen

---

[78] *Frenz*, KrW-/AbfG, § 13 Rn. 15; vgl. *Beckmann/Kersting*, BB 1997, 161, 165 f. für den Fall einer Verwertung durch Dritte.

[79] Himmelmann/*Pohl*/Tünnesen-Harmes, Hb. Umweltrecht, B.3. Rn. 65.

[80] *Arndt*, Kreislaufwirtschaft und kommunale Entsorgung, S. 39; *v.Lersner/ Wendenburg*, Recht der Abfallbeseitigung, Kz. 0116 Rn. 5.

[81] So auch *Arndt/Walter*, WiVerw 1997, 183, 210; *Arzt*, in: Gaßner/Versmann, Neuordnung, S. 33, 41; *Bree*, Privatisierung der Abfallentsorgung, S. 103 f.; *Peters*, Umweltverwaltungsrecht, Kap. II Rn. 143; *Queitsch*, UPR 1995, 412, 416; Brandt/ Ruchay/*Weidemann*, KrW-/AbfG, B 100, § 13 Rn. 84; *Wendenburg*, in: Hoffmann/ Müller, Kreislaufwirtschaft zwischen Realität und Utopie, S. 31, 44; wohl auch *Cosson*, in: BDE, Entsorgung '96, S. 73, 80 f.

[82] So ausdrücklich auch das Bundesumweltministerium, StT 1996, 51, 52.

[83] Die Bundesregierung allerdings sah diesbezüglich bislang keinen Konkretisierungsbedarf, s. BT-Drs. 13/3368, S. 21.

[84] So *v.Köller*, KrW-/AbfG, S. 100; *ders.*, Leitfaden Abfallrecht, S. 115; ebenso *Bongen*, WiB 1996, 713, 716; *Queitsch*, StuG 1995, 55, 62; *ders.*, StGR 1996, 330, 335; *Schink*, DÖV 1995, 881, 884; *ders.*, ZG 1996, 97, 119; *ders.*, StGR 1996, 102, 107; *Versteyl/Wendenburg*, NVwZ 1996, 937, 943.

[85] So *Fluck*, KrW-/AbfG, § 13 Rn. 107.

aber jedenfalls insoweit ein überwiegendes öffentliches Interesse dar, als diese zur Gewährleistung der Entsorgungssicherheit notwendig sind.[86] Die Entsorgungssicherheit ist ohne weiteres als überwiegendes öffentliches Interesse anzusehen.[87] Welche Aspekte darüberhinaus zu berücksichtigen sind, kann eine systematische Auslegung erhellen. Danach muß der Begriff der öffentlichen Interessen in § 13 I 2 weiter sein als der des Wohls der Allgemeinheit in § 10 IV; ansonsten wäre die Ausnahme in der zweiten Alternative des § 13 I 2 letzter Hs. KrW-/AbfG von der Freistellung gemäß der ersten Alternative überflüssig, da bereits die Freistellung eine gemeinwohlverträgliche, gefahrlose Abfallbeseitigung voraussetzt.[88] Es spricht daher nichts dagegen, die mangelnde Auslastung kommunaler Entsorgungseinrichtungen bereits dann als entgegenstehendes öffentliches Interesse im Sinne des § 13 I 2 letzter Hs. anzusehen, wenn nicht nur ihr Bestand, sondern schon ein wirtschaftlicher Betrieb gefährdet ist, der zu erheblichen Gebührensteigerungen in der Kommune führen könnte.[89] Schließlich könnte auch die Gebietsbezogenheit der Entsorgung zu den überwiegenden öffentlichen Interessen zählen. Der Grundsatz der Gebietsbezogenheit wurde für das AbfG aus § 3 I 1 AbfG hergeleitet[90] und dürfte für das KrW-/AbfG aufgrund des fast wortgleichen § 15 I ebenso gelten.[91] Auch das Europarecht ordnet die Geltung dieses Grundsatzes an.[92] Er ist daher bei der Auslegung des Begriffes der öffentlichen Interessen in § 13 I 2 zu berücksichtigen.[93] Kann die eigene Entsorgung der Erzeuger und

---

[86] *Kunig*/Paetow/Versteyl, KrW-/AbfG, § 13 Rn. 25.

[87] *Arndt*, Kreislaufwirtschaft und kommunale Entsorgung, S. 47; *Arndt/Walter*, WiVerw 1997, 183, 222; *Bongen*, WiB 1996, 713, 716; *Queitsch*, UPR 1995, 412, 416; *ders.*, Kreislaufwirtschafts- und Abfallrecht, S. 155; *ders.*, StGR 1996, 330, 335.

[88] *Frenz*, KrW-/AbfG, § 13 Rn. 16.

[89] So auch VG Hannover, NVwZ 1998, 429, 431; *Arndt/Walter*, WiVerw 1997, 183, 221 f.; *Arzt*, in: Gaßner/Versmann, Neuordnung, S. 33, 42; *v. Köller*, in: Hoffmann/Müller, Kreislaufwirtschaft zwischen Realität und Utopie, S. 13, 21; *ders.*, in: Schimmelpfeng/Gessenich, KrW-/AbfG, S. 1, 33 f.; *v.Lersner/Wendenburg*, Recht der Abfallbeseitigung, Kz. 0113 Rn. 17; *Schink*, StGR 1996, 102, 107; *Wendenburg*, in: Hoffman/Müller, Kreislaufwirtschaft zwischen Realität und Utopie, S. 31, 45: "Es war nicht die Absicht des Gesetzgebers, zu Lasten der privaten Gebührenzahler, die die Unwirtschaftlichkeit der Anlage bezahlen müßten, eine Privatisierung der Beseitigung gewerblicher Abfälle zu schaffen"; *Versteyl/Wendenburg*, NVwZ 1997, 937, 943.

[90] BVerwGE 90, 296, 301.

[91] *Queitsch*, UPR 1995, 412, 417; *ders.*, Kreislaufwirtschafts- und Abfallrecht, S. 164; *ders.*, StGR 1996, 330, 333.

[92] Vgl. EuGH, DVBl. 1995, 232, 234 (Wallonien); EuGH, NVwZ 1995, 885, 887 (Umsetzung der Abfallrahmenrichtlinie).

[93] *Arndt*, Kreislaufwirtschaft und kommunale Entsorgung, S. 47 ff.; *Arndt/Walter*, WiVerw 1997, 183, 219 ff.

Besitzer nur in einer weit entfernten Anlage erfolgen, zu der die Abfälle quer durch das Bundesgebiet verbracht werden müssen, dann kommt ein Entgegenstehen überwiegender öffentlicher Interessen in Betracht, wenn näher gelegene Entsorgungsmöglichkeiten vorhanden sind, die zumindest einen gleich hohen Umweltstandard aufweisen.[94]

Der im Zusammenhang mit der umstrittenen Auslegung des § 13 I 2 häufig geäußerten Forderung, zur Präzisierung der "überwiegenden öffentlichen Interessen" sollten die Landesgesetzgeber tätig werden,[95] ist aus kompetenzrechtlichen Gründen mit Vorsicht zu begegnen. Die Abfallentsorgung ist Gegenstand der konkurrierenden Gesetzgebung des Bundes, Art. 74 Nr. 24 GG.[96] Das KrW-/AbfG wurde auf der Grundlage von Art. 74 I Nr. 11 und 24 sowie Art. 75 Nr. 4 GG erlassen.[97] Landesrechtliche Regelungen sind im Falle konkurrierender Zuständigkeit des Bundes zulässig, solange und soweit der Bund von seiner Gesetzgebungskompetenz keinen Gebrauch gemacht, sondern eine Lücke gelassen hat, Art. 72 I GG.[98] Liegt hingegen eine erschöpfende bundesrechtliche Regelung vor, entfaltet diese Sperrwirkung zu Lasten der Landesgesetzgeber.[99] Nicht nur abweichende, sondern auch nur ergänzende[100] und sogar inhaltlich übereinstimmende[101] Regelungen sind diesen dann verwehrt; werden sie trotzdem erlassen, sind sie gemäß Art. 72 I GG nichtig. Ob der Bund eine Materie erschöpfend und damit abschließend geregelt hat, ist aufgrund einer Gesamtwürdigung des betreffenden Normbereichs zu beurteilen.[102] Daraus muß sich ergeben, daß der Bundesgesetzgeber eine Materie so regeln wollte und geregelt hat, daß für landesrechtliche Regelungen kein Spielraum mehr verbleibt.[103] Für eine Sperrwirkung des § 13 I 2 spricht nicht nur der Umstand, daß das KrW-/AbfG dem Landesgesetzgeber an anderen Stellen, insbesondere in § 13 IV, ausdrücklich einen Regelungsspielraum eingeräumt hat, sondern vor allem der Zweck unbestimmter Rechts-

---

[94] *Arndt*, Kreislaufwirtschaft und kommunale Entsorgung, S. 48 ff., 52; *Arndt/Walter*, WiVerw 1997, 183, 221.

[95] Vgl. *Bongen*, WiB 1996, 713, 716; *Queitsch*, UPR 1995, 412, 416; *ders.*, StuG 1995, 55, 62; *Schink*, StGR 1996, 102, 106 f.; sowie die Nachweise bei *Wulfhorst*, NVwZ 1997, 975 Fn. 3 und 4.

[96] BVerwG, NVwZ 1995, 273, 274.

[97] Vgl. Gesetzentwurf der BReg., BT-Drs. 12/5672, S. 39.

[98] Zu den Regelungsspielräumen des Landesgesetzgebers im Bereich der konkurrierenden Gesetzgebung eingehend *Jarass*, NVwZ 1996, 1041 ff.

[99] BVerfGE 85, 134, 142 m.w.Nachw.

[100] BVerfGE 20, 238, 250.

[101] BVerfGE 36, 342, 363 f.; BVerfGE 37, 191, 200.

[102] BVerfGE 7, 342, 347; BVerfGE 67, 299, 324 m.w.Nachw.

[103] *Jarass*, NVwZ 1996, 1041, 1044; *v.Münch/Kunig*, GG Bd. 3, Art. 72 Rn. 6.

begriffe, der Exekutive eingedenk der Fülle denkbarer Sachverhalte eine gewisse Flexibilität bei der Anwendung der Norm zu ermöglichen.[104] Es ist daher davon auszugehen, daß § 13 I 2 eine abschließende bundesrechtliche Regelung trifft; landesrechtliche Präzisierungen sind damit unzulässig.

ddd) Ob die Regelung in § 13 I 2 eine praktische Veränderung gegenüber der alten Rechtslage bedeutet, hängt von zwei Fragen ab: (a) Inwieweit sind einerseits die neuen "Abfälle zur Verwertung", für die nach dem KrW-/AbfG keine Überlassungspflicht besteht, mit den "Wirtschaftsgütern" des alten Rechts, die nicht dem Abfallbegriff des § 1 I AbfG und damit auch nicht der grundsätzlichen Überlassungspflicht unterfielen, und andererseits die "Abfälle zur Beseitigung" mit den Abfällen des AbfG identisch?[105] und (b) Welche Bedeutung kommt den Ausnahmen von der Überlassungspflicht durch die Regelung in § 13 I 2, 2. Hs. zu?

(a) Um ein "Wirtschaftgut" handelte es sich nach dem AbfG grundsätzlich dann, wenn die Sache nach dem Willen des Besitzers einer weiteren Verwendung oder einer Verwertung durch Dritte (außerhalb der öffentlichen Entsorgung, sonst handelte es sich um Abfall gemäß § 1 I 2 AbfG) zugeführt werden sollte.[106] Unter welchen Voraussetzungen eine solche - das Eingreifen des abfallrechtlichen Regimes verhindernde - Verwertung vorliegen sollte, war jedoch bereits unter dem AbfG unklar; die Abgrenzung zwischen Abfall und Wirtschaftsgut galt als eines der umstrittensten Probleme des AbfG.[107] Von Seiten des Besitzers wurde ein Stoff häufig als Wirtschaftsgut deklariert, um so der ständig teurer werdenden öffentlichen Abfallentsorgung zu entgehen und den Stoff unkontrolliert lagern oder behandeln zu können.[108] Abgrenzungsprobleme zwischen Verwertungs- und Beseitigungsverfahren taten sich z.B. bei der Beurteilung von Versatz- und Verbrennungsvorgängen auf, die als stoffliche bzw. energetische Verwertung oder aber als Beseitigung durch Ablagern bzw. Verbrennen gelten konnten. Zur Abgrenzung der stofflichen Verwertung von der bloßen Ablagerung bei der Verfüllung eines Tagebaus mit bergbaufremden Stoffen stellte das BVerwG darauf ab, "ob die Nutzung der

---

104 *Wulfhorst*, NVwZ 1997, 975, 976.

105 Etliche öffentlich-rechtliche Entsorgungsträger beklagen, seit Inkrafttreten des KrW-/AbfG würden ihnen von gewerblichen und industriellen Besitzern erheblich weniger Abfälle zur Entsorgung überlassen mit dem Argument, es handele sich dabei um Abfälle zur Verwertung. Daher liegt die These nahe, daß der Begriff der "Abfälle zur Verwertung" mehr umfaßt als die früheren "Wirtschaftsgüter".

106 *V.Lersner/Wendenburg*, Kz. 1110 Rn. 6; Kunig/*Schwermer*/Versteyl, AbfG, § 1 Rn. 13. Umfassend *Kersting*, Die Abgrenzung zwischen Abfall und Wirtschaftsgut, passim.

107 Vgl. nur *Versteyl*, NVwZ 1993, 961 ff.

108 *Kersting*, Die Abgrenzung zwischen Abfall und Wirtschaftsgut, S. 60.

stofflichen Eigenschaften des Materials zu einem bestimmten Zweck oder die Beseitigung eines wegen seiner Schadstoffhaltigkeit oder aus anderen Gründen nicht weiter nutzbaren Stoffes im Vordergrund steht", wobei für diese wertende Betrachtung von der Verkehrsanschauung unter Berücksichtigung der Vorstellungen des die Maßnahme Durchführenden auszugehen sei.[109] Eine stoffliche Verwertung setze voraus, "daß ein konkreter wirtschaftlicher oder sonstiger Nutzen aus den Eigenschaften des Stoffes gezogen wird, der eine auf die schadlose Verwahrung des Stoffes beschränkte bloße Ablagerung unnötig macht".[110] Ein Korrektiv des aus dem subjektiven Abfallbegriff folgenden weiten Anwendungsbereichs des Wirtschaftsguts lieferte der objektive Abfallbegriff:[111] Stoffe fielen unabhängig von ihrer Verwertbarkeit dann unter das AbfG, wenn sie den objektiven Abfallbegriff des § 1 I 1, 2. Alt. AbfG erfüllten, also ihre Entsorgung *als Abfall* zur Wahrung des Wohls der Allgemeinheit geboten war, z.B. weil es sich um typischerweise umweltgefährdende Stoffe handelte oder weil "der Besitzer in rechtlicher, tatsächlicher, organisatorischer, finanzieller, personeller oder unternehmerischer Hinsicht nicht in der Lage ist, die Sachen alsbald einer umweltunschädlichen Verwendung oder Verwertung zuzuführen".[112]

Mit der Unterscheidung von "Abfällen zur Verwertung" und "Abfällen zur Beseitigung" setzt sich das Abgrenzungsproblem unter dem KrW-/AbfG fort.[113] Dabei dürfte hierin angesichts des Umstandes, daß diese Unterscheidung die grundsätzliche Grenzlinie zwischen der öffentlichen und der privaten Entsorgung zieht, auch weiterhin eines der Hauptprobleme des Abfallrechts liegen.[114] Das KrW-/AbfG hält zwar detaillierte Regelungen zur Verwertung und Beseitigung von Abfällen bereit, doch gestaltet sich eine eindeutige Bestimmung der Voraussetzungen, unter denen ein Stoff im Einzelfall als "Abfall zur Verwertung" bzw. "Abfall zur Beseitigung" zu

---

[109] BVerwG, DVBl. 1994, 1013, 1014. Kritisch zu der vom BVerwG verwandten Abgrenzung insbes. *Krieger*, NuR 1995, 342, 344.

[110] BVerwG, DVBl. 1994, 1013.

[111] Vgl. *Bartlsperger*, VerwArch 1995, 32, 49.

[112] Vgl. BVerwG, DVBl. 1993, 1137 ff. (Altreifen); BVerwG, DVBl. 1993, 1139 ff. (unsortierter Bauschutt).

[113] Brandt/Ruchay/*Weidemann*, KrW-/AbfG, B 100, § 4 Rn. 160.

[114] VG Hannover, NVwZ 1998, 429, 430; VG Berlin, NVwZ 1997, 1032; *Dolde/Vetter*, NVwZ 1997, 937; *Hoppe*, in: Klett/v.Köller/Schmitt-Gleser, Kreislaufwirtschafts- und Abfallgesetz, S. 123, 125; *Konzak*, Korrespondenz Abwasser 1996, 1709, 1714 f.; *Ossenbühl*, DVBl. 1996, 19, 21; *Petersen*, in: GfU, Kreislaufwirtschafts- und Abfallgesetz - was ändert sich?, S. 42, 66; Brandt/Ruchay/*Weidemann*, KrW-/AbfG, B 100, § 4 Rn. 132; *Weidemann*, NVwZ 1995, 631, 634; *ders.*, in: Hoppe/Bauer/Faber/Schink, Auswirkungen, S. 49, 50 f.; *ders.*, GewArch 1997, 311, 314; *ders.*, NVwZ 1998, 258 ff.

qualifizieren ist, problematisch.[115] § 3 I 2 definiert die Abfälle zur Verwertung als solche Abfälle, die verwertet werden; Abfälle, die nicht verwertet werden, sind Abfälle zur Beseitigung. Damit wird eine rein deskriptive Einordnung vorgenommen, die lediglich auf das tatsächliche Verfahren mit dem Abfall abstellt, nicht jedoch auf Verwertbarkeit oder Verwertungspflicht.[116] Insbesondere ist die Einordnung zunächst einmal unabhängig davon, ob es sich um subjektiven (§ 3 I 1 iVm II, III) oder objektiven, d.h. gefährlichen Abfall (§ 3 I 1 iVm IV) handelt;[117] sie setzt nur überhaupt eine Abfalleigenschaft im Sinne des § 3 I 1 voraus. Eine Gleichsetzung der Abfälle zur Verwertung des KrW-/AbfG mit den Wirtschaftsgütern des AbfG kann daher nicht ohne weiteres vorgenommen werden.[118]

Jedoch ergeben die in den §§ 4 ff. normierten Anforderungen an die Verwertung, insbesondere die stoffliche und energetische Verwertung in § 4 III und IV, eine weitgehende Annäherung an die alte Rechtslage: Nach § 4 III 2 liegt eine stoffliche Verwertung nur vor, wenn der Hauptzweck der Entsorgungsmaßnahme nach einer wirtschaftlichen Betrachtungsweise, unter Berücksichtigung der im einzelnen Abfall bestehenden Verunreinigungen, in der Nutzung des Abfalls und nicht in der Beseitigung des Schadstoffpotenials liegt,[119] und nach § 4 IV 2, 3 ist eine energetische Verwertung nur anzunehmen, wenn der Hauptzweck der Maßnahme, ausgehend vom einzelnen, unvermischten Abfall, nach Art und Ausmaß seiner Verunreinigungen und die durch seine Behandlung anfallenden weiteren Abfälle und entstehenden Emissionen, auf die Verwertung des Abfalls und nicht auf dessen thermische

---

115 Brandt/Ruchay/*Weidemann*, KrW-/AbfG, B 100, § 4 Rn. 8 ff.; *Breuer*, in: Klett/v.Köller/Schmitt-Gleser, Kreislaufwirtschafts- und Abfallgesetz, S. 27, 41 f.; *Krings*, WiVerw 1995, 103, 113; *Kunig*, NVwZ 1997, 209, 214. Die Abgrenzung ist nicht nur im vorliegenden Zusammenhang der Überlassungspflichten bedeutsam, sondern auch für den Anlagenzwang, § 27, die Abfallwirtschaftsplanung, § 29, die Überwachung, §§ 42 ff., und die Transportgenehmigung, § 49.

116 *Beckmann/Kersting*, BB 1997, 161, 162; *Breuer*, in: Klett/v.Köller/Schmitt-Gleser, Kreislaufwirtschafts- und Abfallgesetz, S. 27, 41 f.; *Fluck*, KrW-/AbfG, § 3 Rn. 112 ff.; *Fouquet*, ZUR 1996, 186, 189; *Frenz*, KrW-/AbfG, § 3 Rn. 28; *Hoppe*, in: Hoppe/Bauer/Faber/Schink, Auswirkungen, S. 63, 70; *Petersen*, in: Breuer/Kloepfer/Marburger/Schröder, Kreislauf oder Kollaps im Abfallwirtschaftsrecht?, S. 49, 55.

117 Brandt/Ruchay/*Weidemann*, KrW-/AbfG, B 100, § 4 Rn. 119: "Die weit verbreitete Vorstellung, die - wegen seines Schadstoffpotentials (...) - besondere 'Gefährlichkeit' eines Abfalls prädestiniere ihn von vornherein als "Abfall zur Beseitigung", findet weder im Unionsrecht noch im KrW-/AbfG eine Stütze".

118 *Jarass*, Organisation und Überwachung der Sonderabfallentsorgung durch die Länder, S. 12 f., Fn. 46; *Weidemann*, NVwZ 1998, 258, 259.

119 Eine relative weite Auslegung dieser Anforderungen vertritt das VG Stuttgart, NVwZ-RR 1997, 345 f. Vgl. auch VG Düsseldorf, NVwZ-RR 1997, 347 ff.; sowie *Weidemann*, NVwZ 1998, 258, 260 f.

Behandlung gerichtet ist.[120] Dabei sind objektive Kriterien und nicht die subjektive Sicht des die Entsorgungsmaßnahme vornehmenden Erzeugers oder Besitzers maßgeblich.[121] Die Annahme einer Verwertung setzt bei typischerweise umweltgefährlichen Sachen danach u.a. voraus, daß der Besitzer technisch und finanziell in der Lage ist, diese alsbald einer umweltunschädlichen Verwertung zuzuführen.[122] Anhaltspunkte für eine Qualifizierung als Verwertungsvorgang liefern einerseits die in Anhang II B aufgeführten Verwertungsverfahren und andererseits das Vorhandensein eines Marktes für den gewonnenen Stoff oder die gewonnene Energie sowie die Aussicht auf Gewinnerzielung.[123]

Liegen bei Entsorgungsmaßnahmen die in §§ 4 ff., insbesondere §§ 4 III, IV, 5 III, 6 genannten Voraussetzungen *nicht* vor, handelt es sich um Beseitigungsmaßnahmen[124] mit der Folge, daß der Abfall als Abfall zur Beseitigung zu qualifizieren ist, für den nach § 13 I 2 grundsätzlich eine Überlassungspflicht an den öffentlich-rechtlichen Entsorgungsträger besteht.[125]

---

[120] Näher zur Abgrenzung *Bree*, Privatisierung der Abfallentsorgung, S. 85 ff.; *Dolde/Vetter*, NVwZ 1997, 937, 939 ff.; *Schink*, VerwArch 1997, 230, 250 ff.; *ders.*, in: Hoppe/Bauer/Faber/Schink, Auswirkungen, S. 5, 30 ff.; Brandt/Ruchay/*Weidemann*, KrW-/AbfG, B 100, § 4 Rn. 106 ff. Als generelle Merkregel bezeichnet *Weidemann*, NVwZ 1995, 631, 634, die Verwertung als "Schließen von Stoffkreisläufen" und die Beseitigung als "Unterbrechen von Stoffkreisläufen". Vollzugshilfen für die Abgrenzung liefern die von einigen Umweltministerien der Länder herausgegebenen Merkblätter, z.B. des MURL NW vom Dezember 1996, abgedruckt als Anlage zu der Antwort der Landesregierung auf eine Kleine Anfrage in LT-Drs. 12/1817, oder des Bayerischen Staatsministeriums für Landesentwicklung und Umweltfragen, abgedruckt in StT 1997, 116 f.; weitere Nachw. bei *Baars*, UPR 1997, 229, 230.

[121] *Dolde/Vetter*, NVwZ 1997, 937, 939 f., m.w.Nachw.; *Frenz*, KrW-/AbfG, § 4 Rn. 22; *Weidemann*, NVwZ 1998, 258, 260; vgl. auch Brandt/Ruchay/*Weidemann*, KrW-/AbfG, B 100, § 4 Rn. 111: Ermöglichung einer normativen Korrektur der Zwecksetzung desjenigen, der äußerlich eine Verwertungshandlung durchführt; a.A. VG Berlin, NVwZ 1997, 1032, 1034.

[122] VG Bremen, GewArch 1997, 172, 173.

[123] *Fouquet*, ZUR 1996, 186, 190; *Frenz*, KrW-/AbfG, § 4 Rn. 22. Vgl. auch *Weidemann*, NVwZ 1998, 258, 260: "Nutzung setzt voraus, daß der Abfall für bestimmte Zwecke verwendet werden *kann* und daß er richtig verwendet *wird*, also technisch so eingesetzt wird, daß er seine spezifischen Eigenschaften entfalten kann".

[124] Für eine solche negative Bestimmung des Begriffs der "Abfälle zur Beseitigung" auch *Weidemann*, GewArch 1997, 311, 314; ähnlich *Hoppe*, in: Hoppe/Bauer/Faber/Schink, Auswirkungen, S. 63, 72.

[125] So auch die Auffassung der Landesregierung Niedersachsen, vgl. Antwort auf die Dringliche Anfrage der Fraktion der SPD zu den Folgen der Kreislaufwirtschaft für die kommunale Abfallwirtschaft am 6. März 1997, Plenarprotokoll S. 7917, 7918. Auf die faktischen Vollzugsprobleme der öffentlich-rechtlichen Entsorgungsträger in

Gleiches gilt für den Fall, daß der Besitzer seine Abfälle nicht alsbald ("zeitnah") nach deren Anfall einem Verwertungsverfahren zuführt.[126]

Da mit den genannten engen Voraussetzungen für die Annahme von Verwertungsmaßnahmen die vom BVerwG zum alten Recht entwickelten Abgrenzungskriterien weitgehend übernommen wurden,[127] dürften mit dem neuen Begriff der "Abfälle zur Beseitigung" nahezu alle Abfälle alten Rechts erfaßt sein.[128] Eine wesentliche Änderung gegenüber der alten Rechtslage ist damit im Hinblick auf den Umfang der Überlassungspflichten nicht eingetreten.[129]

(b) Neu ist allerdings die Möglichkeit einer Ausnahme von der Überlassungspflicht für gewerbliche und industrielle Abfälle bei Beseitigung in eigenen Anlagen, wie sie in § 13 I 2 KrW-/AbfG normiert ist; die Überlassungspflicht entfiel nach der alten Rechtslage nur für Abfälle, die nach § 4 II, IV AbfG vom Anlagenzwang ausgenommen oder die nach § 3 III, IV AbfG von der öffentlichen Entsorgung ausgeschlossen waren.[130] Praktische Bedeutung wird die Ausnahme des § 13 I 2 daher nur für solche Abfälle entfalten, die bis zum Inkrafttreten des KrW-/AbfG in öffentlicher Regie beseitigt worden sind. Hat der öffentlich-rechtliche Entsorgungsträger für diesen Zweck allerdings eigene Anlagen errichtet, deren Auslastung durch die Ausnahme gefährdet werden könnte, kommt nach der hier vertretenen Auffassung eine "Ausnahme von der Ausnahme" und damit ein Wiederaufleben der Überlassungspflicht nach § 13 I 2 a.E. wegen überwiegender öffentlicher Interessen in

---

diesem Zusammenhang weist *Schink* hin, in: GfU, Kreislaufwirtschafts- und Abfallgesetz - was ändert sich?, S. 113, 137 f.; *ders.*, NVwZ 1997, 435, 439.

126 Vgl. *Kunig*, NVwZ 1997, 209, 214; *Versteyl/Wendenburg*, NVwZ 1994, 833, 836, 839.

127 *V.Köller*, Leitfaden Abfallrecht, S. 62.

128 *Jarass,* Organisation und Überwachung der Sonderabfallentsorgung durch die Länder, S. 12 f., Fn. 46. Im Ergebnis ebenso *Gaßner/Siederer*, in: Gaßner/Versmann, Neuordnung, S. 67, 68, 78, sowie *Schink*, in: GfU, Kreislaufwirtschafts- und Abfallgesetz - was ändert sich?, S. 113, 135, sowie *ders.*, NVwZ 1997, 435, 438: "Der Sache nach entspricht diese Regelung dem bisherigen Recht.".

129 Der beklagte Rückgang der den öffentlichen Entsorgungsträgern zu überlassenden gewerblichen Abfällen dürfte damit nicht auf die geänderte Rechtslage zurückzuführen sein, sondern auf neu entwickelte Verwertungsverfahren einerseits und insbesondere illegale Umdeklarierungen von Abfällen zur Beseitigung zu solchen zur Verwertung andererseits. Auf unzulässige Umdeklarierungen hin weisen auch MURL NW, LT-Drs. 12/1817, S. 2, sowie ein Antrag von Abgeordneten der SPD im Bundestag zur Sonderabfallentsorgung, BT-Drs. 13/7562.

130 *Kunig*/Schwermer/Versteyl, AbfG § 3 Rn. 11.

Betracht. Im Ergebnis dürften die durch § 13 I 2 erfolgenden tatsächlichen Änderungen der Entsorgungsordnung daher marginal sein.[131]

bb) Weitere Ausnahmen von der Überlassungspflicht

Keine Überlassungspflicht an die öffentlichen Entsorgungsträger besteht außerdem, wenn Dritten oder privaten Entsorgungsträgern Entsorgungspflichten nach §§ 16 II, 17 III, 18 II KrW-/AbfG übertragen worden sind, § 13 II KrW-/AbfG.[132]

Außerdem entfällt auch im Bereich der nicht aus Haushaltungen stammenden Abfälle die Überlassungspflicht für solche Abfälle, die einer Rücknahme- oder Rückgabepflicht aufgrund einer nach § 24 KrW-/AbfG erlassenen Rechtsverordnung unterliegen,[133] soweit die entsorgungspflichtige Körperschaft nicht an der Rücknahme mitwirkt, § 13 III Nr. 1 KrW-/AbfG, sowie für Abfälle, die durch gemeinnützige oder gewerbliche Sammlung einer den gesetzlichen Vorschriften entsprechenden Verwertung zugeführt werden, § 13 III Nr. 2 und 3 KrW-/AbfG[134].

Von der Überlassungspflicht ausgenommen sind auch solche Abfälle, deren Beseitigung dem Betreiber einer Abfallbeseitigungsanlage nach § 28 II übertragen wurde.

Abgesehen von der neu in das KrW-/AbfG aufgenommenen Möglichkeit einer Übertragung von Entsorgungspflichten[135] entsprechen diese Ausnahmen von der Entsorgungspflicht der alten Rechtslage.

c) Das System von Entsorgungs- und Überlassungspflichten

Sowohl für Haushaltsabfälle als auch für die nicht aus privaten Haushaltungen stammenden Abfälle zur Beseitigung geht die Entsorgungspflicht der öffentlich-rechtlichen Entsorgungsträger weiter als die Überlassungspflicht: Zu entsorgen sind auch diejenigen Abfälle, die zwar keiner Überlassungs-

---

[131] Vgl. *Gaßner/Siederer*, in: Gaßner/Versmann, Neuordnung, S. 67, 69.

[132] Dazu unten III.

[133] Anwendung findet diese Regelung z.B. auf Altautos, die nach der AltautoV der Rückgabepflicht der Besitzer unterliegen.

[134] Diese Ausnahme ist rein deklaratorisch; Abfälle zur Verwertung aus anderen Herkunftsbereichen als privaten Haushaltungen unterliegen - abgesehen von dem Fall des § 5 IV KrW-/AbfG - ohnehin nicht der Überlassungspflicht.

[135] Dazu u. C.

pflicht unterliegen, die aber im Gebiet angefallen sind und die die Erzeuger oder Besitzer freiwillig überlassen haben, weil sie sie nicht selbst entsorgen (können), und die der Entsorgungsträger nicht von der Entsorgung ausgeschlossen hat und daher nicht zurückweisen darf.[136] Diese mangelnde Deckungsgleichheit von Entsorgungspflicht und Überlassungspflicht soll der Gewährleistung der Entsorgungssicherheit dienen: Für den Fall, daß der in erster Linie verpflichtete Erzeuger oder Besitzer seiner Entsorgungspflicht nicht nachkommt, tritt subsidiär der öffentliche Entsorgungsträger ein.[137] In weitem Umfang wurde damit eine Ersatzfunktion der öffentlichen Entsorgung begründet, die immer dann eingreifen soll, wenn die private Entsorgungsverantwortung versagt.[138] Verhindern können die Entsorgungsträger die Überlassung bestimmter Abfälle und damit das Eingreifen der Entsorgungspflicht nur durch einen Ausschluß nach § 15 III KrW-/AbfG.

d) Fazit

Hinsichtlich der Entsorgungspflicht der öffentlich-rechtlichen Entsorgungsträger haben sich durch das KrW-/AbfG trotz der grundsätzlichen Eigenentsorgungspflicht der Erzeuger und Besitzer nach §§ 11 I, 5 II keine relevanten Unterschiede zur alten Rechtslage ergeben. Der Umfang ihrer Entsorgungspflicht bleibt aufgrund der Regelung in § 13 I, die als Ausnahme vom Grundsatz der Eigenentsorgung weitreichende Überlassungspflichten der Erzeuger und Besitzer normiert, im wesentlichen bestehen.

2. Entsorgungspflichten der Abfallerzeuger und -besitzer

Bei der grundsätzlichen Entsorgungspflicht der Erzeuger oder Besitzer von Abfällen gemäß §§ 5 II, 11 I KrW-/AbfG bleibt es, soweit die Überlassungs-

---

[136] *Arzt*, in: Gaßner/Versmann, Neuordnung, S. 33, 45; *Frenz*, KrW-/AbfG, § 15 Rn. 5; *Kunig*/Paetow/Versteyl, KrW-/AbfG, § 15 Rn. 11; *Schink*, in: Brandt/Ruchay/Weidemann, KrW-/AbfG, B 100, § 15 Rn. 26; Brandt/Ruchay/*Weidemann*, KrW-/AbfG, B 100, § 13 Rn. 74 ff.; *Weidemann*, GewArch 1997, 311, 313.

[137] *Bree*, Privatisierung der Abfallentsorgung, S. 81 f.; *Frenz*, Verursacherprinzip, S. 77; *Klowait*, Beteiligung Privater, S. 195; *v. Köller*, Kreislaufwirtschafts- und Abfallgesetz, S. 103 f.; *ders.*, in: Hoffmann/Müller, Kreislaufwirtschaft zwischen Realität und Utopie, S. 13, 24; *Krahnefeld*, NuR 1996, 269, 275; *Peters*, VBlBW 1997, 49, 55; *ders.*, Umweltverwaltungsrecht, Kap. II Rn. 139; *Queitsch*, StuG 1995, 55, 61; *Weidemann*, GewArch 1997, 311, 314.

[138] Die Ersatzfunktion bezieht sich allerdings nicht auf gewerbliche und industrielle Abfälle *zur Verwertung;* dafür besteht gemäß § 15 I keine Entsorgungspflicht öffentlich-rechtlicher Entsorgungsträger.

pflicht des § 13 I nicht greift. Zur eigenen Entsorgung verpflichtet sind daher die Erzeuger oder Besitzer von aus anderen Herkunftsbereichen als privaten Haushaltungen stammenden Abfällen zur Verwertung und solchen Abfällen zur Beseitigung, die ordnungsgemäß in eigenen Anlagen beseitigt werden, wenn dem keine überwiegenden öffentlichen Interessen entgegenstehen.

Zur Entsorgung verpflichtet sind außerdem Erzeuger und Besitzer von anderen Abfällen, soweit sie der öffentliche Entsorgungsträger nach § 15 III KrW-/AbfG von der Entsorgung ausgeschlossen hat.[139] Weiterhin haben die Entsorgungsträger danach die Möglichkeit, mit Zustimmung der zuständigen Behörde Abfälle ganz oder teilweise von der Entsorgung auszuschließen mit der Folge, daß insoweit die Erzeuger und Besitzer selbst entsorgungspflichtig werden.[140] Die Ermächtigung in § 15 III KrW-/AbfG geht dabei jedoch erheblich über die in § 3 III AbfG enthaltene hinaus. Ein Ausschluß ist nach § 15 III 1 nunmehr auch für Haushaltsabfälle zulässig, soweit diese aufgrund einer nach § 24 erlassenen Rechtsverordnung einer Rücknahmepflicht unterliegen und Rücknahmeeinrichtungen tatsächlich zur Verfügung stehen.[141] Außerdem können Abfälle zur Beseitigung ausgeschlossen werden, soweit sie nicht aus privaten Haushaltungen stammen und nach Art, Menge oder Beschaffenheit nicht gemeinsam mit solchen beseitigt werden können[142] oder die Sicherheit der umweltverträglichen Beseitigung durch einen anderen Entsorgungsträger oder Dritten im Einklang mit den Abfallwirtschaftsplänen der Länder anderweitig gewährleistet ist.[143] Die anderweitige Gewährleistung der Entsorgungssicherheit kann gegeben sein, wenn andere Entsorgungsträger, d.h. Verbände oder Einrichtungen der Kammern, oder Dritte als Beauftragte der Abfallerzeuger und -besitzer oder der öffentlichen Entsorgungsträger bereits seit geraumer Zeit eine ordnungsgemäße Abfallbeseitigung für die betreffenden Abfälle durchführen und prognostiziert werden kann, daß dies auch weiterhin der Fall sein wird. Der Ausschluß bedarf der Zustimmung der zuständigen Behörde und kann auch nur mit deren Zustimmung widerrufen

---

[139] Der Ausschluß erfolgt in der Regel durch kommunale Satzung, kann aber auch im Einzelfall ausgesprochen werden. Vgl. zum satzungsmäßigen Ausschluß *Pippke,* in: Lübbe-Wolff, Umweltschutz durch kommunales Satzungsrecht, Rn. 286 ff.

[140] Vgl. o. 2. Teil, A.I.2.

[141] Eine solche Regelung kommt gegenwärtig insbesondere für die einer Rücknahmepflicht nach der VerpackV unterliegenden Verkaufsverpackungen in Betracht, da in Form des DSD flächendeckend Rücknahmeeinrichtungen zur Verfügung stehen, vgl. *Queitsch*, UPR 1995, 412, 417 f.; *Schink*, ZAU 1995, 227, 231.

[142] Diese Alternative ist § 3 III AbfG nachgebildet. Zu den Voraussetzungen für einen Ausschluß s. *Peine*, in: Hoffmann/Müller, Abfallwirtschaft im Umbruch, S. 71, 83 f.

[143] *Schink*, GemH 1994, 241, 245, führt insoweit beispielhaft private Bauschutt-Recycling-Anlagen und Bodenbörsen an.

werden. Soweit die Entsorgungspflicht privaten Entsorgungsträgern oder Dritten gemäß §§ 17 III, 18 II, 16 II übertragen worden ist, erübrigt sich ein Ausschluß von der Entsorgung: Gemäß § 15 II entfällt dadurch ohnehin die Entsorgungspflicht des öffentlich-rechtlichen Entsorgungsträgers.[144]

Den Besitzerpflichten der §§ 5 und 11 KrW-/AbfG unterliegen gemäß § 26 KrW-/AbfG auch die Hersteller und Vertreiber, die Abfälle aufgrund einer die Produktverantwortung ausgestaltenden Rechtsverordnung nach § 24 oder freiwillig nach § 25 zurücknehmen.

3. Landesrechtliche Überlassungs- und Andienungspflichten

Von Bedeutung für das Entsorgungssystem ist schließlich die Regelung des § 13 IV KrW-/AbfG, wonach die Länder unter bestimmten Voraussetzungen Andienungs- und Überlassungspflichten für besonders überwachungsbedürftige Abfälle bestimmen können. Diese stellt eine Spezialregelung gegenüber § 13 I dar; soweit das daraufhin erlassene bzw. bestehen bleibende Landesrecht im übrigen mit Bundesrecht vereinbar ist, hat es demnach Vorrang vor § 13 I - und damit auch vor §§ 5 II, 11 I, da die in § 13 I geregelte ausnahmsweise Überlassungspflicht an die öffentlich-rechtlichen Entsorgungsträger mittelbar den Umfang der grundsätzlichen Eigenentsorgungspflicht bestimmt.[145] Das durch das bundesrechtliche System der Entsorgungs- und Überlassungspflichten vorgegebene Verhältnis zwischen öffentlicher und privater Entsorgung kann dadurch also verschoben werden.[146]

§ 13 IV bezieht sich nur auf "besonders überwachungsbedürftige Abfälle". Das sind gemäß § 3 VIII die Abfälle, die durch eine Rechtsverordnung der Bundesregierung[147] nach § 41 I 2, III Nr. 1 bestimmt worden sind, weil an

---

[144] *Fluck*, KrW-/AbfG, § 15 Rn. 121.

[145] *Schink*, in: GfU, Kreislaufwirtschafts- und Abfallgesetz - was ändert sich?, S. 113, 163; *Unruh*, Zulässigkeit landesrechtlicher Andienungspflichten, S. 86; *Weidemann*/Beckmann, Organisation der Sonderabfallentsorgung, S. 39 f.; Brandt/Ruchay/*Weidemann*, KrW-/AbfG, B 100, § 13 Rn. 36.

[146] *Hölscher*, ZUR 1995, 176, 182; *Peine*, in: Blaurock, Verantwortung für Abfall, S. 79, 88; Brandt/Ruchay/*Weidemann*, KrW-/AbfG, B 100, § 13 Rn. 101.

[147] S. Verordnung zur Bestimmung von besonders überwachungbedürftigen Abfällen (Bestimmungsverordnung besonders überwachungsbedürftige Abfälle - BestbüAbfV) v. 10.9.1996, BGBl. III, 2129-27-2-1.

deren Überwachung wegen der von ihnen ausgehenden Gefahren besondere Anforderungen zu stellen sind.[148]

Ausgenommen von Andienungs- und Überlassungspflichten sind gemäß § 13 IV 5 Dritte oder private Entsorgungsträger, denen Pflichten zur Entsorgung nach §§ 16 II, 17 III, 18 II übertragen worden sind.

Der bereits im AbfG enthaltene und durch Rechtsprechung und Literatur mittlerweile hinreichend konkretisierte Begriff des Überlassens meint die Übertragung der tatsächlichen Sachherrschaft;[149] der Überlassungspflichtige hat die Abfälle zusammenzutragen und dem Überlassungsberechtigten, der gleichzeitig Entsorgungspflichtiger ist, entsprechend den maßgebenden Bestimmungen so zur Verfügung zu stellen, daß dieser sie ohne weiteres einsammeln kann.[150]

Unter dem bislang nur im Landesrecht verwendeten und im KrW-/AbfG selbst nicht definierten Begriff des "Andienens" ist hingegen ein Vorgang zu verstehen, der die Sachherrschaftsübertragung nicht notwendig beinhaltet; der Andienungspflichtige hat seinen Abfall dem Andienungsberechtigten vielmehr lediglich anzubieten, woraufhin dieser den Abfall entweder selbst zur Entsorgung annehmen, ihn einer bestimmten Entsorgungsanlage zuweisen oder aber zurückweisen kann.[151] Der Andienungsberechtigte ist also zu weiterreichenden Dispositionen als der Überlassungsberechtigte ermächtigt; er kann

---

[148] Die im Zusammenhang mit den besonders überwachungsbedürftigen Abfällen verwendete Terminologie ist uneinheitlich; z.T. wird dafür der Begriff der "gefährlichen Abfälle", zum Teil der Begriff des "Sonderabfalls" verwendet, wobei sich letzterer wiederum auch im Zusammenhang mit den von der Entsorgung ausgeschlossenen Abfällen findet. Hier soll für die besonders überwachungsbedürftigen Abfälle der Begriff des "Sonderabfalls" verwendet werden.

[149] *Bartram/Schade*, UPR 1995, 253; *Hoppe*, in: Klett/v.Köller/Schmitt-Gleser, Kreislaufwirtschafts- und Abfallgesetz, S. 123, 129; *Weidemann*/Beckmann, Organisation der Sonderabfallentsorgung, S. 40.

[150] BVerwG, NJW 1989, 1295.

[151] *Fluck*, KrW-/AbfG, § 13 Rn. 188; *Frenz*, KrW-/AbfG, § 13 Rn. 29; *Hoppe*, in: Klett/v.Köller/Schmitt-Gleser, Kreislaufwirtschafts- und Abfallgesetz, S. 123, 129 f.; *ders.*, in: Hoppe/Bauer/Faber/Schink, Auswirkungen, S. 63, 70; *Jarass*, Organisation und Überwachung der Sonderabfallentsorgung, S. 8; *Kunig*/Paetow/Versteyl, KrW-/AbfG, § 13 Rn. 44; *Spoerr*, LKV 1996, 145, 147; *Unruh*, Zulässigkeit landesrechtlicher Andienungspflichten, S. 17 ff.; Brandt/Ruchay/*Weidemann*, KrW-/AbfG, B 100, § 13 Rn. 109; a.A. OVG Brandenburg, NVwZ 1997, 604, 607; zustimmend *Peine*, UPR 1997, 221 ff.; dagegen überzeugend *Unruh*, Zulässigkeit landesrechtlicher Andienungspflichten, S. 18 f.

die Übernahme des Abfalls auch ablehnen, ist also zur Entsorgung nicht verpflichtet.[152]

a) Reichweite des Regelungsspielraums der Länder

Ein Bedürfnis für eine über das Bundesrecht hinausgehende Regulierung der Sonderabfallentsorgung wurde bereits unter dem AbfG und wird auch weiterhin von fast allen Bundesländern gesehen.[153] Allerdings steht den Ländern dabei nur ein begrenzter Regelungsspielraum offen. Wichtigste Schranke ist Art. 72 I GG: Soweit der Bund eine Materie im Bereich der konkurrierenden Gesetzgebung erschöpfend geregelt hat, entfaltet diese Regelung Sperrwirkung gegenüber dem Landesgesetzgeber.[154] Gegen abschließendes Bundesrecht verstoßendes Landesrecht ist daher nach Art. 72 I GG nichtig.

Durch § 13 IV KrW-/AbfG wird in gewissem Umfang landesrechtlicher Regelungsspielraum aus dem Bundesabfallrecht "ausgespart":[155]

aa) Nach § 13 IV 1 können die Länder zur Sicherstellung der umweltverträglichen Beseitigung Andienungs- und Überlassungspflichten für besonders überwachungsbedürftige Abfälle zur Beseitigung erlassen. Dieser Spielraum steht erst seit dem Inkrafttreten des KrW-/AbfG am 7.10.1996 zur Verfügung; im Gegensatz zu den Verordnungsermächtigungen war für § 13 IV 1 kein früheres Inkrafttreten angeordnet.[156] Da außerdem mit Erlaß des Gesetzes Sperrwirkung im Hinblick auf den vom Bundesgesetzgeber vorgesehenen Regelungsspielraum für die Länder eingetreten ist, konnten vor dem 7.10.1996 landesrechtliche Regelungen auf Grund des § 13 IV 1 nur im Hinblick auf das Inkrafttreten des KrW-/AbfG erlassen, d.h. keine vorzeitige Gültigkeit angeordnet werden. Zulässig ist die landesrechtliche Anordnung von Andienungs-

---

[152] *Ossenbühl*, DVBl. 1996, 19, 22; *Schink*, in: GfU, Kreislaufwirtschafts- und Abfallgesetz - was ändert sich?, S. 113, 162 f.; *Weidemann*/Beckmann, Organisation der Sonderabfallentsorgung, S. 40 f.; Brandt/Ruchay/*Weidemann*, KrW-/AbfG, B 100, § 13 Rn. 109.

[153] Vgl. *Peine*, UPR 1992, 121 ff.

[154] Näher BVerfGE 85, 134, 142; *Jarass*, NVwZ 1996, 1041, 1043.

[155] Vgl. *Ossenbühl*, DVBl. 1996, 19, 22; *Unruh*, Zulässigkeit landesrechtlicher Andienungspflichten, S. 85 f.; Brandt/Ruchay/*Weidemann*, KrW-/AbfG, B 100, § 13 Rn. 113. Es handelt sich um einen im Bereich der konkurrierenden Gesetzgebungszuständigkeiten durchaus üblichen Vorbehalt zugunsten der Landesgesetzgeber, vgl. *Jarass*, NVwZ 1996, 1041, 1045; *v. Münch*, GG-Kommentar Bd. 3, Art. 72 Rn. 8, jeweils m.w.Nachw.

[156] *Ossenbühl*, DVBl. 1996, 19, 23.

und Überlassungspflichten nach § 13 IV 1 nur für besonders überwachungsbedürftige Abfälle zur Beseitigung; diese hat die Bundesregierung in einer Verordnung auf Grund des § 41 I 2 KrW-/AbfG festgelegt.[157] Andienungs- und Überlassungspflichten für nur überwachungsbedürftige Abfälle (§ 41 II) sind demnach unzulässig.[158] Als Voraussetzung für landesrechtliche Andienungs- und Überlassungspflichten fordert § 13 IV 1, daß diese der "Sicherstellung der umweltverträglichen Beseitigung" dienen sollen. Ob damit eine über die allgemeine Zielsetzung in § 1 KrW-/AbfG hinausgehende Anforderung normiert werden sollte, ist angesichts der identischen Formulierung zweifelhaft.[159] Jedenfalls bekräftigt sie, daß der Landesgesetzgeber mit den Pflichten keine abfallrechtsfremden Zwecke verfolgen darf.[160]

bb) Zur Sicherstellung der umweltverträglichen Abfallentsorgung und soweit eine ordnungsgemäße Verwertung nicht anderweitig gewährleistet werden kann, können die Länder darüberhinaus nach § 13 IV 2 in dem durch eine Rechtsverordnung der Bundesregierung nach § 13 IV 3 eröffneten Rahmen Andienungs- und Überlassungspflichten für besonders überwachungsbedürftige Abfälle zur Verwertung erlassen.[161] Praktische Bedeutung wird dieser Regelungsspielraum angesichts der mangelnden Bereitschaft der Bundesregierung, in absehbarer Zeit von der Verordnungsermächtigung des § 13 IV 3 Gebrauch zu machen,[162] zumindest zunächst nicht erlangen.

cc) Schließlich sollen gemäß § 13 IV 4 Andienungspflichten für besonders überwachungsbedürftige Abfälle zur Verwertung *unberührt* bleiben, die die Länder bis zum Inkrafttreten dieses Gesetzes bestimmt haben. Damit wird eine Weitergeltung landesrechtlicher Regelungen trotz entgegenstehenden Bundes-

---

[157] Verordnung zur Bestimmung von besonders überwachungsbedürftigen Abfällen (Bestimmungsverordnung besonders überwachungsbedürftige Abfälle - BestbüAbfV) vom 10. 9.1996, BGBl. I, S. 1366.

[158] *Weidemann*/Beckmann, Organisation der Sonderabfallentsorgung, S. 39.

[159] Ablehnend VGH BW, DVBl. 1998, 343, 344; *Jarras*, Organisation und Überwachung der Sonderabfallentsorgung, S. 56; *v.Lersner/Wendenburg*, Recht der Abfallbeseitigung, Kz. 0113 Rn. 29; *Ossenbühl*, DVBl. 1996, 19, 22 f.; *Weidemann*/ Beckmann, Organisation der Sonderabfallentsorgung, S. 41; Brandt/Ruchay/ *Weidemann*, KrW-/AbfG, B 100, § 13 Rn. 118; a.A. *Fluck*, KrW-/AbfG, § 13 Rn. 204, sowie Weidemann/*Beckmann*, Organisation der Sonderabfallentsorgung, S. 116 f.: besondere Rechtfertigung erforderlich. Zur Diskussion umfassend *Unruh*, Zulässigkeit landesrechtlicher Andienungspflichten, S. 87 ff.

[160] Brandt/Ruchay/*Weidemann*, KrW-/AbfG, B 100, § 13 Rn. 119; *Ossenbühl*, DVBl. 1996, 19, 22 f.

[161] Zu den Voraussetzungen *Fluck*, KrW-/AbfG, § 13 Rn. 212 ff.; *Unruh*, Zulässigkeit landesrechtlicher Andienungspflichten, S. 91 ff.; Brandt/Ruchay/ *Weidemann*, KrW-/AbfG, B 100, § 13 Rn. 125 ff.

[162] BT-Drs. 13/3368, S. 5

rechts angeordnet.[163] Bestehenden Sonderabfallentsorgungssystemen der Länder sollte dadurch "Bestandsschutz" eingeräumt werden.[164] Dieser bezieht sich allerdings nicht auf Überlassungspflichten,[165] so daß diese für besonders überwachungsbedürftige Abfälle zur Verwertung künftig nur im Rahmen von § 13 IV 2 und 3 begründet werden können. Ob die Regelung ihren Zweck, Bestandsschutz für die Sonderabfallentsorgungssysteme der Länder zu entfalten, erfüllen kann, wird bezweifelt: Nicht nur hätten die besonders überwachungsbedürftigen Abfälle zur Verwertung erst durch eine Verordnung nach § 42 III KrW-/AbfG bestimmt werden müssen, bevor sie Gegenstand landesrechtlicher Regelungen sein könnten,[166] auch sei spätestens mit Verkündung des KrW-/AbfG eine bundesrechtliche Sperrwirkung für landesrechtliche Andienungspflichten eingetreten;[167] der Freiraum sei - anders als die Verordnungsermächtigungen - erst mit dem Gesetz in Kraft getreten, habe dann aber gemäß dem Wortlaut der Vorschrift ("bis zum Inkrafttreten dieses Gesetzes") schon nicht mehr zur Verfügung gestanden.[168] Daß den Ländern aufgrund der Sperrwirkung des § 13 IV 4, die ihnen Regelungsspielraum gerade belassen sollte, der Erlaß von Andienungs- und Überlassungspflichten verwehrt sein sollte, ist jedoch mit dem Grundsatz, daß eine Norm so auszulegen ist, daß ihr ein Anwendungsbereich verbleibt, nicht vereinbar. Zumindest im Wege teleologischer Auslegung ist daher davon auszugehen, daß der Regelungsfreiraum nicht erst mit Inkrafttreten des KrW-/AbfG zur Verfügung stand und in der gleichen juristischen Sekunde aufgrund seines Regelungsgehaltes gegenstandslos wurde, sondern vielmehr bereits zuvor eröffnet

---

[163] *Weidemann*/Beckmann, Organisation der Sonderabfallentsorgung, S. 44; a.A. *Beckmann/Krekeler*, die landesrechtliche Andienungspflichten, die vor dem Erlaß des KrW-/AbfG ergangen sind, wegen Verstoßes gegen Bundesrecht für nichtig und damit nicht bestandsfähig halten, UPR 1997, 214, 217 f., 219.

[164] *Jarass*, Organisation und Überwachung der Sonderabfallentsorgung, S. 59; *v. Köller*, Kreislaufwirtschafts- und Abfallgesetz, S. 100 f.; *v.Lersner/Wendenburg,* Recht der Abfallbeseitigung, Kz. 0113 Rn. 28; *Versteyl/Wendenburg*, NVwZ 1994, 833, 839; Brandt/Ruchay/*Weidemann*, KrW-/AbfG, B 100, § 13 Rn. 116.

[165] *V.Lersner/Wendenburg*, Kz. 0113 Rn. 32.

[166] *Bartram/Schade*, UPR 1995, 253, 256; *Beckmann*, in: Klett, Andienungs- und Überlassungspflichtenbei der Sonderabfallentsorgung, S. 21, 41 f.; *Beckmann/Krekeler*, UPR 1997, 214, 219; *Konzak/Figgen*, BB 1996, 753, 759; *Ossenbühl*, DVBl. 1996, 19, 23.

[167] Vgl. *v.Münch*, GG, Art. 72 Rn. 9 f.

[168] *Ossenbühl*, DVBl. 1996, 19, 22; *Peine*, UPR 1996, 161, 166; zustimmend *Beckmann*, in: Klett, Andienungs- und Überlassungspflichten bei der Sonderabfallentsorgung, S. 31, 39 f.; *Schink*, in: GfU, Kreislaufwirtschafts- und Abfallgesetz - was ändert sich?, S. 113, 171 f.; *Unruh*, Zulässigkeit landesrechtlicher Andienungspflichten, S. 97 ff., 103.

war.[169] Außerdem kann sich der Bestandsschutz nicht nur auf die Regelungen erstrecken, die sich ausdrücklich auf die erst in der BestüAbfV nach § 41 III Nr. 1 festgelegten besonders überwachungsbedürftigen Abfälle beziehen - diese findet erst ab dem 1.1.1999 Anwendung -, sondern muß nach Sinn und Zweck der Vorschrift auch für die übrigen vor dem 7.10.1997 ergangenen Andienungspflichten für Abfälle zur Verwertung gelten, jedenfalls soweit sie sich auf Stoffe beziehen, die in der Abfallbestimmungsverordnung aufgeführt, d.h. besonders überwachungsbedürftig waren.[170] Soweit diese Stoffe allerdings nach der Verordnung auf Grund des § 41 III Nr. 1 KrW-/AbfG nicht mehr besonders überwachungsbedürftig sind, haben die für sie angeordneten Andienungspflichten - ab dem 1.1.1999 - keinen Bestand.[171]

Zu untersuchen ist, inwieweit landesrechtliche Regelungen, die das Verhältnis öffentlicher und privater Entsorgung betreffen, nach der Verkündung[172] des KrW-/AbfG bestehen bleiben bzw. anzupassen sind.

b) Landesrechtliche Andienungspflichten

Andienungspflichten finden sich in den Landesabfallgesetzen von Baden-Württemberg, Berlin, Brandenburg, Niedersachsen, Rheinland-Pfalz, Sachsen-Anhalt und neuerdings auch in Hamburg und Hessen. Abgesehen von der Regelung in *Sachsen-Anhalt*, wo nach § 14 AbfG LSA iVm § 1 AbfAndVO[173] die oberen Abfallbehörden zu "Andienungsstellen" bestimmt worden sind,

---

[169] OVG Brandenburg, NVwZ 1997, 604, 607; *Jarass*, Organisation und Überwachung der Sonderabfallentsorgung, S. 65; *Versteyl/Wendenburg*, NVwZ 1996, 937, 938; *Weidemann*/Beckmann, Organisation der Sonderabfallentsorgung, S. 44 f.; Brandt/Ruchay/*Weidemann*, KrW-/AbfG, B 100, § 13 Rn. 136.

[170] *V.Lersner/Wendenburg*, Kz. 0113, Rn 32; *Jarass*, Organisation und Überwachung der Sonderabfallentsorgung, S. 59 ff.; nach *Weidemann* sollen die Länder den Kreis der von § 13 IV 4 erfaßten Abfälle sogar selbst festlegen können, *Weidemann*/ Beckmann, Organisation der Sonderabfallentsorgung, S. 44 ff.

[171] *Hoppe*, in: Klett/v.Köller/Schmitt-Gleser, Kreislaufwirtschafts- und Abfallgesetz, S. 123, 157; *v.Lersner/Wendenburg*, Recht der Abfallbeseitigung, Kz. 0113, Rn. 33; *Jarass*, Organisation und Überwachung der Sonderabfallentsorgung, S. 59 f.

[172] Die herrschende Meinung nimmt den Eintritt der Sperrwirkung von Bundesrecht gegenüber Landesrecht zum Zeitpunkt der Verkündung an, andere stellen auf das Inkrafttreten des Gesetzes ab, vgl. *Jarass*, NVwZ 1996, 1041, 1043 f. m.w.Nachw.; darauf kommt es hier jedoch nicht an: spätestens seit dem Inkrafttreten des KrW-/AbfG im Oktober 1996 müssen alle vorhandenen und noch zu erlassenden Regelungen damit im Einklang stehen, um nicht wegen Verstoßes gegen Art 72 I GG nichtig zu sein.

[173] Verordnung über die Andienung besonders überwachungsbedürftiger Abfälle vom 25.9.1996, GVBl. LSA 1996, S. 322.

bestehen die Andienungspflichten in den übrigen Ländern dabei durchweg zugunsten privatrechtlicher Gesellschaften, an denen die öffentliche Hand zu mindestens 50 Prozent beteiligt ist. *Berlin* und *Brandenburg* haben sich 1994 zu einer gemeinsamen Organisation der Sonderabfallentsorgung entschieden. Zu diesem Zweck wurde die Sonderabfallgesellschaft Brandenburg/Berlin mbH (SBB) gegründet, an der zu jeweils 25 % die beiden Länder sowie zwei GmbHs der abfallerzeugenden bzw. -entsorgenden Wirtschaft beteiligt sind. Durch Verordnungen aufgrund des § 13 AbfG Bln. bzw. § 9 AbfVG Bbg. (jetzt § 14 AbfG Bbg.) wurde die SBB in beiden Ländern zur "zentralen Einrichtung" für die Organisation der Sonderabfallentsorgung bestimmt und eine Andienungspflicht der Besitzer in Berlin bzw. Brandenburg angefallener und von der Entsorgung ausgeschlossener Abfälle normiert.[174] In *Niedersachsen* ist aufgrund der Verordnung über die Andienung von Sonderabfällen[175] die Niedersächsische Gesellschaft zur Endablagerung von Sonderabfall mbH (NGS) "Zentrale Stelle" im Sinne des § 15 Nds.AbfG. Ihr gegenüber besteht nach § 16 I Nds.AbfG eine Andienungspflicht der aufgrund Ausschlusses von der Entsorgung Entsorgungspflichtigen; die angedienten Abfälle hat sie einer zugelassenen und aufnahmebereiten Abfallentsorgungsanlage zuzuweisen, § 16 II Nds.AbfG.[176] Nahezu identisch mit der niedersächsischen Regelung ist die in §§ 8a bis c des AbfWAlG *Rheinland-Pfalz* enthaltene. Zur Zentralen Stelle für Sonderabfälle wurde durch die Verordnung über die Andienung von Sonderabfällen[177] die Sonderabfall-Management-Gesellschaft Rheinland-Pfalz mbH (SAM) bestimmt. In *Hamburg* sind nach § 3 I des neuen "Gesetzes zur Andienung von besonders überwachungsbedürftigen Abfällen zur Beseitigung"[178] die Entsorgungspflichtigen grundsätzlich zur Andienung ihrer besonders überwachungsbedürftigen Abfälle zur Beseitigung an die dafür zugelassenen Abfallbeseitigungsanlagen in Hamburg, Bremen, Mecklenburg-Vorpommern und Niedersachsen verpflichtet. Das HAKA[179] sieht in § 11 die Bestimmung Zentraler Träger und in § 12 I eine grundsätzliche Andienungspflicht der Erzeuger und Besitzer von überwachungsbedürftigen Abfällen zur Beseitigung - die nach § 13 für besonders überwachungsbedürftige Abfälle zur

---

[174] Verordnung über die Organisation der Sonderabfallentsorgung des Landes Berlin (SoAbfEV) vom 22.1.1996, GVBl. 1996, 73; Verordnung über die Organisation der Sonderabfallentsorgung im Land Brandenburg (SAbfEV) vom 3.5.1995, GVBl. II, 404.

[175] Vom 14.9.1995, Nds. GVBl. 1995, S. 291.

[176] Vgl. dazu *Wendenburg*, in: Klett, Andienungs- und Überlassungspflichten bei der Sonderabfallentsorgung, S. 81 ff.

[177] Vom 2.12.1993, GVBl. RP 1993, S. 617.

[178] Vom 25.6.1997, GVBl. Hmb. 1997, S. 279.

[179] Hessisches Ausführungsgesetz zum Kreislaufwirtschafts- und Abfallgesetz v. 23.5.1997, GVBl. Hess. 1997, S. 173.

Verwertung, die durch Rechtsverordnung bestimmt worden sind, entsprechend gilt - an die Zentralen Träger vor. Neu geregelt wurde die Sonderabfallentsorgung auch in *Baden-Württemberg*; seit dem 1. November 1996 haben die Erzeuger und Besitzer von besonders überwachungsbedürftigen Abfällen zur Beseitigung diese grundsätzlich der SAA Sonderabfallagentur Baden-Württemberg GmbH anzudienen, sofern die Abfälle von öffentlich-rechtlichen Entsorgungsträgern nach § 15 III 2, 1.Alt. KrW-/AbfG von der Entsorgung ausgeschlossen sind, § 3 I SAbfVO[180] iVm § 9 II AbfG BW. Diese weist die Abfälle vorrangig der SBW Sonderabfallentsorgung Baden-Württemberg GmbH zu, die nach § 1 SAbfVO Träger der zentralen Einrichtungen zur Entsorgung im Sinne des § 9 AbfG BW ist.

Soweit die landesrechtlichen Regelungen Andienungspflichten für besonders überwachungsbedürftige Abfälle zur Verwertung umfassen,[181] ergibt sich ihr Bestandsschutz aus § 13 IV 4. Im übrigen müssen sie sich in dem von § 13 IV 1 bis 3 eröffneten Regelungsspielraum halten. Da vom KrW-/AbfG Andienungs- und Überlassungspflichten nur für besonders überwachungsbedürftige Abfälle im Sinne der entsprechenden Verordnungen zugelassen werden, dürfen die Landesabfallgesetze ab Inkrafttreten des KrW-/AbfG nicht mehr auf den Ausschluß von Abfällen - der sich auch auf nicht besonders überwachungsbedürftige Abfälle beziehen kann - abstellen.[182] Insofern ist eine Anpassung derjenigen Landesregelungen, die, wie die niedersächsischen, die Berliner und die rheinland-pfälzischen Regelungen, noch auf die von der Entsorgung ausgeschlossenen Abfälle abstellen, erforderlich. Das neue brandenburgische AbfG bezieht sich zwar in § 14 auf besonders überwachungsbedürftige Abfälle, jedoch ist weiterhin eine entsprechende Anpassung der Sonderabfallverordnung erforderlich.

Einschränkungen könnten sich außerdem im Hinblick auf den jeweiligen *Zweck* der Andienungspflichten ergeben. Ist mit der in § 13 IV genannten Andienungspflicht ein Instrument gemeint, das Stoffströme lenken und so die ordnungsgemäße Entsorgung sicherstellen soll, könnten solche Andienungspflichten, die zumindest auch einer verbesserten Überwachung dienen sollen, über diesen Regelungsspielraum in unzulässiger Weise hinausgehen. So bewegen sich nach einer Entscheidung des BVerwG die Andienungspflichten für Altöle nach der Niedersächsischen Verordnung über die Andienung von

---

180 Verordnung der Landesregierung und des Ministeriums für Umwelt und Verkehr über die Entsorgung besonders überwachungsbedürftiger Abfälle und die Sonderabfallagentur (Sonderabfallverordnung - SAbfVO) vom 12.9.1996, GBl. BW 1996, S. 586.

181 Vgl. *Beckmann/Krekeler*, UPR 1997, 214, 215 ff.

182 *Bartram/Schade*, UPR 1995, 253, 256; *Wendenburg*, in: Klett, Andienungs- und Überlassungspflichten bei der Sonderabfallentsorgung, S. 81, 99.

Sonderabfällen in einem bundesrechtlich abschließend geregelten Bereich, da Hauptzweck dieser Andienungspflichten eine verbesserte Überwachung der Entsorgung ist und diese bereits in der AbfRestÜberwV und der AltölV detailliert geregelt ist.[183] Auf den gesamten Bereich der Sonderabfallentsorgung übertragen folgte aus dieser Rechtsprechung, daß Andienungspflichten als Überwachungsinstrument nicht mit dem Bundesabfallrecht vereinbar und damit unzulässig sind.[184] Diese Einschätzung des BVerwG muß aber künftig nicht in gleicher Weise maßgeblich sein. Denn im Unterschied zum AbfG sieht das KrW-/AbfG ausdrücklich einen Spielraum für landesrechtliche Andienungspflichten vor; die Einführung von Andienungspflichten ist danach grundsätzlich zulässig. Ein Wille des Bundesgesetzgebers, die durch die Andienungspflicht tangierte Materie abschließend zu regeln, kann daher nicht mehr ohne weiteres unterstellt werden.[185] Inwieweit dieser Spielraum eingeschränkt sein soll, kann sich nur aufgrund einer Auslegung des Regelungskomplexes ergeben. Daß der Bundesgesetzgeber die Andienungspflicht nach § 13 IV lediglich als Instrument der Stoffstromlenkung und nicht als Überwachungsinstrument erlauben wollte, läßt sich aus dem Gesetzeswortlaut jedenfalls nicht ableiten. Der "Sicherstellung der umweltverträglichen Beseitigung" kann vielmehr auch eine verbesserte Überwachung dienen. Zu welchen Zwecken Andienungspflichten zulässig sind, ergibt sich auch nicht aus den insoweit äußerst knappen Gesetzesbegründungen.[186] Allerdings spricht die vom Ausschuß für Umwelt, Naturschutz und Reaktorsicherheit vorgeschlagene Formulierung ("zur Sicherstellung der Entsorgung") dafür, daß primär an eine Funktion als Stoffstromlenkungsinstrument gedacht war. Auch die im Vergleich zum AbfG äußerst detaillierten Regelungen über die abfallrechtliche Überwachung in den §§ 40 ff. KrW/AbfG und den entsprechenden Verordnungen deuten darauf hin, daß die Andienungspflichten nicht als zusätzliches Überwachungsinstrument gesehen wurden. Es sprechen daher gute Gründe dafür, daß Hauptzweck der in § 13 IV KrW-/AbfG geregelten Andienungspflichten lediglich die Lenkung von Stoffströmen zum Zweck der Sicherstellung der Entsorgung sein sollte. Landes-

---

[183] BVerwG, NVwZ 1995, 273, 274 f.

[184] *Beckmann*, in: Klett, Andienungs- und Überlassungspflichten bei der Sonderabfallentsorgung, S. 21, 49; *Konzak/Figgen*, BB 1996, 753, 755, *Peine*, UPR 1996, 161.

[185] *Versteyl/Wendenburg*, NVwZ 1996, 937, 942.

[186] Die einzige Aussage zu der Regelung überhaupt enthält die Stellungnahme des Bundesrates zu dem Regierungsentwurf, BT-Drs. 12/5672, S. 68; danach sei die Regelung zwingend notwendig, um bestehende und bewährte Systeme der Länder zur Entsorgung von Sonderabfällen nicht zu gefährden.

rechtliche Andienungspflichten sind danach zulässig, soweit sie nicht primär Überwachungszwecken dienen.[187]

Der Hauptzweck der *baden-württembergischen* Andienungsregelung ist aufgrund der Tatsache, daß vorrangig eine Zuweisung an den Träger der zentralen Einrichtungen, der nach § 4 I SAbfVO die zugewiesenen Abfälle in den zentralen Einrichtungen selbst entsorgt, und nur bei dessen Unvermögen ersatzweise eine Zuweisung an fremde Anlagen vorgesehen ist, in der Steuerung von Stoffströmen in die öffentlich bereitgestellte Entsorgungsinfrastruktur und nicht in der Überwachung von Stroffströmen zu sehen.[188] Ein Verstoß gegen das KrW-/AbfG liegt damit nicht vor.[189] Nach der *berlin-brandenburgischen* Gestaltung betreibt die andienungsbegünstigte Stelle selbst keine Entsorgungseinrichtungen, sondern stellt lediglich ausreichende Entsorgungsmöglichkeiten, vor allem durch den Abschluß langfristiger Entsorgungsverträge, sicher; ihre Hauptaufgabe besteht in der Zuweisung der ihr ordnungsgemäß angedienten Sonderabfälle zu dafür zugelassenen und annahmebereiten Abfallentsorgungsanlagen. Zweck der Andienungspflicht ist zwar wiederum die hoheitliche Steuerung der Abfallströme;[190] jedoch dient diese nicht, wie in Baden-Württemberg, der Erhaltung einer öffentlich bereitgestellten, sondern allenfalls einer privaten, immerhin öffentlich kontrollierten Entsorgungsinfrastruktur[191], und zumindest auch der Kontrolle des Verbleibs der Abfälle, womit die Ähnlichkeit zu einem Überwachungsinstrument offenbar wird.[192] Jedoch überwiegt diese Kontrollfunktion die Lenkungsfunktion der Andienungspflicht nicht; durch die Zuweisung soll dem Abfallbesitzer/-erzeuger/-beförderer primär ein Weg ordnungsgemäßer Entsorgung vorgegeben werden. Von einem vorrangig der Überwachung dienenden Instrument kann daher nicht gesprochen werden.[193]

Aus den selben Gründen verstoßen auch die in *Hamburg, Hessen, Niedersachsen, Rheinland-Pfalz* und *Sachsen-Anhalt* geregelten Andienungspflichten nicht gegen das KrW-/AbfG.

---

[187] *Peine*, UPR 1996, 161, 165 f.; *Schink*, in: GfU, Kreislaufwirtschafts- und Abfallgesetz - was ändert sich?, S. 113, 164.

[188] VGH BW, DVBl. 1998, 343, 344; *Spoerr*, LKV 1996, 145, 146 Fn. 15; *Weidemann*/Beckmann, Organisation der Sonderabfallentsorgung, S. 26 f.; a.A. Weidemann/*Beckmann*, Organisation der Sonderabfallentsorgung, S. 101 ff.

[189] VGH BW, DVBl. 1998, 343, 344 ff.

[190] Zur Qualifikation der SBB als Beliehene *Peine*, UPR 1996, 161, 165; *ders*, LKV 1996, 352, 353 ff.

[191] Siehe dazu *Peine*, UPR 1996, 161.

[192] *Konzak/Figgen*, BB 1996, 753, 754; *Spoerr*, LKV 1996, 145, 146, 148 f.

[193] So wohl auch OVG Brandenburg, NVwZ 1997, 604, 606.

c) Landesrechtliche Überlassungspflichten

Regelungen zu Überlassungspflichten finden sich in den Landesabfallgesetzen von Bayern, dem Saarland und Thüringen:

In *Bayern* haben sich die Besitzer besonders überwachungsbedürftiger Abfälle, die von der Entsorgung ausgeschlossen sind, zur Erfüllung ihrer Entsorgungspflicht der Gesellschaft zur Beseitigung von Sondermüll in Bayern mbH (GSB) oder der Sonderabfall-Entsorgung Franken GmbH (SEF), die mittlerweile die operativen Aufgaben des Zweckverbandes Sondermüllentsorgung Mittelfranken (ZVSMM) übernommen hat, zu bedienen; den Umfang der Überlassungspflicht bestimmt der Abfallentsorgungsplan, Art. 10 BayAbfAlG. In *Thüringen* besteht nach § 5 ThürAbfAL iVm der Sonderabfall-Verordnung[194] eine Überlassungspflicht der wegen eines Ausschlusses von der Entsorgung Entsorgungspflichtigen an die Thüringer Sonderabfall GmbH (TSA). Nach § 11 SaarlAbfG iVm der Sonderabfall-Verordnung[195] haben die Besitzer von der Entsorgung ausgeschlossener Abfälle im *Saarland* diese der zur Annahme verpflichteten Sonderabfallentsorgung Saar GmbH (SES) zu überlassen.[196]

Die Vereinbarkeit von landesrechtlichen Überlassungspflichten für besonders überwachungsbedürftige Abfälle, die die öffentlich-rechtlichen Entsorgungsträger von der Entsorgung ausgeschlossen haben, wurde in der Vergangenheit nie ernsthaft bezweifelt. Dabei wird dadurch eine öffentliche Entsorgungsverantwortung begründet,[197] die mit der in § 3 IV AbfG bundesrechtlich getroffenen Vorgabe materieller Privatisierung hätte kollidieren können.[198] Ergab sich aus § 3 IV AbfG nicht nur eine Entsorgungspflicht des Besitzers ausgeschlossener Abfälle, sondern auch ein *Recht* desselben zur Eigen- oder Fremdentsorgung[199] im Rahmen der bundesrechtlichen Vorgaben, konnten landesrechtliche Einschränkungen dieses Rechts gegen Art. 72 I GG verstoßen. Dieses Problem ist aber durch § 13 IV KrW-/AbfG künftig für Einschränkungen der Eigen- oder Fremdentsorgung der Besitzer besonders

---

[194] Thüringer Verordnung über die Entsorgung von Sonderabfällen aus Industrie und Gewerbe (Sonderabfall-Verordnung) vom 31.1.1992, ThürGVBl. 1992, S. 65.

[195] Verordnung über die Entsorgung von Sonderabfällen aus Industrie, Gewerbe und Dienstleistungsbereichen (Sonderabfall-Verordnung) vom 22.10.1987, SaarlABl. 1987, S. 1425.

[196] Vgl. dazu *Bonberg*, in: Klett, Andienungs- und Überlassungspflichten bei der Sonderabfallentsorgung, S. 69 ff.

[197] *Peine*, in: Blaurock, Verantwortung für Abfall, S. 79, 88.

[198] *Stallknecht*, Lizenz und Lizenzentgelt, S. 60.

[199] So *Kloepfer/Follmann*, DÖV 1988, 573, 576.

überwachungsbedürftiger Abfälle durch Landesrecht in dem dort genannten Umfang ausgeräumt.[200]

Im übrigen ist jedoch von einer Sperrwirkung des KrW-/AbfG auszugehen, so daß Überlassungspflichten für andere als besonders überwachungsbedürftige Abfälle, insbesondere sonstige gemäß § 15 III KrW-/AbfG von der Entsorgung ausgeschlossene Abfälle, nicht normiert werden können, unter der alten Rechtslage erlassene Überlassungspflichten für besonders überwachungsbedürftige Abfälle zur Verwertung nach § 13 IV 4 keinen Bestandsschutz genießen[201] und künftige nur im Rahmen des § 13 IV 2 und 3 zulässig sind. Insofern ist daher eine Anpassung der landesrechtlichen Überlassungspflichten, die noch auf ausgeschlossene Abfälle abstellen, erforderlich.

d) Regelungen zur Sonderabfallentsorgung in den übrigen Ländern

In *Schleswig-Holstein* wurde die GOES Gesellschaft für die Organisation der Entsorgung von Sonderabfällen mbH aufgrund des § 11 I LAbfWG zur "zentralen Stelle" bestimmt.[202] Die Besitzer bestimmter Abfälle haben diese der zentralen Stelle anzuzeigen, woraufhin diese dem Anzeigepflichtigen unter den vorhandenen Entsorgungseinrichtungen die geeigneten Entsorgungsanlagen nachzuweisen hat. Eine Andienungspflicht der Abfallbesitzer besteht nach den Regelungen nicht.[203] Auch in den Abfallgesetzen von *Bremen, Mecklenburg-Vorpommern* und *Sachsen* finden sich keine Andienungs- und Überlassungspflichten für ausgeschlossene und/oder besonders überwachungsbedürftige Abfälle. *Nordrhein-Westfalen* hat mit der Einführung des sog. "Lizenzmodells" 1988 einen eigenen Weg in der Sonderabfallentsorgung gewählt. Dieses Modell beruht auf einem repressiven Verbot mit Erlaubnis- (bzw. Lizenz-) Vorbehalt für die Behandlung bestimmter Sonderabfälle; für die Nutzung der Lizenz wird ein Lizententgelt erhoben, das zweckgebunden dem Abfallentsorgung- und Altlastensanierungsverband Nordrhein-Westfalen zugute kommt. Nach einem Beschluß des OVG NW vom 23.1.1996, in dem es das Lizenzmodell aufgrund Verstoßes gegen Bundesrecht

---

[200] Zur Rechtsgrundlage s.o. b) bb)aaa).

[201] *V.Lersner/Wendenburg*, Kz. 0113 Rn. 32.

[202] Landesverordnung über die Organisation der Entsorgung von Sonderabfällen vom 30.11.1993, GVBl. 1994, S. 6.

[203] *Peine*, UPR 1996, 161, 162; *Unruh*, Zulässigkeit landesrechtlicher Andienungspflichten, S. 23.

für verfassungswidrig gehalten hat, liegt das Lizenzmodell derzeit dem BVerfG zur Entscheidung vor.[204]

Da diese Modelle weder Überlassungs- noch Andienungspflichten vorsehen, kommen sie als Komponenten für ein von dem durch das KrW-/AbfG vorgegebenen abweichendes Verhältnis öffentlicher und privater Entsorgung nicht in Betracht. Es bleibt insofern vielmehr bei der oben geschilderten Pflichtenzuordnung, wie sie das KrW-/AbfG in den §§ 5 II, 11 I, 13 I, 15 I, III vorgenommen hat.

4. Zusammenfassung

Das KrW-/AbfG ordnet die Entsorgungspflichten in einem differenzierten System von Grundsatz, Ausnahmen und Ausnahmen von Ausnahmen in Abhängigkeit von der Herkunft der Abfälle einerseits und dem (geplanten) Entsorgungsweg andererseits Privaten oder öffentlich-rechtlichen Entsorgungsträgern zu. Danach sind die Abfallerzeuger und -besitzer nach §§ 5 II, 11 I zwar grundsätzlich zur Entsorgung ihrer Abfälle verpflichtet, doch ist dieser Grundsatz durch weitreichende Ausnahmen zugunsten der öffentlich-rechtlichen Entsorgungsträger nach §§ 15 I, 13 I stark eingeschränkt. Eine Pflicht zur Überlassung an die öffentlich-rechtlichen Entsorgungsträger besteht dabei nicht nur für Abfälle aus privaten Haushaltungen, soweit keine eigene Verwertung durchgeführt wird oder werden kann, sondern auch für Abfälle zur Beseitigung aus anderen Herkunftsbereichen, soweit der Abfallbesitzer bzw. -erzeuger diese nicht - im Einklang mit öffentlichen Interessen - in eigenen Anlagen beseitigt. Die Entsorgungspflicht der Erzeuger und Besitzer beschränkt sich danach auf nicht aus privaten Haushaltungen stammende Abfälle zur Verwertung und solche Abfälle zur Beseitigung, die sie in eigenen Anlagen beseitigen können und die nicht aus überwiegenden öffentlichen Interessen an die öffentlich-rechtlichen Entsorgungsträger zu überlassen sind, sowie auf Abfälle, die nach § 15 III von der öffentlichen Entsorgung ausgeschlossen worden sind. Eingeschränkt wird der Grundsatz der Eigenentsorgung außerdem durch zahlreiche landesrechtliche Andienungs- und Überlassungspflichten im Rahmen des § 13 IV.

---

[204] OVG NW, ZUR 1996, 208 ff.

II. Einordnung in die Privatisierungskategorien

Als Privatisierungsform im Rahmen der originären Zuordnung der Entsorgungspflichten kommt die grundsätzliche Entsorgungspflicht der Abfallerzeuger und -besitzer nach §§ 5 II, 11 I sowie der Ausschluß von Abfällen durch die öffentlich-rechtlichen Entsorgungsträger nach § 15 III in Betracht.

1. Entsorgungspflicht der Erzeuger und Besitzer

Indem in den §§ 5 II, 11 I die Abfallerzeuger und -besitzer grundsätzlich selbst zur Entsorgung verpflichtet werden, hat das KrW-/AbfG im Verhältnis zum AbfG die Entsorgungspflicht dem Grunde nach materiell privatisiert.[205] Es handelt sich dabei um einen Fall der normativen Inpflichtnahme Privater.[206]

Praktisch trifft diese Feststellung allerdings nur zu, soweit Entsorgungspflichten den öffentlich-rechtlichen Entsorgungsträgern nach dem AbfG überhaupt oblagen; soweit, z.B. aufgrund des engeren Abfallbegriffs, keine öffentlich-rechtlichen Entsorgungspflichten bestanden, hat selbstredend keine Privatisierung stattgefunden.[207]

Aufgrund der vielfältigen Ausnahmen von der grundsätzlichen Eigenentsorgungspflicht durch Überlassungspflichten relativiert sich diese Feststellung einer grundsätzlichen materiellen Privatisierung. So findet eine Republifizierung der grundsätzlich materiell privaten Entsorgungspflicht durch §§ 13 I, 15 I insbesondere für die aus privaten Haushaltungen stammenden Abfälle sowie in weiten Teilen für Abfälle zur Beseitigung statt.

Einschränkungen erfahren die privaten Eigenentsorgungspflichten außerdem durch die landesrechtlichen Andienungs- und Überlassungspflichten für besonders überwachungsbedürftige Abfälle im Rahmen des § 13 IV;[208] insbesondere soweit diese zugunsten von Beliehenen[209] oder sonstigen

---

[205] *Bree*, Privatisierung der Abfallentsorgung, S. 121; *Frenz*, KrW-/AbfG, Einleitung Rn. 11; *Hölscher*, ZUR 1995, 176, 178; *Peine*, in: Schmidt, Öffentliches Wirtschaftrecht, S. 371, 431, 432; *ders.*, in: Hoffmann/Müller, Abfallwirtschaft im Umbruch, S. 71, 96; *Schink*, NVwZ 1997, 435.

[206] *Bree*, Privatisierung der Abfallentsorgung, S. 96, 108, 116 f.; *Kahl*, DVBl. 1995, 1327, 1328; *Peine*, in: Schmidt, Öffentliches Wirtschaftsrecht, S. 371, 431.

[207] *Bree*, Privatisierung der Abfallentsorgung, S. 97, 116.

[208] *Peine*, in: Blaurock, Verantwortung für Abfall, S. 79, 88; Brandt/Ruchay/*Weidemann*, KrW-/AbfG, B 100, § 13 Rn. 102.

[209] Zu dieser Qualifizierung etlicher von den Ländern bestimmter Einrichtungen *Peine*, UPR 1996, 161, 162 ff.; *ders.*, LKV 1996, 352, 353. .

Trägern öffentlicher Gewalt[210] bestehen, rückt die Verantwortung wieder stärker in Richtung öffentliche Hand.

2. Ausschluß von Abfällen

Eine materielle Reprivatisierung der republifizierten Entsorgungspflichten ist durch den Ausschluß von Abfällen nach § 15 III durch die öffentlich-rechtlichen Entsorgungsträger möglich. Wie unter dem AbfG bewirkt dieser Ausschluß von der Entsorgung eine materielle Privatisierung. Der Umfang liegt in der Hand der öffentlich-rechtlichen Entsorgungsträger und der zuständigen Behörde. Die Eigenentsorgungspflicht der §§ 5 II, 11 I lebt unter diesen Umständen wieder auf; der dadurch normativ inpflichtgenommene Erzeuger und Besitzer von Abfällen hat diese ordnungsgemäß selbst oder unter Einschaltung von Erfüllungsgehilfen zu entsorgen.

B. Beauftragung Dritter und privater Entsorgungsträger

Wie nach dem AbfG können auch nach dem KrW-/AbfG sowohl öffentlich-rechtliche Entsorgungsträger als auch Abfallerzeuger und -besitzer Dritte mit der Erfüllung ihrer Entsorgungspflichten beauftragen. Dabei läßt die Einschaltung von Beauftragten in die Abfallentsorgung die oben dargestellte originäre Zuordnung der Entsorgungspflichten unberührt.

I. Gesetzliche Regelung

1. Beauftragung durch die öffentlichen Entsorgungsträger

Nach § 16 I ist den entsorgungspflichtigen Körperschaften die Möglichkeit eröffnet, Dritte durch privatrechtlichen Vertrag mit der Erfüllung ihrer Pflichten zu beauftragen. Als Dritte kommen - wie bei § 3 II 2 AbfG - alle natürlichen und juristischen Personen des privaten und des öffentlichen Rechts

---

[210] Z.B. sind zu Andienungsstellen in Sachsen-Anhalt die oberen Abfallbehörden bestimmt worden.

inklusive des Abfallerzeugers oder -besitzers selbst in Betracht.[211] Nicht dazu gehören allerdings die eigenen öffentlich-rechtlichen Regie- und Eigenbetriebe, weil sie keine von dem öffentlich-rechtlichen Entsorgungsträger verschiedene Rechtspersönlichkeit haben.[212] Die Beauftragung von Verbänden und Einrichtungen der Selbstverwaltungskörperschaften der Wirtschaft nach § 17 I und § 18 I ist im Rahmen der öffentlichen Entsorgung nach § 15 I nicht möglich, da diese Vorschriften nur für die Erzeuger und Besitzer von Abfällen gelten; sie können jedoch als "Dritte" nach § 16 I beauftragt werden.[213] Ein Rechtsverhältnis zwischen dem Beauftragten und dem Überlassungspflichtigen entsteht bei einer Beauftragung durch die öffentlich-rechtlichen Entsorgungsträger nicht.[214] Daß bei einer Beauftragung nach dieser Vorschrift keine Entlastung der öffentlichen Entsorgungsträger eintritt, die Pflicht vielmehr unverändert bestehen bleibt, stellt § 16 I 2 nunmehr ausdrücklich klar. Damit wurde die bisherige Regelung des § 3 II 2 AbfG übernommen.[215]

Als Voraussetzung für die Beauftragung fordert § 16 I 3 KrW-/AbfG, daß der Dritte über die erforderliche Zuverlässigkeit verfügt.[216] Nach der im Gewerberecht entwickelten Definition beinhaltet der Begriff der Zuverlässigkeit, daß der Betreffende Gewähr dafür bieten kann, daß er die Tätigkeit ordnungsgemäß ausübt.[217] Ein Vergleich mit § 16 II Nr. 1, der das Kriterium der Zuverlässigkeit neben denen der Sach- und Fachkunde aufstellt, könnte ergeben, daß die Zuverlässigkeit in § 16 I die Sach- und Fachkunde des Dritten nicht erfordert.[218] In der Tat macht es Sinn, an die Qualifikation des Dritten, der nur für einzelne Tätigkeiten und nur als Erfüllungsgehilfe beauftragt wird, geringere Anforderungen zu stellen als an einen Dritten, dem Pflichten der Entsorgungsträger für längere Zeit zur selbständigen Erledigung übertragen werden. Aus der ausdrücklichen Nennung der Kriterien der Sach- und Fachkunde in § 16 II Nr. 1 zu schließen, beauftragte Dritte nach § 16 I müßten keinerlei Qualifikationsanforderungen genügen, wäre jedoch verfehlt; vielmehr setzt der Begriff der Zuverlässigkeit, indem er auf die Fähigkeit des

---

[211] *Arndt/Walter*, WiVerw 1997, 183, 223 f.; *Bree*, Privatisierung der Abfallentsorgung, S. 172 ff.; *Fluck*, KrW-/AbfG, § 16 Rn. 37; *Kahl*, DVBl. 1995, 1327, 1329; Kunig/Paetow/*Versteyl*, KrW-/AbfG, § 16 Rn. 9.

[212] *V.Lersner/Wendenburg*, Recht der Abfallbeseitigung, Kz. 0116 Rn. 6.

[213] *Arndt/Walter*, WiVerw 1997, 183, 224.

[214] *Fluck*, KrW-/AbfG, § 16 Rn. 61; *Peine*, in: Schmidt, Öffentliches Wirtschaftsrecht, S. 371, 453.

[215] Dazu oben 2. Teil, B.I.1 a).

[216] Zu den an den Auftraggeber bei der Auswahl des Dritten zu stellenden Sorgfaltsanforderungen Kunig/Paetow/*Versteyl*, KrW-/AbfG, § 16 Rn. 17 ff.

[217] *Marcks*, in: Landmann/Rohmer, GewO Bd. I, § 35 Rn. 29 m.w.Nachw.

[218] So *Fischer/Lacher*, AJ 12/1996, 47; vgl. *Schink*, DÖV 1995, 881, 884.

Betreffenden, für die ordnungsgemäße Ausübung der Tätigkeit Gewähr zu leisten, abstellt, bereits ein gewisses Maß an sachlicher und fachlicher Qualifikation voraus: wer für die jeweilige Tätigkeit nicht qualifiziert ist, kann gerade nicht Gewähr dafür bieten, daß er diese ordnungegemäß ausübt. Damit kann unter die Zuverlässigkeit zumindest das für die Erledigung der Tätigkeit notwendige Maß an Sach- und Fachkunde gefaßt werden.[219] Davon geht offenbar auch der Ausschuß für Umwelt, Naturschutz und Reaktorsicherheit des Bundestages aus, der unter der Zuverlässigkeit in § 16 I die erforderliche persönliche Eignung des Dritten versteht, den Auftrag im Einklang mit den Vorschriften des Gesetzes zu erfüllen, wobei der Begriff neben der Sachkenntnis und den finanziellen Voraussetzungen auch die sonstigen persönlichen Verhältnisse umfassen soll.[220]

Nach § 16 I beauftragte Dritte haben gemäß § 50 III ihre Tätigkeit bei der zuständigen Behörde anzuzeigen, soweit sie nicht bereits nach § 50 I, also bei gewerbsmäßiger Vermittlung von Abfallverbringungen, oder nach einer auf der Grundlage von § 50 II erlassenen Verordnung einer Genehmigungspflicht unterliegen.[221]

Die unter § 3 II 2 AbfG unstreitig verneinte Frage, ob der Antragsteller einen Anspruch auf Beauftragung durch die entsorgungspflichtige Körperschaft haben kann,[222] könnte sich aufgrund der neuen Konzeption des KrW-/AbfG anders darstellen. *Kahl* sieht in den §§ 16 ff. aufgrund der auf Eigenverantwortung und Kreislaufwirtschaft setzenden Konzeption des Gesetzes "Ermächtigungsnormen zugunsten Privater", die aufgrund des grundrechtlichen Schutzes der Tätigkeit privater Entsorgungsunternehmen zu einer Ermessensreduzierung auf Null und damit einem Anspruch des Privaten auf Beauftragung führen können.[223] Dagegen spricht jedoch die Tatsache, daß mit § 16 I lediglich die Regelung des § 3 II 2 AbfG übernommen werden sollte;[224] ein gesetzgeberischer Wille, dem Dritten nunmehr subjektive Rechte einzuräumen, ist nicht ersichtlich. Gegen eine Einordnung der Vorschrift als präventives Verbot mit Erlaubnisvorbehalt aufgrund der Neukonzeption des Gesetzes spricht auch, daß die auf Eigenverantwortung und Kreislaufwirt-

---

[219] *Frenz*, KrW-/AbfG, § 16 Rn. 3. Näher dazu Kunig/Paetow/*Versteyl*, KrW-/AbfG, § 16 Rn. 15 ff.; *Schink*, DÖV 1995, 881, 884.

[220] BT-Drs. 12/7284, S. 18; ebenso *Fluck*, KrW-/AbfG, § 16 Rn. 99 f.; *Wieberneit*, BB 1997, 2333, 2336.

[221] Mit der Anzeigepflicht wurden Vorgaben der novellierten EG-Abfallrahmenrichtlinie umgesetzt. Zur Auslegung der Norm im einzelnen *Locher*, NuR 1997, 170 ff.

[222] S. nur *Kunig*/Schwermer/Versteyl, AbfG, § 3 Rn. 34 m.w.Nachw.

[223] *Kahl*, DVBl. 1995, 1327, 1330.

[224] Begründung der BReg. zum Gesetzentwurf BT-Drs. 12/5672, S. 45.

schaft setzenden Instrumente im wesentlichen in den §§ 5 II, 11 I sowie 22 ff. enthalten sind,[225] während sich die §§ 16 I, 17 I, 18 I lediglich auf die Einschaltung unselbständiger Erfüllungsgehilfen beziehen, wodurch die Entsorgungsverantwortung unberührt bleibt. Somit ist weiterhin davon auszugehen, daß die Regelung in § 16 I ausschließlich öffentlichen Interessen zu dienen bestimmt ist.[226] Ein Anspruch auf Beauftragung kommt danach nicht in Betracht.[227]

2. Beauftragung durch Abfallerzeuger und -besitzer

a) Dritte

Wie die öffentlich-rechtlichen Entsorgungsträger können auch die den Erzeuger- oder Besitzerpflichten unterliegenden Personen Dritte mit der Erfüllung ihrer Pflichten beauftragen, § 16 I. Das betrifft die nach §§ 5 II, 11 I zur Verwertung und Beseitigung ihrer Abfälle verpflichteten Erzeuger und Besitzer von Abfällen und gemäß § 26 auch Hersteller und Vertreiber, die Abfälle aufgrund einer Rechtsverordnung nach § 24 oder freiwillig nach § 25 zurücknehmen. Als Dritte kommen dabei auch die Regie- und Eigenbetriebe der öffentlich-rechtlichen Entsorgungsträger in Betracht.[228] Wie bei einer Beauftragung durch die öffentlich-rechtlichen Entsorgungsträger unterliegt der nach § 16 I beauftragte Dritte der Anzeigepflicht, § 50 III, soweit seine Tätigkeit nicht nach § 50 I oder II genehmigungspflichtig ist.[229]

Gegenstand der Beauftragung können aber nur die Entsorgungspflichten sein, die den Erzeugern und Besitzern außerhalb der Überlassungspflichten nach § 13 I noch obliegen. Denn § 13 I schränkt den Umfang der nach §§ 5 II, 11 I grundsätzlich umfassenden Entsorgungspflichten der Erzeuger und Besitzer als speziellere Regelung erheblich ein.[230] Erfüllungsgehilfen können daher von Abfallerzeugern und -besitzern nicht mit der Entsorgung von nach § 13 I überlassungspflichtigen Haushaltsabfällen und sonstigen Abfällen zur

---

[225] Vgl. Begründung der BReg. zum Gesetzentwurf BT-Drs. 12/5672, S. 31 f.

[226] So auch *Bree*, Privatisierung der Abfallentsorgung, S. 179 f.

[227] *Fluck*, KrW-/AbfG, § 16 Rn. 38; *Frenz*, KrW-/AbfG, § 16 Rn. 4; Kunig/Paetow/*Versteyl*, KrW-/AbfG, § 16 Rn. 10.

[228] *Arndt/Walter*, WiVerw 1997, 183, 224; *Fluck*, KrW-/AbfG, § 16 Rn. 37.

[229] *Locher*, NuR 1997, 171 ff.; a.A. offenbar *Frenz*, KrW-/AbfG, § 50 Rn. 7, der nur beauftragte Dritte, die von *Entsorgungsträgern* mit der Erfüllung ihrer Entsorgungspflichten beauftragt wurden, dem Anwendungsbereich der Vorschrift unterwirft.

[230] Vgl. Himmelmann/*Pohl*/Tünnesen-Harmes, Hb. Umweltrecht, B.3 Rn. 65.

Beseitigung beauftragt werden.[231] In Betracht kommt eine Beauftragung somit nur für die Entsorgung nicht aus privaten Haushaltungen stammender Abfälle zur Verwertung sowie solcher Abfälle zur Beseitigung, die der öffentlich-rechtliche Entsorgungsträger nach § 15 III von der Entsorgung ausgeschlossen hat.[232] Noch weiter eingeschränkt werden kann dieser Spielraum außerdem durch die genannten landesrechtlichen Andienungs- und Überlassungspflichten im Rahmen des § 13 IV.

Die Rechtsbeziehungen zwischen den Beteiligten sind bei einer Beauftragung mit der Erfüllung von Erzeuger- und Besitzerpflichten ausschließlich privatrechtlicher Natur.[233]

b) Verbände und Einrichtungen der Selbstverwaltungskörperschaften der Wirtschaft

Als Dritte entsprechend § 16 I können die Erzeuger und Besitzer von Abfällen außerdem die zu diesem Zweck gebildeten Verbände, § 17 I, oder Einrichtungen der Selbstverwaltungskörperschaften der Wirtschaft, § 18 I, beauftragen, wenn diese über die erforderliche Zuverlässigkeit verfügen, § 17 I 2 bzw. § 18 I 2 iVm § 16 I 3.

aa) Verbände

Nach § 17 I können Erzeuger und Besitzer von Abfällen aus gewerblichen und sonstigen wirtschaftlichen Unternehmen oder öffentlichen Einrichtungen Verbände bilden, die sie dann mit der Erfüllung ihrer Verwertungs- und Beseitigungspflichten beauftragen können. § 17 II bietet den öffentlich-rechtlichen Entsorgungsträgern und den Selbstverwaltungskörperschaften der Wirtschaft die Möglichkeit, auf die Bildung solcher Verbände hinzuwirken und sich an ihnen zu beteiligen.[234] Ausführungen zum gesetzgeberischen Zweck der in § 17 I enthaltenen Regelung enthält die Ausschußbegründung; danach sollen die den Erzeugern oder Besitzern obliegenden Entsorgungspflichten zunächst im Rahmen der Selbstorganisation der Wirtschaft gelöst

---

231 *Arndt/Walter*, WiVerw 1997, 183, 225.

232 *Arzt/Siederer*, in: Gaßner/Versmann, Neuordnung, S. 51, 54; *Bree*, Privatisierung der Abfallentsorgung, S. 186 f.

233 *V. Köller*, Kreislaufwirtschafts- und Abfallgesetz, S. 108.

234 Diese Vorschrift eröffnet allerdings nicht die Möglichkeit einer Zwangskorporation, s. *Hofmann-Hoeppel*, in: Schimmelpfeng/Gessenich, KrW-/AbfG, S. 81, 84 f.

werden, soweit sie dazu einzeln nicht in der Lage sind.[235] Der Gesetzgeber hat damit ein über § 16 I hinausgehendes Kooperationsbedürfnis gewerblicher und industrieller Abfallbesitzer und -erzeuger unterstellt.[236] In welcher Rechtsform diese Kooperation vonstatten gehen soll, läßt die Regelung allerdings offen. Jedenfalls muß es sich bei den Verbänden um juristische Personen handeln, da nur solche die Fähigkeit besitzen, Träger von Rechten und Pflichten zu sein, und damit Adressaten der Pflichtenübertragung sein können.[237] Mit der Subsumierung der Verbände unter den Begriff der "privaten Entsorgungsträger"[238] scheint das Gesetz von einer privatrechtlichen Organisationsform auszugehen. Dafür spricht auch der Umstand, daß nach § 17 III eine Beleihung der Verbände möglich sein soll, Adressat einer Beleihung aber nur ein Privatrechtssubjekt sein kann. Schließlich wäre für die Gründung einer öffentlich-rechtlichen Körperschaft eine gesetzliche Grundlage erforderlich.[239] Die Verbände sind daher - vorbehaltlich abweichender landesrechtlicher Bestimmungen[240] - grundsätzlich als juristische Personen des Privatrechts zu gründen,[241] wobei insbesondere die GmbH als zweckmäßig anzusehen ist.[242]

bb) Einrichtungen der Selbstverwaltungskörperschaften der Wirtschaft

Nach § 18 I 1 können die Selbstverwaltungskörperschaften der Wirtschaft, d.h. die Industrie- und Handels- sowie Handwerks- und Landwirtschaftskammern, freiwillig Einrichtungen bilden, die von den Abfallerzeugern und -besitzern mit der Erfüllung der Entsorgungspflichten beauftragt werden können. Damit wollte der Gesetzgeber dem Gedanken Rechnung tragen, daß die Kammern "aufgrund ihrer Stellung, ihrer Aufgaben, ihres räumlichen Einzugsbereiches und ihrer finanziellen Ausstattung" eher in der Lage sind, die Erfüllung der Entsorgungspflichten zu fördern oder sicherzustellen, als der einzelne Besitzer von Abfällen.[243] Nach der Ausschußbegründung soll die

---

[235] BT-Drs. 12/ 7284, S. 18.

[236] *Arndt*, Kreislaufwirtschaft und kommunale Entsorgung, S. 88.

[237] *Arndt/Walter*, WiVerw 1997, 183, 230.

[238] Vgl. §§ 13 II, 15 II.

[239] *Hölscher*, ZUR 1995, 176, 180.

[240] Vgl. *Schink*, StGR 1996, 102, 107, der für die landesrechtliche Vorgabe einer öffentlich-rechtlichen Organisationsform plädiert, weil damit eher als bei privatrechtlichen Organisationsformen ein Bestand des Verbandes für die Dauer der Pflichtenübertragung gewährleistet werden könne.

[241] *Arndt/Walter*, WiVerw 1997, 183, 230.

[242] *Frenz*, KrW-/AbfG, § 17 Rn. 2; *Hölscher*, ZUR 1995, 176, 180.

[243] Regierungsbegründung, BT-Drs. 12/5672, S. 45.

Bildung der Entsorgungseinrichtungen von den Kammern als Selbstverwaltungsaufgabe wahrgenommen werden können.[244] Sofern sie als unselbständige Stellen bei den Kammern geführt werden, sind die Einrichtungen Teil der öffentlich-rechtlichen Körperschaft; in Betracht kommen aber auch privatrechtliche Rechtsformen, die dann zur Bildung einer eigenen, privaten Rechtspersönlichkeit führen.[245]

cc) Relevanz neben § 16 I

Angesichts der nahezu identischen Regelungsgehalte stellt sich die Frage, ob die §§ 17 I, 18 I neben § 16 I überhaupt eigenständige Bedeutung haben.[246] Auch Verbände und Einrichtungen der Selbstverwaltungskörperschaften der Wirtschaft kommen als "Dritte" im Sinne des § 16 in Betracht und können nach dieser Vorschrift beauftragt werden.[247] Abgesehen von einem gesetzlichen Hinweis auf die Möglichkeit der Errichtung von Verbänden und Einrichtungen der Kammern bleibt der Bedeutungsgehalt der §§ 17 I, 18 I KrW-/AbfG daher unklar, zumal eine entsprechende Geltung von § 16 I 2 und 3 angeordnet wird, also auch die Abfallerzeuger und -besitzer zur Entsorgung verpflichtet bleiben und die erforderliche Zuverlässigkeit des Verbandes bzw. der Einrichtung der Kammer Voraussetzung für die Beauftragung ist. Auch soweit davon ausgegangen wird, daß die Regelungen nur für die Verbandsmitglieder bzw. die Mitglieder der Kammern gelten,[248] ergibt sich kein eigenständiger Regelungsgehalt gegenüber § 16 I, der die Einschaltung von Erfüllungsgehilfen auch durch Abfallerzeuger und -besitzer erfaßt. Über einen rein deklaratorischen Charakter geht der Bedeutungsgehalt der Vorschriften daher nicht hinaus.[249]

II. Einordnung in die Privatisierungskategorien

Schaltet der öffentlich-rechtliche Entsorgungsträger gemäß § 16 I Dritte als Verwaltungshelfer in die Erfüllung der Entsorgungspflicht ein, handelt es sich

---

[244] BT-Drs. 12/7284, S. 18.

[245] *Fluck*, KrW-/AbfG, § 18 Rn. 32; *Kloepfer*, Umweltrecht, 2. Aufl., § 18 Rn. 129.

[246] *Bleicher*, Landkreis 1994, 552, 555.

[247] *Arndt*, Kreislaufwirtschaft und kommunale Entsorgung, S. 90; *Fluck*, KrW-/AbfG, § 17 Rn. 56.

[248] *Arndt/Walter*, WiVerw 1997, 183, 230 f.; *Fluck*, KrW-/AbfG, § 17 Rn. 57, § 18 Rn. 26.

[249] S. auch *Fluck*, KrW-/AbfG, § 17 Rn. 56.

- wie bereits bei § 3 II 2 AbfG - um eine funktionale Privatisierung, sofern der Dritte eine natürliche oder juristische Person des Privatrechts ist.[250]

Keine Privatisierung stellt der Fall dar, daß Dritte, Verbände oder Einrichtungen der Selbstverwaltungskörperschaften der Wirtschaft mit der Erfüllung bereits materiell privater Entsorgungspflichten beauftragt werden. Im Rahmen der privaten Entsorgungspflichten stellen die §§ 16 I, 17 I, 18 I lediglich fest, daß der Verpflichtete seinen Pflichten nicht höchstpersönlich nachkommen muß, sondern auf privatrechtlicher Basis Erfüllungsgehilfen in die Entsorgung einschalten kann.

C. Übertragung der Entsorgungspflicht

Ein Novum im Abfallrecht stellen die in den §§ 17 III, 18 II, 16 II geregelten Möglichkeiten einer Übertragung von Entsorgungspflichten auf Verbände, Einrichtungen der Selbstverwaltungskörperschaften der Wirtschaft und Dritte dar. Durch die Pflichtenübertragung wird der ursprünglich Verpflichtete befreit; der Übernehmende nimmt die Entsorgungspflicht dann in eigener Verantwortung wahr. Nach der Begründung der Bundesregierung zum Gesetzentwurf soll diese Regelung ein Instrument darstellen, "Eigeninitiativen der Wirtschaft zu fördern, um deren Innovationskräfte und die Initiative des einzelnen zu nutzen zum beschleunigten Ausbau der angestrebten Kreislaufwirtschaft".[251]

I. Gesetzliche Regelung

Zu unterscheiden ist eine Übertragung auf Verbände und Einrichtungen der Selbstverwaltungskörperschaften der Wirtschaft nach §§ 17 III, 18 II auf der einen und eine Übertragung auf Dritte nach § 16 II auf der anderen Seite.

1. Pflichtenübertragung auf Verbände und Einrichtungen der Selbstverwaltungskörperschaften der Wirtschaft

Nach § 17 III kann die zuständige Behörde den nach § 17 I von Erzeugern und Besitzern nicht aus privaten Haushaltungen stammender Abfälle gebildeten Verbänden, auf deren Bildung gemäß § 17 II öffentlich-rechtliche

[250] *Fluck*, KrW-/AbfG, § 16 Rn. 61; *Frenz*, KrW-/AbfG, § 16 Rn. 6; *Peine*, in: Hoffmann/Müller, Abfallwirtschaft im Umbruch, S. 71, 104.

[251] BT-Drs. 12/5672, S. 44.

Entsorgungsträger und Selbstverwaltungskörperschaften der Wirtschaft hinwirken und an denen diese sich beteiligen können, auf deren Antrag und mit Zustimmung der öffentlich-rechtlichen Entsorgungsträger Entsorgungspflichten ganz oder teilweise[252] übertragen. Nach § 18 II ist auch eine Übertragung der Entsorgungspflichten der Erzeuger und Besitzer auf die von den Industrie- und Handelskammern, Handwerkskammern und Landwirtschaftskammern gebildeten Einrichtungen möglich.

Eine Pflichtenübertragung ist dabei grundsätzlich sowohl für die Pflichten der Erzeuger und Besitzer nach §§ 5, 11, als auch für die Entsorgungspflichten der öffentlich-rechtlichen Entsorgungsträger aus § 15 I möglich.

Im Hinblick auf die Pflichten der öffentlich-rechtlichen Entsorgungsträger ist jedoch umstritten, ob sich die Übertragungsmöglichkeiten auf Abfälle aus anderen Herkunftsbereichen als privaten Haushaltungen beschränken oder ob auch die Pflicht zur Entsorgung von Haushaltsabfällen übertragen werden kann. Das KrW-/AbfG trifft dazu widersprüchliche Aussagen: Auf der einen Seite sehen die für die Übertragung geltenden Regelungen keine Beschränkung auf die nicht aus privaten Haushaltungen stammenden Abfälle vor; weder die Übertragungstatbestände in §§ 17 III, 18 II, noch der Wegfall der Überlassungspflicht nach § 13 II, noch die Möglichkeit eines Ausschlusses von Abfällen nach § 15 III, die gemäß § 17 VI 1 für die übertragenen Pflichten entsprechend gilt, beschränken sich auf den Nicht-Hausmüllbereich. Auf der anderen Seite bestimmt § 15 II, daß die öffentlich-rechtlichen Entsorgungsträger bei einer Pflichtenübertragung nur von ihren Pflichten zur Entsorgung von Abfällen aus anderen Herkunftsbereichen als privaten Haushaltungen befreit sind. Zur Auflösung dieses Widerspruches sind drei Wege denkbar: Entweder die für die Pflichtenübertragung geltenden Regelungen werden einschränkend dahingehend ausgelegt, daß eine Übertragung nur für Abfälle aus anderen Herkunftsbereichen als privaten Haushaltungen möglich ist,[253] oder die Beschränkung der Entpflichtung in § 15 II wird als redaktionelles Versehen des Gesetzgebers gewertet und eine Entpflichtung auch für den Hausmüllbereich angenommen,[254] oder es wird eine Pflichtenübertragung

---

[252] Vgl. zu der Frage, ob sich eine teilweise Pflichtenübertragung nur auf eine bestimmte Abfallart beziehen kann oder auch auf einzelne Entsorgungsmaßnahmen, *Bree*, Privatisierung der Abfallentsorgung, S. 136 f.

[253] So *Hölscher*, ZUR 1995, 176, 179 f.; *de Vivie*, NuR 1997, 174 f.; Kunig/Paetow/*Versteyl*, KrW-/AbfG, § 17 Rn. 20; *Pauly/Figgen/Hünnekens*, Gemischtwirtschaftliche Entsorgungsunternehmen, S. 26 ff.; *Schink*, DÖV 1995, 881, 885.

[254] *Fluck*, KrW-/AbfG, § 16 Rn. 124; *Grünewald*, SächsVBl. 1997, 49, 52; *Meins*, BayVBl. 1997, 100, 101 f.; vgl. auch *Weidemann*, DVBl. 1998, 661, 668, der den Aussagegehalt des § 15 II darauf beschränken will, daß bei einer Übertragung individueller Entsorgungspflichten auf private Entsorgungsträger der öffentlich-

auch für die Hausmüllentsorgung zugelassen, die aber keine Entpflichtung des öffentlich-rechtlichen Entsorgungsträgers zur Folge hat, sondern aufgrund § 15 II zu einer Verdoppelung der Pflichtenstellung führt.[255] Die Annahme eines redaktionellen Versehens scheidet aufgrund der Entstehungsgeschichte der Norm aus; da die in § 15 II enthaltene Beschränkung auf die Pflichten zur Entsorgung von Abfällen aus anderen Herkunftsbereichen als privaten Haushaltungen bereits in der in dem Gesetzentwurf des Ausschusses für Umwelt, Naturschutz und Reaktorsicherheit vorgeschlagenen Fassung[256] enthalten war und dessen Wortlaut bis zur Endfassung nochmals, und zwar unter Beibehaltung der Beschränkung, geändert wurde, kann nicht davon ausgegangen werden, daß die Wendung dabei schlicht übersehen worden ist.[257] Nach dem insoweit eindeutigen Willen des Gesetzgebers kann die Entsorgungspflicht für Haushaltsabfälle somit gemäß § 15 II nicht mit befreiender Wirkung übertragen werden.[258] Der öffentlich-rechtliche Entsorgungsträger bleibt im Hinblick auf die aus privaten Haushaltungen stammenden Abfälle in jedem Fall entsorgungspflichtig. Eine Pflichtenübertragung könnte insofern also allenfalls zu einer Verdoppelung der Pflichtenstellung dergestalt führen, daß der Adressat der Pflichtenübertragung nicht an die Stelle, sondern neben den - weiterhin verpflichteten - öffentlich-rechtlichen Entsorgungsträger tritt.[259] Das setzt allerdings voraus, daß die Übertragungsmöglichkeiten nicht überhaupt auf die Entsorgungspflichten für nicht aus privaten Haushaltungen stammende Abfälle beschränkt sind. Dafür spricht jedoch zum einen, daß nach dem Willen des Gesetzgebers der Aufgabenbereich der öffentlichen Hand zwar auf den Bereich der "notwendigen Daseinsvorsorge" festgelegt sein, dieser Bereich aber jedenfalls die Hausmüllentsorgung umfassen soll.[260] An der

---

rechtliche Entsorgungsträger gesetzlich nicht mehr verpflichtet ist, auch die Abfälle der an diese private Entsorgung angeschlossenen Erzeuger und Besitzer zu entsorgen.

[255] *Arndt/Walter*, WiVerw 1997, 183, 228; *Kunig*/Paetow/Versteyl, KrW-/AbfG, § 15 Rn. 15; *v.Lersner/Wendenburg*, Recht der Abfallbeseitigung, Kz. 0116 Rn. 31; *Schink*, ZG 1996, 97, 121 f.; *ders.*, in: Brandt/Ruchay/Weidemann, KrW-/AbfG, B 100, § 15 Rn. 125; *ders.*, in: GfU, Kreislaufwirtschafts- und Abfallgesetz - was ändert sich?, S. 113, 175 f.; zustimmend *Bree*, Privatisierung der Abfallentsorgung, S. 115.

[256] Beschlußempfehlung, BT-Drs. 12/7240.

[257] So auch *Pauly/Figgen/Hünnekens*, Gemischtwirtschaftliche Entsorgungsunternehmen, S. 28 f.

[258] A.A. *Weidemann*, DVBl. 1998, 661, 668.

[259] *Kunig*/Paetow/Versteyl, KrW-/AbfG, § 15 Rn. 15; *Schink*, ZG 1996, 97, 121 f.; *ders.*, in: Brandt/Ruchay/Weidemann, KrW-/AbfG, B 100, § 15 Rn. 125; *ders.*, in: GfU, Kreislaufwirtschafts- und Abfallgesetz - was ändert sich?, S. 113, 175 f.

[260] Vgl. Vorschlag und Begründung des Ausschusses für Umwelt, Naturschutz und Reaktorsicherheit, BT-Drs. 12/7284, S. 17 f., sowie BReg., Antwort auf eine Kleine Anfrage zum Vollzug des neuen Abfallrechts in Deutschland, BT-Drs. 13/8406, S. 2.

grundsätzlichen "originären und exklusiven Zuständigkeit"[261] der öffentlich-rechtlichen Entsorgungsträger für die Entsorgung von Haushaltsabfällen sollte sich durch das KrW-/AbfG nichts ändern.[262] Für eine Beschränkung der Übertragungsmöglichkeiten spricht außerdem, daß Rechtsfolge der Pflichtenübertragung ein Übergang der Entsorgungspflicht mit der Folge einer *Befreiung* des ursprünglich Verpflichteten von seiner Pflicht - und eben nicht eine Verdoppelung der Pflichtenstellung - sein soll,[263] was jedoch für die Hausmüllentsorgung aufgrund der Regelung des § 15 II gerade nicht möglich ist.[264] Schließlich ergibt auch eine systematische Auslegung, daß sich die Übertragungstatbestände nicht auf Abfälle aus privaten Haushaltungen beziehen: § 15 stellt ebenso wie § 13 eine Spezialregelung nicht nur gegenüber der grundsätzlichen Eigenentsorgungspflicht der Erzeuger und Besitzer dar, indem darin der Umfang der ausnahmsweisen öffentlichen Entsorgung festgelegt wird,[265] sondern auch gegenüber den §§ 16 ff., die allgemein für die zur Entsorgung Verpflichteten, d.h. auch für die Erzeuger und Besitzer, gelten. Daraus folgt, daß § 15 II den Umfang der Übertragbarkeit der Pflichten der öffentlich-rechtlichen Entsorgungsträger nach den §§ 17 III, 18 II, 16 II festlegt.[266] Eine Übertragung der Hausmüllentsorgungspflicht scheidet danach von vornherein aus.[267] Festzuhalten ist daher, daß sich die Übertragungsmöglichkeiten nur auf die Entsorgungspflichten für Abfälle aus anderen Herkunftsbereichen als privaten Haushaltungen beziehen.[268]

---

[261] *Weidemann,* GewArch 1997, 311, 319.

[262] *Pauly/Figgen/Hünnekens*, Gemischtwirtschaftliche Entsorgungsunternehmen, S. 28 f.; *Petersen*, in: Breuer/Kloepfer/Marburger/Schröder, Kreislauf oder Kollaps im Kreislaufwirtschaftsrecht?, S. 49, 53; ähnlich *de Vivie*, NuR 1997, 174, 175; *Dolde/ Vetter*, NVwZ 1997, 937; *Weidemann*, GewArch 1997, 311, 319; *ders.*, NJW 1996, 2757, 2759; *ders.*, NVwZ 1995, 631, 638.

[263] S. Begründung des Ausschusses für Umwelt, Naturschutz und Reaktorsicherheit, BT-Drs. 7284, S. 18.

[264] *De Vivie*, NuR 1997, 174; *Hölscher*, ZUR 1995, 176, 179 f.

[265] Vgl. oben A.I.1.b)aa).

[266] *Pauly/Figgen/Hünnekens*, Gemischtwirtschaftliche Entsorgungsunternehmen, S. 28.

[267] Die §§ 13 II und 15 III iVm 17 VI 1 stehen damit nicht im Widerspruch; sie regeln lediglich Rechtsfolgen der Pflichtenübertragung, nicht aber deren Umfang; vgl. *de Vivie*, NuR 1997, 174 f.

[268] So auch *Arzt*, in: Gaßner/Versmann, Neuordnung, S. 33, 45; *Arzt/Siederer*, in: Gaßner/Versmann, Neuordnung, S. 51, 62; *de Vivie*, NuR 1997, 174 f.; *Hölscher*, ZUR 1995, 176, 179 f.; *Pauly/Figgen/Hünnekens*, Gemischtwirtschaftliche Entsorgungsunternehmen, S. 30; *Petersen/Rid*, NJW 1995, 7, 14; *Petersen,* in: Breuer/Kloepfer/Marburger/Schröder, Kreislauf oder Kollaps im Kreislaufwirtschaftsrecht?, S. 49, 73; *Schink*, DÖV 1995, 882, 885.

Für die Verbände und Einrichtungen der Kammern verwendet das KrW-/AbfG den Begriff der "privaten Entsorgungsträger".[269] Es ist jedoch davon auszugehen, daß damit keine Aussage über deren Rechtsform getroffen werden sollte,[270] sondern lediglich eine terminologische Unterscheidung zu den öffentlich-rechtlichen Entsorgungsträgern im Sinne des § 13 I erforderlich war. Insbesondere im Hinblick auf die Einrichtungen der Kammern, die ihrerseits Körperschaften des öffentlichen Rechts sind, könnte auch eine öffentlich-rechtliche Rechtsform in Betracht kommen. Im folgenden wird - unabhängig von der konkreten Rechtsform - der dem gesetzlichen Sprachgebrauch entsprechende Begriff der privaten Entsorgungsträger für die Verbände und Einrichtungen der Selbstverwaltungskörperschaften der Wirtschaft verwendet.

Über den Antrag hinausgehend kann die zuständige Behörde nach § 17 IV (iVm § 18 II 2) die privaten Entsorgungsträger verpflichten, im Rahmen des übertragenen Aufgabenbereichs und Verbandszwecks alle in einem Gebiet anfallenden Abfälle zur Beseitigung zu entsorgen - also nicht nur die der Mitglieder[271] -, soweit dies aus Allgemeinwohlgründen geboten ist und die Erzeuger und Besitzer ihre Pflichten nicht selbst wahrnehmen. Dadurch soll "eine 'Aufsplitterung' der Entsorgung in einem Entsorgungsgebiet sowie eine 'Rosinenpickerei' zu Lasten öffentlich-rechtlicher Entsorgungsträger ausgeschlossen werden".[272]

a) Rechtsnatur des Übertragungsakts

Die Übertragung der Entsorgungspflicht erfolgt durch Verwaltungsakt.[273] Dafür spricht vor allem die Regelung in § 16 IV iVm § 17 III 2, wonach die Übertragung mit Nebenbestimmungen versehen werden kann, wie sie für Verwaltungsakte üblich sind.[274]

---

[269] Vgl. §§ 13 II, 15 II, 16 II 2.

[270] So auch *Grünewald*, SächsVBl. 1997, 49, 53.

[271] *Bree*, Privatisierung der Abfallentsorgung, S. 154 f., geht allerdings davon aus, daß nach § 17 III auch die Pflichten solcher Erzeuger und Besitzer übertragen werden können, die nicht an dem Verband beteiligt sind.

[272] So die Ausschußbegründung, BT-Drs. 12/7284, S. 18.

[273] *V. Köller*, Kreislaufwirtschafts- und Abfallgesetz, S. 109; *Meins*, BayVBl. 1997, 100.

[274] Vgl. § 36 VwVfG.

b) Voraussetzungen für die Pflichtenübertragung

Nach § 17 III Nr. 1 - 3, der über § 18 II 2 auch auf die Einrichtungen der Kammern anwendbar ist, ist eine Übertragung von Entsorgungspflichten auf einen Verband (bzw. eine von den Kammern gebildete Einrichtung) nur zulässig, wenn auf andere Weise der Verbandszweck nicht erfüllt werden kann, die Erfüllung der übertragenen Pflichten sichergestellt ist und keine überwiegenden öffentlichen Interessen entgegenstehen. Außerdem hat der Antragsteller ein Abfallwirtschaftskonzept vorzulegen, § 17 III 2 iVm § 16 III. Schließlich bedarf die Pflichtenübertragung der Zustimmung der öffentlich-rechtlichen Entsorgungsträger.

aa) Anforderungen an den Antragsteller

aaa) Voraussetzung für eine Pflichtenübertragung auf einen Verband ist zunächst, daß der Verbandszweck nicht auf andere Weise erfüllt werden kann. Als Zweck von Verbänden im Sinne von § 17 kann ein rein wirtschaftliches Interesse an der Durchführung verschiedener Entsorgungstätigkeiten für die Mitglieder nicht ausreichen. Eine Gefährdung dieses Zwecks könnte nämlich bereits durch eine fehlende Auslastung der vorhandenen Entsorgungs- und personellen Kapazitäten eintreten. Voraussetzung für eine Pflichtenübertragung wäre dann, daß der Verband ohne dieselbe nicht wirtschaftlich arbeiten könnte. Die Pflichtenübertragung diente dann dazu, die Wirtschaftlichkeit eines privaten Unternehmens zu gewährleisten, was ersichtlich nicht Zweck dieses Instruments sein kann. Zweck von Verbänden im Sinne des § 17 I ist es vielmehr, daß den ihnen angehörenden Abfallerzeugern und -besitzern in den Fällen, in denen sie die Entsorgung nicht selbst durchführen können, die bei einer Fremdentsorgung erforderliche Auswahl und Kontrolle dadurch erleichtert wird, daß ihnen ein "staatlich geprüfter" und damit erwiesenermaßen den gesetzlichen Anforderungen an Zuverlässigkeit, Ordnungsmäßigkeit der Entsorgung etc. genügender Verband zur Verfügung gestellt wird.[275] Dafür spricht auch die Begründung der Beschlußempfehlung des Umweltausschusses, wonach das Kriterium des Verbandszwecks darauf abzielt, auch einer Vielzahl von "Kleinerzeugern" die Aufgabenwahrnehmung durch Verbände zu ermöglichen, da diese mit Beauftragungen erhebliche praktische Schwierigkeiten haben könnten, indem sie für jede Abfallfraktion einen dafür geeigneten und zuverlässigen Dritten finden müßten.[276] Verbandszweck ist also die organisatorische Vereinfachung der Entsorgung für die verpflichteten

---

[275] *Arndt/Walter*, WiVerw 1997, 183, 231 f.; *Fluck*, KrW-/AbfG, § 17 Rn. 91.

[276] BT-Drs. 12/7284, S. 18.

Erzeuger und Besitzer von Abfällen. Eine Pflichtenübertragung auf den Verband würde dann nach § 17 III Nr. 1 ausscheiden, wenn eine solche Vereinfachung auch anders zu erreichen ist. Dabei stellt sich die Frage, ob nicht eine Beauftragung des Verbandes nach § 17 I mit der Erfüllung der Entsorgungspflichten eine der Pflichtenübertragung gleichwertige Vereinfachung darstellt. Im Falle einer Einschaltung privater Erfüllungsgehilfen hat der Abfallerzeuger oder -besitzer jedoch u.a. die bei der Auswahl erforderliche Sorgfalt walten zu lassen und ist während dessen Tätigkeit grundsätzlich zur regelmäßigen Kontrolle verpflichtet. Die Übertragung der Entsorgungspflicht entbindet ihn auch von diesen Pflichten; eine organisatorische Vereinfachung tritt dadurch somit ein. Es ist jedoch nicht davon auszugehen, daß der Verbandszweck der organisatorischen Vereinfachung in jedem Fall nur durch die Pflichtenübertragung gewährleistet werden kann; soweit die Pflichten zuvor öffentlichen Entsorgungsträgern oblagen, tritt für die Abfallerzeuger und -besitzer jedenfalls keine Vereinfachung ein. Zur Erfüllung der in § 17 III Nr. 1 genannten Voraussetzung sind dann andere Kriterien heranzuziehen, etwa eine Gefährdung der Entsorgungssicherheit aufgrund fehlender Entsorgungsanlagen oder -kapazitäten bei dem ursprünglich Verpflichteten oder der Gefahr illegaler Entsorgungswege durch die Erzeuger und Besitzer für den Fall, daß die Pflichten nicht übertragen werden.

bbb) Der antragstellende Verband muß sicherstellen, daß er die Erfüllung der übernommenen Pflichten nach seiner personellen, finanziellen, organisatorischen und technischen Ausstattung gemäß den Vorgaben des KrW-/AbfG leisten kann.[277] Dabei muß insbesondere die Sicherheit der Abfallbeseitigung für den übertragenen Aufgabenbereich im Einklang mit den Abfallwirtschaftsplänen der Länder gewährleistet sein. Die Tätigkeit des Verbandes muß sich also in die Entsorgungsplanung des Landes einfügen.[278] Dadurch soll die Gefahr einer Schaffung von Überkapazitäten eingeschränkt werden.[279] Im Hinblick auf die Verwertung kann demgegenüber von den Vorgaben der Abfallwirtschaftplanung abgewichen werden.

ccc) Gemäß § 17 III 2 iVm § 16 III ist zur Darlegung der für die Pflichtenübertragung normierten Voraussetzungen[280] insbesondere ein Abfallwirtschaftskonzept vorzulegen. Dieses muß inhaltlich den Vorgaben des § 16 III Nr. 1 bis 4 genügen.

---

[277] *Meins*, BayVBl. 1997, 100, 102.

[278] *Frenz*, KrW-/AbfG, § 17 Rn. 9.

[279] *Arndt/Walter*, WiVerw 1997, 183, 232.

[280] *Frenz*, KrW-/AbfG, § 17 Rn. 11; zweifelnd *Queitsch*, Kreislaufwirtschafts- und Abfallrecht, S. 182, da in § 16 III auf die in § 16 II genannten Voraussetzungen verwiesen wird.

bb) Kein Entgegenstehen öffentlicher Interessen

Die einer Übertragung möglicherweise entgegenstehenden überwiegenden öffentlichen Interessen sind im Gesetz nicht genannt. Jedenfalls von den überwiegenden öffentlichen Interessen in diesem Sinne erfaßt sind neben der Einhaltung der abfallrechtlichen Vorschriften und den in § 10 IV aufgezählten Belangen die Abfallwirtschaftsplanungen der Länder im Rahmen des § 29 KrW-/AbfG sowie die landesrechtlichen Andienungspflichten nach § 13 IV KrW-/AbfG.[281] Zum Teil wird bezweifelt, daß auch eine Gefährdung des Bestandes und der Funktionsfähigkeit vorhandener kommunaler Entsorgungseinrichtungen als überwiegendes öffentliches Interesse in diesem Sinne geltend gemacht werden könne. Ebenso wie bei der Auslegung der "überwiegenden öffentlichen Interessen", die eine Überlassungspflicht nach § 13 I 2 KrW-/AbfG begründen können,[282] muß es sich jedoch auch bei § 17 III Nr. 3 um weitergehende öffentliche Interessen als das bloße Interesse an einer ordnungsgemäßen Entsorgung handeln, das ohnehin Voraussetzung jeder Entsorgungstätigkeit ist. Danach dürfte nicht nur das Interesse der öffentlichen Entsorgungsträger am Fortbestand und der Funktionsfähigkeit solcher kommunaler Entsorgungsanlagen, die für die Gewährleistung der Entsorgungssicherheit erforderlich sind, sondern allgemein das Interesse am Bestand bereits geschaffener kommunaler Anlagen und deren Auslastung und wirtschaftlichen Betrieb für die Annahme eines überwiegenden öffentlichen Interesses ausreichen.[283] Ein überwiegendes öffentliches Interesse kann außerdem der Grundsatz der Gebietsbezogenheit der Entsorgung darstellen.[284]

cc) Zustimmung der öffentlich-rechtlichen Entsorgungsträger

Die Übertragung der Erzeuger- und Besitzerpflichten auf Verbände und Einrichtungen der Kammern nach §§ 17 III, 18 II bedarf der Zustimmung der öffentlich-rechtlichen Entsorgungsträger. Das erst gegen Ende der Beratungen in das Gesetz aufgenommene Zustimmungserfordernis soll den Einfluß der Kommunen auf die Entwicklung der Entsorgungsstrukturen sicherstellen.[285]

---

[281] *Fluck*, KrW-/AbfG, § 16 Rn. 154.

[282] S.o. A.I.1.b)aa)ccc).

[283] *Frenz*, KrW-/AbfG, § 17 Rn. 10 iVm § 16 Rn. 14; *Schink*, StGR 1996, 102, 107; *ders.*, in: GfU, Kreislaufwirtschafts- und Abfallgesetz - was ändert sich?, S. 113, 178.

[284] *Arndt*, Kreislaufwirtschaft und kommunale Entsorgung, S. 94.

[285] *Petersen*, in: Breuer/Kloepfer/Marburger/Schröder, Kreislauf oder Kollaps im Abfallwirtschaftsrecht?, S. 72; *Petersen/Rid*, NJW 1995, 7, 13.

Nicht erforderlich ist die Zustimmung der Erzeuger und Besitzer, deren Entsorgungspflichten übertragen werden sollen.[286]

aaa) Über die Rechtsnatur der Zustimmung der öffentlich-rechtlichen Entsorgungsträger trifft das KrW-/AbfG keine Aussage. Von Interesse ist insbesondere die Frage, ob es sich dabei um eine außenwirksame Verwaltungsmaßnahme, also einen Verwaltungsakt im Sinne des § 35 VwVfG, oder lediglich um ein Verwaltungsinternum handelt. Nur außenwirksame Maßnahmen, d.h. solche, die unmittelbar einen von der handelnden Behörde verschiedenen Rechtsträger betreffen, können vor den Verwaltungsgerichten angegriffen bzw. erstritten werden. Stellte die Zustimmung lediglich ein Verwaltungsinternum dar, könnte ein Antragsteller nur gegen die Entscheidungsbehörde - die von dem öffentlich-rechtlichen Entsorgungsträger verschieden sein muß und daher auf Bezirksregierungsebene angesiedelt sein wird[287] - gerichtlich vorgehen, wobei über die Zustimmungserteilung dann inzident entschieden würde; der Zustimmungsberechtigte wäre notwendig beizuladen, da die Entscheidung auch ihm gegenüber nur einheitlich ergehen könnte.[288] Ob es sich bei Mitwirkungshandlungen anderer als der entscheidenden Behörden um Maßnahmen mit unmittelbarer Außenwirkung handelt, kann nicht allgemein beantwortet werden.[289] Vielmehr ist in jedem Fall durch Gesetzesauslegung zu ermitteln, ob die Mitwirkung einer anderen Behörde ein unmittelbares Rechtsverhältnis zum Betroffenen begründet oder ob sie lediglich verwaltungsinterne Wirkung entfaltet:[290] Die Zustimmung der öffentlich-rechtlichen Entsorgungsträger zu einer Pflichtenübertragung nach § 17 III bzw. 18 II erfolgt nicht gegenüber dem Antragsteller, sondern gegenüber der zuständigen Behörde, die die endgültige Entscheidung über den Antrag fällt. Dabei muß sie sich die Auffassung des öffentlich-rechtlichen Entsorgungsträgers nicht zu eigen machen. Vielmehr trifft sie eine eigene Entscheidung; das zeigt sich daran, daß sie auch im Falle der Zustimmungserteilung die Übertragung noch aus eigenen Bedenken verweigern kann. Abgesehen davon könnte sie die Übertragung auch ohne die Zustimmung vornehmen; sie handelte dann zwar rechtswidrig, doch wäre der Übertragungsakt bis zu seiner Aufhebung im Widerspruchs- oder Gerichtsverfahren wirksam und würde nach Ablauf der Rechtsmittelfristen bestandskräftig. Die Zustimmung entfaltet

---

[286] Diese müssen vielmehr, wie *Meins*, BayVBl. 1997, 100, 101, zutreffend feststellt, "den Wechsel 'ihres' Entsorgungsträgers klaglos hinnehmen".

[287] Vgl. § 28 IV Nr. 2 LAbfG BW (höhere Abfallrechtsbehörde), § 2 I Nr. 2 AbfZustVO LSA (obere Abfallbehörde).

[288] Vgl. BVerwGE 26, 31, 37 ff.; BVerwGE 45, 13, 16 f.; BVerwGE 67, 173, 174 f.

[289] Siehe die Beispiele bei *Kopp*, VwVfG, § 35 Rn. 41.

[290] *Obermayer*, VwVfG, § 35 Rn. 240 ff.

somit unmittelbare Rechtswirkung lediglich im Verhältnis zwischen öffentlichem Entsorgungsträger und der Entscheidungsbehörde, nicht aber zwischen Entsorgungsträger und Antragsteller. Es handelt sich dabei also um ein Verwaltungsinternum und nicht um einen Verwaltungsakt im Sinne des § 35 VwVfG.[291] Eine unmittelbar außenwirksame Regelung und damit einen (mehrstufigen bzw. mitwirkungsbedürftigen) Verwaltungsakt stellt somit nur die Entscheidung der zuständigen Behörde über die Pflichtenübertragung dar.[292] Demnach kann auch nur diese Maßnahme Gegenstand eines Rechtsbehelfsverfahrens sein.

bbb) Verweigert der öffentlich-rechtliche Entsorgungsträger seine Zustimmung, ist die für die Übertragung zuständige Behörde gehindert, die Übertragung vorzunehmen, und zwar selbst dann, wenn die Verweigerung rechtswidrig ist.[293] Hingegen ergibt sich aus der Erteilung des Einvernehmens keine Pflicht der zuständigen Behörde, die Pflichtenübertragung vorzunehmen; da diese sämtliche Zulässigkeitsvoraussetzungen der Pflichtenübertragung zu prüfen hat, kann sie die Übertragung noch aus anderen Gründen ablehnen.

ccc) Die Zustimmung steht im Ermessen der öffentlich-rechtlichen Entsorgungsträger.[294] Anders als bei vergleichbaren Fällen mehrstufiger Verwaltungsakte sind im KrW-/AbfG die Gründe, aus denen die öffentlich-rechtlichen Entsorgungsträger ihre Zustimmung gegenüber der Pflichtenübertragung verweigern dürfen, nicht näher präzisiert.[295] Beschränkungen bei der Entscheidung über die Zustimmung können sich daher nur aus allgemeinen Grundsätzen ergeben. Zu berücksichtigen ist dabei, daß das Zustimmungserfordernis aufgrund der Bindung der zuständigen Behörde an eine Zustimmungsverweigerung - diese hindert sie daran, die Pflichtenübertragung

---

291 So auch *Arndt*, Kreislaufwirtschaft und kommunale Entsorgung, S. 97 f.; *Arzt/Siederer*, in: Gaßner/Versmann, Neuordnung, S. 51, 59 f.; *Bree*, Privatisierung der Abfallentsorgung, S. 131; *Tettinger*, in: FS Friauf, S. 569, 585. Vgl. auch die Argumentation zu dem ähnlich gelagerten Fall des gemeindlichen Einvernehmens nach § 36 BauGB von *Söfker*, in: Ernst/Zinkhan/Bielenberg, BauGB Bd. II, § 36 Rn. 15 ff.; ferner BVerwGE 28, 145 ff.; *Dürr*, in: Brügelmann, BauGB Bd. 2, § 36 Rn. 8 ff.

292 So auch *Fluck*, KrW-/AbfG, § 16 Rn. 170; *Meins*, BayVBl. 1997, 100, 101; *Tettinger*, in: FS Friauf, S. 569, 585; a.A. Kunig/Paetow/*Versteyl*, KrW-/AbfG, § 16 Rn. 36.

293 So zu dem ähnlichen Fall des gemeindlichen Einvernehmens nach § 36 BauGB *Söfker*, in: Ernst/Zinkhan/Bielenberg, § 36 Rn. 18. Auf diese Regelung weisen auch *Arzt/Siederer* hin, in: Gaßner/Versmann, Neuordnung, S. 51, 60.

294 Vgl. *Kahl*, DVBl. 1995, 1327, 1330 f.

295 *Bender/Sparwasser/Engel*, Umweltrecht, S. 595; *Peine*, in: Hoffmann/Müller, Abfallwirtschaft im Umbruch, S. 71, 106. Vgl. andererseits z.B. § 36 II BauGB, wonach das Einvernehmen der Gemeinde nur aus den sich aus §§ 31, 33, 34, 35 BauGB ergebenden Gründen versagt werden darf.

vorzunehmen - im Hinblick auf den Antragsteller Drittschutz entfaltet.[296] Die Entscheidung des öffentlich-rechtlichen Entsorgungsträgers darf danach nicht ermessensfehlerhaft, insbesondere weder willkürlich sein noch dem Grundsatz der Verhältnismäßigkeit widersprechen.[297] Als zulässige Versagungsgründe in Betracht kommen insbesondere die begründete Besorgnis der Verletzung abfallrechtlicher Vorschriften, der Beeinträchtigung der in § 10 IV genannten Belange, des Verstoßes gegen den Grundsatz der Entsorgungsnähe, der Zerstörung der kommunalen Entsorgungsstrukturen, einer mangelnden Auslastung kommunaler Entsorgungseinrichtungen und vor allem einer Gefährdung der Entsorgungssicherheit.[298] Liegen keine Versagungsgründe vor, ist eine Ermessensreduzierung auf Null und damit eine Pflicht zur Zustimmungserteilung anzunehmen.[299]

ddd) Von Interesse für die öffentlich-rechtlichen Entsorgungsträger sowie unter Rechtsschutzgesichtspunkten ist schließlich, ob sie die Zustimmung unter Bedingungen, Befristungen oder Auflagen erteilen können. § 36 VwVfG, wonach Verwaltungsakte unter Nebenbestimmungen erteilt werden können, findet auf die Zustimmungserklärung des öffentlich-rechtlichen Entsorgungsträgers keine Anwendung, da es sich dabei nicht um einen Verwaltungsakt handelt. Nebenbestimmungen können aber nicht nur verwaltungsextern wirkenden Mitwirkungsakten beigefügt werden; vielmehr sind grundsätzlich auch verwaltungsinterne Mitwirkungsakte nebenbestimmungsfähig.[300] Gegen die Zulässigkeit von Bedingungen oder Auflagen bei der Erteilung der Zustimmung könnte sprechen, daß Nebenbestimmungen zur Übertragung in § 16 IV KrW-/AbfG, der gemäß § 17 III 2, § 18 II 2 für die Verbände und Einrichtungen der Kammern entsprechend gilt, ausdrücklich geregelt sind, eine entsprechende Vorschrift für die Zustimmungserklärung der öffentlich-rechtlichen Entsorgungsträger aber fehlt. Für die Zulässigkeit der Erteilung unter Nebenbestimmungen spricht aber neben dem Umstand, daß der Antragsteller auf die Zustimmungserteilung keinen Anspruch hat[301], insbesondere folgender Erst-Recht-Schluß: darf der öffentlich-rechtliche Entsorgungsträger die Zustimmung verweigern, die Pflichtenübertragung also insgesamt verhindern, so muß ihm die Erteilung der Zustimmung unter Nebenbestimmungen als mildere Maßnahme gegenüber der Verweigerung erst recht möglich sein. Allerdings kommen *Auflagen*, soweit sie einen eigenen

---

[296] Vgl. zu § 36 BauGB *Söfker*, in: Ernst/Zinkhan/Bielenberg, § 36 Rn. 37.

[297] *Arzt/Siederer*, in: Gaßner/Versmann, Neuordnung, S. 51, 59.

[298] *Bender/Sparwasser/Engel*, Umweltrecht, S. 595; *Schink*, ZG 1996, 97, 122.

[299] Vgl. *Arndt/Walter*, WiVerw 1997, 183, 229; *Schink*, DÖV 1995, 881, 886.

[300] So für § 36 BauGB *Vogt*, BayVBl. 1969, 56, 57.

[301] Vgl. *Maurer*, Allgemeines Verwaltungsrecht, § 12 Rn. 19 f.

Verwaltungsakt darstellen, aufgrund des Rechtscharakters der Zustimmung als bloßes Verwaltungsinternum und mangels Ermächtigungsgrundlage nicht in Betracht,[302] ohne weiteres aber auflösende oder aufschiebende Bedingungen,[303] Befristungen sowie Änderungen des Antrags oder Maßgaben für die Pflichtenübertragung.[304] Allerdings müssen auch diese wiederum ermessensfehlerfrei, insbesondere verhältnismäßig sein. Als zulässige Nebenbestimmung kommt z.B. eine Bedingung des Inhalts in Betracht, daß die Zustimmung von der Übernahme bestimmter kommunaler Entsorgungsanlagen abhängig gemacht wird.[305]

Wird die Zustimmung unter Nebenbestimmungen erteilt, hat die zuständige Behörde die Übertragung der Entsorgungspflicht auf den Antragsteller unter Aufnahme der geforderten Nebenbestimmungen vorzunehmen.

dd) Ermessen

Nach dem Gesetzeswortlaut der §§ 17 III, 18 II ist auch der zuständigen Behörde bei der Entscheidung über die Pflichtenübertragung Ermessen eingeräumt.

Ein Anspruch des Antragstellers auf Pflichtenübertragung würde neben einer Ermessensreduktion auf Null voraussetzen, daß die Vorschriften Drittschutz entfalten, also neben öffentlichen zumindest auch den Interessen des Antragstellers zu dienen bestimmt sind. In Betracht kommen grundrechtlich geschützte Positionen aus Art. 12 I GG. Angesichts des Umstands, daß die Pflichtenübertragung gemäß §§ 17 III, 18 II eine Übertragung hoheitlicher Befugnisse beinhaltet,[306] ergeben sich jedoch Zweifel an der Anwendbarkeit von Art. 12 I GG. Zwar stellt die Entsorgungstätigkeit privater Entsorgungsunternehmen ohne weiteres einen "Beruf" im Sinne des Art. 12 I GG dar. Jedoch fällt die Ausübung spezifisch hoheitlicher Befugnisse nicht in den Schutzbereich der Berufsfreiheit, da es insofern an einem "ursprünglichen Freiheitsraum" fehlt; hoheitliche Funktionen kann der Einzelne nicht aufgrund eigener Rechtsmacht, sondern erst aufgrund einer Beleihung durch den

---

[302] Siehe zu § 36 BauGB *Dürr*, in: Brügelmann, BauGB Bd. 2, § 36 Rn. 24.

[303] Vgl. *Dürr*, in: Brügelmann, BauGB Bd. 2, § 36 Rn. 25.

[304] Vgl. *Söfker*, in: Ernst/Zinkhan/Bielenberg, BauGB Bd. II, § 36 Rn. 28; *Vogt*, BayVBl. 1969, 56, 57.

[305] *Fluck*, KrW-/AbfG, § 17 Rn. 121; *v.Lersner/Wendenburg*, Recht der Abfallbeseitigung, Kz. 0116 Rn. 34; *Schink*, DÖV 1995, 881, 886; *ders.*, ZG 1996, 97, 122.

[306] S.u. c).

Staat ausüben.[307] Die Berufsfreiheit kann nicht für Funktionen gelten, die dem Staat vorbehalten sind und über die nur der Staat verfügen kann. Diese unterliegen vielmehr ausschließlich der staatlichen Organisationsgewalt.[308] Einen Anspruch Privater auf die Übertragung hoheitlicher Befugnisse aus Art. 12 I GG kann es daher nicht geben.[309] Die §§ 17 III, 18 II entfalten somit keine drittschützende Wirkung zugunsten des Antragstellers, sondern stehen ausschließlich im öffentlichen Interesse. Ein Anspruch auf Pflichtenübertragung aus §§ 17 III, 18 II scheidet daher aus.[310]

c) Rechtsfolgen der Pflichtenübertragung

Den privaten Entsorgungsträgern wird im Falle einer Pflichtenübertragung nach §§ 17 III, 18 II durch das KrW-/AbfG eine Rechtsstellung eingeräumt, die der der öffentlich-rechtlichen Entsorgungsträger stark angeglichen ist:[311]

aa) Entsorgungspflicht

Nach § 17 VI, der gemäß § 18 II 2 für die Einrichtungen der Wirtschaft entsprechende Anwendung findet, gilt für die übertragenen Verwertungs- und Beseitigungspflichten § 15 I und III entsprechend, d.h. die privaten Entsorgungsträger sind - anstelle des ursprünglich Verpflichteten - zur Entsorgung der ihnen überlassenen Abfälle, für die die Entsorgungspflicht übertragen wurde, nach Maßgabe der §§ 4 bis 7 und 10 bis 12 verpflichtet. Sie können Abfälle aber in dem von § 15 III vorgegebenen Rahmen mit Zustimmung der zuständigen Behörde von der Entsorgung ausschließen mit der Folge, daß die Erzeuger und Besitzer selbst entsorgungspflichtig werden.[312]

---

[307] *Michaelis*, Der Beliehene, S. 164 f.

[308] Vgl. BVerfG, NJW 1987, 2501, 2502.

[309] *Michaelis*, Der Beliehene, S. 159 ff., *Scholz*, in: Maunz/Dürig, Art. 12 Rn. 41.

[310] Ebenso *Arndt*, Kreislaufwirtschaft und kommunale Entsorgung, S. 98 f.; Kunig/Paetow/*Versteyl*, KrW-/AbfG, § 17 Rn. 22; a.A. *Bree*, Privatisierung der Abfallentsorgung, S. 158.

[311] *Arndt/Walter*, WiVerw 1997, 183, 232.

[312] Kritisch dazu *Arndt/Walter*, WiVerw 1997, 183, 233.

bb) Überlassungs- und Duldungspflichten

Im Umfang der übertragenen Pflichten entfällt die Überlassungspflicht an die öffentlich-rechtlichen Entsorgungsträger, § 13 II. Gemäß § 17 VI 2 bestehen die Überlassungs- und Duldungspflichten dann gegenüber den privaten Entsorgungsträgern, wobei § 13 I, III und § 14 entstprechend gelten. Dies gilt allerdings nur, soweit es zur Erfüllung der übertragenen Pflichten erforderlich ist. Der Verweis auf § 13 I bezieht sich nur auf dessen Satz 2, der die Pflicht zur Überlassung von gewerblichen Abfällen zur Beseitigung anordnet, da die Pflicht zur Entsorgung von Abfällen aus privaten Haushaltungen nicht übertragen werden kann.[313] Die Überlassungspflichten bestehen dabei - auch gegenüber den privaten Entsorgungsträgern - nur im Hinblick auf solche Abfälle zur Beseitigung, die der Erzeuger oder Besitzer nicht zulässigerweise selbst entsorgt. Die Befugnisse aus § 14 I können sich nur auf solche Maßnahmen erstrecken, die mit der Erfüllung der übertragenen Entsorgungspflicht zusammenhängen; danach dürfen Grundstücke nur betreten werden, um die der Entsorgungspflicht unterliegenden gewerblichen Abfälle einzusammeln oder deren Getrennthaltung zu überwachen, nicht jedoch, um Verwertungsmaßnahmen zu überprüfen.

Unklar ist, wie der sowohl für die Geltung der Duldungs- wie auch der Überlassungspflichten geltende Vorbehalt der Erforderlichkeit auszulegen ist. In der ursprünglichen Fassung dieser Regelung in dem Entwurf der Bundesregierung war diese Einschränkung nicht enthalten; es wurde schlicht die entsprechende Geltung der Entsorgungs-, Überlassungs- und Duldungspflichten angeordnet.[314] Davon, daß mit der Gesetz gewordenen Fassung klargestellt werden sollte, daß auch im Falle einer Pflichtenübertragung auf private Entsorgungsträger "leistungsfähige Besitzer, die selbst verwerten oder entsorgen können, keinen Überlassungspflichten unterliegen, um deren Eigeninitiative zu fördern und die Bildung von Monopolen zu verhindern",[315] kann nicht ausgegangen werden; die Ausnahme von der Überlassungspflicht bei ordnungsgemäßer und mit öffentlichen Interessen im Einklang stehender eigener Entsorgung nach § 13 I 2 gilt ohne weiteres auch bei entsprechender Anwendung dieser Norm. Die Regelung in § 17 VI 2 muß daher eine weitergehende Einschränkung beinhalten. Diese könnte in folgendem gesehen werden: Der Vorbehalt der Erforderlichkeit setzt früher als die Ausnahme von der Überlassungspflicht nach § 13 I 2 an, nämlich bereits beim "Ob" der Geltung der Überlassungs- und Duldungspflichten zugunsten der privaten

---

[313] S.o. unter 1.

[314] BT-Drs. 12/5672.

[315] BT-Drs. 12/5672, S. 45.

Entsorgungsträger; diese Pflichten gelten überhaupt nur, soweit sie zur Erfüllung der übertragenen Pflichten erforderlich sind. Damit wird die Geltung der Pflichten im konkreten Fall begründungsbedürftig. Erforderlich sind Überlassungs- und Duldungspflichten dann, wenn die übertragenen Pflichten nicht anders erfüllt werden können. Das ist immer dann der Fall, wenn Abfälle, die der Entsorgungspflicht des privaten Entsorgungsträgers unterliegen, von den Erzeugern und Besitzern nicht freiwillig überlassen werden, sondern z.B. unter Vorspiegelung einer (späteren) Verwertung illegal abgelagert oder an Dritte weitergegeben werden.

cc) Auferlegung von Getrennthalte- und Bringpflichten

Außerdem haben die privaten Entsorgungsträger nach § 17 VI 3 die Befugnis, den Abfallerzeugern und -besitzern Getrennthalte- und Bringpflichten aufzuerlegen.

dd) Eigenentsorgungsbefugnis der Abfallerzeuger und -besitzer

Mit der in § 17 VI 4 normierten Unberührtheit der Befugnis des Abfallerzeugers oder -besitzers, seine Abfälle trotz der Pflichtenübertragung selbst zu entsorgen, scheinen die zuvor genannten Befugnisse der privaten Entsorgungsträger wieder erheblich relativiert zu werden. Insbesondere könnte ein Vergleich mit § 13 I 2 ergeben, daß aufgrund des anderen Wortlauts nicht nur die Eigenentsorgung, sondern auch die durch Beauftragte durchgeführte Entsorgung gemeint ist.[316] Dagegen spricht jedoch aus systematischer Sicht, daß ein "Unberührtbleiben" nur in Betracht kommt, wo bereits zuvor eine Befugnis bestanden hat. Es handelt sich demnach um eine Klarstellung, daß die Überlassungspflicht durch die Übertragung nicht erweitert wird, sondern sich weiterhin in dem durch § 13 I vorgegebenen Rahmen bewegt.[317] Der Abfallbesitzer oder -erzeuger ist somit nicht zur Überlassung von Abfällen zur Verwertung und solchen Abfällen zur Beseitigung verpflichtet, die er zulässigerweise in eigenen Anlagen entsorgt.[318]

---

[316] *Fluck*, KrW-/AbfG, § 17 Rn. 163; *Hölscher*, ZUR 1995, 176, 181.

[317] So auch *Bree*, Privatisierung der Abfallentsorgung, S. 163; Kunig/Paetow/*Versteyl*, KrW-/AbfG, § 17 Rn. 39.

[318] S.o. A.I.1.b)aa).

ee) Gebührenerhebung, Satzungserlaß

Nach § 17 V sind die Verbände und Einrichtungen der Selbstverwaltungskörperschaften der Wirtschaft zur Erhebung von Gebühren aufgrund einer von ihnen erlassenen Gebührensatzung befugt.[319]

ff) Weitere Rechtsfolgen

Die Möglichkeit der Mitbenutzungsverpflichtung nach § 28 I gilt nicht nur zugunsten öffentlich-rechtlichen Entsorgungsträger; auch zugunsten der privaten Entsorgungsträger im Sinne der §§ 17 und 18 kann die zuständige Behörde nach § 28 I den Betreiber einer Abfallbeseitigungsanlage verpflichten, die Mitbenutzung der Anlage gegen ein angemessenes Entgelt zu gestatten, soweit dieser den Abfall anderweitig nicht zweckmäßig oder nur mit erheblichen Mehrkosten beseitigen kann und die Mitbenutzung für den Betreiber zumutbar ist.

Nach § 29 VII haben die Länder bei der Aufstellung der Abfallwirtschaftspläne auch die Entsorgungsträger im Sinne der §§ 17 und 18 zu beteiligen.

Eigentümer und Nutzungsberechtigte von Grundstücken haben das Betreten ihrer Grundstücke durch Beauftragte der Entsorgungsträger im Sinne der §§ 15, 17 und 18 zum Zweck der Erkundung geeigneter Standorte für Deponien und öffentlich zugängliche Abfallbeseitigungsanlagen zu dulden, § 30 I.

Die Entsorgungsträger im Sinne der §§ 17 und 18 sind nach § 38 I schließlich wie die öffentlich-rechtlichen Entsorgungsträger im Rahmen der ihnen übertragenen Aufgaben in Selbstverwaltung zur Information und Beratung über Vermeidungs-, Verwertungs- und Beseitigungsmöglichkeiten verpflichtet.[320] Sie können mit dieser Aufgabe Dritte nach § 16 I beauftragen, § 38 I 2.

Gemäß § 49 I Nr. 1 bedürfen die Entsorgungsträger im Sinne der §§ 15, 17 und 18, d.h. die öffentlich-rechtlichen Entsorgungsträger und die privaten Entsorgungsträger, soweit sie nach §§ 17 III, 18 II übertragene Pflichten wahrnehmen,[321] und deren Beauftragte keiner Transportgenehmigung.

---

[319] Dazu unten III.1.b).

[320] Zu Inhalt und Umfang der Pflichten und Möglichkeiten der Organisation und Finanzierung vgl. *Beckmann/Krekeler*, NuR 1997, 223 ff.

[321] Also nicht etwa im Rahmen ihrer Tätigkeit als Beauftragte der Abfallerzeuger oder -besitzer, s. *Locher*, DVBl. 1997, 145, 147.

d) Ende der Pflichtenübertragung

Die Übertragung endet automatisch mit Ablauf der nach § 17 III 2 iVm § 16 IV festgesetzten Frist. Die Entsorgungspflicht fällt dann wieder an den ursprünglich Verpflichteten, d.h. an den öffentlich-rechtlichen Entsorgungsträger oder die Erzeuger und Besitzer. Wurde die Pflichtenübertragung unter dem Vorbehalt eines Widerrufs vorgenommen, § 17 III 2 iVm § 16 IV 2, kommt als Beendigung auch der Widerruf durch die zuständige Behörde in Betracht. Da mit der Pflichtenübertragung die Rechtsmacht der privaten Entsorgungsträger erweitert wird, handelt es sich dabei um einen begünstigenden Verwaltungsakt.[322] Grundlage für den Widerruf ist daher § 49 II Nr. 1 LVwVfG. Ein Widerruf kommt außerdem in den in § 49 II Nr. 2 - 5 LVwVfG genannten Fällen in Betracht, wobei insbesondere die Nichterfüllung einer mit der Übertragung verbundenen Auflage (Nr. 2) von Belang sein kann. In den Fällen des § 49 II Nr. 3 - 5 LVwVfG ist die zuständige Behörde zum Ersatz des Vertrauensschadens verpflichtet. Gemäß §§ 49 II 2, 48 IV LVwVfG gilt für den Widerruf eine Frist von einem Jahr seit Kenntnis der Tatsachen, die den Widerruf begründen. Abgesehen davon kommt im Fall der Rechtswidrigkeit des Übertragungsaktes eine Rücknahme nach § 48 I LVwVfG in Frage. Auch in diesem Fall ist die zuständige Behörde zum Ersatz des Vertrauensschadens verpflichtet, § 48 III LVwVfG, und beträgt die Rücknahmefrist ein Jahr, § 48 IV LVwVfG.

Nach § 17 III 2 iVm § 16 IV kann die Übertragung auch unter Bedingungen erteilt werden. Hat die zuständige Behörde die Pflichtenübertragung unter einer auflösenden Bedingung im Sinne des § 36 II Nr. 2, 2. Alt. LVwVfG vorgenommen, so endet diese mit Eintritt des Ereignisses.

2. Pflichtenübertragung auf Dritte

Für Abfälle zur Beseitigung aus anderen Herkunftsbereichen als privaten Haushaltungen kann die zuständige Behörde nach § 16 II die sich aus § 15 I ergebende Entsorgungspflicht der öffentlich-rechtlichen Entsorgungsträger mit deren Zustimmung auch auf einen Dritten übertragen. Wiederum beschränkt sich diese Möglichkeit aufgrund der Regelung in § 15 II auf die nicht aus privaten Haushaltungen stammenden Abfälle. Auch die Pflichten der privaten Entsorgungsträger nach §§ 17, 18 können mit ihrer und der Zustimmung der öffentlich-rechtlichen Entsorgungsträger auf einen Dritten

322 Vgl. *Michaelis*, Der Beliehene, S. 144 ff.

weiterübertragen werden.[323] Demgegenüber dürfen die Pflichten der Erzeuger und Besitzer nicht direkt auf Dritte übertragen werden; sie sind keine Entsorgungsträger im Sinne der §§ 15, 17 und 18.[324]

a) Voraussetzungen für die Pflichtenübertragung

Die Voraussetzungen für eine Pflichtenübertragung auf Dritte ergeben sich aus § 16 II Nr. 1-3 KrW-/AbfG. Danach muß der Dritte sach- und fachkundig und zuverlässig sein, außerdem muß die Erfüllung der übertragenen Pflichten sichergestellt sein und dürfen der Übertragung keine überwiegenden öffentlichen Interessen entgegenstehen. Zum Nachweis dieser Voraussetzungen hat der Dritte nach § 16 III ein Abfallwirtschaftskonzept vorzulegen. Schließlich ist die Zustimmung des Entsorgungsträgers erforderlich, dessen Pflichten übertragen werden sollen, sowie - im Falle einer Übertragung der Pflichten privater Entsorgungsträger - die Zustimmung des öffentlich-rechtlichen Entsorgungsträgers.

aa) Anforderungen an den Antragsteller

aaa) Welche Anforderungen an die Sach- und Fachkunde und Zuverlässigkeit zu stellen sind, regelt das Gesetz selbst nicht. Die Bundesregierung hat zu der erforderlichen Zuverlässigkeit lediglich ausgeführt, daß die Voraussetzungen "je nach Art und Menge des Abfalls sowie der vorgesehenen Entsorgungswege entsprechend variieren werden".[325] Für den Begriff der Zuverlässigkeit können aber die zu §§ 8 III Nr. 2, 12 I 3, 13 I Nr. 2 AbfG sowie im Gewerberecht entwickelten Definitionen herangezogen werden.[326] Danach ist mangelnde Zuverlässigkeit anzunehmen, wenn der Antragsteller keine Gewähr dafür bieten kann, daß er die Tätigkeit ordnungsgemäß ausüben wird.[327] Tatsachen, die gegen die Zuverlässigkeit des Antragstellers sprechen,

---

[323] Die Übertragung wird wiederum durch die zuständige Behörde vorgenommen und nicht durch die Pflichtigen selbst; insoweit mißverständlich *Frenz*, KrW-/AbfG, § 16 Rn. 21, sowie *Peine*, in: Schmidt, Öffentliches Wirtschaftsrecht, S. 371, 457.

[324] *Arndt/Walter*, WiVerw 1997, 183, 226 ff.; *Bree*, Privatisierung der Abfallentsorgung, S. 124; *Fluck*, KrW-/AbfG, § 16 Rn. 121; *Kloepfer*, Umweltrecht, 2. Aufl., § 18 Rn. 131; *Meins*, BayVBl. 1997, 100; *Peters*, Umweltverwaltungsrecht, Kap. II Rn. 94.

[325] BT-Drs. 13/3368, S. 23.

[326] *Fluck*, KrW-/AbfG, § 16 Rn. 142.

[327] BVerwGE 65, 1 f.; *Marcks*, in: Landmann/Rohmer, GewO Bd. I, § 35 Rn. 29 m.w.Nachw.

können insbesondere Verstöße gegen umweltrechtliche Vorschriften, vor allem solche gegen materielles oder formelles Abfallrecht, sowie Delikte nach dem Umweltstrafrecht darstellen.[328] Handelt es sich bei dem Dritten um eine juristische Person, ist in der Regel auf die Zuverlässigkeit der vertretungsberechtigten Person abzustellen;[329] bei einer Entsorgungs-GmbH kommt es somit auf die Zuverlässigkeit des oder der Geschäftsführer(s) an. Ebenfalls nicht geregelt sind die Voraussetzungen, die an die Sach- und Fachkunde des Antragstellers zu stellen sind. Unter der Fachkunde ist allgemein die persönliche Fähigkeit zum Einsatz bestimmter theoretisch oder praktisch erworbener Kenntnisse zu verstehen.[330] Dem Begriff der Sachkunde kommt daneben wohl keine eigene Bedeutung zu.[331] Kriterien aus anderen Rechtsgebieten können zur Auslegung dieser Begriffe nicht ohne weiteres herangezogen werden, da die Anforderungen an die Sach- und Fachkunde je nach Tätigkeit höchst unterschiedlich sind. Erforderlich scheint im Hinblick auf die genannten Anforderungen daher eine - z.B. in einer Verwaltungsvorschrift zu treffende - Regelung, die die unbestimmten Rechtsbegriffe der Sach- und Fachkunde und Zuverlässigkeit in § 16 II KrW-/AbfG ausgestaltet[332], wie es z.B. für Entsorgungsfachbetriebe in der EfbV[333] und für Abfallbeförderer in der TgV[334], für Kernkraftwerkspersonal in der Richtlinie für den Fachkundenachweis von Kernkraftwerkspersonal[335] oder für Immissionsschutz- und Störfallbeauftragte in der 5. BImSchV[336] geschehen ist. In einer solchen Richtlinie könnten zum einen die Zuverlässigkeitsanforderungen, denen die Antragsteller im Rahmen des § 16 II genügen müssen, allgemein formuliert und durch Nennung von Beispielen konkretisiert werden, sowie zum anderen bestimmt werden, welche Anforderungen an die fachliche Qualifikation des Antragstellers im Hinblick auf Aus- und Fortbildung, Teilnahme an Lehrgängen, bisherige praktische Erfahrungen, technische Ausstattung etc., zu stellen sind. Jedenfalls den

---

[328] VGH Mannheim, NVwZ 1985, 438 f.; Kunig/Schwermer/*Versteyl*, AbfG, § 12 Rn. 20; *Meins*, BayVBl. 1997, 100, 101.

[329] *Marcks*, in: Landmann/Rohmer, GewO Bd. I, § 35 Rn. 65.

[330] *Frenz*, KrW-/AbfG, § 16 Rn. 12.

[331] *Fluck*, KrW-/AbfG, § 16 Rn. 139.

[332] So auch *Spangenberg/Verheyen*, Von der Abfallwirtschaft zum Stoffstrom-Management, S. 66; ferner *Kelle*, KPBl. 1996, 187, 188.

[333] §§ 3 ff. Entsorgungsfachbetriebeverordnung vom 10.9.1996, BGBl. I S. 1421. Vgl. dazu *Fischer/Lacher*, AJ 12/1996, 47, 48 ff.

[334] §§ 3 ff. Transportgenehmigungsverordnung vom 10.9.1996, BGBl. I S. 1411.

[335] vom 14.4.1993, GMBl. 1993, 358 ff.

[336] Fünfte Verordnung zur Durchführung des Bundes-Immissionsschutzgesetzes (Verordnung über Immissionsschutz- und Störfallbeauftragte - 5. BImSchV) vom 30.7.1993, BGBl. I, 1433 ff.

Anforderungen an Dritte nach § 16 II genügen zertifizierte Entsorgungsfachbetriebe im Sinne des § 52 KrW-/AbfG.[337]

bbb) Der die Pflichten eines Entsorgungsträgers übernehmende Dritte muß sicherstellen, daß er die Erfüllung dieser Pflichten gemäß den Vorgaben des KrW-/AbfG nach seiner technischen, personellen, finanziellen und organisatorischen Ausstattung auch tatsächlich und für die gesamte Dauer der Übertragung leisten kann.[338] Der Nachweis soll im wesentlichen durch das gemäß § 16 III vorzulegende Abfallwirtschaftskonzept erfolgen.

ccc) In dem nach § 16 III zu erstellenden Abfallwirtschaftskonzept sind die anfallenden Abfälle - unter getrennter Darstellung nach In- oder Auslandsentsorgung - nach Art, Menge und Verbleib sowie deren vorgesehene Entsorgungswege samt der notwendigen Standort- und Anlagenplanung für die nächsten fünf Jahre anzugeben sowie die getroffenen und geplanten Verwertungs- und Vermeidungsmaßnahmen aufzuführen. Bei der Erstellung sind gemäß § 16 III 3 insbesondere die Abfallwirtschaftsplanungen der Länder nach § 29 KrW-/AbfG zu berücksichtigen. Das Konzept ist gemäß § 16 III 4 iVm § 19 III erstmalig zum 31.12.1999 für einen Zeitraum von fünf Jahren zu erstellen und alle fünf Jahre fortzuschreiben, soweit die Länder bis zum Inkrafttreten des Gesetzes im Oktober 1996 nichts anderes bestimmt haben. Diese Ermächtigung für abweichende Landesregelungen betrifft ausschließlich Fristen und Zeiträume.[339]

bb) Kein Entgegenstehen öffentlicher Interessen

Im Hinblick auf die einer Übertragung auf Dritte möglicherweise entgegenstehenden öffentlichen Interessen kann auf die Ausführungen zur Pflichtenübertragung auf Verbände und Einrichtungen der Kammern verwiesen werden.[340]

---

[337] *Meins,* BayVBl. 1997, 100, 101; *Peters,* VBlBW 1997, 49, 52 f.; *ders.*, UPR 1997, 211, 212.

[338] *Fluck*, KrW-/AbfG, § 16 Rn. 148; *Schink*, DÖV 1995, 881, 886.

[339] *Fluck*, KrW-/AbfG, § 19 Rn. 140. Soweit die Landesabfallgesetze zwar Regelungen über betriebliche Abfallwirtschaftskonzepte geschaffen, aber keine Fristen und Zeiträume festgelegt haben, werden die Vorschriften gegenstandslos, z.B. § 5b LAbfG NW.

[340] S.o. 1.b)bb).

cc) Zustimmung der öffentlich-rechtlichen Entsorgungsträger

Bei einer Pflichtenübertragung von privaten Entsorgungsträgern auf Dritte müssen diese und die öffentlich-rechtlichen Entsorgungsträger zustimmen. Die Zustimmung steht im Ermessen der Entsorgungsträger. Rechtswirkung nach außen entfalten die Zustimmungserklärungen nicht; verwaltungsgerichtlich angreifbar als außenwirksame Maßnahme ist deshalb lediglich der von der zuständigen Behörde vorgenommene Übertragungsakt.[341] Die Entsorgungsträger können die Zustimmungserklärung unter Nebenbestimmungen erteilen.

dd) Ermessen

Auch bei der Übertragung von Pflichten auf Dritte steht der zuständigen Behörde ein Ermessen zu.[342]

Voraussetzung für einen Anspruch auf Pflichtenübertragung bei einer Ermessensreduktion auf Null wäre eine drittschützende Natur des § 16 II. Die Norm müßte also - zumindest auch - den Interessen den Antragstellers zu dienen bestimmt sein. Wiederum kommen grundrechtlich geschützte Positionen aus Art. 12 I GG in Betracht. Im Gegensatz zu der Pflichtenübertragung auf Verbände und Einrichtungen der Selbstverwaltungskörperschaften der Wirtschaft nach §§ 17 III, 18 II wird den Dritten bei einer Pflichtenübertragung nach § 16 II keine der der öffentlich-rechtlichen Entsorgungsträger angeglichene Rechtstellung eingeräumt; hoheitliche Befugnisse werden nach § 16 II nicht übertragen.[343] Die Tätigkeit der Dritten im Rahmen des § 16 II fällt daher ohne weiteres in den Schutzbereich des Art. 12 GG. Somit ist davon auszugehen, daß die Norm auch die Interessen des Dritten schützen soll. Bei Ermessensreduktion auf Null kommt somit ein Anspruch auf Pflichtenübertragung in Betracht.[344]

---

341 S.o. 1.b)cc)ccc).

342 So auch die Begründung zur Beschlußempfehlung des Umweltausschusses des Bundestages, BT-Drs. 12/7284, S. 18. Nach *Schink*, DÖV 1995, 881, 887 sind die Versagungsmöglichkeiten über die in § 16 II genannten Voraussetzungen hinaus als gering einzuschätzen; ebenso *Tettinger*, in: FS Friauf, S. 569, 584 f.

343 S.u. b).

344 *Bree*, Privatisierung der Abfallentsorgung, S. 134 f.; *Frenz*, KrW-/AbfG, § 16 Rn. 15; *Kahl*, DVBl. 1995, 1327, 1330; *Schink*, DÖV 1995, 881, 887; a.A. aufgrund der Bejahung einer Beleihung *Arndt*, Kreislaufwirtschaft und kommunale Entsorgung, S. 98 f.; *Fluck*, § 16 Rn. 161; sowie *Meins*, BayVBl. 1997, 100, 101.

b) Rechtsfolgen der Pflichtenübertragung

Nach den Regelungen des KrW-/AbfG wird den Dritten im Gegensatz zu den Verbänden und Einrichtungen der Kammern keine der der öffentlich-rechtlichen Entsorgungsträger vergleichbare Rechtsstellung eingeräumt. Weder wird die entsprechende Geltung der Duldungs- und Überlassungspflichten und eine Befugnis zur Auferlegung von Getrennthalte- und Bringpflichten und zur Gebührenerhebung angeordnet, noch werden die Dritten vom Erfordernis einer Transportgenehmigung entbunden, noch gelten für sie Mitbenutzungs- und Erkundigungsrechte sowie Rechte zur Beteiligung an der Abfallwirtschaftsplanung der Länder.

Trotzdem wird die Auffassung vertreten, daß bei einer Übertragung der Entsorgungspflichten von öffentlich-rechtlichen oder privaten Entsorgungsträgern auf Dritte deren Befugnisse mitsamt der Entsorgungspflicht übergingen, da den Dritten umfassend deren öffentlich-rechtliche Rechts- und Pflichtenstellung übertragen werde.[345] Diese Begründung vermag jedoch nicht zu überzeugen. Für die Übertragung hoheitlicher Befugnisse gilt der Vorbehalt des Gesetzes, es ist daher stets eine ausdrückliche gesetzliche Ermächtigungsgrundlage erforderlich.[346] Eine solche liegt für eine Übertragung hoheitlicher Kompetenzen auf Dritte im KrW-/AbfG aber nicht vor. Die Tatsache, daß für die Verbände und Einrichtungen der Kammern ausdrücklich und detailliert im Gesetz geregelt ist, welche Befugnisse ihnen übertragen werden, für die Dritten demgegenüber keine Regelung getroffen wurde, spricht - arg. e contrario - vielmehr dafür, daß eine Übertragung hoheitlicher Befugnisse auf Dritte vom Gesetzgeber gerade nicht gewollt war.[347] Sämtliche für die privaten Entsorgungsträger genannten Sonderregelungen finden auf den Fall des § 16 II somit keine Anwendung. Insbesondere die sich aus §§ 17 V, VI ergebenden Befugnisse gelten nicht im Falle einer Pflichtenübertragung auf Dritte; diese sind daher weder zur Erhebung von Gebühren aufgrund einer selbst erlassenen Satzung befugt, noch gelten die Überlassungs- und Dul-

---

[345] So *Arndt/Walter*, WiVerw 1997, 183, 237; *Fluck*, KrW-/AbfG, § 16 Rn. 123; *Schink*, DÖV 1995, 881, 885; *Wieberneit*, BB 1997, 2333, 2336; ebenso zumindest für die Gebührenerhebung *v.Lersner/Wendenburg*, Recht der Abfallbeseitigung, Kz. 0116 Rn. 30; *Schink*, StGR 1996, 102, 107; *ders.*, in: GfU, Kreislaufwirtschafts- und Abfallgesetz - was ändert sich?, S. 113, 176 f.; *ders.*, GemH 1994, 241, 242.

[346] VGH BW, NVwZ 1994, 1135, 1136; *Backherms*, DIN, S. 30; *Bansch*, Beleihung, S. 128 f., 146 ff.; *Steiner*, Öffentliche Verwaltung durch Private, S. 301; *ders.*, BB 1987, 1824, 1825. Vgl. auch *Peine*, DÖV 1997, 353, 363, zur Gebührenerhebung durch Beliehene.

[347] So auch *Frenz*, KrW-/AbfG, § 13 Rn. 18; *Weidemann*, DVBl. 1998, 661, 665 ff., 667.

dungspflichten nach §§ 13 I, III, 14 entsprechend.[348] Eine Pflichtenübertragung nach § 16 II stellt aus diesem Grunde ein erhebliches wirtschaftliches Risiko dar; so kann der Dritte zwar zur Entsorgung bestimmter Stoffe verpflichtet sein, aufgrund fehlender Überlassungspflichten[349] aber weder sicherstellen, daß die bereitgehaltenen Entsorgungskapazitäten ausgelastet werden, noch überhaupt die voraussichtlich zu entsorgende Abfallmenge abschätzen.[350]

c) Ende der Pflichtenübertragung

Die Pflichtenübertragung endet mit Ablauf der Frist, § 16 IV, bei Widerruf oder Rücknahme durch die zuständige Behörde, oder bei Eintritt einer auflösenden Bedingung.[351]

II. Einordnung in die Privatisierungskategorien

Rechtstechnisch soll die Übertragung der Entsorgungspflicht auf Dritte oder private Entsorgungsträger eine Beleihung darstellen.[352] Zweifel an der Einordnung als Beleihung ergeben sich jedoch daraus, daß eine solche unabhängig davon vorliegen soll, ob es sich um die Pflichten der öffentlich-rechtlichen Entsorgungsträger einerseits oder um die Pflichten der Erzeuger

---

[348] So auch *Bree*, Privatisierung der Abfallentsorgung, S. 140 f. (Satzungsbefugnis), 143 ff. (Gebührenerhebung), 148 ff. (Überlassungspflichten); *Brüning*, SächsVBl. 1998, 201, 202; ferner im Hinblick auf Überlassungspflichten *Bartram/ Schade*, UPR 1995, 253, 255, und im Hinblick auf die Gebührenerhebung *Wiesemann*, NWVBl. 1998, 257, 261.

[349] *Frenz*, KrW-/AbfG, § 13 Rn. 18, plädiert sogar für eine teleologische Reduktion des § 13 II auf die Übertragung von Pflichten privater Entsorgungsträger; danach soll bei einer Übertragung von Pflichten öffentlich-rechtlicher Entsorgungsträger die Überlassungspflicht ihnen gegenüber bestehen bleiben.

[350] *Hölscher*, ZUR 1995, 176, 181; vgl. auch *Bree*, Privatisierung der Abfallentsorgung, S. 149 f.

[351] S.o. 1.d).

[352] So die Begründung des Ges.-Entwurfs vom 15.9.1993, BT Drs. 12/5672 zu § 14 II KrW-/AbfG (jetzt § 16 II), wonach "die bewährte Regelung des § 4 II TierKBG auch für den Anwendungsbereich dieses Gesetzes übernommen" werden soll, die einen Fall der Beleihung darstellt (vgl. *Fertig*, DÖV 1994, 99, 104 ff.; *Grünewald*, Hb. des Tierkörperbeseitigungsrechts, S. 194 f; *Tegge*, Tierkörperbeseitigungsgesetz, S. 37); ausdrücklich von Beleihung spricht die Begründung zu § 11 KrW-/AbfG (jetzt § 17), die wohl auch für den jetzigen § 18 KrW-/AbfG gemeint ist.

und Besitzer andererseits handelt, und außerdem unabhängig davon, welche Rechtsstellung den Dritten und privaten Entsorgungsträgern eingeräumt wird.

Beliehene sind natürliche oder juristische Personen des Privatrechts,[353] denen etwas übertragen wird, was vorher dem Staat vorbehalten war.[354] Umstritten ist, worin dieses "etwas" besteht, was also Gegenstand der Beleihung ist.

Nach der "Aufgabentheorie" sind dies die sogenannten Verwaltungs- bzw. Staatsaufgaben; Beleihung ist danach die Übertragung von Verwaltungs- bzw. Staatsaufgaben auf Private.[355] Staatliche und insbesondere Verwaltungsaufgaben sind dabei solche, die der Staat nach der jeweils geltenden Verfassungsordnung zulässigerweise für sich in Anspruch nimmt.[356] Bei den Pflichten der öffentlich-rechtlichen Entsorgungsträger handelt es sich jedenfalls um Verwaltungsaufgaben; diese nimmt der Staat, hier: die Exekutive, mit der Regelung in § 15 I in einer nach dem GG zulässigen Weise für sich in Anspruch. Die Übertragung dieser Pflichten stellte nach der Aufgabentheorie somit eine Beleihung dar.[357] Die Erzeuger- und Besitzerpflichten, die nach §§ 17 III, 18 II KrW-/AbfG auf Verbände und Einrichtungen der Wirtschaft und nach § 16 II von diesen weiter auf Dritte übertragen werden können, sind demgegenüber ausdrücklich nicht als hoheitliche Pflichten ausgestaltet, sondern in den §§ 5 II, 11 I KrW-/AbfG den Abfallerzeugern und -besitzern, also Privaten zugewiesen.[358] Es kann sich dabei demnach zwar um öffentliche Aufgaben[359], nicht jedoch um staatliche oder Verwaltungsaufgaben im oben genannten Sinne handeln.[360] Nach der Aufgabentheorie käme eine Beleihung hinsichtlich der Übertragung von Erzeuger- und Besitzerpflichten auf private

---

[353] Ausführlich *Frenz*, Die Staatshaftung in den Beleihungstatbeständen, S. 31 ff.; *Hengstschläger*, VVDStRL 54 (1995), 165, 174; a.A. *Arndt/Walter*, WiVerw 1997, 183, 235: auch juristische Personen öffentlichen Rechts.

[354] *Backherms*, DIN, S. 11; *Frenz*, Die Staatshaftung in den Beleihungstatbeständen, S. 27.

[355] Z.B. *Steiner*, Öffentliche Verwaltung durch Private, S. 46 ff.; *ders.*, JuS 1969, 69, 70; *Stuible-Treder*, Der Beliehene im Verwaltungsrecht, S. 30 ff.; *Bree*, Privatisierung der Abfallentsorgung, S. 54 f.; zuletzt wohl auch OLG Schleswig, NJW 1996, 1218 f. S. auch die Nachw. bei *Frenz*, Die Staatshaftung in den Beleihungstatbeständen, S. 23 f.

[356] *Ossenbühl*, VVDStRL 29 (1971), 137, 153 m.w. Nachw.; *Osterloh*, VVDStRL 54 (1995), 204, 207.

[357] *Bree*, Privatisierung der Abfallentsorgung, S. 126 f.

[358] Vgl. auch *Weidemann*, DVBl. 1998, 661, 666.

[359] Zum Begriff der öffentlichen Aufgaben in Abgrenzung zu dem der Staats- bzw. Verwaltungsaufgaben s. *v. Heimburg*, Verwaltungsaufgaben und Private, S. 14 ff.; *Osterloh*, VVDStRL 54 (1995), 204, 224.

[360] A.A. *Arndt/Walter*, WiVerw 1997, 183, 236.

Entsorgungsträger sowie von diesen auf Dritte somit nicht[361] oder nur bei einer Konstruktion in Betracht, bei der die Aufgabe durch den Übertragungsakt zu einer Verwaltungsaufgabe würde[362].

Gegen die Aufgabentheorie sprechen jedoch gewichtige Argumente. Als konstitutives Merkmal der Beleihung eine Übertragung von Verwaltungsaufgaben anzusehen, erweist sich insbesondere insofern als problematisch, als bei der Beurteilung einer Übertragung von Aufgaben auf Private im Einzelfall gerade fraglich ist, ob der Staat diese Aufgaben dann noch "für sich in Anspruch nimmt", es sich also um Verwaltungsaufgaben handelt, oder ob er sie nicht vielmehr aufgibt. Ein nach materiellen Kriterien feststehender Bestand an Staatsaufgaben kann zur Beantwortung dieser Frage nicht herangezogen werden; der Aufgabenbestand des Staates ist grundsätzlich offen.[363] Zur Bestimmung des Gegenstands der Beleihung als das, was zuvor dem Staat vorbehalten war und nunmehr einem Privaten übertragen wird, taugt der Begriff der Staats- bzw. Verwaltungsaufgabe daher nicht. Die Aufgabentheorie ist demnach abzulehnen.[364]

Eine Beleihung könnte jedoch unter Zugrundelegung der "Rechtsstellungstheorie" angenommen werden, wonach als Gegenstand der Beleihung die Übertragung hoheitlicher Befugnisse mit Außenwirkung gegen Bürger angesehen wird.[365] Im Vergleich zu dem Merkmal der Verwaltungsaufgabe stellt das der hoheitlichen Befugnis ein sehr viel geeigneteres Kriterium für die Abgrenzung dessen dar, was vorher dem Staat vorbehalten und Privaten vorenthalten war: Hoheitliche Befugnisse stehen originär nur dem Staat zu.[366]

---

361 So *Frenz*, KrW-/AbfG, § 16 Rn. 18; zweifelnd auch *Tettinger*, FS Friauf, S. 569, 584 Fn. 64.

362 So *Arndt*, Kreislaufwirtschaft und kommunale Entsorgung, S. 96 f.; *Bree*, Privatisierung der Abfallentsorgung, S. 127 ff., 156; *Fluck*, KrW-/AbfG, § 17 Rn. 81; grundsätzlich *Steiner*, JuS 1969, 69, 70 f.

363 *Ossenbühl*, VVSDtRL 29 (1971), 137, 153; *Vogel*, Öffentliche Wirtschaftseinheiten in privater Hand, S. 60 ff.

364 So auch *Bansch*, Beleihung, S. 50 f; *Frenz*, Die Staatshaftung in den Beleihungstatbeständen, S. 27 ff.; *v. Hagemeister*, Privatisierung, S. 59 f.; *v. Heimburg*, Verwaltungsaufgaben und Private, S. 32 f.; *Herschel*, NJW 1969, 817, 181; *Weber/Seitz*, GewArch 1980, 151, 153.

365 BVerwG, DVBl. 1970, 735 f. und 736, 737 f.; *Bansch*, Beleihung, S. 48 f., 53 ff.; *v. Hagemeister*, Privatisierung, S. 59 f.; *v. Heimburg*, Verwaltungsaufgaben und Private, S. 33 f.; *Martens*, Öffentlich als Rechtsbegriff, S. 133 f.; *Michaelis*, Der Beliehene, S. 69; *Scholz*, NJW 1997, 14, 15; *Stober*, Hdb. des Wirtschaftsverwaltungs- und Umweltrechts, S. 871; *Vogel*, Öffentliche Wirtschaftseinheiten in privater Hand, S. 81 ff.; *Weber/Seitz*, GewArch 1980, 151, 153.

366 *Frenz*, Die Staatshaftung in den Beleihungstatbeständen, S. 27 f.; *Drews/Wacke/Vogel/Martens*, Gefahrenabwehr, S. 59; *v. Hagemeister*, Privatisierung, S. 59 f.

Allerdings erweist sich auch der Begriff der hoheitlichen Befugnisse als nicht in jeder Hinsicht konturenscharf. Jedenfalls als Ausübung hoheitlicher Befugnisse zu qualifizieren sind die Maßnahmen der Eingriffsverwaltung, wenn also der Staat mit Befehl und Zwang tätig wird.[367] Nach h.M. soll aber auch die Wahrnehmung schlicht-hoheitlicher Kompetenzen Gegenstand einer Beleihung sein können.[368] Soll das Kriterium der hoheitlichen Befugnis für die Annahme einer Beleihung aber konstitutive Funktion haben, ist eine enge Auslegung erforderlich. Würde nämlich jede schlicht-hoheitliche Tätigkeit als konstitutives Merkmal der Beleihung genügen, käme es also lediglich darauf an, ob der Private nach öffentlichem Recht handelte, erwiese sich die Beliehenendefinition als zirkulär:[369] Öffentliches Recht ist die Summe aller Normen, deren Zuordnungssubjekt ein Träger öffentlicher Gewalt ist.[370] Ob das handelnde Rechtssubjekt Träger öffentlicher Gewalt und damit Beliehener ist, soll aber gerade festgestellt werden. Als hoheitliche Befugnisse kommen daher im Rahmen der Definition des Beliehenen nur Befugnisse zu eingreifenden Maßnahmen in Betracht.[371] Dabei ist ein weiter, wirkungsbezogener Eingriffsbegriff zugrundezulegen, der nicht nur unmittelbare, d.h. zielgerichtete Freiheitsverkürzungen beinhaltet, sondern auch mittelbare Beeinträchtigungen umfaßt.[372] Private sind danach Beliehene, wenn sie durch oder aufgrund Gesetzes zum Erlaß unmittelbar oder mittelbar eingreifender Maßnahmen ermächtigt sind.

Die nach §§ 17 III, 18 II, 16 II zur Entsorgung verpflichteten Verbände, Einrichtungen der Selbstverwaltungskörperschaften der Wirtschaft und Dritte sind demnach Beliehene, wenn und soweit ihnen die Wahrnehmung hoheitlicher Befugnisse in diesem Sinne eingeräumt wird.[373]

---

[367] *Schmidt-Bleibtreu/Klein*, Art. 33 Rn. 12.

[368] *Steiner*, JuS 1969, 69, 71; *Wolff/Bachof/Stober*, Verwaltungsrecht II, § 104 Rn. 2.

[369] Vgl. *Ehlers*, Verwaltung in Privatrechtsform, S. 57 f.

[370] Vgl. nur *Maurer*, Allgemeines Verwaltungsrecht, § 3 Rn. 17.

[371] Damit soll nicht gesagt werden, daß Beliehene nicht auch mit der Ausübung nicht-eingreifender schlicht-hoheitlicher Tätigkeiten, die im Zusammenhang mit der hoheitlichen Tätigkeit stehen, beliehen werden können (ganz h.M.; vgl. nur *Wolff/Bachof/Stober*, Verwaltungsrecht II, § 104 Rn. 2); lediglich als *konstitutives* Kriterium der Beleihung sind diese nicht geeignet.

[372] *Di Fabio*, VVDStRL 55 (1996), 235, 271.

[373] So auch *Frenz*, KrW-/AbfG, § 16 Rn. 18.

1. Verbände und Einrichtungen der Selbstverwaltungskörperschaften der Wirtschaft

Wie bereits ausgeführt, ist die Stellung der privaten Entsorgungsträger der der öffentlich-rechtlichen Entsorgungsträger stark angenähert: § 17 V (iVm § 18 II 2) bestimmt, daß diese zur Erhebung von Gebühren aufgrund einer von der zuständigen Behörde genehmigten Satzung berechtigt sein sollen. Außerdem bestehen bei einer Übertragung der Entsorgungspflichten die Überlassungs- und Duldungspflichten auch gegenüber den Verbänden bzw. Einrichtungen der Kammern, § 17 VI (iVm § 18 II 2), wobei § 13 I, II und § 14 entsprechend gelten; der Abfallbesitzer ist demnach grundsätzlich auch den privaten Entsorgungsträgern gegenüber zur Überlassung seiner Abfälle sowie dazu verpflichtet, das Betreten des Grundstücks zu dulden. Außerdem können die privaten Entsorgungsträger den Abfallerzeugern und -besitzern Getrennthalte- und Bringpflichten auferlegen, § 17 VI 3. Weitere Sonderregelungen enthalten §§ 28 I, 30 I, 38 I. Die Auferlegung von Getrennthalte- und Bringpflichten ebenso wie die Geltendmachung von Überlassungs- und Duldungspflichten und die Erhebung öffentlich-rechtlicher Gebühren erfolgen durch den Erlaß belastender Verwaltungsakte gegenüber dem Abfallbesitzer bzw. -erzeuger. Die privaten Entsorgungsträger werden somit zu eingreifendem öffentlich-rechtlichem Handeln gegenüber den Abfallbesitzern und -erzeugern ermächtigt, ihnen mit der Entsorgungspflicht also auch hoheitliche Befugnisse übertragen. Eine Beleihung liegt damit vor.[374] Die im Zusammenhang mit der Ausübung der hoheitlichen Kompetenzen stehenden Realakte[375] sind schlicht-hoheitlicher Natur und damit gleichfalls Gegenstand der Beleihung.

Soweit die Tätigkeit der privaten Entsorgungsträger nicht im Zusammenhang mit den hoheitlichen Befugnissen steht, ist sie rein privatrechtlich, insbesondere soweit sie sich im Rahmen einer Beauftragung nach § 17 I oder § 18 I bewegt.

2. Dritte

Regelungen, die für eine Übertragung hoheitlicher Befugnisse sprechen, fehlen für den Fall des § 16 II. Wie oben ausgeführt, kann der Annahme, daß

---

[374] *Arndt/Walter*, WiVerw 1997, 183, 237; *Frenz*, KrW-/AbfG, § 17 Rn. 18; *Fluck*, KrW-/AbfG, § 17 Rn. 81; Kunig/Paetow/*Versteyl*, KrW-/AbfG, § 17 Rn. 22; *Landsberg/Schink*, StGR 1994, 67, 74; *Peine*, in: Schmidt, Öffentliches Wirtschaftsrecht, S. 371, 459 f.; *Peters*, Umweltverwaltungsrecht, Kap. II Rn. 79; *ders.*, UPR 1997, 211; *Queitsch*, StuG 1995, 55, 65; *Schink*, DÖV 1995, 881, 885.

[375] Vgl. *Maurer*, Allgemeines Verwaltungsrecht, § 3 Rn. 22.

die öffentlich-rechtliche Rechts- und Pflichtenstellung umfassend übergehe, wegen Verstoßes gegen den Grundsatz vom Vorbehalt des Gesetzes nicht gefolgt werden.[376] Die Rechtsstellung der Dritten ist daher auch bei einer Pflichtenübertragung nicht mit der der öffentlich-rechtlichen Entsorgungsträger vergleichbar. Von einer Beleihung auf der Grundlage von § 16 II KrW-/AbfG kann dann aber nicht gesprochen werden.[377]

Gegen die Annahme einer Beleihung bei § 16 II spricht außerdem folgendes: Im Zusammenhang mit den Neuregelungen des KrW-/AbfG findet sich häufig die Äußerung, von § 16 II könne insbesondere Gebrauch gemacht werden, wenn die Abfallentsorgungsaufgabe in vollem Umfang auf Eigengesellschaften oder gemischt-wirtschaftliche Unternehmen übertragen werden soll.[378] Der gesetzlichen Regelung nach ist diese Konstruktion gewiß möglich.[379] Aufgrund der Beteiligung der öffentlichen Hand an den Rechtssubjekten, denen Pflichten übertragen werden sollen, ergeben sich jedoch Bedenken.[380] Entwickelt wurde das Rechtsinstitut des Beliehenen für Fälle, in denen ein privates Rechtssubjekt zwecks Erfüllung einer öffentlichen Aufgabe auf privater Basis mit der Ausübung hoheitlicher Befugnisse betraut wurde. Ist der Beliehene aber ein Rechtssubjekt, das zwar privatrechtlich organisiert ist, hinter dem aber letztlich - vollständig oder zumindest überwiegend - ein Hoheitsträger steht, der die Aufgabe ebensogut in öffentlich-rechtlicher Form wahrnehmen könnte, könnte sich die Beleihung öffentlicher Unternehmen als "Flucht ins Privatrecht" darstellen, bei der als "Fluchtgepäck" Hoheitsgewalt mitgenommen wird.[381] Dies könnte eine Umgehung der Bindungen des öffentlichen Rechts zur Folge haben.[382] Zu Recht wird aus diesem Grund die

[376] S.o. I.2.b).

[377] So auch Brüning, SächsVBl. 1998, 201, 202; Frenz, KrW-/AbfG, § 16 Rn. 18; *ders.*, Verursacherprinzip, S. 78, 120; *Weidemann*, DVBl. 1998, 661, 665 ff.; a.A. - z.T. unter Zugundelegung der Aufgabentheorie, z.T. ohne nähere Begründung - *Arndt/Walter*, WiVerw 1997, 183, 237; *Kloepfer*, Umweltrecht, 2. Aufl., § 18 Rn. 133; *Kummer/Giesberts*, NVwZ 1996, 1166, 1168; *v.Lersner/Wendenburg*, Recht der Abfallbeseitigung, Kz. 0116 Rn. 29; *Peters*, UPR 1997, 211; *Schink*, DÖV 1995, 881, 885; *Wieberneit*, BB 1997, 2333, 2336.

[378] S. nur *Queitsch*, Kreislaufwirtschafts- und Abfallrecht, S. 171.

[379] *Peine*, in: Schmidt, Öffentliches Wirtschaftsrecht, S. 371, 458.

[380] *Peine*, UPR 1996, 161, 162; *Steiner*, Öffentliche Verwaltung durch Private, S. 206 ff.

[381] *Steiner*, Öffentliche Verwaltung durch Private, S. 206; vgl. auch *Peine*, UPR 1996, 161, 162.

[382] *Steiner*, Öffentliche Verwaltung durch Private, S. 206 ff.; *Stuible-Treder*, Der Beliehene im Verwaltungsrecht, S. 38.

Zulässigkeit einer Beleihung von Unternehmen, die zum überwiegenden Teil in öffentlicher Hand stehen, in Teilen der Literatur abgelehnt.[383]

Vereinzelt wird sogar eine Pflichtenübertragung nach § 16 II auf andere öffentlich-rechtliche Körperschaften für zulässig gehalten.[384] Auch dies ist der gesetzlichen Konstruktion nach möglich; der Gedanke liegt schon insofern nahe, als zu den möglichen "Dritten" im Sinne des § 3 II 2 AbfG und damit auch des § 16 I KrW-/AbfG neben Personen des Privatrechts auch Gebietskörperschaften und Zweckverbände, also juristische Personen öffentlichen Rechts, gerechnet werden.[385] Adressat einer Beleihung kann aber nur ein Privatrechtssubjekt sein.[386] Wenn eine Übertragung der Entsorgungspflicht auf juristische Personen des öffentlichen Rechts überhaupt von § 16 II KrW-/AbfG gedeckt ist, kann es sich dabei jedenfalls nicht um eine Beleihung handeln. Es liegt in diesem Fall vielmehr eine bloße Zuständigkeitsverschiebung zwischen Hoheitsträgern vor.

Ist der Dritte ein Privatrechtssubjekt, beinhaltet § 16 II somit vielmehr einen Fall der materiellen Privatisierung,[387] soweit es sich bei den übertragenen Pflichten um die zuvor öffentlich-rechtlichen Entsorgungsträgern obliegenden Entsorgungspflichten handelt. Werden die Pflichten privater Entsorgungsträger übertragen, liegt keine neuerliche Privatisierung vor; es werden lediglich bereits durch das KrW-/AbfG materiell privatisierte Entsorgungspflichten von einem auf einen anderen Privaten übertragen.

III. Einzelfragen der Pflichtenübertragung

Die Pflichtenübertragung nach den §§ 17 III, 18 II, 16 II wirft etliche Fragen auf, von denen im folgenden nur die nach der Satzungsbefugnis der privaten Entsorgungsträger, der Aufsicht, dem Rechtsschutz und der Haftung angesprochen werden sollen.

---

[383] *Backherms*, DIN, S. 28; *Bansch*, Beleihung, S. 41 f.; *Peine*, UPR 1996, 161, 162; speziell für § 16 II *Pauly/Figgen/Hünnekens*, Gemischtwirtschaftliche Entsorgungsunternehmen, S. 34.

[384] *Schink*, DÖV 1995, 881, 886. Zu dieser Folge gelangen müßte auch *Peine*, in: Schmidt, Öffentliches Wirtschaftsrecht, S. 371, 458, da er jede natürlich und juristische Person öffentlichen oder privaten Rechts als möglichen Dritten in Betracht zieht. A.A. *Frenz*, KrW-/AbfG, § 16 Rn. 2: Dritte können nur natürliche und juristische Personen des Privatrechts sein.

[385] *Arzt/Siederer*, in: Gaßner/Versmann, Neuordnung, S. 51, 52, 56; *Kunig*/ Schwermer/Versteyl, AbfG, § 3 Rn. 31.

[386] *Frenz*, Die Staatshaftung in den Beleihungstatbeständen, S. 31 ff.

[387] So auch *Weidemann*, DVBl. 1998, 661, 668.

1. Satzungsgewalt

Von besonderer Bedeutung für die Durchführung der übertragenen Entsorgungspflichten und die Durchsetzung damit einhergehender hoheitlicher Befugnisse ist die Frage, ob und inwieweit diese einer Regelung durch Satzung unterliegen können.

a) Abfallsatzung

Zum Teil wird die Auffassung vertreten, durch die Beleihung ginge auch das Recht zum Erlaß von Abfallsatzungen auf den Beliehenen über mit der Folge, daß den öffentlich-rechtlichen Gebietskörperschaften die Kompetenz zur Regelung der übertragenen Aufgabe in der Abfallsatzung insoweit entzogen wird.[388] Danach könnten die beliehenen Verbände und Einrichtungen der Selbstverwaltungskörperschaften der Wirtschaft eigene Abfallsatzungen erlassen, in denen u.a. bestimmt werden könnte, wie, wo und wann ihnen Abfälle zu überlassen sind und wann diese als angefallen gelten. Dagegen spricht jedoch, daß sich die Befugnisse des Beliehenen nicht aus seiner Rechtsstellung ergeben, sondern umgekehrt der Staat den Umfang der übertragenen Befugnisse bestimmt. Aus der Beleihung folgt damit nicht notwendig die Befugnis zum Erlaß von Satzungen; diese muß sich vielmehr aufgrund des für die Übertragung hoheitlicher Befugnisse geltenden Gesetzesvorbehalts[389] aus dem Gesetz ergeben.[390] Aus dem KrW-/AbfG ergibt sich lediglich eine Befugnis der Verbände und Einrichtungen der Kammern zum Erlaß von Abfallgebührensatzungen, § 17 V KrW-/AbfG; soweit sich nicht aus dem jeweiligen Landesabfallgesetz etwas anderes ergibt, können die Beliehenen daher über die Gebührensatzung hinaus keine Regelungen in Satzungen treffen.[391]

Durch die Pflichtenübertragung wird allerdings auch die den öffentlich-rechtlichen Entsorgungsträgern zustehende Satzungsbefugnis stark einge-

---

[388] *Arndt*, Kreislaufwirtschaft und kommunale Entsorgung, S. 102, 104; *Kummer/Giesberts*, NVwZ 1996, 1166, 1168; *Schink*, GemH 1994, 241, 242; *Wieberneit*, BB 1997, 2333, 2336.

[389] BVerfGE 17, 371, 380; *v.Heimburg*, Verwaltungsaufgaben und Private, S. 36 f.; *Steiner*, Öffentliche Verwaltung durch Private, S. 301; *ders.*, JuS 1969, 69, 73.

[390] *Ossenbühl*, in: Isensee/Kirchhof, HbStR III, § 66 Rn. 21.

[391] Da ohne eine allgemeine Satzungsbefugnis die Durchsetzung der Überlassungspflichten kaum denkbar ist, könnte die Übertragung der Entsorgungspflicht auf private Entsorgungsträger als unzulässig angesehen werden, solange eine landesgesetzliche Grundlage für den Erlaß von Abfallsatzungen fehlt; so für den vergleichbaren § 18a IIa WHG *Lübbe-Wolff*, ZUR 1997, 61, 68.

schränkt: In dem Privaten übertragenen Verantwortungsbereich haben diese keine Regelungskompetenz mehr.[392] Die Regelungsbefugnis der öffentlich-rechtlichen Entsorgungsträger beschränkt sich auf die Ausgestaltung ihrer Entsorgungspflicht; soweit die Pflicht auf ein anderes Rechtssubjekt übertragen wird, können sie diesbezüglich keine Regelungen mehr in der kommunalen Abfallsatzung treffen. Daraus folgt insbesondere, daß die öffentlich-rechtlichen Entsorgungsträger im Hinblick auf Abfälle, die einer übertragenen Entsorgungspflicht unterliegen, nicht zur Anordnung eines Anschluß- und Benutzungszwanges zugunsten der privaten Entsorgungsträger oder Dritten befugt sind; ebensowenig kann die kommunale Abfallsatzung insoweit Getrennthalte- und Bringpflichten anordnen.

b) Abfallgebührensatzung

Nach § 17 V 2 sind die Verbände und gemäß § 18 II iVm § 17 V 2 auch die Einrichtungen der Selbstverwaltungskörperschaften der Wirtschaft befugt, mit Genehmigung der zuständigen Behörde selbst Gebührensatzungen zu erlassen.[393] Diese Ermächtigung hat eine neue Qualität: In anderen Fällen einer Gebührenerhebung durch Beliehene werden die entsprechenden Regelungen regelmäßig in einer von der Bundes- oder Landesregierung auf Grund gesetzlicher Ermächtigung erlassenen Kostenordnung[394] getroffen, die die Beliehenen bei der Erhebung zugrunde zu legen haben;[395] eine eigene Satzungskompetenz Beliehener gibt es bisher nicht, herkömmlich werden diese nur zu konkret-individuellen, nicht zu abstrakt-generellen hoheitlichen Maßnahmen mit Außenwirkung ermächtigt.

Daher stellt sich die Frage, ob die Ausstattung der privaten Entsorgungsträger mit autonomer Satzungsgewalt durch den Gesetzgeber überhaupt rechtlich zulässig ist. Öffentlich-rechtliche Satzungen sind objektives Recht,[396] die

---

[392] Schink/Schmeken/*Schwade*, LAbfG NW, S. 43.

[393] *Bree*, Privatisierung der Abfallentsorgung, S. 160 f.; *Frenz*, KrW-/AbfG, § 17 Rn. 16.

[394] Vgl. insbesondere die Gebührenordnung für Amtshandlungen auf dem Gebiet des Schornsteinfegerwesens vom 22.4.1975 (BGBl. I, S. 989), geänd. 27.10.1983 (BGBl. I, S. 1313), die Kostenordnung für die Prüfung überwachungsbedürftiger Anlagen vom 31.7.1970 (BGBl. I, S. 1162), zul. geänd. durch VO vom 30.5.1989 (BGBl. I, S. 1012), sowie die Gebührenordnung für Maßnahmen im Straßenverkehr vom 26.6.1970 (BGBl. I, S. 865, 1298), zul. geänd. durch VO vom 6.1.1995 (BGBl. I, S. 8).

[395] *V. Heimburg*, Verwaltungsaufgaben und Private, S. 116.

[396] BVerfGE 33, 125, 156 f.

Satzungsgebung ist autonome Rechtsetzung.[397] § 17 V 2 KrW-/AbfG ermächtigt danach zum Erlaß materiellen Rechts. Die materielle Gesetzgebung ist jedoch eine von der Verfassung der *Legislative* zugewiesene Befugnis, die nur in besonderen Ausnahmefällen und nur an öffentlich-rechtliche Träger öffentlicher Verwaltung delegiert werden kann.[398] Die Befugnis zum Erlaß öffentlich-rechtlicher Satzungen wird dementsprechend nur juristischen Personen öffentlichen Rechts im Rahmen eines ihnen gesetzlich verliehenen Autonomiebereichs (z.B. Gemeinden, Universitäten, Industrie- und Handelskammern) und unter Beschränkung auf die Regelung eigener Angelegenheiten mit Wirkung für die der jeweiligen juristischen Person angehörigen Personen verliehen.[399] Dabei legitimiert sich die Satzungsgewalt durch den Gedanken der Selbstverwaltung,[400] die voraussetzt, daß die Betroffenen ihre eigenen Angelegenheiten regeln und sich die Wirkung auch nur auf sie erstreckt, und rechtfertigt sich durch die demokratische Struktur des jeweiligen Selbstverwaltungsträgers.[401]

Soweit die privaten Entsorgungsträger eine privatrechtliche Rechtsform haben, fehlt ihnen bereits die Eigenschaft einer juristischen Person öffentlichen Rechts - als Beliehene sind sie zwar im Rahmen der ihnen übertragenen Befugnisse Behörden im Sinne des VwVfG und der öffentlichen Verwaltung angegliedert, doch bleibt ihr Status der eines Privatrechtssubjekts[402]. Überdies sind weder verfassungsrechtlich anerkannte Selbstverwaltungsangelegenheiten noch demokratische Strukturen ersichtlich. Eine Rechtfertigung der Satzungskompetenz privater Entsorgungsträger als Ausnahmefall vom Grundsatz der Gewaltenteilung muß aus diesen Gründen ausscheiden.[403] § 17 V 2 KrW-/AbfG verstößt daher, soweit er ein privates Rechtssubjekt mit autonomer

---

[397] *Maurer*, Allgemeines Verwaltungsrecht, § 4 Rn. 16; *Ossenbühl*, in: Isensee/Kirchhof, HbStR III, § 66 Rn. 1.

[398] Z.B. Art. 80 GG, Art. 28 II GG.

[399] BVerfGE 33, 125, 156 f.; *Bürkele-Storz*, Verfassungsrechtliche Grundlagen und Grenzen der Satzungsautonomie berufsständischer Korporationen, S. 98 f.; *Maurer*, Allgemeines Verwaltungsrecht, § 4 Rn. 14; *Michaelis*, Der Beliehene, S. 40 f.; *Ossenbühl*, in: Isensee/Kirchhof, HbStR III, § 66 Rn. 1.

[400] *Ossenbühl*, in: Isensee/Kirchhof, HbStR III, § 66 Rn. 5 ff., 24 f.

[401] *Maurer*, Allgemeines Verwaltungsrecht, § 4 Rn. 16; *Ossenbühl*, in: Isensee/Kirchhof, HbStR III, § 66 Rn. 33.

[402] *Maurer*, Allgemeines Verwaltungsrecht, § 23 Rn. 56; Wolff/Bachof/*Stober*, Verwaltungsrecht II, § 104 Rn. 2.

[403] Vgl. auch *Michaelis*, Der Beliehene, S. 40 ff., der eine Übertragung der Satzungsgewalt auf Beliehene für unzulässig hält, weil aus der Verfassung folge, daß die Möglichkeit zur Satzungsermächtigung nur für juristische Personen öffentlichen Rechts im Rahmen eines gesetzlichen Aufgabenbereiches zulässig sei; a.A. *Bree*, Privatisierung der Abfallentsorgung, S. 142 f.

Satzungsgewalt ausstattet, gegen den Gewaltenteilungsgrundsatz und steht daher nicht mit der Verfassung im Einklang. Allenfalls für den Fall, daß die "privaten" Entsorgungsträger - landes- oder bundesgesetzlich[404] - als juristische Personen öffentlichen Rechts mit demokratischer Struktur ausgestaltet würden, z.B. als Zweckverbände, könnte nach verfassungskonformer Auslegung ein Bestand der Norm in Betracht kommen.

Bedenken gegen die Verfassungsmäßigkeit des § 17 V bestehen außerdem hinsichtlich der Gesetzgebungskompetenz des Bundes. Eine Bundeskompetenz für Regelungen über Gebühren ergibt sich jedenfalls nicht aus den den Verfassungsvorschriften über die Steuergesetzgebung; Gebühren sind keine Steuern.[405] Eine Kompetenz kraft Sachzusammenhangs mit der Regelung der Abfallentsorgung aufgrund des Art. 74 I Nr. 24, 11 GG würde voraussetzen, daß die Entsorgungspflichtenübertragung auf Verbände und Einrichtungen der Kammern im KrW-/AbfG verständigerweise nicht geregelt werden kann, ohne daß zugleich das Recht zur Gebührenerhebung mitgeregelt wird.[406] Diese Voraussetzung ist schon deshalb als nicht erfüllt anzusehen, als die vergleichbare Regelung des § 4 II TKBG, an die die Übertragungstatbestände des KrW-/AbfG angelehnt werden sollten, ohne eine Gebührenregelung auskommt; die Finanzierung von Leistungen der Tierkörperbeseitigung wird gemäß § 16 I TKBG vielmehr von den Ländern geregelt. Eine Kompetenz kraft Sachzusammenhangs vermag daher nicht zu überzeugen.[407] Jedenfalls aus diesem Grunde ist die in § 17 V enthaltene Regelung damit als verfassungswidrig anzusehen.[408]

Die nach §§ 17 III, 18 II Beliehenen sind demnach weder zum Erlaß von Abfall- noch zum Erlaß von Abfallgebührensatzungen befugt.

2. *Aufsicht*

Über die Zuständigkeit für und den Umfang der über die nach dem KrW-/AbfG beliehenen Entsorgungsträger und die Dritten auszuübende Aufsicht trifft das Gesetz keine besondere Aussage. Es scheint daher, als unterläge ihre

---

404 *Hölscher*, ZUR 1995, 176, 180.

405 *Bauernfeind*, in: Driehaus, Kommunalabgabenrecht, § 1 Rn. 16; *Grünewald*, SächsVBl. 1997, 49, 51.

406 Vgl. BVerfGE 3, 407, 421; *Bauernfeind*, in: Driehaus, Kommunalabgabenrecht, § 1 Rn. 16.

407 *Grünewald*, SächsVBl. 1997, 49, 51.

408 A.A. *Bree*, Privatisierung der Abfallentsorgung, S. 159, der eine Annexkompetenz des Bundes gegeben sieht.

Tätigkeit lediglich der abfallrechtlichen Überwachung gemäß §§ 40 ff. KrW-/AbfG.

Wenn ein Privater jedoch - wie es bei der Pflichtenübertragung auf Verbände und Einrichtungen der Kammern nach §§ 17 III, 18 II der Fall ist - durch die Beleihung mit hoheitlichen Befugnissen dem Bereich der öffentlichen Verwaltung angegliedert und somit selbst zu einem Verwaltungsträger wird, kann nur eine Staatsaufsicht rechtsstaatlichen Anforderungen genügen.[409] Auch ohne ausdrückliche Regelung unterliegen die Beliehenen im Hinblick auf die ihnen übertragene Aufgabe somit einer Staatsaufsicht, und zwar grundsätzlich in Form der - die Prüfung der Recht- und Zweckmäßigkeit umfassenden - Fachaufsicht, da es sich nicht um einen Selbstverwaltungsbereich handelt.[410]

Die nach §§ 17 III, 18 II beliehenen Verbände und Einrichtungen der Selbstverwaltungskörperschaften der Wirtschaft unterliegen damit der Fachaufsicht durch die übergeordnete Behörde. Diese hat also nicht nur die Einhaltung der gesetzlichen Vorschriften, sondern auch die Zweckmäßigkeit aller getroffenen Maßnahmen zu überprüfen. Die den Beliehenen übergeordneten und damit für die Aufsicht zuständigen Behörde sind nicht die öffentlich-rechtlichen Entsorgungsträger, sondern die auch diesen übergeordneten und für die Beleihung zuständigen Behörden, also die Bezirksregierungen.

Durch die Pflichtenübertragung nach § 16 II findet hingegen keine Beleihung statt; die Dritten werden damit nicht zu Verwaltungsträgern bzw. Zuordnungssubjekten für öffentliches Recht, so daß eine verfassungsrechtliche Notwendigkeit für eine Staatsaufsicht nicht besteht. Sie unterliegen daher lediglich der allgemeinen abfallrechtlichen Überwachung nach §§ 40 ff. KrW-/AbfG.

3. Rechtsschutz

Gegen Maßnahmen der Verbände und Einrichtungen der Selbstverwaltungskörperschaften der Wirtschaft im Rahmen der ihnen nach §§ 17 III, 18 II

---

[409] *Backherms*, DIN, S. 38 f.; *Bansch*, Beleihung, S. 150 ff.; *Michaelis*, Der Beliehene, S. 156 f.; *Steiner*, Öffentliche Verwaltung durch Private, S. 283; *v. Heimburg*, Verwaltungsaufgaben und Private, S. 116, schlägt dafür den Begriff der "Organaufsicht" vor.

[410] *Michaelis*, Der Beliehene, S. 156; *Steiner*, Öffentliche Verwaltung durch Private, S. 283. A.A. *Arndt*, Kreislaufwirtschaft und kommunale Entsorgung, S. 103: grundsätzlich Rechtsaufsicht.

übertragenen Pflichten ist grundsätzlich der Verwaltungsrechtsweg eröffnet; es handelt sich um öffentlich-rechtliche Streitigkeiten nichtverfassungsrechtlicher Art im Sinne von § 40 VwGO. Beliehene sind dabei grundsätzlich selbst passivlegitimiert im Sinne des § 78 VwGO.[411]

Demgegenüber richten sich Streitigkeiten gegenüber Tätigkeiten Dritter, denen Entsorgungspflichten nach § 16 II übertragen worden sind, mangels Eigenschaft als Verwaltungsträger nach Zivilrecht. Insofern ist daher der Zivilrechtsweg zu beschreiten.

4. Haftung

Der Übergang der Entsorgungspflicht hat neben öffentlich-rechtlichen Konsequenzen auch in zivil- und strafrechtlicher Hinsicht Folgen.

a) Rechtsmaßstab

Soweit Private nach §§ 17 III, 18 II hoheitliche Befugnisse wahrnehmen, sind sie Träger mittelbarer Staatsverwaltung. In diesem Rahmen finden daher die für die Exekutive geltenden Bindungen Anwendung.[412] Danach sind sie bei der Ausübung ihrer hoheitlichen Tätigkeit an die Verfassung, insbesondere die Grundrechte, und die gesetzlichen Regelungen gebunden (Vorrang des Gesetzes) und bedürfen für eingreifende Maßnahmen einer dem Bestimmtheitsgrundsatz genügenden gesetzlichen Ermächtigungsgrundlage (Vorbehalt des Gesetzes).

Die nach § 16 II entsorgungspflichtigen Dritten sind nach dem KrW-/AbfG nicht zu eingreifenden Maßnahmen gegenüber dem Bürger ermächtigt. Die Rechtsverhältnisse zu den Bürgern können lediglich privatrechtlicher Natur sein und unterliegen daher ausschließlich der Privatrechtsordnung.

b) Zivilrechtliche Haftung

Im Zivilrecht haftet grundsätzlich der Schädiger selbst für die einem anderen zugefügten Schäden. Dieser Grundsatz gilt uneingeschränkt für die Tätigkeit der Dritten im Rahmen der ihnen nach § 16 II übertragenen Pflichten. Da eine Mißachtung der abfallrechtlichen Pflichten zur ordnungsgemäßen

---

411 *Frenz*, Die Staatshaftung in den Beleihungstatbeständen, S. 58.

412 Vgl. *v.Arnim*, Rechtsfragen der Privatisierung, S. 18.

und schadlosen Entsorgung grundsätzlich eine Verletzung von Verkehrssicherungspflichten begründet, kommt insoweit insbesondere eine Haftung auf Schadensersatz nach § 823 I BGB in Frage.[413]

Demgegenüber kommt für die nach §§ 17 III, 18 II Beliehenen eine Amtshaftung gemäß § 839 BGB iVm Art. 34 GG in Betracht. Danach geht die Haftung grundsätzlich auf den Staat über, wenn jemand in Ausübung eines ihm anvertrauten öffentlichen Amtes eine ihm einem Dritten gegenüber obliegende Amtspflicht verletzt. "Jemand" und damit Beamter im haftungsrechtlichen Sinne ist nach herrschender Auffassung auch der Beliehene, soweit er hoheitliche Kompetenzen wahrnimmt.[414] Haftungssubjekt ist dabei jeweils diejenige Körperschaft, die den Privaten durch die Ausstattung mit Hoheitsgewalt beliehen hat.[415] Danach haftet grundsätzlich das jeweilige Bundesland als die Körperschaft der für die Übertragung der Entsorgungspflicht zuständigen Behörde für verschuldete Amtspflichtverletzungen, die die beliehenen privaten Entsorgungsträger bei der Ausübung ihrer hoheitlichen und schlicht-hoheitlichen Kompetenzen im Rahmen der §§ 17 III, 18 II KrW-/AbfG begehen, nach Amtshaftungsgrundsätzen.[416] Ein Regreß ist nach Art. 34 S.2 GG nur bei Vorsatz oder grober Fahrlässigkeit vorbehalten. Jedoch trifft den Staat die Verantwortlichkeit für Amtspflichtverletzungen nur "grundsätzlich", Haftungsausschlüsse und -einschränkungen sind daher - in in begrenztem Umfang[417] - möglich.[418] Um eine Haftung der Länder für Amtspflichtverletzungen der privaten Entsorgungsträger zu verhindern, könnte daher ein gesetzlicher Ausschlußtatbestand geschaffen werden. Ein Ausschluß der Haftung der Länder nach § 839 BGB iVm Art. 34 GG für die mit der Entsorgungspflicht Beliehenen könnte sich jedoch auch aus bereits geltendem Recht, nämlich aus §§ 5 Nr.1 RBHaftG ergeben, wonach eine Haftungsüberleitung auf den Staat im Hinblick auf solche Beamte ausgeschlos-

---

[413] *Krahnefeld*, NuR 1996, 269, 271.

[414] *Bonk*, in: Sachs, GG, Art. 34 Rn. 55, 56; *Bryde*, in: v.Münch/Kunig, GG Bd. 2, Art. 34 Rn. 13; *Michaelis*, Der Beliehene, S. 200 ff.; *Papier*, in: Maunz/Dürig, Art. 34 Rn. 95 m.w.Nachw.

[415] BGH, NJW 1968, 443 ff.; BGHZ 36, 193, 195; OLG Köln, NJW 1989, 2065 ff; OLG Schleswig, NJW 1996, 1218 f.; *Michaelis*, Der Beliehene, S. 200 ff.; a.A. *Frenz*, Die Staatshaftung in den Beleihungstatbeständen, S. 141 ff.

[416] So auch *Arndt*, Kreislaufwirtschaft und kommunale Entsorgung, S. 104; a.A. wohl *Queitsch*, Kreislaufwirtschafts- und Abfallrecht, S. 171: auch die Haftung geht auf den Beliehenen über.

[417] Vgl. BVerfGE 61, 149, 199.

[418] *Bonk*, in: Sachs, GG, Art. 34 Rn. 88.

sen ist, die ausschließlich auf den Bezug von Gebühren angewiesen sind.[419] Zu diesen sog. Gebührenbeamten zählen u.a. Notare und Bezirksschornsteinfegermeister. Der Begriff der "Gebühren" im Sinne der Vorschrift ist weit auszulegen und auch auf privatrechtliche Entgelte zu beziehen.[420] Grund für die Beseitigung der Staatshaftung für Gebührenbeamte ist ihr wesentlich lockereres Verhältnis zum Staat im Vergleich zu den besoldeten Beamten.[421] Da auch die nach §§ 17 III, 18 II Beliehenen keinen finanziellen Ausgleich von staatlicher Seite erhalten, sondern im Hinblick auf die Erfüllung der ihnen übertragenen Entsorgungspflichten ausschließlich auf - von ihnen nach § 17 V selbst zu erhebende - Gebühren oder privatrechtliche Entgelte angewiesen sind, dürfte es sich dabei ebenfalls um Gebührenbeamte im Sinne des § 5 Nr. 1 RBHaftG handeln. Der darin enthaltene Haftungsausschluß zugunsten der Körperschaft gilt somit auch für die nach dem KrW-/AbfG beliehenen Verbände und Einrichtungen der Kammern. Die Haftung geht somit nicht auf die Länder über; die Beliehenen haften vielmehr selbst.

c) Strafrechtliche Verantwortlichkeit

Indem durch die Pflichtenübertragung nach §§ 16 II, 17 III, 18 III die Entsorgungspflicht auf den Dritten bzw. privaten Entsorgungsträger übergeht, erhöht sich auch deren Strafbarkeitsrisiko. § 326 StGB bewehrt die umweltgefährdende illegale Abfallbeseitigung bei Gefährdung des Gemeinwohls mit Strafe, wobei gemäß § 326 IV StGB auch die fahrlässige Begehung umfaßt ist. Eine fahrlässige umweltgefährdende Abfallbeseitigung durch den Entsorgungspflichtigen kommt nicht nur in Betracht, wenn er bei der eigenen Entsorgung die erforderliche Sorgfalt außer acht läßt, sondern entsprechend dem Gedanken der allgemeinen Verkehrssicherungspflicht[422] auch, wenn er diese Sorgfalt bei der Auswahl bzw. Überwachung von Erfüllungsgehilfen vermissen läßt, die mit der Entsorgung beauftragt werden.[423] Der Maßstab der erforderlichen Sorgfalt ist dabei abhängig von dem Grad der Gefährdung, die von den zu entsorgenden Abfällen ausgehen. Zumindest muß sich der Entsorgungspflichtige vergewissern, daß der Erfüllungsgehilfe zuverlässig und zu

---

[419] Vgl. *Bonk*, in: Sachs, GG, Art. 34 Rn. 101 f.; *Bryde*, in: v.Münch/Kunig, GG, Art. 34 Rn. 34. *Michaelis*, Der Beliehene, S. 204 ff., hält diese Norm für nicht mit Art. 34 GG vereinbar.

[420] BGHZ 62, 372, 378 f.

[421] BGHZ 62, 372, 379.

[422] *Hecker*, MDR 1995, 757, 758 ff.

[423] BGH, NJW 1994, 1745 ff.; näher *Hecker*, MDR 1995, 757 ff.; *Krieger*, DB 1996, 613 ff.

der Entsorgung tatsächlich in der Lage und rechtlich, insbesondere durch die erforderlichen Genehmigungen, befugt ist.[424] Eine Pflicht zur Überwachung kommt jedoch nur bei besonders erhöhten Gefahrenlagen oder ernsten Zweifeln an der Gefahrlosigkeit der Entsorgung durch den Beauftragten in Betracht.[425]

D. Sonderfälle

Als Sonderfälle des dem KrW-/AbfG zugrundeliegenden Drei-Stufen-Konzepts sind wiederum die Regelungen der wirtschaftlicheren Entsorgung nach § 28 II und der Beseitigung außerhalb zugelassener Anlagen nach § 27 II, III sowie die Bestimmung von Rücknahmepflichten aufgrund von § 24 zu untersuchen.

I. Gesetzliche Regelung

1. Wirtschaftlichere Entsorgung

In § 28 II KrW-/AbfG wurde die Regelung des § 3 VI AbfG übernommen;[426] danach kann die zuständige Behörde dem Betreiber einer Abfallbeseitigungsanlage die Beseitigung solcher Abfälle übertragen, die dieser wirtschaftlicher als die Entsorgungsträger im Sinne der §§ 15, 17 und 18 entsorgen kann. Da auch eine Übertragung nach dieser Vorschrift einen Pflichtenübergang auf den Anlagenbetreiber bewirkt,[427] stellt sich die Frage ihres Verhältnisses zu § 16 II KrW-/AbfG.

Zunächst ist festzustellen, daß sich § 28 II KrW-/AbfG im Unterschied zu § 16 II nicht auf gewerbliche Abfälle beschränkt, sondern auch auf Abfälle aus privaten Haushaltungen anwendbar ist. Die Vorschrift erweitert damit den durch § 16 II eröffneten Spielraum für eine Übertragung von Entsorgungspflichten. Andererseits bezieht sich § 28 II nur auf Abfälle zur Beseitigung, ist insofern also enger gefaßt als § 16 II. Des weiteren setzt § 28 II voraus, daß der Antragsteller Betreiber einer Abfallentsorgungsanlage ist; dies ist bei § 16 II nicht zwingend erforderlich. Außerdem normiert § 28 II andere Voraussetzungen für eine Übertragung der Entsorgung: Erforderlich ist lediglich, daß der Anlagenbetreiber Abfälle wirtschaftlicher als ein Entsorgungsträger im

---

[424] BGH, NJW 1994, 1745 ff.; *Krieger*, DB 1996, 613, 614.

[425] BGH, NJW 1976, 46, 47.

[426] S. dazu o. 2. Teil, C. I.1.

[427] So auch *Kloepfer*, Umweltrecht, 2. Aufl., § 18 Rn. 138; ausführlich dazu *Bree*, Privatisierung der Abfallentsorgung, S. 190 ff.

Sinne der §§ 15, 17 und 18 beseitigen kann. § 16 II fordert demgegenüber, daß der Dritte sach- und fachkundig ist, die Erfüllung der übertragenen Pflichten sichergestellt ist und öffentliche Interessen nicht entgegenstehen. Es ist allerdings davon auszugehen, daß die zuständige Behörde diese Aspekte bei einer Übertragung nach § 28 II im Rahmen des Ermessens zu berücksichtigen hat.[428]

§ 28 II kommt neben § 16 II demnach eigenständige Bedeutung zu und erweitert die Privatisierungsmöglichkeiten nach dem KrW-/AbfG.[429]

2. *Beseitigung außerhalb zugelassener Anlagen*

Die Regelung des § 4 II, IV AbfG[430] findet sich nunmehr in § 27 II, III KrW-/AbfG. Auch weiterhin sind Ausnahmen vom Anlagenzwang im Einzelfall durch die zuständige Behörde oder generell aufgrund einer landesrechtlichen Verordnung, in der nunmehr auch die Voraussetzungen und die Art und Weise der Beseitigung bestimmt werden können, möglich. Allerdings bezieht sich § 27 entsprechend der Ausweitung des Abfallbegriffs auf Abfälle zur Beseitigung. Für Abfälle zur Verwertung besteht der Anlagenzwang nicht.

Anders als nach dem AbfG beinhaltet eine Ausnahme nach §§ 27 II, III keine Befreiung von einer etwaigen Überlassungspflicht nach § 13 I.[431] Dieser Unterschied zu § 4 II, IV AbfG erklärt sich daraus, daß ohne einen Wegfall der Überlassungspflicht aus § 3 I AbfG eine Ausnahme vom Anlagenzwang nach dieser Norm keinen Sinn machte,[432] hingegen die Ausnahmen nach §§ 27 II, III aufgrund der grundsätzlichen Eigenentsorgungspflicht der Abfallerzeuger nach §§ 5 II, 11 I, den Möglichkeiten einer Entsorgung durch Verbände, Einrichtungen der Selbstverwaltungskörperschaften und Dritte und der Regelung in § 13 I 2, wonach die Überlassungspflicht entfällt, wenn eine Entsorgung in eigenen Anlagen erfolgt, nicht nur bei gleichzeitigem Wegfall der Überlassungspflicht einen Anwendungsbereich haben. Eine Beseitigung außerhalb zugelassener Anlagen nach §§ 27 II, III kann also nur im Rahmen einer nach den §§ 5 II, 11 I, 13, 15 ff. zulässigen Entsorgung stattfinden.

---

[428] Vgl. *Kunig*/Schwermer/Versteyl, AbfG, § 3 AbfG Rn. 61 f.

[429] *Fluck*, KrW-/AbfG, § 16 Rn. 177 f.; *Gaßner/Siederer*, in: Gaßner/Versmann, Neuordnung, S. 67, 75.

[430] Dazu oben 2. Teil, C.I.2. und II.2.

[431] *Fluck*, KrW-/AbfG, § 27 Rn. 176, 193; a.A. Kunig/*Paetow*/Versteyl, KrW-/AbfG, § 27 Rn. 54, 55.

[432] S.o. 2. Teil, C.I.2.

3. Rücknahmepflichten

Eine die Nachfolge des § 14 AbfG antretende Ermächtigungsgrundlage für die Normierung von Rücknahmepflichten für bestimmte Abfälle in Rechtsverordnungen zur Konkretisierung der in § 22 geregelten Produktverantwortung[433] findet sich in § 24 I KrW-/AbfG. Danach können nunmehr auch Rück*gabe*pflichten normiert werden, § 24 II Nr. 2. Für rücknahme- oder rückgabepflichtige Abfälle entfällt gemäß § 13 III Nr. 1 die Überlassungspflicht an die öffentlich-rechtlichen Entsorgungsträger, soweit diese nicht aufgrund einer Bestimmung nach § 24 II Nr. 4 an der Rücknahme mitwirken.

Von den zur Ausfüllung der Produktverantwortung geplanten Rücknahmeverordnungen sind bislang nur wenige verwirklicht worden.[434]

a) Verpackungsverordnung

Mit der Novellierung der VerpackV[435] erübrigt sich das Problem, ob die auf der Grundlage des § 14 AbfG erlassene VerpackV vom 12.6.1991 nach dem Inkrafttreten des KrW-/AbfG weiter gilt[436] und wie sie sich in das Regelungssystem des KrW-/AbfG einfügt.

Die novellierte VerpackV stützt sich auf die §§ 6 I 4, 23 Nr. 6, 24 I Nr. 2, 3 und 4, II Nr. 1, 57, 59, 7 I Nr. 3, 12 I KrW-/AbfG. Weiterhin sind Hersteller und Vertreiber grundsätzlich zur Rücknahme und Verwertung von Transport-, Um- und Verkaufsverpackungen verpflichtet, wobei die Pflicht im Hinblick auf Verkaufsverpackungen bei Beteiligung an einem System nach § 6 III VerpackV entfällt. Mit der Novelle will die Bundesregierung im Hinblick auf die Wettbewerbsfähigkeit vor allem "die Rahmenbedingungen für Hersteller und Vertreiber mit Blick auf die Beteiligung an dualen Systemen und die Selbstentsorgung (...) verbessern, um sog. 'Trittbrettfahrern' entgegenzuwirken" und sieht einen Bedarf an einer "stärkeren Wettbewerbsorientierung, um

---

433 Zur Frage, ob diese unmittelbar verpflichtend ist oder erst einer Konkretisierung durch Rechtsverordnungen nach §§ 23, 24 bedarf, vgl. *Beckmann*, UPR 1996, 41, 45; *Hoffmann*, DVBl. 1996, 898, 900; *Petersen/Rid*, NJW 1995, 7. 10; *Schrader*, NVwZ 1997, 943, 944 f.

434 Noch nicht über das Entwurfstadium hinausgekommen ist z.B. die schon lange geplante Verordnung über die Entsorgung von Geräten der Informations-, Büro- und Kommunikationstechnik (IT-Altgeräte-Verordnung - ITV), Entwurf der BReg., BT-Drs. 13/10769.

435 Verordnung über die Vermeidung und Verwertung von Verpackungsabfällen (Verpackungsverordnung - VerpackV) vom 21. August 1998, BGBl. I S. 2379.

436 Vgl. *Leitzke*, UPR 1996, 177 ff.; *Petersen*, UPR 1996, 328, 329.

auch aus marktwirtschaftlichen Gesichtspunkten die mit der Privatisierung öffentlicher Aufgaben verknüpften Erwartungen zu erfüllen".[437]

Zu diesem Zweck werden einerseits in § 6 II VerpackV die Hersteller und Vertreiber, die sich nicht an einem System nach § 6 III VerpackV beteiligen, zu einer Verwertung gemäß den Anforderungen in Nr. 1 des Anhangs und damit zur Einhaltung der Verwertungsquoten verpflichtet, die auch für Systeme nach § 6 III gelten. Nach § 6 II VerpackV iVm Nr. 2 des Anhangs I sind darüberhinaus die im Kalenderjahr in Verkehr gebrachten und zurückgenommenen Verkaufsverpackungen in nachprüfbarer Weise zu dokumentieren. Dadurch soll eine Wettbewerbsgleichheit zwischen allen Herstellern und Vertreibern geschaffen werden.[438]

Andererseits werden in Nr. 3 des Anhangs I gegenüber der alten Regelung modifizierte Anforderungen an Systeme nach § 6 III VerpackV gestellt: Abgesehen davon, daß nunmehr ausdrücklich von System*en* die Rede ist, das bundesweite Monopol des DSD also keine Grundlage mehr findet, hat ein Antragsteller unter anderem sicherzustellen, daß Entsorgungsleistungen in einem die Vergabe im Wettbewerb sichernden Verfahren ausgeschrieben werden, die Kosten für Erfassung, Sortierung und Verwertung/ Beseitigung für die einzelnen Verpackungsmaterialien offengelegt werden und die zur Verwertung bestimmten Verpackungen unter Wettbewerbsbedingungen abgegeben werden. Diese Anforderungen sollen den Wettbewerb im Entsorgungsbereich fördern.[439]

Das in der alten Fassung der VerpackV in § 6 III 2 geregelte Erfordernis der Abstimmung mit vorhandenen Sammel- und Verwertungssystemen der öffentlich-rechtlichen Entsorgungsträger war während des Novellierungsprozesses lange umstritten, wurde letztlich aber doch wieder aufgenommen und findet sich nunmehr in § 6 III 4-9 VerpackV; die Abstimmung ist weiterhin Voraussetzung für die Feststellung der Flächendeckung des Systems, darf der Vergabe von Entsorgungsleistungen im Wettbewerb jedoch nicht entgegenstehen.

Geändert wurden auch die Anforderungen an die Verwertung von Verkaufsverpackungen (Nr. 1 des Anhangs I), die nunmehr sowohl für Träger dualer Systeme als auch für Selbstentsorger gelten. Insbesondere beziehen sich die Quoten nicht mehr auf das Gesamtverpackungsaufkommen, sondern für Selbstentsorger auf die von ihnen im Kalenderjahr in Verkehr gebrachten bzw. für duale Systeme auf die Verpackungen, für die sich Hersteller und Vertreiber

---

[437] BT-Drs. 13/7761, S. 1 f.

[438] BT-Drs. 13/7761, S. 2.

[439] BT-Drs. 13/7761, S. 2.

an ihrem System beteiligen. Außerdem sind nur noch Glas, Weißblech, Aluminium, Papier, Pappe und Karton ausschließlich einer stofflichen Verwertung zuzuführen, wohingegen für Verbunde differenzierte Ausnahmemöglichkeiten bestehen und bei Kunststoffverpackungen nur ein Teil der Quote durch werkstoffliche Verwertung zu erfüllen ist, während im übrigen energetisch verwertet werden kann.

b) Verordnung über die Entsorgung von Altautos

Die "Verordnung über die Entsorgung von Altautos und die Anpassung straßenverkehrsrechtlicher Vorschriften"[440] dient der Ergänzung der am 21. Februar unter Federführung des VDA von 14 weiteren beteiligten Wirtschaftsverbänden gegenüber der Bundesregierung abgegebenen "Freiwilligen Selbstverpflichtung zur umweltgerechten Altautoverwertung (Pkw) im Rahmen des Kreislaufwirtschaftsgesetzes" um einen ordnungsrechtlichen Rahmen.[441] Die Selbstverpflichtung sieht insbesondere die Schaffung eines flächendeckenden Rücknahme- und Verwertungssystems für Altautos und -teile, die Verringerung von bislang nicht verwertbaren Abfällen aus der Altautoentsorgung auf weniger als 15 Gewichtsprozent bis zum Jahr 2002 und auf weniger als 5 Gewichtsprozent bis zum Jahr 2015 und die generelle Verpflichtung zur Rücknahme von Altautos der jeweiligen Marke durch die Hersteller von Automobilen bzw. von diesen benannten Rücknahmestellen vor. Kostenlos erfolgt die Rücknahme dabei aber nur für solche Fahrzeuge, deren Alter zwölf Jahre nicht überschreitet, die "vollständig und rollfähig" und frei von Abfällen sind, die keine wesentlichen Beschädigungen aufweisen und deren Teile und Zubehör nach Art und Zustand den einschlägigen Rechtsvorschriften entsprechen.[442] Im übrigen muß der jeweilige Letztbesitzer die Entsorgungskosten tragen. Um dem sich daraus ergebenden Anreiz zu illegaler Entsorgung zu begegnen und Altautos in bestimmte, den Anforderungen genügende Betriebe zu lenken, normiert § 3 I AltautoV eine Pflicht

---

[440] Vom 4. Juli 1997, BGBl. I 1997, S. 1666.

[441] BT-Drs. 13/7780, S. 1 ff.; vgl. auch Kopp, NJW 1997, 3292 f.

[442] In den Empfehlungen der Ausschüsse des Bundesrates wird die Freiwillige Selbstverpflichtung wegen dieser weitreichenden Einschränkungen für nicht ausreichend und unaktzeptabel gehalten: angesichts der Tatsache, daß bei den von der Selbstverpflichtung umfaßten Altautos in der Regel noch ein wirtschaftlicher Wert vorhanden sei und sich in dieser Hinsicht daher kein Entsorgungsproblem stelle, werde die praktische Bedeutung der Verpflichtung fraglich; erforderlich sei daher eine Normierung von Rücknahmepflichten für Hersteller und Importeure, s. BR-Drs. 318/97, Empfehlungen, Ziffer 3, S. 5 ff. Als umweltpolitisch mißlungen wird die Selbstverpflichtung auch von *Schrader*, NVwZ 1997, 943, 947, bezeichnet.

desjenigen, der sich eines Altautos entledigt, entledigen will oder entledigen muß, zur Überlassung an einen anerkannten Verwertungsbetrieb oder eine anerkannte Annahmestelle.[443] Nach § 4 I AltautoV haben Betreiber von Annahmestellen, Verwertungsbetrieben und Shredderanlagen Altautos und Restkarossen nach Maßgabe der in dem Anhang enthaltenen Anforderungen zu entsorgen; die Einhaltung dieser Anforderungen muß von einem Sachverständigen nach § 5 AltautoV bescheinigt und die Bescheinigung dem TÜV bzw. der Kraftfahrzeug-Innung unverzüglich vorgelegt werden. Die Betreiber von Verwertungsbetrieben sind verpflichtet, die Überlassung eines Altautos unverzüglich durch einen Verwertungsnachweis zu bescheinigen, § 3 II AltautoV. Einen solchen Verwertungsnachweis muß der Besitzer bei der Abmeldung seines Autos der Zulassungsstelle vorlegen, § 27 a StVZO.

Rechtliche Bedenken bestehen im Hinblick auf die in § 3 I AltautoV enthaltene Überlassungspflicht des Besitzers. Grundlage für die Verordnung sollen § 24 II Nr. 2 und 3, § 7 I Nr. 2, 3 und 4 lit. a und III, jeweils in Verbindung mit § 59, sowie § 12 I Nr. 1, 2 und 3 KrW-/AbfG sein. Als Rechtsgrundlage für die Überlassungspflicht kommt dabei lediglich § 24 II Nr. 2 in Betracht; § 7 I Nr. 3 regelt nur die Anforderungen an das Bereitstellen, Überlassen, Einsammeln etc., also das "Wie" und nicht das "Ob" der Überlassung, desgleichen § 12 I Nr. 2. Nach § 24 II Nr.2 können Rückgabepflichten für Besitzer von Abfällen normiert werden. Diese lassen nach § 13 III Nr. 1 die Überlassungspflicht an die öffentlich-rechtlichen Entsorgungsträger entfallen, begründen also eine private Entsorgungsverantwortung. Allerdings kann die Anordnung solcher Rückgabepflichten nach dem Gesetzeswortlaut nur in einer Rechtsverordnung nach § 24 I erfolgen ("In einer Rechtsverordnung nach Absatz 1 kann ... zur ergänzenden Festlegung von Pflichten der Erzeuger und Besitzer von Abfällen ... weiter bestimmt werden, daß ...") und nur zugunsten eines nach § 24 I verpflichteten Herstellers oder Vertreibers. Die AltautoV ist jedoch zum einen keine Rechtsverordnung nach § 24 I und zum anderen besteht die Überlassungspflicht der Besitzer von Altautos nach § 3 I AltautoV nicht gegenüber einem nach § 24 I verpflichteten Hersteller und Vertreiber: Auf eine Verpflichtung von Herstellern und Vertreibern zur

---

[443] Die Wirksamkeit dieser Regelung erscheint allerdings fragwürdig; nach einer Umfrage des Bundesverbandes Sekundärrohstoffe und Entsorgung, Bonn, haben 80 % der rund 700 zertifizierten Verwerter nach Inkrafttreten der AltautoV am 1. April 1998 weniger Autos zur Verwertung überlassen bekommen als zuvor, obwohl weiterhin etwa 60.000 Autos wöchentlich stillgelegt werden, was die Inhaber der Verwertungsunternehmen die Vermutung hat äußern lassen, die "Entsorgung" durch Verbringung in den Osten Europas habe offenbar zugenommen, s. Süddeutsche Zeitung v. 4.8.1998. Der Bonner Entsorgungsverband wirft diese Entwicklung den Zulassungsstellen und Ordnungsbehörden vor, die "Verbleibserklärungen" akzeptierten, auch wenn das Auto nicht verwertet werde.

Rücknahme von Altautos nach § 24 I Nr. 2 wurde zugunsten der freiwilligen Selbstverpflichtung bewußt verzichtet. Der Überlassungspflicht der Besitzer von Altautos korrespondiert somit keine Rücknahmepflicht der Hersteller und Vertreiber. Auch für die in § 3 I AltautoV genannten anerkannten Verwertungsbetriebe und Annahmestellen besteht keine Rücknahmepflicht, seien sie nun von Herstellern oder Vertreibern eingerichtet oder nicht; eine solche könnte auch gar nicht angeordnet werden, da diese selbst keine Hersteller und Vertreiber im Sinne des § 24 darstellen. § 24 II Nr. 2 setzt aber eine Rücknahmepflicht voraus, was sich nicht nur aus der Formulierung ergibt (" kann ... weiter bestimmt werden, daß die Besitzer von Abfällen diese dem nach Absatz 1 verpflichteten Hersteller oder Vertreiber zu überlassen haben") sondern auch aus der Entstehungsgeschichte der Norm, die eine aus den Erfahrungen mit der Verpackungsverordnung offenbar gewordene Regelungslücke stopfen und sicherstellen können soll, daß die Abfälle dem Rücknahmepflichtigen auch tatsächlich zugeführt werden.[444] Rückgabepflichten können also lediglich *ergänzend* zu Rücknahmepflichten normiert werden,[445] für Rückgabepflichten *ohne* Rücknahmepflichten gibt es dagegen keine rechtliche Grundlage.[446]

§ 3 I AltautoV ist somit wegen Fehlens einer gesetzlichen Ermächtigungsgrundlage rechtswidrig und damit nichtig. Eine Rückgabepflicht des Letztbesitzers besteht danach nicht.

Rein faktisch ist der Letztbesitzer allerdings zu einer Rückgabe an einen anerkannten Verwertungsbetrieb oder eine anerkannte Annahmestelle gezwungen, da er ansonsten keinen Verwertungsnachweis vorlegen kann, was nach § 27 a StVZO Voraussetzung für die Abmeldung seines Fahrzeugs bei der Zulassungsstelle ist.

c) Verordnung über die Rücknahme und Entsorgung gebrauchter Batterien und Akkumulatoren

Auch die "Verordnung über die Rücknahme und Entsorgung gebrauchter Batterien und Akkumulatoren"[447] ist mittlerweile in ihrem ganzen Umfang in

---

444 *Frenz*, KrW-/AbfG, § 24 Rn. 9; vgl. Begründung zum Regierungsentwurf, BT-Drs. 12/5672, S. 47.

445 Vgl. *Fluck*, KrW-/AbfG, § 24 Rn. 111; *Frenz*, KrW-/AbfG, § 24 Rn. 14.

446 So auch die Empfehlungen der Ausschüsse des Bundesrates, BR-Drs. 318/97, Empfehlungen, Ziffer 3, S. 6, sowie *Schrader*, NVwZ 1997, 943, 948.

447 Batterieverordnung (BattV) vom 27. März 1998, BGBl. I 1998, S. 658. Vgl. auch die Beschlußempfehlung des Ausschusses für Umwelt, Naturschutz und

Kraft getreten.[448] Ziel der Verordnung ist eine Verringerung des Eintrags von batteriebedingten Schadstoffen in Siedlungsabfällen dadurch, daß bestimmte schadstoffhaltige Batterien nicht in Verkehr gebracht werden dürfen, gebrauchte Batterien zurückgenommen und ordnungsgemäß und schadlos verwertet oder gemeinwohlverträglich beseitigt und Batterien mehrfach verwendbar und technisch langlebig hergestellt werden, § 1 BattV. Außerdem dient sie der Umsetzung der europäischen Richtlinie über gefährliche Stoffe enthaltende Batterien und Akkumulatoren.[449] Rechtsgrundlage für den Erlaß der Verordnung sind § 23 Nr. 1, 2, 4 und 5, § 24 I Nr. 1, 2 und 4, § 57, jeweils iVm § 59, sowie § 12 I Nr. 1 und 2 KrW-/AbfG.

Vertreiber von schadstoffhaltigen Batterien sind nach § 5 I BattV verpflichtet, diese nach Gebrauch vom Endverbraucher in der Verkaufsstelle oder in deren unmittelbarer Nähe unentgeltlich zurückzunehmen. Die Verpflichtung beschränkt sich auf Batterien der Art, die der Vertreiber in seinem Sortiment führt oder geführt hat, sowie auf die Menge, deren sich Endverbraucher üblicherweise entledigen, § 5 I 2 BattV. Daneben sind gemäß § 9 I BattV auch die öffentlich-rechtlichen Entsorgungsträger zur Rücknahme von gebrauchten schadstoffhaltigen Batterien verpflichtet, die private Endverbraucher oder Kleingewerbetreibende an Sammeleinrichtungen abgeben. Der Rücknahmeverpflichtung der Vertreiber und öffentlich-rechtlichen Entsorgungsträger korrespondiert gemß § 7 BattV hinsichtlich schadstoffhaltiger Batterien, die Abfälle sind, eine Rückgabepflicht der Endverbraucher an einen Vertreiber oder an von öffentlich-rechtlichen Entsorgungsträgern dafür eingerichtete Rücknahmestellen. Vertreiber haben gemäß § 5 II BattV die von ihnen zurückgenommenen Batterien einem Rücknahmesystem der Hersteller nach § 4 II oder III BattV zu überlassen, öffentlich-rechtliche Entsorgungsträger müssen gemäß § 9 II die zurückgenommenen Batterien einem solchen System zur Abholung unentgeltlich bereitstellen. Die Hersteller sind nach § 4 I verpflichtet, die von den Vertreibern zurückgenommenen und von den öffentlich-rechtlichen Entsorgungsträgern bereitgestellten schadstoffhaltigen Batterien zurückzunehmen und entsprechend den gesetzlichen Vorgaben des KrW-/AbfG zu verwerten und nicht verwertbare Batterien zu beseitigen. Dazu haben sie gemäß § 4 II BattV ein kollektives Rücknahmesystem einzurichten oder sich an einem solchen zu beteiligen, das den in Satz 2 genannten Anforderungen entspricht, es sei denn, sie können die Einrichtung eines

---

Reaktorsicherheit, BT-Drs. 13/9762 und die ursprüngliche Fassung der Bundesregierung, BT-Drs. 13/7578.

[448] Vgl. § 18 BattV.

[449] RL 91/157/EWG des Rates vom 18.3.1991, ABl. L 78, S. 38, angepaßt an den technischen Fortschritt durch RL 93/86/EWG der Kommission vom 4.10.1993, ABl. L 264, S. 51.

eigenen, bestimmten Anforderungen genügenden Rücknahmesystems für die von ihnen jeweils in Verkehr gebrachten schadstoffhaltigen Batterien nachweisen, § 4 III BattV.

Die BattV begründet über die Normierung von Rückgabe-, Rücknahme- und Entsorgungspflichten eine private Entsorgungsverantwortung der Hersteller. Gemäß § 13 III Nr. 1 KrW-/AbfG entfällt die Überlassungspflicht des § 13 I für rücknahme- und rückgabepflichtige Abfälle, soweit die öffentlich-rechtlichen Entsorgungsträger nicht an der Rücknahme mitwirken; da diese nach § 9 BattV neben den Vertreibern zur Rücknahme schadstoffhaltiger Batterien verpflichtet sind, entfällt die Überlassungspflicht für Batterien, soweit der Endverbraucher seiner Rückgabepflicht an die Vertreiber nachkommt.

II. Einordnung in die Privatisierungskategorien

1. Wirtschaftlichere Entsorgung

Die in § 28 II getroffene Regelung ist mit der des § 3 VI AbfG identisch;[450] sofern dem Anlagenbetreiber danach Entsorgungspflichten übertragen werden, die einem Träger öffentlicher Verwaltung obliegen, handelt es sich um eine materielle Privatisierung.[451] Dies gilt nicht nur für die Pflichten öffentlich-rechtlicher Entsorgungsträger aus § 15 I, sondern auch für die Pflichten, mit denen ein Verband oder eine Einrichtung nach §§ 17 III, 18 II beliehen wurde: Da diese durch die Beleihung zu einem Träger mittelbarer öffentlicher Verwaltung werden, handelt es sich auch bei den ihnen übertragenen Pflichten um Entsorgungspflichten eines Trägers öffentlicher Verwaltung, die materiell privatisiert werden können.

2. Entsorgung außerhalb zugelassener Anlagen

Auch mit der ausnahmsweisen Zulassung einer Beseitigung außerhalb zugelassener Anlagen nach § 27 II, III wurde eine Regelung des AbfG (§ 4 II, IV AbfG) in das KrW-/AbfG übernommen. Ob diese Ausnahme auch nach der Systematik des KrW-/AbfG einen Anwendungsfall der Verwaltungssubstitution bedeutet, ist aber zweifelhaft. Wie oben erläutert, beinhaltet eine Ausnahme vom Grundsatz der Beseitigung in dafür zugelassenen Anlagen

---

[450] S.o. 2. Teil, C.II.1.

[451] A.A. - unter Zugrundelegung der Aufgabentheorie - *Bree*, Privatisierung der Abfallentsorgung, S. 196: Beleihung.

keinen Wegfall eventuell bestehender Überlassungspflichten; sie betrifft nur die Modalitäten der Entsorgung, ein Recht zur Eigenentsorgung entgegen bestehenden Überlassungspflichten an einen Entsorgungspflichtigen entsteht durch die Ausnahme nicht. Die Entscheidung, wer zur Entsorgung verpflichtet und damit auch berechtigt ist, treffen vielmehr ausschließlich die im zweiten Teil des Gesetzes enthaltenen Regelungen zu den Grundsätzen und Pflichten der Erzeuger und Besitzer von Abfällen sowie der Entsorgungsträger, insbesondere die §§ 5 II, 11 I, 13 I, 15 I, 16 ff.

§ 27 II, III sind somit nach der Systematik des KrW-/AbfG keine Privatisierungsvorschriften.

3. Rücknahmepflichten

Im Unterschied zum AbfG steht die Tätigkeit der zur Rücknahme verwertbarer Abfälle Verpflichteten jetzt unter dem Regime des Abfallrechts. Daher gelten auch für diese Abfälle grundsätzlich die §§ 5 II, 11 I, wonach der Erzeuger oder Besitzer zur eigenen Entsorgung verpflichtet ist. Soweit es sich um Abfälle aus privaten Haushaltungen handelt, wie es insbesondere bei den der Rücknahmepflicht nach der VerpackV unterliegenden Verkaufs- und Umverpackungen oder den nach der BatterieV rücknahmepflichtigen Batterien der Fall ist, werden diese Pflichten gemäß § 13 I 1 iVm § 15 I republifiziert; entsorgungspflichtig ist danach der öffentlich-rechtliche Entorgungsträger. Soweit dieser nicht an der Rücknahme mitwirkt, entfällt jedoch gemäß § 13 III Nr. 1 die Überlassungspflicht; entsorgungspflichtig ist der öffentlich-rechtliche Entsorgungsträger gemäß § 15 I dann nur noch für die rücknahmepflichtigen Abfälle, die ihm entgegen der Rücknahme- bzw. Rückgabepflicht überlassen werden. Dieser Pflicht kann er sich nunmehr durch einen Ausschluß dieser Abfälle von der Entsorgung nach § 15 III 1 entziehen; in diesem Fall wird die Entsorgungspflicht materiell reprivatisiert. Dann ist nur die Überlassung an die nach der jeweiligen Verordnung zur Rücknahme Verpflichteten die einzig legale Entledigung durch die Erzeuger und Besitzer.

Die Anordnung von Rücknahmepflichten begründet somit materiell private Entsorgungssysteme, die dem abfallrechtlichen Regime unterfallen.

E. Fazit

Das KrW-/AbfG ermöglicht vielfältige Formen einer Beteiligung Privater an der Abfallentsorgung. So wird zum einen die Entsorgungspflicht grundsätzlich den Abfallerzeugern und -besitzern zugeordnet und damit gegenüber der alten Rechtslage materiell privatisiert, §§ 5 II, 11 I. Hierher gehört auch die Ausweitung der Ermächtigung der öffentlich-rechtlichen Entsorgungsträger, durch den Ausschluß von Abfällen von der öffentlichen Entsorgung eine materielle Privatisierung der noch bestehenden Entsorgungspflichten vorzunehmen, auf rücknahmepflichtige Abfälle und unter bestimmten Voraussetzungen auch auf Abfälle aus anderen Herkunftsbereichen als privaten Haushaltungen, § 15 III. Zum anderen sind die Möglichkeiten einer Einschaltung Privater in die öffentliche Entsorgung erheblich erweitert worden: Zusätzlich zu der unverändert bestehenden Möglichkeit einer Einschaltung Privater als Verwaltungshelfer, § 16 I, bietet das KrW-/AbfG nunmehr auch die Möglichkeit einer Übertragung von Entsorgungspflichten mit befreiender Wirkung auf Dritte, Verbände und Einrichtungen der Selbstverwaltungskörperschaften der Wirtschaft, §§ 16 II, 17 III, 18 II. Entsorgungspflichten öffentlich-rechtlicher Entsorgungsträger sind jedoch nur insoweit übertragbar, als sie sich nicht auf Abfälle aus privaten Haushaltungen beziehen; die Hausmüllentsorgung kann nicht übertragen werden. Da die Verbände und Einrichtungen der Kammern bei einer Pflichtenübertragung mit hoheitlichen Befugnissen ausgestattet werden - ihnen gegenüber gelten die Überlassungs- und Duldungspflichten der Abfallerzeuger und -besitzer nach §§ 13 I, 14 I entsprechend, § 17 VI 2, sie können Getrennthalte- und Bringpflichten auferlegen, § 17 VI 3, und Gebühren erheben, § 17 V 1 -, handelt es sich dabei um eine Beleihung. Allerdings ist die Ermächtigung zum Erlaß eigener Abfallgebührensatzungen in § 17 V 2 wegen Verstoßes gegen den Gewaltenteilungsgrundsatz und mangels Bundesgesetzgebungskompetenz verfassungswidrig. Keine Beleihung stellt demgegenüber die Einschaltung Dritter nach § 16 II dar; mangels entsprechender Ermächtigungsgrundlage kann diesen keine Hoheitsgewalt übertragen werden. Weitere Möglichkeiten für materielle Privatisierungen im Bereich der Abfallwirtschaft eröffnet die in § 24 enthaltene Ermächtigungsgrundlage für Rücknahmeverordnungen, von der z.B. in Gestalt der Verpackungsverordnung Gebrauch gemacht wurde. Auch die Regelung in § 28 II eröffnet die Möglichkeit einer materiellen Privatisierung von Entsorgungspflichten.

Angesichts dieser Bestandsaufnahme verwundert es nicht, wenn von einer "Prinzipienwende"[452] oder einem "Paradigmenwechsel"[453] im Abfallrecht die Rede ist und erwartet wird, daß sich der Anteil privater Entsorgung unter dem

---

452 *Breuer*, in: Klett/v.Köller/Schmitt-Gleser, Kreislaufwirtschafts- und Abfallgesetz, S. 27, 34.

453 *Hofmann-Hoeppel*, in: Schimmelpfeng/Gessenich, KrW-/AbfG, S. 81, 89 f.; *Kahl*, DVBl. 1995, 1327, 1328.

KrW-/AbfG erheblich ausweiten wird.[454] Bei näherer Betrachtung zeigt sich jedoch, daß die im KrW-/AbfG vorgenommene grundsätzliche Umkehrung des Regel-Ausnahme-Verhältnisses[455] zwischen öffentlicher und privater Entsorgung gegenüber der alten Rechtslage keine so grundlegenden Änderungen bewirkt, wie dies auf den ersten Blick erscheinen mag.[456] So wird die grundsätzlich materiell private Entsorgungspflicht der Erzeuger und Besitzer nach §§ 5 II, 11 I durch weitreichende Ausnahmen in Gestalt von Überlassungspflichten nach § 13, die maßgebend für den Umfang der nach § 15 I bestehenden Entsorgungspflicht der öffentlich-rechtlichen Entsorgungsträger sind, wieder massiv zurückgenommen. Weiterhin besteht danach ein grundsätzliches öffentliches Entsorgungsmonopol für Abfälle aus privaten Haushaltungen und nicht aus privaten Haushaltungen stammende Abfälle zur Beseitigung. Tatsächlich findet eine Umkehrung der Verhältnisse gegenüber der alten Rechtslage im KrW-/AbfG nicht statt. Es kann daher nicht von einem durch das KrW-/AbfG begründeten grundsätzlichen Vorrang privater Entsorgung, sondern allenfalls von einem Nebeneinander von öffentlicher und privater Entsorgung gesprochen werden.[457] Damit hat sich das KrW-/AbfG aber lediglich an die faktischen Gegebenheiten, wie sie sich unter der Geltung des alten AbfG entwickelt haben, angepaßt.[458]

Allerdings sind die psychologischen Wirkungen des KrW-/AbfG nicht zu unterschätzen; so kann von einer durch das KrW-/AbfG wenn nicht initiierten, so doch zumindest vorangetriebenen Entwicklung hin zu verstärkten Verwertungsbemühungen ausgegangen werden, was zur Folge haben wird, daß die privater Entsorgungsverantwortung unterfallende Menge der nicht aus

---

[454] *Beckmann,* UPR 1996, 41; *Hofmann-Hoeppel,* in: Schimmelpfeng/Gessenich, KrW-/AbfG, S. 81, 87 ff.; *Kahl,* DVBl. 1995, 1327, 1328; *Meins,* BayVBl. 1997, 66; *Schink,* DÖV 1995, 881, 882.

[455] *Beckmann,* NWVBl. 1995, 81, 86; *Hofmann-Hoeppel,* in: Schimmelpfeng/ Gessenich, KrW-/AbfG, S. 81, 87 f.

[456] So auch *Arndt/Walter,* WiVerw 1997, 183, 238; *Bree,* Privatisierung der Abfallentsorgung, S. 107, 121 f., 199 f.; Deutscher Landkreistag, WuB 6/1997, 25; *Dolde/Vetter,* NVwZ 1997, 937; *Gaßner/Siederer,* in: Gaßner/Versmann, Neuordnung, S. 67, 68 ff.; *Hölscher,* ZUR 1995, 176, 179 ff.; *Schink,* in: GfU, Kreislaufwirtschafts- und Abfallgesetz - was ändert sich?, S. 113, 115; Brandt/Ruchay/*Weidemann,* KrW-/AbfG, B 100, § 13 Rn. 44

[457] *Arndt,* Kreislaufwirtschaft und kommunale Entsorgung, S. 81 ff.; *Kloepfer,* Umweltrecht, 2. Aufl., § 18 Rn. 139; vgl. auch *Kahl,* DVBl. 1995, 1327, 1329, der von einem "Dualen System" der deutschen Abfallentsorgung nach dem Kreislaufwirtschafts- und Abfallgesetz spricht; Brandt/Ruchay/*Weidemann,* KrW-/AbfG, B 100, § 13 Rn. 45, hält die grundsätzliche Zuweisung der Entsorgungspflicht zu Erzeugern und Besitzern für eine lediglich "programmatische Grundentscheidung".

[458] *V. Köller,* in: Hoffmann/Müller, Kreislaufwirtschaft zwischen Realität und Utopie, S. 13, 20.

privaten Haushaltungen stammenden Abfälle zur Verwertung zunehmen und die Menge der Abfälle zur Beseitigung, die den öffentlich-rechtlichen Entsorgungsträgern überlassen und von diesen entsorgt werden müssen, weiter abnehmen wird.[459] Faktisch könnte sich dadurch ein Überwiegen der privaten Entsorgungsverantwortung herausbilden.

Ob und inwieweit von den vielfältigen Privatisierungsmöglichkeiten Gebrauch gemacht werden wird, ist derzeit nicht absehbar. Soweit es sich um funktionale Privatisierungen im Sinne des § 16 I handelt, ist die Entwicklung jedenfalls nicht auf das KrW-/AbfG zurückzuführen, da sich die Rechtslage gegenüber dem AbfG insoweit nicht geändert hat. Im Hinblick auf die in den §§ 16 II, 17 III, 18 II neu geschaffenen Möglichkeiten einer Übertragung von Entsorgungspflichten auf Dritte, Verbände und Einrichtungen der Kammern ist zu erinnern, daß diese nicht für die Hausmüllentsorgung gelten und im übrigen äußerst restriktive Zulässigkeitsvoraussetzungen bestehen.[460] Speziell die praktische Bedeutung von § 16 II erscheint angesichts des Umstandes, daß dem Dritten bei einer Pflichtenübertragung nach dieser Vorschrift keine hoheitlichen Befugnisse eingeräumt werden können, marginal; das wirtschaftliche Risiko, zwar mit der Entsorgungspflicht belastet zu sein, aber keine rechtliche Handhabe zur Verfügung zu haben, die bereitgehaltenen Entsorgungskapazitäten auch auslasten zu können, werden nur wenige Unternehmen zu tragen bereit sein.[461] Tatsächlich haben die Übertragungstatbestände bislang denn auch wenig Anklang bei Entsorgern und Unternehmen gefunden.[462] In der Diskussion sind Beleihungen zur Zeit lediglich in Düsseldorf, wo eine überwiegend in öffentlicher Hand befindliche Entsorgungs-GmbH gegründet und dieser sämtliche Entsorgungsaufgaben der Stadt übertragen werden soll, sowie im Hochsauerlandkreis für die dortige Deponie - allerdings soll die Beleihung in diesen beiden Fällen auch die Beseitigungspflicht für Hausmüll umfassen, was nach der hier vertretenen Auffassung unzulässig ist -, außerdem in Karlsruhe und in Schleswig-Holstein, wo gemischt-wirtschaftliche Entsorgungsunternehmen mit der Entsorgung gewerblicher Abfälle beliehen werden sollen; die einzige bislang durchgeführte Beleihung ist aus

---

459 *Schink*, in: GfU, Kreislaufwirtschafts- und Abfallgesetz - was ändert sich?, S. 113, 135 f.; *ders.*, Eildienst LKT 1997, 238, 239; *ders.* auf einer Vortragsveranstaltung des Instituts für Umweltrecht an der Universität Bielefeld am 22.10.1997; *Weidemann*, GewArch 1997, 311, 319.

460 *Wendenburg*, in: Hoffmann/Müller, Kreislaufwirtschaft zwischen Realtiät und Utopie, S. 31, 47, geht angesichts der hohen Hürden für eine Pflichtenübertragung davon aus, daß vorerst mit Anträgen nicht zu rechnen ist; ähnlich *Bree*, Privatisierung der Abfallentsorgung, S. 149 ff, 165.

461 *Hölscher*, ZUR 1995, 176, 181; vgl. auch *Bree*, Privatisierung der Abfallentsorgung, S. 149 ff.

462 *Arndt/Walter*, WiVerw 1997, 183, 238.

dem Kreis Warendorf bekannt, in dem die Entsorgungseigengesellschaft mit der Entsorgungspflicht für gewerbliche Abfälle beliehen wurde.[463] Mit Skepsis wurde bislang von Seiten der Selbstverwaltungskörperschaften der Wirtschaft auch der Möglichkeit des § 18 II begegnet, so daß auch die praktische Relevanz dieser Norm bezweifelt werden muß.[464] Jedenfalls aber sind Pflichtenübertragungen nach §§ 16 II, 17 III, 18 II von der Zustimmung der öffentlich-rechtlichen Entsorgungsträger abhängig, so daß die praktische Bedeutung dieser Normen für das Verhältnis zwischen öffentlicher und privater Entsorgung letztlich von der - bislang nicht prognostizierbaren - Zustimmungspraxis der Kommunen abhängen wird.[465]

Auch inwieweit der Anteil privater Entsorgung durch den Erlaß weiterer Rücknahmeverordnungen auf der Grundlage des § 24 zu Lasten der öffentlich-rechtlichen Entsorgungsträger erweitert wird,[466] ist derzeit schwer abschätzbar.[467] Jedenfalls kann auch diese Entwicklung nicht nur dem KrW-/AbfG, sondern eher dem "Zeitgeist Produktverantwortung" zugeschrieben werden, war doch auch im AbfG bereits eine Ermächtigungsgrundlage für Rücknahmeverordnungen enthalten.

---

[463] *Schink* auf einer Vortragsveranstaltung des Instituts für Umweltrecht an der Universität Bielefeld am 22.10.1997.

[464] *Kix*, in: Hoppe/Bauer/Faber/Schink, Auswirkungen, S. 191, 199; Kunig/Paetow/*Versteyl*, KrW-/AbfG, § 18 Rn. 1, 12; *Versteyl/Wendenburg*, NVwZ 1996, 937, 942.

[465] *Arndt*, Kreislaufwirtschaft und kommunale Entsorgung, S. 92; *Versteyl/Wendenburg*, NVwZ 1996, 937, 942. Zu den verschiedenen kommunalen Handlungsstrategien s. *Gaßner/Siederer*, in: Gaßner/Versmann, Neuordnung, S. 62, 71 ff.

[466] *Arndt*, Kreislaufwirtschaft und kommunale Entsorgung, S. 151; *Arndt/Walter*, WiVerw 1997, 183, 187.

[467] Nach Aussagen der Bundesregierung soll zunächst Selbstverpflichtungen der Wirtschaft Vorrang vor neuen Rücknahmeverordnungen gegeben werden, s. Antwort auf die Große Anfrage der Abgeordneten Caspers-Merk, Blunck, Böhme u.a. zur Umsetzung des Kreislaufwirtschafts- und Abfallgesetzes, BT-Drs. 13/3368, S. 7 ff.

Vierter Teil

Vereinbarkeit der Privatisierungsregelungen mit höherrangigem Recht

Im folgenden soll die Vereinbarkeit der im KrW-/AbfG geregelten Neuordnung der Entsorgung mit höherrangigem Recht geklärt werden.

A. Europarecht

Aus europarechtlicher Sicht stellt sich die Frage der Vereinbarkeit mit dem EGV[1], wobei insbesondere die Warenverkehrsfreiheit, aber auch Art. 90 EGV (Art. 86 EGV n.F.), tangiert sein könnte, sowie mit dem sekundären Gemeinschaftsrecht, insbesondere dem europäischen Abfallrecht.

I. Vereinbarkeit mit dem EGV

1. Warenverkehrsfreiheit

Die Art. 30 ff. EGV (Art. 28 bis 31 EGV n.F.) sollen von den Mitgliedstaaten veranlaßte Behinderungen des grenzüberschreitenden Warenverkehrs verhindern. "Waren" im Sinne des EGV sind nach der Rechtsprechung des EuGH alle "Erzeugnisse, die einen Geldwert haben und deshalb Gegenstand von Handelsgeschäften sein können".[2] Unproblematisch unter diese Definition fallen solche Abfälle, die wiederverwendet oder verwertet werden können, da ihnen ein Handelswert zueigen ist.[3] Aus pragmatischen Gründen hat der EuGH jedoch auch die nicht wiederverwendbaren und nicht rückführbaren Abfälle unter den Warenbegriff subsumiert.[4] Zur Begründung führte er aus,

---

[1] Zugrundegelegt wird die noch geltende Fassung, soweit sie inhaltlich mit der Fassung des Vertrages von Amsterdam übereinstimmt; die Numerierung nach der neuen Fassung wird in Klammern gesetzt.

[2] EuGH, Slg. 1968, 633, 642.

[3] EuGH, DVBl. 1995, 232, 234 (Wallonien).

[4] EuGH, DVBl. 1995, 232, 234 (Wallonien).

daß eine Unterscheidung zwischen rückführbaren und nicht rückführbaren Abfällen in aller Regel kaum möglich, da von ungewissen und veränderlichen Kriterien abhängig sei. Danach sind alle Abfälle als Erzeugnisse anzusehen und unterfallen damit grundsätzlich der Warenverkehrsfreiheit.

a) Überlassungspflichten

Eine Beschränkung des freien Verkehrs mit Abfällen durch das KrW-/AbfG könnte sich insbesondere aus der Regelung der Überlassungspflichten in § 13 I ergeben. Durch die Anordnung einer Überlassungspflicht zugunsten öffentlich-rechtlicher Entsorgungsträger und - im Falle einer Pflichtenübertragung - privater Entsorgungsträger wird der freie Umgang des Besitzers mit der Ware Abfall und damit auch eine eventuelle Entsorgung in einem anderen Mitgliedstaat verhindert. Darin könnte eine unzulässige Warenverkehrsbeschränkung liegen.[5] Prüfungsmaßstab ist insofern Art. 34 EGV (Art. 29 EGV n.F.).

aa) Maßnahme gleicher Wirkung

Die Regelung der Überlassungspflichten in § 13 I (iVm § 17 VI 2) könnte eine Maßnahme gleicher Wirkung wie eine mengenmäßige Ausfuhrbeschränkung im Sinne des Art. 34 I EGV (Art. 29 I EGV n.F.) darstellen.

Maßnahmen gleicher Wirkung sind nach der Dassonville-Formel des EuGH solche Regelungen der Mitgliedstaaten, die geeignet sind, "den innergemeinschaftlichen Handel unmittelbar oder mittelbar, tatsächlich oder potentiell zu behindern".[6] Diese - äußerst weit gefaßten[7] - Voraussetzungen liegen im Hinblick auf die Regelung des § 13 I KrW-/AbfG vor: Da die Überlassungspflicht ein Verbot der Entsorgung durch den Abfallbesitzer beinhaltet, dieser also gehindert ist, seinen Abfall einem ausländischen Entsorger zu übergeben, ist sie geeignet, den innergemeinschaftlichen Handel zu behindern.[8]

Allerdings gelten die Überlassungspflichten des KrW-/AbfG nicht uneingeschränkt: Zur Überlassung an die öffentlich-rechtlichen Entsorgungsträger

---

[5] Vgl. RSU, Sondergutachten Abfallwirtschaft, Ziff. 506 ff.

[6] EuGH, Slg. 1974, 837, 852 (Dassonville).

[7] Vgl. *Dubach*, DVBl. 1995, 595, 597.

[8] Vgl. EuGH, Slg. 1983, 555, 566 (Inter-Huiles); *Dieckmann*, Das Abfallrecht der Europäischen Gemeinschaft, S. 203 f.; vgl. auch *Unruh*, Zulässigkeit landesrechtlicher Andienungspflichten, S. 37 f., sowie RSU, Sondergutachten Abfallwirtschaft, Ziff. 506 ff., zur insofern vergleichbaren Anordnung von Andienungspflichten.

sind nach § 13 I nur die Erzeuger und Besitzer von Haushaltsabfällen und von Abfällen zur Beseitigung aus anderen Herkunftsbereichen als privaten Haushaltungen verpflichtet, und dies auch nur, soweit sie Haushaltsabfälle nicht selbst verwerten bzw. gewerbliche und industrielle Abfälle nicht in eigenen Anlagen beseitigen.[9] Abfälle zur Verwertung aus anderen Herkunftsbereichen unterliegen nicht der Überlassungspflicht. Weitergehende Einschränkungen bestehen bei einer Pflichtenübertragung auf private Entsorgungsträger oder Dritte:[10] Die Befugnis des Abfallerzeugers und -besitzers, seine Abfälle selbst zu entsorgen, bleibt grundsätzlich unberührt. Für den Fall der Beleihung von Verbänden und Einrichtungen der Selbstverwaltungskörperschaften der Wirtschaft stellt § 17 VI 4 KrW-/AbfG dies ausdrücklich fest; bei einer Pflichtenübertragung auf Dritte bestehen bereits keine Überlassungspflichten. Zur Überlassung seiner Abfälle ist der Abfallerzeuger oder -besitzer bei einer Übertragung der Entsorgungspflicht somit nur gegenüber Verbänden und Einrichtungen der Kammern und nur in dem von § 13 I genannten Umfang verpflichtet, d.h. für industrielle und gewerbliche Abfälle zur Beseitigung, die nicht zulässigerweise in eigenen Anlagen beseitigt werden. Im übrigen kann der Abfallbesitzer bzw. -erzeuger selbst entsorgen. Die Ausfuhr von Abfällen zur Lieferung an solche im europäischen Ausland angesiedelten Entsorgungsunternehmen unterliegt dabei lediglich den Beschränkungen der Abfallverbringungsverordnung und des Abfallverbringungsgesetzes. Eine durch eine Überlassungspflicht bedingte Ausfuhrbeschränkung besteht somit nur im Hinblick auf die der Entsorgungspflicht der öffentlich-rechtlichen Entsorgungsträger unterliegenden Abfälle und solche Abfälle, für die die Entsorgungspflicht nach §§ 17 III, 18 II auf Verbände oder Einrichtungen der Kammern übertragen worden ist, allerdings nur, soweit es zur Erfüllung der übertragenen Pflichten erforderlich ist, § 17 IV 2, und nur im Rahmen von § 13 I 2.

Nur in diesem Umfang liegt eine Maßnahme gleicher Wirkung im Sinne der Dassonville-Formel vor.

Eine Einschränkung dieser Formel nach der Keck-Rechtsprechung des EuGH[11] kommt im Hinblick auf die Regelung der Überlassungspflichten nicht in Betracht, da es sich dabei nicht um bloße Verkaufsmodalitäten handelt.

Allerdings gilt Art. 34 I EGV (Art. 29 I EGV n.F.) nach der Rechtsprechung des EuGH nur für solche nationalen Maßnahmen, "die spezifische Beschränkungen der Ausfuhrströme bezwecken oder bewirken und damit

---

[9] S.o. 3. Teil, A.I.1.

[10] S.o. 3. Teil, C.I.1.c) und 2.b).

[11] EuGH, Slg. 1994, 6097.

unterschiedliche Bedingungen für den Binnenhandel innerhalb eines Mitgliedstaats und seinen Außenhandel schaffen, so daß die nationale Produktion oder der Binnenmarkt des betroffenen Staates einen besonderen Vorteil erlangt".[12]

Einen besonderen Vorteil können die Überlassungspflichten zwar nicht für die Überlassungspflichtigen, wohl aber für die öffentlich-rechtlichen und privaten Entsorgungsträger darstellen, die durch sie begünstigt werden. Diese erlangen, soweit die Überlassungspflicht der Abfallerzeuger und -besitzer reicht, "exklusive Entsorgungsrechte" für bestimmte Abfälle in einem bestimmten Gebiet (regionale Entsorgungsmonopole): Zur Entsorgung der auf dem Entsorgungsgebiet angefallenen und ihnen überlassenen Abfälle sind ausschließlich sie zuständig; andere Entsorger können insoweit nicht tätig werden. Dies verschafft den Entsorgungsträgern insofern einen besonderen Vorteil gegenüber Anbietern aus anderen Mitgliedstaaten, als ihnen dadurch ein "konkurrenzfreier Raum" gewährt und damit zumindest in gewissem Umfang eine Auslastung ihrer Entsorgungskapazitäten garantiert wird.[13]

Ein Maßnahme gleicher Wirkung wie eine mengenmäßige Ausfuhrbeschränkung gemäß Art. 34 I EGV (Art. 29 I EGV n.F.) liegt damit vor.

bb) Immanente Tatbestandsbeschränkung durch zwingende Erfordernisse des Umweltschutzes

Eine Rechtfertigung dieser Maßnahme nach Art. 36 EGV (Art. 30 EGV n.F.) scheidet aus, da nach der äußerst restriktiven Auslegung durch den EuGH keiner der dort genannten Aspekte einschlägig ist; insbesondere fällt der Umweltschutz nicht in den dort aufgezählten Katalog der Rechtfertigungsgründe. In Betracht kommt jedoch gemäß der Cassis-de-Dijon-Rechtsprechung des EuGH eine immanente Beschränkung des Tatbestandes[14] von Art. 34 I EGV (Art. 29 I EGV n.F.) durch zwingende Erfordernisse des Umweltschutzes als eines der wesentlichen Ziele der Gemeinschaft.[15] Die Überlassungspflicht zugunsten der öffentlich-rechtlichen Entsorgungsträger nach § 13 I und der beliehenen Verbände und Einrichtungen der Kammern nach §§ 17 IV 2, 13 I müßte danach dem Umweltschutz dienen und außerdem verhältnismäßig, d.h. zur Verfolgung des Zwecks geeignet, erforderlich und angemessen, sein.

---

[12] EuGH, Slg. 1983, 555, 566 (Tz. 12) (Inter-Huiles).

[13] Vgl. *Unruh*, Zulässigkeit landesrechtlicher Andienungspflichten, S. 39.

[14] Vgl. zur dogmatischen Konstruktion *Dubach*, DVBl. 1995, 595, 598.

[15] EuGH, Slg. 1979, 649 ff. (Cassis de Dijon); EuGH, Slg. 1985, 531 ff. (ABDHU); EuGH, Slg. 1988, 4607, 4629 (Rücknahme von Getränkeverpackungen); *Dieckmann*, Das Abfallrecht der Europäischen Gemeinschaft, S. 206 ff.

Diese Voraussetzungen sind im Hinblick auf die gegenüber den öffentlich-rechtlichen Entsorgungsträgern nach § 13 I 1 bestehende Überlassungspflicht für Haushaltsabfälle in jedem Fall gegeben: Private Haushaltungen sind - abgesehen von dem kleinen Bereich der eigenen Kompostierung, für den eine Ausnahme von der Überlassungspflicht geregelt ist - zu einer ordnungsgemäßen und schadlosen Entsorgung ihrer Abfälle regelmäßig nicht in der Lage; es fehlt ihnen an den dazu erforderlichen technischen, fachlichen, organisatorischen und finanziellen Voraussetzungen.[16] Dementsprechend dient die Überlassungspflicht der Verhinderung einer unkontrollierten, ungeordneten und umweltgefährdenden Entsorgung und damit nicht nur dem Gesundheitsschutz der Bevölkerung, sondern insbesondere auch dem Schutz der Umwelt.[17]

Dem Umweltschutz könnte aber auch die Überlassungspflicht der Erzeuger und Besitzer von Abfällen zur Beseitigung aus anderen Herkunftsbereichen als privaten Haushaltungen nach § 13 I 2 dienen. Der Verhinderung einer unkontrollierten und umweltgefährdenden Abfallentsorgung dient sie jedenfalls im Hinblick auf gewerbliche und industrielle "Kleinerzeuger", die wie private Haushaltungen regelmäßig nicht über die zu einer ordnungemäßen und schadlosen Entsorgung ihrer Abfälle erforderlichen Voraussetzungen technischer, fachlicher, organisatorischer und finanzieller Art verfügen. Im Hinblick auf "Großerzeuger" ergibt sich ein Umweltschutzzweck der Überlassungspflicht zumindest dann, wenn diese zu einer Entsorgung der bei ihnen anfallenden Abfälle zur Beseitigung in eigenen Anlagen nicht in der Lage sind oder überwiegende öffentliche Umweltschutzinteressen (z.B. § 10 IV Nr. 2 bis 5) eine Überlassung gebieten. Soweit die Abfallerzeuger und -besitzer hingegen zur Beseitigung in eigenen Anlagen in der Lage sind, stellt sich die Frage, inwieweit auch die Rentabilität inländischer Entsorgungsanlagen, die als überwiegendes öffentliches Interesse eine Überlassung nach § 13 I 2 erfordern kann, ein Erfordernis des Umweltschutzes darstellen kann. Der EuGH hat die Berücksichtigung von Rentabilitätsinteressen nationaler Entsorgungssysteme in einer Entscheidung zum französischen Altölentsorgungssystem abgelehnt; zur Verwirklichung der in der EG-Richtlinie über die Altölbeseitigung[18] gesetzten Ziele sei die durch die Überlassungspflicht verursachte Ausfuhrbeschränkung nicht notwendig, vielmehr sei der Schutz der Umwelt "unbestreitbar genauso streng gewährleistet, wenn die Öle, statt im Ursprungsmitgliedstaat beseitigt zu werden, an ein in einem anderen Mitgliedstaat zugelassenes Beseitigung- oder Aufbereitungsunternehmen verkauft

---

[16] *Dieckmann*, Das Abfallrecht der Europäischen Gemeinschaft, S. 206 f.

[17] Vgl. BVerfGE 62, 227, 229.

[18] Richtlinie 75/439 des Rates vom 16.6.1975 über die Altölbeseitigung.

werden".[19] Der wirtschaftliche Betrieb nationaler Entsorgungsanlagen kann allein daher kein zwingendes Erfordernis des Umweltschutzes darstellen, das den Tatbestand des Art. 34 I EGV (Art. 29 I EGV n.F.) einschränken könnte.[20] Neben der Rentabilität der Entsorgungsanlagen des durch die Überlassungspflicht nach § 13 I 2 Begünstigten dient diese aber stets auch dem Umweltschutz, und zwar durch die Verfolgung des in Art. 130 r II EGV (Art. 174 II EGV n.F.) enthaltenen und mit den in der Baseler Konvention niedergelegten Grundsätzen der Entsorgungsautarkie und der Entsorgungsnähe im Einklang stehenden Grundsatzes, daß Umweltbeeinträchtigungen nach Möglichkeit an ihrem Ursprung zu bekämpfen sind, Abfälle somit möglichst nah am Ort ihrer Entstehung zu beseitigen sind, um Verbringungen so weit wie möglich einzuschränken:[21] Sind die Abfälle gemäß § 13 I 2 (iVm § 17 VI 2) an den jeweiligen regional zuständigen Entsorgungsträger zu überlassen, werden Abfallverbringungen, z.B. in "eigene", räumlich weit entfernte Anlagen des Abfallbesitzers,[22] weitgehend reduziert. Somit dient auch die Überlassungspflicht für nicht aus privaten Haushaltungen stammende Abfälle zwingenden Erfordernissen des Umweltschutzes.

Weiterhin müßten die Überlassungspflichten verhältnismäßig sein. Zur Verfolgung der genannten umweltpolitischen Zwecke ist die Überlassungspflicht zugunsten der öffentlich-rechtlichen und privaten Entsorgungsträger zweifellos geeignet. Die Erforderlichkeit setzt voraus, daß dem Umweltschutz nur durch die genannten Marktbeschränkungen und nicht auch anders, sprich: mit einem gleich geeigneten, den Warenverkehr weniger beeinträchtigenden Mittel gedient werden kann.[23] Dazu sei zunächst daran erinnert, daß die Überlassungspflicht nicht uneingeschränkt, sondern nur in dem insbesondere von § 13 I bezeichneten Umfang gilt, d.h. für die aus privaten Haushaltungen stammenden Abfälle nur insofern, als diese nicht selbst verwertet werden (sollen) und für die Abfälle zur Beseitigung aus anderen Herkunftsbereichen nur insoweit, als sie nicht zulässigerweise in eigenen Anlagen entsorgt werden. Als milderes Mittel käme nur der Wegfall der Überlassungspflicht in

---

[19] EuGH, Slg. 1983, 555, 566 (Inter-Huiles); vgl. auch EuGH, Slg. 1984, 2727, 2752 (Campus Oil).

[20] *Dieckmann*, Das Abfallrecht der Europäischen Gemeinschaft, S. 215; *Giesberts*, NVwZ 1996, 949, 953 m.w.Nachw.; *Hoppe/Beckmann*, DVBl. 1995, 817, 822.

[21] Vgl. EuGH, DVBl. 1995, 232, 234 (Wallonien); *Dieckmann*, Das Abfallrecht der Europäischen Gemeinschaft, S. 228 ff.; *Unruh*, Zulässigkeit landesrechtlicher Andienungspflichten, S. 42 f., 45 ff.

[22] S.o. 3. Teil, A.I.b) aa) aaa): Aus § 44 I 1 ergibt sich im Umkehrschluß, daß Voraussetzung für die Annahme einer "eigenen Anlage" im Sinne des § 13 I 2 nicht ist, daß sich diese in einem engen räumlichen und betrieblichen Zusammenhang mit dem Ort der Entstehung des Abfalls befindet.

[23] EUGH, Slg. 1883, 555, 565 (Inter-Huiles).

Betracht; dieses wäre jedoch zur Verfolgung der genannten Ziele nicht gleich geeignet, da bei einer unbeschränkten Eigenentsorgungsbefugnis auch in dem Falle, daß der Erzeuger oder Besitzer dazu nicht in der Lage ist, der illegalen Entsorgung und Verbringung von Abfällen Tür und Tor geöffnet wäre. Die Überlassungspflicht ist danach auch erforderlich. Schließlich führt auch eine Abwägung der Belange des Umweltschutzes gegen die des freien Warenverkehrs, wobei insbesondere die genannten Einschränkungen der Überlassungspflicht nach §§ 17 I 2, 13 I2 zu berücksichtigen sind, nicht zu einer Unverhältnismäßigkeit der Überlassungspflicht. Die Regelungen sind demnach gerechtfertigt.

Der freie Warenverkehr mit Abfällen wird somit durch die Überlassungspflichten des KrW-/AbfG weder innerstaatlich noch im EU-Binnenmarkt unzulässig beschränkt.

b) Rücknahmeverordnungen

Auch Rücknahmepflichten für Abfälle können unter dem Aspekt des freien Warenverkehrs problematisch sein. Allerdings ordnet das KrW-/AbfG selbst keine Rücknahmepflichten an; es enthält lediglich eine Ermächtigungsgrundlage zum Erlaß von Rücknahmeverordnungen durch die Bundesregierung. Ohne eine derartige Ausfüllung durch Verordnung entfaltet die Produktverantwortung keine unmittelbare rechtliche Verbindlichkeit, sondern stellt allenfalls eine "latente Grundpflicht" dar.[24] Ein Verstoß gegen europäisches Recht unmittelbar durch das KrW-/AbfG scheidet insoweit also aus. Erst bei Verordnungserlaß kommen Verstöße gegen den EGV in Betracht. § 22 III ordnet daher - rein deklaratorisch, denn die Notwendigkeit der Vereinbarkeit mit höherrangigem Recht versteht sich von selbst - an, daß dabei u.a. die Festlegungen des Gemeinschaftsrechts über den freien Warenverkehr zu berücksichtigen sind. Auch die EG-Verpackungsrichtlinie[25], die die Mitgliedstaaten in Art. 7 auffordert, die erforderlichen Maßnahmen zur Einrichtung von Rücknahme-, Wiederverwendungs- und Verwertungssystemen zu treffen, setzt voraus, daß Importprodukte "dabei keine Benachteiligung erfahren, auch nicht bei den Modalitäten und etwaigen Gebühren für den Zugang zu den Systemen, die so beschaffen sein müssen, daß gemäß dem Vertrag keine Handelshemmnisse oder Wettbewerbsverzerrungen entstehen."

Rücknahmeverordnungen müssen daher insbesondere mit Art. 30 EGV (Art. 28 EGV n.F.) vereinbar sein.

---

[24] *Hoffmann*, DBVl. 1996, 898, 900; *Petersen/Rid*, NJW 1995, 7, 10.

[25] RL 94/62 EG vom 20.12.1994, ABl. L 365, S. 10.

aa) Maßnahme gleicher Wirkung

Rücknahme- und Rückgabepflichten aufgrund des § 24 KrW-/AbfG könnten - mangels direkter mengenmäßiger Einfuhrbeschränkung - allenfalls Maßnahmen gleicher Wirkung gemäß Art. 30 EGV (Art. 28 EGV n.F.) darstellen. Darunter sind alle Handelsregelungen eines Mitgliedstaates zu verstehen, die geeignet sind, "den innergemeinschaftlichen Handel unmittelbar oder mittelbar, tatsächlich oder potentiell zu behindern".[26] Eine solche Eignung nationaler Bestimmungen zur Handelsbehinderung soll nach der "Keck"-Entscheidung allerdings nicht gegeben sein bei Verkaufsmodalitäten, "sofern diese für alle betroffenen Wirtschaftsteilnehmer gelten, die ihre Tätigkeit im Inland ausüben, und sofern sie den Absatz der inländischen Erzeugnisse und der Erzeugnisse aus anderen Mitgliedstaaten rechtlich wie tatsächlich in der gleichen Weise berühren".[27] Rücknahme- und Rückgaberegelungen stellen jedoch keine Verkaufsmodalitäten im Sinne dieser Rechtsprechung, sondern vielmehr produktbezogene Maßnahmen dar, so daß die Dassonville-Formel uneingeschränkt Anwendung findet.[28] Danach können Rücknahme- und Rückgabepflichten die Voraussetzungen einer zur Handelsbehinderung geeigneten Maßnahme dadurch erfüllen, daß sie auf dem deutschen Markt Warenhersteller aus anderen Mitgliedstaaten faktisch schwerer belasten als deutsche, z.B. durch einen weiteren und damit teureren Rücktransport oder durch einen wegen geringen Marktanteils überproportionalen Aufwand für die Errichtung eines Rücknahmesystems.[29]

bb) Immanente Tatbestandsbeschränkung durch zwingende Erfordernisse des Umweltschutzes

Ein Verstoß gegen die Warenverkehrsfreiheit könnte jedoch wiederum ausgeschlossen sein, wenn die den innergemeinschaftlichen Handel behindernden nationalen Handelsregelungen notwendig sind, um zwingenden Erfor-

---

[26] EuGH, Slg. 1974, 837, 852 (Dassonville).

[27] EuGH, Slg. 1994, 6097 (Keck).

[28] *Arndt*, Kreislaufwirtschaft und kommunale Entsorgung, S. 135 f.

[29] Von einem Verstoß geht die Kommission bei der Eröffnung eines Vertragsverletzungsverfahrens gegen Deutschland im Hinblick auf die VerpackV aus, zit. nach *Versteyl*, in: GfU, Kreislaufwirtschafts- und Abfallgesetz - was ändert sich?, S. 211, 222 f.; vgl. auch EuGH, Slg. 1988, 4607, 4629; *Kohlhepp*, DB 1989, 1455 f.; *Arndt*, Kreislaufwirtschaft und kommunale Entsorgung, S. 135 f. (zu einer Rücknahmepflicht für Altautos); *Beckmann*, DVBl. 1995, 313, 317; *ders.*, in: Klett/v.Köller/Schmitt-Gleser, Kreislaufwirtschafts- und Abfallgesetz, S. 199, 223; *Fluck*, KrW-/AbfG, § 22 Rn. 207; *Frenz*, KrW-/AbfG, § 22 Rn. 26; *Winterfeld*, in: FS Deringer, S. 195, 204.

dernissen des Gemeinschaftsrechts gerecht zu werden, und außerdem in einem angemessenen Verhältnis zum verfolgten Zweck stehen.[30] Zu den zwingenden Erfordernissen des Gemeinschaftsrechts zählt - wie gesagt - auch der Umweltschutz.[31] Rücknahme- und Rückgabepflichten nach § 24 KrW-/AbfG sind danach mit der Warenverkehrsfreiheit vereinbar, soweit sie aus Umweltschutzgründen, z.B. zur Aktivierung von Abfallvermeidungspotentialen, zur Verstärkung der Wiederverwendung und Verwertung von Produkten und/oder zur entsorgungsfreundlichen Produktion und Produktgestaltung, notwendig und außerdem verhältnismäßig, d.h. zur Verfolgung des Zwecks geeignet, erforderlich und bei Abwägung gegen die Belange des Warenverkehrs angemessen sind.[32]

Die Novelle der Verpackungsverordnung dürfte - bei aller Kritik aus umweltpolitischer Sicht[33] - diese Voraussetzungen erfüllen:[34] Da der Zweck der VerpackV darauf gerichtet ist, die Entstehung von Abfällen zu vermeiden und die Verwertung von Verpackungsmaterialien auszuweiten, liegt ein Umweltschutzgrund vor; das Instrument der Anordnung von Rücknahmepflichten ist zur Verfolgung dieses Zwecks auch notwendig, da andere Instrumente entweder weniger wirksam (z.B. Selbstverpflichtungen des Handels) oder politisch nicht durchsetzbar (z.B. Abgabenlösungen) sind. Schließlich steht die Beeinträchtigung der Belange des Warenverkehrs auch nicht in einem unangemessenen Verhältnis zum Zweck: der Rücknahmepflicht unterliegt nur, wer *im Geltungsbereich des Abfallgesetzes* Verpackungen herstellt oder in Verkehr bringt, § 2 I VerpackV; für importierte Waren trifft sie also nur den Importeur, und dieser kann ihr im Hinblick auf Verkaufsverpackungen durch eine Beteiligung am Dualen System entgehen, muß also insofern kein eigenes Rücknahmesystem errichten. Beim Zugang zum Dualen System erfährt der Importeur aber keine Benachteiligung gegenüber inländischen Herstellern und Vertreibern.

---

[30] EuGH, Slg. 1979, 649 ff. (Cassis de Dijon); dazu *Matthies/von Borries*, in: Grabitz/Hilf, EGV, Art. 30 Rn. 18 ff.; EuGH, Slg. 1988, 4607, 4629 (Rücknahme von Getränkeverpackungen).

[31] EuGH, Slg. 1985, 531; EuGH, Slg. 1988, 4607, 4630.

[32] *Beckmann*, DVBl. 1995, 313, 317; *ders.*, in: Klett/v.Köller/Schmitt-Gleser, Kreislaufwirtschafts- und Abfallgesetz, S. 199, 223 f.; *Fluck*, KrW-/AbfG, § 22 Rn. 207.

[33] Dazu unten 6. Teil, A.II.1.c).

[34] *Finckh* Regulierte Selbstregulierung im Dualen System, S. 314; *Versteyl*, in: GfU, Kreislaufwirtschafts- und Abfallgesetz - was ändert sich?, S. 211, 228 f.; zweifelnd *Winterfeld*, in: FS Deringer, S. 195, 205 f.

Ein Verstoß gegen Art. 30 EGV (Art. 28 EGV n.F.) ist ebenso für die übrigen geplanten Rücknahmeverordnungen abzulehnen.[35]

2. Art. 90 I EGV (Art. 86 EGV n.F.)

Art. 90 I EGV (Art. 86 EGV n.F.) bestimmt, daß die Mitgliedstaaten in bezug auf öffentliche Unternehmen und auf Unternehmen, denen sie besondere oder ausschließliche Rechte gewähren, keine dem EGV und insbesondere den Wettbewerbsregeln widersprechenden Maßnahmen treffen oder beibehalten. Bedeutung im Hinblick auf die Neuordnung der Abfallentsorgung durch das KrW-/AbfG könnte diese Regelung insofern entfalten, als zugunsten öffentlich-rechtlicher Entsorgungsträger regionale öffentliche Entsorgungsmonopole errichtet werden, §§ 15 I, 13 I, und privaten Entsorgungsträgern ausschließliche Zuständigkeiten und z.T. auch hoheitliche Befugnisse übertragen werden können, die die Gefahr einer Entstehung oder Verstärkung monopolistischer Strukturen bergen könnten, §§ 17 III, 18 II, 16 II.

a) Grundsätzliche Zulässigkeit der Errichtung von Entsorgungsmonopolen

Aus Art. 90 und 37 EGV (Art. 86, 31 EGV n.F.) ergibt sich im Umkehrschluß, daß die Mitgliedstaaten grundsätzlich frei sind, staatliche Dienstleistungsmonopole zu errichten und zu betreiben.[36] Die Organisationsstrukturen im Bereich der Entsorgung werden durch den EGV somit nicht vorgegeben, insbesondere folgt daraus keine Pflicht zur Privatisierung.[37] Die Mitgliedstaaten unterliegen daher lediglich bei der Ausgestaltung der Organisationsstrukturen gewissen durch Art. 90 EGV (Art. 86 EGV n.F.) aufgezeigten Grenzen.[38]

---

[35] Vgl. *Hoffmann*, DVBl. 1996, 898, 905, der Eingriffe in die Warenverkehrsfreiheit durch Rechtsverordnungen nach den §§ 23, 24 KrW-/AbfG aus Umweltschutzgründen für prinzipiell gerechtfertigt hält, es sei denn, ausländischen Produzenten wird das Anbieten von Produkten auf dem deutschen Markt dadurch faktisch unmöglich gemacht; *ders.*, DVBl. 1996, 347, 351 ff., zur Verhältnismäßigkeit von Rechtsverordnungen nach den §§ 23, 24; zu einer Rücknahmepflicht für Altautos vgl. *Arndt*, Kreislaufwirtschaft und kommunale Entsorgung, S. 136 ff.

[36] EuGH, Slg. 1974, 409, 430 ff.; *Hailbronner*, NJW 1991, 593.

[37] *Schoch*, Privatisierung der Abfallentsorgung, S. 57 m.w.Nachw.

[38] EuGH, NJW 1991, 2891, 2892.

b) Vorgaben des Art. 90 I EGV (Art. 86 EGV n.F.)

aa) Anwendungsbereich

Art. 90 I EGV (Art. 86 EGV n.F.) gilt für öffentliche Unternehmen und Unternehmen mit Sonderrechten. Gemäß Art. 2 I der Transparenzrichtlinie[39] ist *öffentliches Unternehmen* "jedes Unternehmen, auf das die öffentliche Hand aufgrund Eigentums, finanzieller Beteiligung, Satzung oder sonstiger Bestimmungen, die die Tätigkeit des Unternehmens regeln, unmittelbar oder mittelbar einen beherrschenden Einfluß ausüben kann". Auf die Rechtsform kommt es dabei nicht an, sondern nur auf den beherrschenden Einfluß der öffentlichen Hand auf das Unternehmen.[40] Nach dieser Definition fallen unter die öffentlichen Unternehmen im Sinne des Art. 90 I EGV (Art. 86 EGV n.F.) sämtliche auf dem Gebiet der Entsorgungswirtschaft tätigen Regie- und Eigenbetriebe, Eigengesellschaften, gemischt-öffentlichen Unternehmen und zumindest solche gemischt-wirtschaftlichen Unternehmen, an denen die öffentliche Hand mehrheitlich beteiligt ist. *Unternehmen mit ausschließlichen oder Sonderrechten* sind solche, denen der Staat Privilegien gewährt. Dabei muß es sich nicht um überregional tätige Unternehmen handeln; auch gemeindliche Monopole sind von Art. 90 I EGV (Art. 86 EGV n.F.) umfaßt.[41] Die Dritten, Verbände und Einrichtungen der Selbstverwaltungskörperschaften der Wirtschaft, denen nach §§ 16 II, 17 III, 18 III KrW-/AbfG bestimmte Entsorgungsaufgaben zur selbständigen Erledigung übertragen werden, könnten danach solche Unternehmen mit ausschließlichen oder Sonderrechten sein. Dann müßte die vollständige oder teilweise Übertragung von Entsorgungsaufgaben eine Übertragung von ausschließlichen oder Sonderrechten im Sinne des Art. 90 I 2. Alt. EGV (Art. 86, 2. Alt. EGV n.F.) darstellen. Eine Gewährung besonderer Rechte im Sinne des Art. 90 I EGV (Art. 86 EGV n.F.) kommt vor allem bei der auf ein privates Unternehmen übertragenen ausschließlichen Konzession zur Verrichtung einer bestimmten Dienstleistung in Betracht.[42] Auch hoheitliche Befugnisse können besondere Rechte darstellen.[43] Durch die Pflichtenübertragung auf Dritte, Verbände und Einrichtungen der Selbstverwaltungskörperschaften der Wirtschaft wird diesen

---

[39] Richtlinie 80/723/EWG der Kommission vom 25.6.1980 über die Transparenz der finanziellen Beziehungen zwischen den Mitgliedstaaten und den öffentlichen Unternehmen, ABl. EG Nr. L 195/35.

[40] *Geiger*, EGV, Art. 90 Rn. 4.

[41] *Guian*, GewArch 1993, 271, 274 ff.

[42] EuGH, NVwZ 1989, 949, 950 (Bodson).

[43] *Pernice*, in: Grabitz/Hilf, EGV, Art. 90 Rn. 25. *Hochbaum*, in: Groeben, EGV, Art 90 Rn. 24, sieht insbesondere die Beliehenen als Unternehmen mit besonderen Rechten an.

die Zuständigkeit für die Entsorgung nur teilweise ausschließlich übertragen. So bleibt nach § 17 VI 4 KrW-/AbfG die Befugnis des Abfallerzeugers und -besitzers zur Eigenentsorgung unberührt; gegenüber den Dritten bestehen bereits keine Überlassungspflichten. Besondere Rechte sind aber jedenfalls die den Verbänden und Einrichtungen der Selbstverwaltungskörperschaften der Wirtschaft übertragenen hoheitlichen Befugnisse zur Gebührenerhebung, zur Betretung von Grundstücken sowie zur Auferlegung von Getrennthalte- und Bringpflichten.

Von Art. 90 I EGV (Art. 86 EGV n.F.) erfaßt sind demnach nicht nur die ganz oder mehrheitlich in öffentlicher Hand befindlichen Entsorgungsbetriebe und -gesellschaften, sondern auch die Verbände und Einrichtungen der Kammern, soweit ihnen Entsorgungspflichten nach §§ 17 III, 18 II KrW-/AbfG übertragen werden.

bb) Vorgaben

Im Hinblick auf öffentliche Unternehmen oder Unternehmen mit Sonderrechten dürfen die Mitgliedstaaten keine Maßnahmen treffen oder beibehalten, die dem EGV und insbesondere dessen Art. 85 bis 94 (Art. 81 bis 89 EGV n.F.) widersprechen.

Das KrW-/AbfG könnte im Hinblick auf die genannten Akteure insbesondere den Weg zu einem Mißbrauch einer den Markt beherrschenden Stellung im Sinne des Art. 86 EGV (Art. 82 EGV n.F.) vorgeben.

Die im Entsorgungsbereich tätigen öffentlichen Unternehmen sind jedoch in der Regel nur auf dem Gebiet eines entsorgungspflichtigen Kreises bzw. einer entsorgungspflichtigen Stadt, bei kommunaler Gemeinschaftsarbeit allenfalls auf dem Gebiet mehrerer Kreise und kreisfreien Städte tätig. Eine Beherrschung eines wesentlichen Teils des gemeinsamen Marktes kommt daher nicht in Betracht.[44]

Anders ist die Situation hinsichtlich der Unternehmen mit Sonderrechten zu beurteilen. Art. 86 EGV (Art. 82 EGV n.F.) ist nach einer Entscheidung des EuGH auch anwendbar auf eine Gesamtheit von Gemeindemonopolen, die ein und derselben Unternehmensgruppe übertragen sind.[45] Sollte sich die Tendenz fortsetzen, daß auf dem deutschen Entsorgungsmarkt immer weniger

---

[44] So auch *Pauly/Figgen/Hünnekens*, Gemischtwirtschaftliche Entsorgungsunternehmen, S. 26 ff.

[45] EuGH, NVwZ 1989, 949, 950 f. (Bodson).

und immer größer werdende Entsorger tätig sind,[46] ist der Fall nicht fernliegend, daß einem großen Entsorger in einem wesentlichen Teil des Marktes Entsorgungsmonopole eingeräumt werden, z.B. indem er als Beteiligter eines Verbandes im Rahmen des § 17 III KrW-/AbfG tätig wird. Dabei stellt sich allerdings die Frage, wie groß ein "wesentlicher Teil des gemeinsamen Marktes" sein muß, um einen Verstoß gegen Art. 86 EGV (Art. 82 EGV n.F.) darzustellen. Der EuGH hat in dem genannten Urteil keinen wesentlichen Teil des gemeinsamen Marktes angenommen, wenn lediglich in 14 % der französischen Gemeinden eine Monopolsituation für das Unternehmen besteht.[47] Ein Verstoß gegen den EGV könnte somit langfristig durch die Handhabung der Übertragungstatbestände eintreten. Das KrW-/AbfG gibt diesen Weg jedoch nicht zwingend vor, vielmehr ist eine EGV-konforme Handhabung der Übertragungsmöglichkeiten möglich, so daß die Regelungen nicht unmittelbar den Vorgaben des Art. 90 I EGV (Art. 86 EGV n.F.) zuwiderlaufen.

II. Sekundäres Gemeinschaftsrecht

Auf der Sekundärebene des Gemeinschaftsrechts hat sich in Form der Abfallverbringungsverordnung und zahlreicher Richtlinien zur Frage der Abfallentsorgung mittlerweile ein umfängliches europäisches Abfallrecht herausgebildet, mit dem nationale Regelungen in Einklang stehen müssen.

1. Entsorgungsordnung

Weder die Abfallverbringungsverordnung noch die Abfallrichtlinien schränken die Wahlmöglichkeiten der Mitgliedstaaten zwischen verschiedenen Organisationsstrukturen im Entsorgungsbereich ein.[48] Nach Art. 8 der EG-Abfallrahmenrichtlinie (AbfRRL) haben die Mitgliedstaaten die erforderlichen Vorkehrungen zu treffen, damit jeder Besitzer von Abfällen diese entweder einem privaten *oder* öffentlichen Sammel- oder Entsorgungsunternehmen übergibt oder die Entsorgung unter Einhaltung der Bestimmungen der Abfallrichtlinien sicherstellt. Eine Präferenz für öffentliche oder private Entsorgungssysteme besteht danach nicht; es steht den Mitgliedstaaten vielmehr frei, die Entsorgungswirtschaft vollständig in öffentlicher Regie zu

[46] Vgl. die Antwort der BReg auf die Große Anfrage zur Entwicklung der deutschen Entsorgungswirtschaft, BT-Drs. 12/8409.

[47] NVwZ 1989, 949, 950.

[48] *Weidemann*, NJW 1996, 2757, 2759 Fn. 29.

organisieren oder zu privatisieren oder einen Mittelweg zu gehen.[49] Ein Verstoß der vom KrW-/AbfG vorgegebenen Entsorgungsordnung gegen sekundäres Gemeinschaftsrecht kommt insofern somit nicht in Betracht.[50]

2. *Rücknahmeverordnungen*

Sekundärrechtliche Regelungen, die bei der Normierung nationaler Rücknahme- und Rückgabepflichten zu beachten sind, existieren bislang für Verpackungen in Gestalt der EG-Verpackungsrichtlinie[51] und für gefährliche Stoffe enthaltende Batterien und Akkumulatoren in Gestalt der Batterierichtlinie[52]. Die EU-Kommission plant außerdem den Erlaß einer Altauto-Richtlinie.[53]

Nach Art. 7 I der Verpackungsrichtlinie ergreifen die Mitgliedstaaten die erforderlichen Maßnahmen zur Einrichtung von Systemen für die Rücknahme von gebrauchten Verpackungen beim Endabnehmer und für die Wiederverwendung oder Verwertung dieser Stoffe. In welcher Form die Mitgliedstaaten dieser Aufforderung nachkommen, bleibt ihnen dabei freigestellt; insbesondere läßt die Richtlinie sowohl staatliche als auch privatwirtschaftliche Systeme zu, soweit diese mit dem EGV vereinbar sind.[54] Im Hinblick auf die Anordnung von Rücknahmepflichten für Hersteller und Vertreiber und die Möglichkeit einer Freistellung bei Beteiligung an einem flächendeckenden Erfassungssystem für Verkaufsverpackungen hält sich die VerpackV daher im Rahmen der Verpackungsrichtlinie.[55]

Auch die geplante BattV mit ihrem System von Rückgabe-, Rücknahme- und Entsorgungspflichten verstößt - soweit nach bisherigem Normsetzungsstand ersichtlich - nicht gegen sekundäres Gemeinschaftsrecht.

---

[49] *Dieckmann*, Das Abfallrecht der Europäischen Gemeinschaft, S. 186 f.

[50] So auch *Bleicher*, StT 1995, 519, 526.

[51] RL 94/62/EG vom 20.12.1994, ABl. L 365, S. 10.

[52] RL 91/157/EWG des Rates vom 18.3.1991, ABl. L 78, S. 38, und RL 93/86/EWG der Kommission vom 4.10.1993, ABl. L 264, S. 51.

[53] Süddeutsche Zeitung v. 2./3.8.1997, S. 25.

[54] *Ehle*, Die Einbeziehung des Umweltschutzes in das Europäische Kartellrecht, S. 68 f.; *Fluck*, DB 1993, 211, 216; *Thomé-Kozmiensky*, Verpackungsverordnung, S. 159.

[55] Problematisch könnten allenfalls die Sammel- bzw. Verwertungsquoten sein, s. *Versteyl*, in: Kreislaufwirtschafts- und Abfallgesetz - was ändert sich?, S. 211, 231.

Zu beachten ist allerdings ein eventuell erforderliches Notifizierungsverfahren. Nach Art. 8 I der Informationsrichtlinie[56] haben die Mitgliedstaaten Entwürfe technischer Vorschriften bei der EU notifizieren zu lassen; unterbleibt eine erforderliche Notifikation, ist die Vorschrift nach Auffassung der Kommission[57] grundsätzlich unanwendbar. Notifizierungsbedürftig können Rücknahme- und Rückgabeverordnungen aufgrund von Kennzeichnungspflichten, Verboten bestimmter Materialien, Verwertungsquoten und andere Vorgaben für bestimmte Materialien sein.[58]

Im Ergebnis sind demnach keine Verstöße der privatisierungsbezogenen Regelungen des deutschen Abfallrechts gegen das europäische Recht festzustellen.

B. Verfassungsrecht

Des weiteren ist die Vereinbarkeit der Neuordnung der Entsorgung im KrW-/AbfG mit dem Grundgesetz zu untersuchen. Dabei ist in erster Linie die kommunale Selbstverwaltungsgarantie einschlägig, aber auch Art. 33 IV GG und sonstiges Verfassungsrecht.

I. Kommunale Selbstverwaltungsgarantie, Art. 28 II GG

Die grundsätzliche Neuordnung des Systems der Entsorgungs- und Überlassungspflichten durch das KrW-/AbfG tangiert in mehrfacher Hinsicht die in Art. 28 II GG verankerte gemeindliche Selbstverwaltungsgarantie. Hier ist nicht nur die in den §§ 5 II, 11 I KrW-/AbfG geregelte grundsätzliche materielle Privatisierung der zuvor grundsätzlich öffentlich-rechtlichen Trägern obliegenden Entsorgungspflicht, sondern sind auch die erweiterten Möglichkeiten einer Beteiligung Privater an der öffentlichen Abfallentsorgung zu nennen.

---

[56] Richtlinie 83/189/EWG über ein Informationsverfahren auf dem Gebiet der Normen und technischen Vorschriften, ABl. L 109, S. 8, geändert in ABl. 1985, L 302, S. 9 und ABl. 1988, L 81, S. 75.

[57] Mitteilung betr. die Nichteinhaltung gewisser Bestimmungen der Richtlinie 83/189/EWG, ABl. 1983 C 245, S. 4.

[58] Notifizierungsbedürftig wäre nach Ansicht der Generaldirektion Umwelt z.B. die AltautoV gewesen, s. Süddeutsche Zeitung v. 26.6.1997 und v. 2./3.8.1997.

Von Interesse ist dabei insbesondere die Situtation der kreisfreien Städte als Träger des gemeindlichen Selbstverwaltungsrechts aus Art. 28 II 1 GG. Im Vergleich zu den Gemeinden genießen die Kreise als Gemeindeverbände einen stark eingeschränkten Schutz: Nach Art. 28 II 2 GG ist ihr Aufgabenbereich von gesetzlicher Zuweisung abhängig.[59] Da den Kreisen demnach aus Art. 28 II GG jedenfalls nicht mehr Rechte als den kreisfreien Städten zustehen, wird ein Eingehen auf Art. 28 II 2 GG überflüssig, wenn die Regelungen bereits mit Art. 28 II 1 GG vereinbar sind.

1. Abfallentsorgung als Gegenstand der kommunalen Selbstverwaltung

Gegenstand der kommunalen Selbstverwaltungsgarantie des Art. 28 II 1 GG ist das Recht zur selbstverantwortlichen Regelung aller Angelegenheiten der örtlichen Gemeinschaft im Rahmen der Gesetze. Angelegenheiten der örtlichen Gemeinschaft sind nach der Rechtsprechung des BVerfG "diejenigen Bedürfnisse und Interessen, die in der örtlichen Gemeinschaft wurzeln oder auf sie einen spezifischen Bezug haben", wobei die historische Entwicklung zu berücksichtigen ist.[60] Diese Definition macht deutlich, daß die eigenen Angelegenheiten einerseits einer zeitlichen Entwicklung unterworfen sind und andererseits von den jeweiligen konkreten Gegebenheiten in der einzelnen Gemeinde abhängen, der Bestand an Angelegenheiten der örtlichen Gemeinschaft daher nicht für alle Gemeinden und zu allen Zeiten gleich ist.[61] Sie verdeutlicht außerdem, daß es nicht auf die kommunale Verwaltungskraft ankommt, sondern auf die Bedeutung eines Belangs für das Zusammenleben der Gemeindeeinwohner als solcher.[62]

Die Abfallentsorgung ist traditionell[63] ein Gegenstand der Daseinsvorsorge[64] und wird daher häufig dem Kernbereich der kommunalen Selbst-

---

[59] BVerfGE 79, 127, 150; *Kronisch*, Aufgabenverlagerung, S. 33; dafür, daß auch den Kreisen ein Mindestbestand an Aufgaben verbürgt ist, BVerwGE 6, 19, 23; *v. Mutius*, Kommunalrecht, Rn. 142; *Schink*, VerwArch 1990, 385, 409 ff.

[60] BVerfGE 79, 127, 151 f.

[61] *Nierhaus*, in: Sachs, GG, Art. 28 Rn. 41; *Schmidt-Aßmann*, FS Sendler, S. 121, 129 f.

[62] BVerfGE 79, 127 152; *Schmidt-Aßmann*, FS Sendler, S. 121, 128 f.

[63] Eine aktive Mitwirkung der örtlichen Behörden an der Straßenreinigung - entweder in Form der Selbstvornahme oder in Form einer Beauftragung privater Unternehmen - begann sich ab dem 18. Jahrhundert durchzusetzen; ab Mitte des 19. Jahrhunderts befand die Straßenkehrichtabfuhr fast überall in öffentlicher Hand, s. *Erhard*, Aus der Geschichte der Städtereinigung, S. 45 ff., 58. Davor beschränkte sich die - mäßig erfolgreiche - staatliche Intervention überwiegend auf Vorschriften und polizeiliche Kontrolle. Zur historischen Entwicklung vgl. auch *Hösel*, Unser Abfall

verwaltung zugerechnet.[65] Dabei ist jedoch zu berücksichtigen, daß sich die Entsorgungsaufgabe aufgrund des ständigen Anstiegs und der immer problematischeren Zusammensetzung der Abfallmengen, steigender Umweltschutzanforderungen an die Abfallbeseitigung, einer stärkeren Betonung von Vermeidungs- und Verwertungmöglichkeiten neben der Beseitigung und schließlich einer vermehrt wirtschaftlichen Bedeutung der Entsorgung in den letzten Jahrzehnten stark verändert hat.[66] Die Abfallentsorgung ist mittlerweile so komplex und kostenintensiv geworden, daß nicht mehr jede Teilaufgabe ohne weiteres als Angelegenheit der örtlichen Gemeinschaft im Sinne des Art. 28 II 1 GG qualifiziert werden kann; überwiegen die überörtlichen bzw. sogar überregionalen Aspekte einer Entsorgungsaufgabe, kann der spezifische Bezug zur örtlichen Gemeinschaft entfallen. So ist nach Ansicht des BVerfG z.B. die Abfallbeseitigung im engeren Sinne, d.h. vor allem die Deponierung und Müllverbrennung, hinsichtlich der kreisangehörigen Gemeinden aus dem Gewährleistungsbereich des Art. 28 II 1 GG herausgewachsen.[67]

Inwieweit vor diesem Hintergrund die Abfallentsorgung hinsichtlich der kreisfreien Städte noch als traditionelle Angelegenheit der örtlichen Gemeinschaft zu qualifizieren ist, ist für jede Teilaufgabe gesondert zu beurteilen.

Relativ unproblematisch ist die Entsorgung des aus privaten Haushaltungen stammenden Abfalls einzuordnen. Hier ergibt sowohl der klare örtliche Bezug der Hausmüllentsorgung als auch die historische Entwicklung eine grundsätzliche Kompetenz der kreisfreien Städte. Zu dieser Aufgabe gehört dabei nicht nur das Einsammeln und Befördern, sondern auch die Verwertung oder Beseitigung des Abfalls in geeigneten Anlagen. Auf die Frage, ob die kreisfreien Städte finanziell noch in der Lage sind, diese Aufgaben selbst oder unter Einsatz von Verwaltungshelfern zu erfüllen, kommt es bei der Definition der örtlichen Angelegenheiten nicht an.[68]

---

aller Zeiten, passim; *Ebling*, in: Fisch/Beck, Entsorgungsnotstand und Verwaltungshandeln, S. 23 ff. Der Bundesgesetzgeber hat bei Erlaß des Abfallbeseitigungsgesetzes 1972 mit § 3 II 1 AbfG der Notwendigkeit einer öffentlich-rechtlichen Entsorgung aufgrund der "üblen Mißstände" in der Abfallentsorgung Rechnung getragen, BT-Drs. VI/2401, S. 7; s. auch BVerwGE 62, 227, 229.

64 BVerwGE 85, 44, 47; BayVGH, BayVBl. 1992, 305, 307.

65 *Hoppe*, DVBl. 1990, 609, 610; *Böhm*, DVBl. 1991, 242, 247; *Henneke*, DÖV 1994, 705, 713; *Klowait*, Beteiligung Privater, S. 195.

66 Zur Entwicklung des Abfallrechts siehe *Arndt*, Kreislaufwirtschaft und kommunale Entsorgung, S. 20 ff.; Kunig/Schwermer/*Versteyl*, AbfG, Einl. Rn. 4 ff.

67 BVerfGE 79, 127, 157; zur Hochzonung im Bereich der Abfallentsorgung vgl. auch *Wieland*, DV 1991, 343, 345 f.

68 *Schmidt-Aßmann*, FS Sendler, S. 121, 128 f.

Weniger eindeutig stellt sich dies bei den nicht aus privaten Haushaltungen stammenden Abfällen dar. Es bietet sich hier eine Unterscheidung von Verwertungs- und Beseitigungsabfällen an. Im Hinblick auf die Beseitigungsabfälle spricht die historische Entwicklung für eine Qualifizierung der Aufgabe als Angelegenheit der örtlichen Gemeinschaft.[69] Verwertungsabfälle hingegen wurden in der Vergangenheit zu einem großen Teil als Wirtschaftsgüter behandelt und unterfielen damit den Regeln des Marktes und nicht der Entsorgungszuständigkeit der Gemeinden. Die Entsorgung dieser Abfälle fällt daher nicht in den Gewährleistungsbereich des Art. 28 II 1 GG.[70]

2. *Verletzung der kommunalen Selbstverwaltungsgarantie durch die Privatisierungsregelungen des KrW-/AbfG*

a) Ausschluß von Abfällen, Beauftragung Privater

Keine Verletzung der kommunalen Selbstverwaltung stellen die Möglichkeiten zum Ausschluß von der Entsorgung und zur Beauftragung Privater dar. Zwar wird durch einen Ausschluß von der Entsorgung nach § 15 III die öffentliche Entsorgungspflicht materiell privatisiert und so der entsorgungspflichtigen Körperschaft entzogen, doch beruht diese Aufgabenverlagerung in den privaten Sektor auf einer autonomen Entscheidung der Kommune. Bei einer Beauftragung Privater mit der Erfüllung von Entsorgungsaufgaben nach § 16 I wird ohnehin nur die tatsächliche Durchführung in private Hände gelegt; auch diese Entscheidung trifft die Kommune autonom.

Ein Verstoß gegen Art. 28 II GG durch beide Privatisierungsformen käme nur in Betracht, wenn sich aus Art. 28 II GG nicht nur ein (Abwehr-)Recht, sondern auch eine Pflicht der Gemeinden zur Erfüllung der ihrer Selbstverwaltung unterliegenden Aufgaben ableiten ließe. Eine solche Pflicht wird z.T. für solche Aufgaben angenommen, die "den Typus der Gemeinde essentiell prägen"[71] bzw. mit einem allgemeinen Benutzungsanspruch der Gemeindebürger korrelieren[72], z.T. unter Hinweis auf die politisch-demokratische Funktion kommunaler Selbstverwaltung bejaht[73]. Allerdings sehen die

---

[69] So auch *Tettinger*, FS Friauf, S. 569, 588.

[70] Vgl. *Tettinger/Mann*, Jb. UTR 1995, 113, 127, die nur noch den Bereich des "klassischen Abfallordnungsrechts", nicht aber den des "Abfall-Wirtschaftsrechts" zum überkommenen Aufgabenbestand der Kommunen zählen wollen.

[71] *Stern/Püttner*, Gemeindewirtschaft, S. 153 f.

[72] *Gromoll*, Rechtliche Grenzen der Privatisierung öffentlicher Aufgaben, S. 222 f.

[73] *Knemeyer*, WiVerw. 1978, 65, 73; *Krieger*, Schranken der Zulässigkeit der Privatisierung öffentlicher Einrichtungen mit Anschluß- und Benutzungszwang, S. 103;

Befürworter einer Pflicht der Gemeinden zur Selbstverwaltung diese nur in den Fällen verletzt, in denen die Selbstverwaltung überhaupt oder zumindest gemeindliche Kernaufgaben bzw. deren Steuerung aufgegeben werden. Da von dem Ausschluß von der Entsorgung nach § 15 III KrW-/AbfG aber nur ein Teil der öffentlich-rechtlichen Entsorgungspflicht (gewerbliche und industrielle Abfälle zur Beseitigung und Abfälle, die einer Rücknahmepflicht unterliegen) betroffen ist, somit weder die gemeindliche Selbstverwaltung insgesamt noch eine gemeindliche Kernaufgabe aufgegeben wird, kommt eine Verletzung hier nicht in Betracht. Ohnehin dürfte entgegen der oben genannten Auffassung auch die Kompetenz, eine Aufgabe aufzugeben, Gegenstand der von Art. 28 II GG geschützten Selbstverwaltungsgarantie sein.[74] Die autonome Entscheidung der öffentlich-rechtlichen Entsorgungsträger über den Ausschluß von Abfällen fällt danach unter die kommunale Organisationshoheit. Aus den gleichen Gründen ist eine Beeinträchtigung der kommunalen Selbstverwaltungsgarantie durch die Möglichkeit zur Einschaltung privater Verwaltungshelfer in die Abfallentsorgung abzulehnen.[75]

b) Grundsätzliche Verteilung der Entsorgungspflichten

Eine Verletzung der kommunalen Selbstverwaltungsgarantie könnte jedoch die in den §§ 5 II, 11 I KrW-/AbfG getroffene Entscheidung des Gesetzgebers, die Verantwortung für die Abfallentsorgung grundsätzlich den Erzeugern und Besitzern aufzuerlegen, darstellen. Da die Abfallentsorgung zumindest hinsichtlich der kreisfreien Städte in dem oben genannten Umfang zu den Angelegenheiten der örtlichen Gemeinschaft gehört, stellt die materielle Privatisierung dieser Aufgabe durch Gesetz eine Schmälerung des gemeindlichen Aufgabenbestandes und damit eine Beeinträchtigung der kommunalen Selbstverwaltung dar.

Eine Verletzung von Art. 28 II 1 GG setzt jedoch zunächst voraus, daß die kommunale Selbstverwaltungsgarantie die Kommunen nicht nur vor einem Aufgabenentzug zugunsten höherrangiger Verwaltungsebenen (sog. Hochzonung), sondern darüberhinaus auch vor Aufgabenprivatisierungen, also einem Aufgabenentzug zugunsten Privater schützt. Gegen einen Schutz vor Privati-

---

v. Mutius, JuS 1976, 653, 657; *ders.*, Kommunalrecht, Rn. 46; *Schoch*, Privatisierung der Abfallentsorgung, S. 52 ff.; *v. Unruh*, BayVBl. 1996, 225, 228 f.; *Graf Vitzthum*, AöR 1979, 580, 626 f.; *Witte-Wegmann*, in: Festgabe Sandrock, S. 333, 340.

[74] *V. Arnim*, Rechtsfragen der Privatisierung, S. 48 f.; *Schumacher*, LKV 1995, 135, 136 f.; gegen eine Selbstverwaltungspflicht auch *Waechter*, Kommunalrecht, Rn. 547.

[75] *Klowait*, Beteiligung Privater, S. 133; *Struß*, Abfallwirtschaftsrecht, S. 119.

sierungen wird eingewandt, Art. 28 II 1 GG vermittle keinen Eingriffstitel gegenüber den Rechten Privater; die unter grundrecht-lichem Schutz stehende privatwirtschaftliche Betätigung könne daher grundsätzlich nicht zugunsten gemeindlichen Handelns ausgeschlossen werden; Art. 28 II GG stehe somit einem gesetzlichen Aufgabenentzug zugunsten Privater nicht entgegen.[76] Dieser Schlußfolgerung wird zu Recht entgegengehalten, daß Art. 28 II 1 GG - ganz unabhängig von einem fehlenden Charakter als Befugnisnorm gegenüber Privaten - die Funktion einer staatsgerichteten Aufgabennorm zukommt, die die Kompetenz zu kommunaler Selbstverwaltung gegenüber dem Staat garantiert, und zwar auch im Verhältnis zu Privaten.[77] Eine Verletzung der kommunalen Selbstverwaltungsgarantie kommt daher auch dann in Betracht, wenn der Staat (hier: der Gesetzgeber) den Kommunen Aufgaben entzieht und diese Privaten überträgt.[78]

Nach der rechtsdogmatischen Konstruktion durch das BVerfG,[79] das in Art. 28 II GG einen gesetzlichen Ausgestaltungs- und Regelungsvorbehalt enthalten sieht, ist zu unterscheiden zwischen einer unzulässigen Verletzung des Kernbereichs einerseits und unter bestimmten Voraussetzungen zulässigen Beeinträchtigungen des Gewährleistungsbereichs außerhalb der Kernbereichs andererseits.

aa) Kernbereich der kommunalen Selbstverwaltung

Was zum Kernbereich der gemeindlichen Selbstverwaltung gehört, läßt sich nicht anhand eines gegenständlich bestimmten oder nach feststehenden Merkmalen bestimmbaren Aufgabenkataloges ausmachen.[80] Erforderlich ist vielmehr eine Beurteilung in jedem Einzelfall, wobei in besonderer Weise der historischen Entwicklung und den verschiedenen Erscheinungsformen Rech-

---

[76] *Löwer*, Energieversorgung zwischen Staat, Gemeinde und Wirtschaft, S. 217 ff.; *Ossenbühl*, DÖV 1992, 1, 8; *Schmidt-Aßmann*, FS Sendler, S. 121, 131 f.; *ders.*, FS Fabricius, S. 251, 261 f.; vgl. auch *Bree*, Privatisierung der Abfallentsorgung, S. 217 f.

[77] *Wieland/Hellermann*, DVBl. 1996, 401, 407 f.; *dies.*, Der Schutz des Selbstverwaltungsrechts der Kommunen, S. 26 ff.; im Ergebnis ebenso *Arndt*, Kreislaufwirtschaft und kommunale Entsorgung, S. 33.

[78] *V. Arnim*, Rechtsfragen der Privatisierung, S. 50 f.; *Frenz*, DV 1995, 33, 50; *Wieland/Hellermann*, DVBl. 1996, 401, 407 f.; *dies.*, Der Schutz des Selbstverwaltungsrechts der Kommunen, S. 26 ff.

[79] BVerfGE 79, 127, 146 ff.; BVerfGE 91, 228, 238 ff.; vgl. dazu nur *Clemens*, NVwZ 1990, 834 ff.; *Frenz*, DV 1995, 33 ff.; *Schmidt-Aßmann*, FS Sendler, S. 121, 128 ff.; *Schoch*, VerwArch 1990, 18 ff.

[80] BVerfGE 79, 127, 146. Zu den verschiedenen Kernbereichstheorien vgl. *Waechter*, Kommunalrecht, Rn. 137 ff.

nung zu tragen ist.[81] Unzulässig ist lediglich eine völlige Aushöhlung oder Beseitigung der gemeindlichen Selbstverwaltung.[82]

Vor diesem Hintergrund kann die grundsätzliche Verteilung der Entsorgungspflichten durch das KrW-/AbfG keine Verletzung des Kernbereichs der kommunalen Selbstverwaltung darstellen.[83] Den kreisfreien Städten verbleibt gemäß § 15 I, 13 I KrW-/AbfG nicht nur die Entsorgung der aus privaten Haushaltungen stammenden Abfälle, sondern auch die Entsorgung von Abfällen zur Beseitigung aus anderen Herkunftsbereichen, soweit sie nicht zulässigerweise in eigenen Anlagen der Abfallerzeuger oder -besitzer beseitigt werden. Solange aber keine völlige materielle Privatisierung der kommunalen Abfallentsorgung stattfindet, kommt eine Verletzung des Kernbereichs nicht in Betracht.[84] Ausgeschlossen sind die öffentlichen Entsorgungsträger nach dem KrW-/AbfG lediglich im Bereich der gewerblichen Abfälle zur Verwertung. Im Hinblick auf die Entsorgung dieser Abfälle ist aber schon zweifelhaft, ob die Aufgabe überhaupt noch eine Angelegenheit der örtlichen Gemeinschaft darstellt.

bb) Gewährleistungsbereich außerhalb des Kernbereichs

Auch jenseits des Kernbereichs steht die kommunale Selbstverwaltung gegenüber dem Ausgestaltungs- und Regelungsvorbehalt des Gesetzgebers nicht schutzlos da.[85] Art. 28 II 1 GG enthält vielmehr über die Kernbereichsgewährleistung hinaus ein Aufgabenverteilungsprinzip zugunsten der Gemeinden.[86] Danach darf der Gesetzgeber eine Aufgabe mit relevantem örtlichen Charakter nur aus Gründen des Gemeininteresses, vor allem dann entziehen, wenn die ordnungsgemäße Aufgabenerfüllung sonst nicht sichergestellt werden könnte.[87] Dieses zunächst nur auf Aufgabenverlagerungen zugunsten höherrangiger Verwaltungsebenen abzielende Aufgabenverteilungsprinzip liefert auch den Maßstab für die - in ihrer Wirkung aus Sicht

---

[81] BVerfGE 91, 228, 238.

[82] *Schoch*, VerwArch 1990, 18, 31.

[83] Ebenso *Arndt*, Kreislaufwirtschaft und kommunale Entsorgung, S. 27.

[84] Vgl. *Schink*, VerwArch 1994, 251, 266.

[85] BVerfGE 79, 127, 147 ff.; BVerfGE 91, 228, 239.

[86] BVerfGE 79, 127, 150 ff.; *Nierhaus*, in: Sachs, GG, Art. 28 Rn. 52. Nach anderer Auffassung sind Eingriffe jenseits des Kernbereichs am Grundsatz der Verhältnismäßigkeit zu messen, s. *v. Mutius*, Kommunalrecht, Rn. 218 m.w.Nachw.; gegen die schlichte Übertragung des Verhältnismäßigkeitsgrundsatzes auf Beeinträchtigungen von Art. 28 II GG überzeugend *Frenz*, DV 1995, 33 ff.

[87] BVerfGE 79, 127, 150, 152 ff.

der Kommunen mit der Hochzonung identische - durch Gesetz erfolgende Privatisierung von Aufgaben.[88]

Entzogen wird den kreisfreien Städten durch die gesetzliche Zuordnung der Entsorgungspflichten im KrW-/AbfG lediglich die Zuständigkeit für die Entsorgung von gewerblichen Verwertungsabfällen und von Beseitigungsabfällen, soweit die Erzeuger und Besitzer ihre Abfälle zulässigerweise in eigenen Anlagen beseitigen, öffentliche Interessen also nicht eine Überlassung an die entsorgungspflichtige Körperschaft erfordern. Dabei ist jedoch zu beachten, daß ein spürbarer Kompetenzentzug zumindest im Hinblick auf die Verwertung gewerblicher Abfälle durch das KrW-/AbfG gegenüber der vorherigen Rechtslage unter dem AbfG gar nicht erfolgt ist: Verwertungsabfälle unterfielen, soweit sie nicht der entsorgungspflichtigen Körperschaft überlassen wurden, in der Regel nicht dem Abfallbegriff, somit nicht dem abfallrechtlichen Regime und damit auch nicht der Entsorgungspflicht der Kreise und kreisfreien Städte. Auch die Kompetenz zur Entsorgung von gewerblichen Beseitigungsabfällen besteht grundsätzlich unbeschränkt, § 15 I KrW-/AbfG; eingeschränkt wird sie lediglich durch die in § 13 I 2 KrW-/AbfG enthaltene Begrenzung der Überlassungspflicht der Erzeuger und Besitzer. Die Begrenzung ihrerseits steht jedoch unter dem Vorbehalt, daß nicht öffentliche Interessen eine Überlassung erforden. Gegenüber der Situation unter dem AbfG wird den kreisfreien Städte somit allenfalls ein kleiner Teil der Entsorgungsaufgabe entzogen.

Ein Aufgabenentzug ist nach dem Aufgabenverteilungsprinzip zulässig aus Gründen des Gemeininteresses, vor allem dann, wenn die ordnungsgemäße Aufgabenerfüllung sonst nicht sichergestellt ist.[89] Der Gesetzgeber wollte mit der grundsätzlichen Zuweisung der Entsorgungspflicht zu Erzeugern und Besitzern zur Verwirklichung des umweltrechtlichen Verursacherprinzips, insbesondere zu einem Umdenken der Wirtschaft beitragen.[90] Ob dies gelingt, ist zwar zweifelhaft,[91] doch ist auf die Intention des Normgebers im Zeitpunkt des Normerlasses abzustellen.[92] Insbesondere da dem Gesetzgeber bei der Beurteilung der Eignung einer Maßnahme ein politischer Prognose- und Gestaltungsspielraum zusteht,[93] erscheint die Auffassung, nach der die Erfüllung der Abfallentsorgungsaufgabe in grundsätzlich öffentlicher Regie,

[88] *Wieland/Hellermann*, Der Schutz des Selbstverwaltungsrechts der Kommunen, S. 39 ff.; ebenso *Arndt*, Kreislaufwirtschaft und kommunale Entsorgung, S. 33.

[89] BVerfGE 79, 127, 150, 152 ff.

[90] BT-Drs. 12/5672, S. 32.

[91] S.u. 6. Teil, A.II.2.

[92] Vgl. *Grabitz*, AöR 1973, 568, 572 m.w.Nachw.

[93] Vgl. BVerfG, EuGRZ 1997, 205, 208; *Di Fabio*, NVwZ 1995, 1, 7.

wie sie bisher ausgestaltet war, nicht mehr sichergestellt werden kann und eine grundsätzliche Privatisierung der Entsorgungspflicht Vermeidungs- und Verringerungseffekte sowie Anreize zu entsorgungsfreundlicher Produktion und Produktgestaltung hervorzurufen geeignet und damit aus Gründen des Gemeininteresses erforderlich ist, als vertretbar.

Schließlich haben die Kommunen über das Instrument des § 13 I 2 a.E. KrW-/AbfG weiterhin Einflußmöglichkeiten hinsichtlich der gewerblichen Abfälle zur Beseitigung; soweit sie ein Entgegenstehen öffentlicher Interessen geltend machen können, lebt die Überlassungspflicht der Abfallerzeuger und -besitzer wieder auf.

Ein Aufgabenentzug, der eine Verletzung des Gewährleistungsgehalts außerhalb des Kernbereichs der gemeindlichen Selbstverwaltungsgarantie darstellen könnte, kann daher im Ergebnis nicht festgestellt werden.[94]

c) Übertragung der Entsorgungspflicht

Beeinträchtigungen der kommunalen Selbstverwaltung bergen insbesondere die in §§ 16 II, 17 III, 18 II eröffneten Möglichkeiten einer Übertragung der Entsorgungspflichten auf Dritte, Verbände oder Einrichtungen der Selbstverwaltungskörperschaften der Wirtschaft. Die Übertragung geschieht nur auf Antrag der Verbände, Einrichtungen der Kammern und Dritten. Sie wird vorgenommen durch die "zuständige Behörde", die nach Landesrecht zu bestimmen ist und auf höherer Ebene, in der Regel also auf Bezirksregierungsebene,[95] angesiedelt sein wird. Folge einer Übertragung der Entsorgungspflicht ist die Befreiung des ursprünglich verpflichteten Entsorgungsträgers; es handelt sich um eine Beleihung bzw. materielle Privatisierung.[96] Im Unterschied zu den Privatisierungsmöglichkeiten des § 15 III KrW-/AbfG beruht die Privatisierung der Entsorgungspflicht nach §§ 16 II, 17 III, 18 II KrW-/AbfG nicht auf einem aus autonomen Motiven getroffenen Rechtsakt der entsorgungspflichtigen Körperschaft, sondern auf einem Rechtsakt der - auf einer höheren Ebene angesiedelten - zuständigen Behörde. Eine Verletzung der kommunalen Selbstverwaltungsgarantie ist daher denkbar.

Angesichts der Tatsache, daß eine Übertragung nach §§ 16 II, 17 III, 18 II KrW-/AbfG nur für gewerbliche Abfälle möglich ist, die Verantwortung für die Entsorgung der Haushaltsabfälle daher jedenfalls in den Händen der

---

[94] Ebenso *Arndt*, Kreislaufwirtschaft und kommunale Entsorgung, S. 83 ff; 151; *Klowait*, Beteiligung Privater, S. 196 ff.

[95] Vgl. § 28 IV Nr. 2 AbfG BW, § 2 I Nr. 2 AbfZustVO LSA.

[96] S.o. 3. Teil, C.II.

öffentlich-rechtlichen Entsorgungsträger verbleibt, kommt eine Verletzung des Kernbereichs der kommunalen Selbstverwaltung nicht in Betracht.

Möglich ist jedoch eine Verletzung des Gewährleistungsbereichs außerhalb des Kernbereichs. Keine Verletzung der kommunalen Selbstverwaltung läge jedenfalls dann vor, wenn den kreisfreien Städten ausreichende Instrumente zur Steuerung der übertragenen Aufgaben verbleiben.[97] Ein solches Steuerungsinstrument könnte der für die Übertragung vorgesehene Zustimmungsvorbehalt zugunsten der öffentlich-rechtlichen Entsorgungsträger sein.[98]

In der Tat können die entsorgungspflichtigen Körperschaften durch Versagung der Zustimmung eine Übertragung von Entsorgungsaufgaben auf Dritte, Verbände oder Einrichtungen der Selbstverwaltungskörperschaften der Wirtschaft verhindern. Jedoch kann das Zustimmungserfordernis Steuerungswirkungen nur zum Zeitpunkt der Entscheidung über die Pflichtenübertragung entfalten; ist die Aufgabe einmal übertragen, stehen der Kommune keine Einwirkungsmöglichkeiten auf das "Wie" der Aufgabenerfüllung mehr zur Verfügung. Insbesondere scheint die Zustimmung unwiderruflich zu sein; ein Widerruf ist im Gesetz nur für die Übertragung vorgesehen, § 16 VI 2 KrW-/AbfG, nicht aber für die Zustimmung der öffentlich-rechtlichen Entsorgungsträger. Auch die obligatorische Befristung der Übertragung trägt nicht unbedingt zu einem Ausgleich der mangelnden Steuerungsmöglichkeit der Kommunen bei. Je nach Länge der Frist verfestigen sich die privatrechtlichen Strukturen; eine Kommune, die die Beseitigung gewerblicher Abfälle 30 Jahre lang nicht durchgeführt hat, verfügt nicht mehr über die notwendigen Strukturen, um diese Aufgabe wieder selbst wahrzunehmen. Nach Ablauf der Frist könnte daher faktisch der Zwang bestehen, einer erneuten Übertragung zuzustimmen.

---

[97] Vgl. *Schink*, VerwArch 1994, 251, 266 f.

[98] So *Arzt/Siederer*, in: Gaßner/Versmann, Neuordnung, S. 51, 63 f; *Hofmann-Hoeppel*, in: Schimmelpfeng/Gessenich, S. 81, 93 f. ("Damit bleibt zu konstatieren, daß ... das von Verfassungs wegen gebotene Zustimmungserfordernis der öffentlich-rechtlichen Entsorgungsträger die 'offene Flanke' hinsichtlich der weiteren Dualisierung der Abfallwirtschaft darstellt."); *Hölscher*, ZUR 1995, 176, 180 ("Die Kommunen behalten insoweit also eine Schlüsselstellung."); *Petersen/Rid*, NJW 1995, 7, 13 ("Damit haben die Länder und Kommunen es weitgehend in der Hand, in welchem Umfang der Übergang von der Daseiensvorsorge zur privaten Entsorgungswirtschaft tatsächlich stattfindet."); ähnlich *Schink*, DÖV 1995, 881, 886; *Tettinger*, in: FS Friauf, S. 569, 588 f.; *Tettinger/Mann*, in: Jb. UTR 1995, 113, 127. *Wirtz*, Die Auswirkungen des Kreislaufwirtschaftsgesetzes für die Kommunen, S. 21, bezeichnet das Zustimmungserfordernis gar als "gewaltigen Hemmschuh auf dem Weg zu einer privatrechtlich organisierten Entsorgungswirtschaft".

Andererseits geht es bei den Übertragungstatbeständen lediglich um die Entsorgung von gewerblichen Abfällen, die ohnehin nur noch hinsichtlich der Beseitigung zu den Angelegenheiten der örtlichen Gemeinschaft zählt; die Verantwortung für den Hausmüll verbleibt bei den Kommunen. Außerdem kann die Zustimmung zu der Übertragung unter Nebenbestimmungen, insbesondere Bedingungen und Befristungen, erteilt werden,[99] womit der Kommune ein nicht zu vernachlässigendes Steuerungsinstrument in die Hand gegeben ist,[100] welches Wirkungen auch nach der Übertragung entfalten kann. Außerdem kann die nach § 16 IV 1 (iVm § 17 III 2) vorgeschriebene Befristung der Übertragung so bemessen werden, daß es nicht zu einer Verfestigung der Entsorgungsstrukturen in der Kommune kommen muß, z.B. auf 5 - 10 Jahre. Schließlich wird die Übertragung nach §§ 16 II, 17 III oder 18 II KrW-/AbfG in der Praxis ein Resultat kooperativen Zusammenwirkens von privater Entsorgungswirtschaft, entsorgungspflichtiger Körperschaft und zuständiger Behörde darstellen,[101] bei dem den Kommunen aufgrund des Zustimmungserfordernisses eine starke Verhandlungsposition zukommen kann.[102]

Ein Verstoß der Übertragungstatbestände gegen Art. 28 II GG ist daher im Ergebnis nicht anzunehmen.[103]

d) Rücknahmeverordnungen

Nicht unmittelbar durch das KrW-/AbfG, sondern erst bei Gebrauchmachen von der Ermächtigung zum Erlaß von Rücknahme- und Rückgabeverordnungen kommen Verstöße gegen die kommunale Selbstverwaltungsgarantie in Betracht. Rücknahme- und Rückgabepflichten können die Kommunen insbesondere betreffen, wenn diese für Stoffe angeordnet werden, die zuvor der Entsorgungspflicht des öffentlich-rechtlichen Entsorgungsträgers unterfielen, also v.a. für Abfälle aus privaten Haushaltungen.

In Betracht kommt dabei allenfalls ein Eingriff in den Gewährleistungsbereich außerhalb des Kernbereichs der kommunalen Selbstverwaltung. Entzogen wird jeweils nur der auf das rücknahmepflichtige Produkt bezogene

---

[99] S.o. 3. Teil, C.I.1.b)cc)ddd).

[100] Vgl. *Schink*, ZG 1996, 97, 122; so i.E. auch *Tettinger*, FS Friauf, S. 469, 488 f.

[101] *V.Köller*, KrW-/AbfG, S. 109.

[102] Vgl. *Arzt/Siederer*, in: Gaßner/Versmann, Neuordnung, S. 51, 64 f.

[103] So auch *Arndt*, Kreislaufwirtschaft und kommunale Entsorgung, S. 107 ff.; *Bree*, Privatisierung der Abfallentsorgung, S. 218; *Hofmann-Hoeppel*, in: Schimmelpfeng/Gessenich, KrW-/AbfG, S. 81, 93 f.

Teilbereich der kommunalen Entsorgungspflicht. Da der Entzug einer Aufgabe mit relevantem örtlichen Charakter nur aus Gründen des Gemeininteresses zulässig ist,[104] ist jeweils zu prüfen, ob den Rücknahmepflichten für bestimmte Produkte Gründe des Gemeininteresses zugrundeliegen. Die Gründe für die Anordnung von Rücknahme- und Rückgabepflichten können je nach Produkt unterschiedlich sein; die in der VerpackV normierten sollen der Vermeidung, Wiederverwendung und Verwertung von Verpackungen dienen, die Rücknahmepflichten für Batterien hingegen sollen den Eintrag von Schadstoffen in Siedlungsabfälle verringern. Zweifellos handelt es sich dabei um Gründe des Gemeininteresses, so daß eine Vereinbarkeit mit Art. 28 II GG anzunehmen ist. Nicht gefordert werden kann dabei angesichts des der Bundesregierung zustehenden politischen Gestaltungsspielraums, daß die Rücknahmepflichten erwiesenermaßen das zur Verfolgung der angestrebten Ziele *wirksamste* Mittel sind.

Ein Verstoß der in § 6 III VerpackV getroffenen Regelung gegen Art. 28 II GG ist insbesondere wegen des Abstimmungserfordernisses flächendeckender Systeme mit den Kommunen zu verneinen.[105] Dieses schafft den Kommunen einen erheblichen Gestaltungsspielraum bei der Umsetzung der Verpackungsverordnung und insbesondere der Einführung des Dualen Systems,[106] auch deshalb, weil eine Rechtspflicht der Kommunen zur Abgabe der Abstimmungserklärung nicht existiert.[107] Das - bereits bei der ursprünglichen Fassung der VerpackV auf Betreiben des Bundesrates aufgenommene[108] - Abstimmungserfordernis ist auch in der novellierten VerpackV wieder enthalten, nachdem der Bundesrat seine Zustimmung u.a. wegen der Streichung dieser Regelung zunächst versagt hatte.

e) Übertragung bei wirtschaftlicherer Entsorgung, § 28 II

Nach § 28 II KrW-/AbfG kann die zuständige Behörde einem Betreiber einer Abfallentsorgungsanlage die Beseitigung dieser Abfälle auf seinen Antrag übertragen, wenn dieser Abfälle wirtschaftlicher als die Entsorgungs-

---

[104] Vgl. BVerfGE 79, 127, 150 ff.

[105] So auch *Finckh*, Regulierte Selbstregulierung im Dualen System, S. 119 f.

[106] *Frenz*, GewArch 1994, 145, 149; *Schmeken/Schwade*, Verpackungsverordnung, S. 98; *Schultz*, in: Rengeling, Kreislaufwirtschafts- und Abfallrecht, S. 141, 148; *Schwade*, StGR 1991, 269, 273; vgl. auch *Fluck*, DB 1993, 211, 213.

[107] *Hofmann-Hoeppel*, Die Bedeutung der Verpackungsverordnung für die Kommunen, S. 43 ff.

[108] Vgl. *Klages*, in: Hoffmann/Müller, Steuerungselemente kommunaler Abfallwirtschaft, S. 159, 160.

träger im Sinne der §§ 15, 17 und 18 beseitigen kann. Diese Ermächtigung greift - soweit er die Pflichten der öffentlich-rechtlichen Entsorgungsträger betrifft - insofern intensiver als die Übertragungsmöglichkeiten der §§ 16 II, 17 III, 18 II in die kommuale Selbstverwaltungsgarantie ein, als auch die Entsorgungspflicht für Haushaltsabfälle übertragen werden kann und außerdem eine Zustimmung des betroffenen öffentlich-rechtlichen Entsorgungsträgers nicht erforderlich ist.[109]

Dabei ist jedoch zum einen zu berücksichtigen, daß die nach § 28 II übertragbare Pflicht nur einen Teil der dem Entsorgungsträger obliegenden Entsorgungspflicht darstellt. Die Abfallbeseitigung umfaßt nach § 10 II 1 das Bereitstellen, Überlassen, Einsammeln, die Beförderung, die Behandlung, die Lagerung und die Ablagerung von Abfällen zur Beseitigung. Gegenstand einer Übertragung nach § 28 II können aber nur anlagenbezogene Tätigkeiten sein, also die Behandlung, Lagerung und Ablagerung von Abfällen. Die übrigen Beseitigungstätigkeiten sind nicht übertragbar und verbleiben damit in der Hand des Entsorgungsträgers.

Zum anderen kann § 28 II im Lichte des Art. 28 II GG ausgelegt werden, indem die zuständige Behörde innerhalb des ihr eröffneten Ermessensspielraums[110] die Interessen der Kommunen besonders zu berücksichtigen hat.[111]

Ein Verstoß gegen die kommunale Selbstverwaltungsgarantie ist daher auch für § 28 II KrW-/AbfG nicht anzunehmen.

3. Ergebnis

Die Neuordnung der Entsorgung durch das KrW-/AbfG bewirkt zwar in mancherlei Hinsicht eine Schwächung der kommunalen Selbstverwaltungsträger im Bereich der Abfallentsorgung, doch können Verstöße gegen Art. 28 II GG im Ergebnis nicht festgestellt werden.[112]

---

[109] *Arndt*, Kreislaufwirtschaft und kommunale Entsorgung, S. 110 f.; *Bree*, Privatisierung der Abfallentsorgung, S. 218 f.

[110] *Frenz*, KrW-/AbfG, § 28 Rn. 15.

[111] *Arndt*, Kreislaufwirtschaft und kommunale Entsorgung, S. 111.; *Bree*, Privatisierung der Abfallentsorgung, S. 219.

[112] So auch *Kahl*, DVBl. 1995, 1327, 1332; *Klowait*, Beteiligung Privater, S. 195 ff.

II. Art. 33 IV GG

Als Privatisierungsschranke kommt außerdem Art. 33 IV GG in Betracht. Danach ist die Ausübung hoheitsrechtlicher Befugnisse als ständige Aufgabe in der Regel Angehörigen des öffentlichen Dienstes zu übertragen, die in einem öffentlich-rechtlichen Dienst- und Treueverhältnis stehen. Aufgrund der Funktion des Art. 33 IV GG, die Wahrnehmung hoheitsrechtlicher Befugnisse zum Schutz des Bürgers nur besonders qualifizierten, zuverlässigen und von privaten Interessen weitgehend unabhängigen Personen anzuvertrauen,[113] beschränkt sich der Anwendungsbereich nicht auf eine Aufgabenverteilungsregelung zwischen Beamten auf der einen und Angestellten und Arbeitern des öffentlichen Dienstes auf der anderen Seite,[114] der Vorrang zugunsten des Beamtentums besteht vielmehr erst recht auch gegenüber einer Wahrnehmung hoheitsrechtlicher Befugnisse durch Private.[115]

Materiellen Privatisierungen, wie sie in den §§ 5 II, 11 I, 16 II und 24 I KrW-/AbfG vorgenommen bzw. ermöglicht werden, kann Art. 33 IV GG aber schon aus dem Grunde nicht entgegenstehen, als Privaten dabei nicht die Wahrnehmung hoheitsrechtlicher Befugnisse eingeräumt wird. Art. 33 IV trifft lediglich eine Aussage für den Fall, *daß* sich der Staat für eine Aufgabenerledigung unter Inanspruchnahme hoheitsrechtlicher Befugnisse entschieden hat; die Vorschrift sagt aber nichts darüber aus, ob und unter welchen Voraussetzungen sich der Staat für eine solche hoheitsrechtliche Erledigung entscheiden muß. Auf materielle Privatisierungen kann Art. 33 IV GG daher keine Anwendung finden.[116]

Ebensowenig steht der Funktionsvorbehalt einer Einschaltung privater Verwaltungshelfer in die öffentliche Abfallentsorgung nach § 16 I entgegen; da der Verwaltungshelfer lediglich mit der Erfüllung der Entsorgungspflicht beauftragt wird und keine hoheitlichen Befugnisse wahrnimmt, handelt es sich nicht um einen Fall der Ausübung hoheitsrechtlicher Befugnisse, auf den Art. 33 IV GG anwendbar wäre.[117]

---

[113] Vgl. *Lecheler*, in: Isensee/Kirchhof, HbStR III, § 72 Rn. 25; *Maunz*, in: Maunz/Dürig, GG, Bd. II, Art. 33 Rn. 32; *Ossenbühl*, VVDStRL 29 (1971), 137, 162.

[114] So aber *Bansch*, Beleihung, S. 68 f.; *v.Heimburg*, Verwaltungsaufgaben und Private, S. 22 ff.

[115] *Bracher*, Gefahrenabwehr durch Private, S. 64 ff.; *Michaelis*, Der Beliehene, S. 148 f. m.w.Nachw.; *Steiner*, Öffentliche Verwaltung durch Private, S. 260.

[116] *V.Arnim*, Rechtsfragen der Privatisierung, S. 42; vgl. auch *v.Heimburg*, Verwaltungsaufgaben und Private, S. 23 f.

[117] *V.Arnim*, Rechtsfragen der Privatisierung, S. 43.

Problematischer gestaltet sich die Beurteilung der Möglichkeit einer Beleihung von Verbänden und Einrichtungen der Selbstverwaltungskörperschaften der Wirtschaft nach §§ 17 III, 18 II KrW-/AbfG. Wie oben festgestellt, werden diesen bei einer Übertragung der Entsorgungspflicht auch hoheitliche Befugnisse übertragen, insbesondere Gebührenerhebungs- und Betretungsrechte sowie die Befugnis, von den Abfallerzeugern und -besitzern die Getrennthaltung von Abfällen und das Bringen zu bestimmten Sammelstellen und Behandlungsanlagen zu verlangen, § 17 V, VI KrW-/AbfG. Voraussetzung für die Anwendbarkeit des Art. 33 IV GG ist, daß es sich bei diesen Befugnissen um "hoheitsrechtliche Befugnisse" handelt. Der Begriff der hoheitsrechtlichen Befugnisse in Art. 33 IV GG ist höchst umstritten, insbesondere im Hinblick darauf, ob davon nur die klassische Eingriffsverwaltung oder auch die Leistungsverwaltung erfaßt ist.[118] Bei den Befugnissen der beliehenen privaten Entsorgungsträger bei einer Pflichtenübertragung handelt es sich jedoch um solche, die zu freiheitsverkürzenden Maßnahmen und somit Eingriffen ermächtigen, so daß sie von den "hoheitsrechtlichen Befugnissen" des Art. 33 IV GG nach jeder Auslegung umfaßt sind.[119] Weiterhin müßte die Wahrnehmung dieser Befugnisse als "ständige Aufgabe" zu qualifizieren sein. Nichtständige Aufgaben sind solche, die von vornherein nur vorübergehender Natur sind.[120] Es kommt somit nicht auf eine etwaige Befristung der übertragenen Tätigkeit an, sondern auf die Ständigkeit der Aufgabe an sich. Der Umstand, daß die Wahrnehmung hoheitlicher Befugnisse durch die nach §§ 17 III, 18 II beliehenen privaten Entsorgungsträger gemäß § 17 III 2 iVm § 16 IV 1 zu befristen ist, schließt die Anwendbarkeit des Art. 33 IV GG demnach nicht aus. Es handelt sich trotz der Befristung nicht um eine von vornherein ihrer Natur nach nur vorübergehende Tätigkeit. Von einer Wahrnehmung als "ständige Aufgabe" ist hier daher - wie regelmäßig bei einer Übertragung zur selbständigen Erledigung[121] - auszugehen. Jedoch sieht Art. 33 IV GG eine Übertragung der Ausübung hoheitsrechtlicher Befugnisse auf Beamte nur "in der Regel" vor. Ausnahmen sind demnach zulässig. Allerdings muß dabei das "Regel-Ausnahme-Verhältnis" zugunsten der Beamten gewahrt bleiben und

---

[118] Vgl. *Battis*, in: Sachs, GG, Art. 33 Rn. 55 ff.; *Lecheler*, in: Isensee/Kirchhof, HbStR III, § 72 Rn. 26 ff.; v.Münch/*Kunig*, GG, Art. 33 Rn. 47 ff.; *Ossenbühl*, VVDStRL 29 (1971), 137, 161 f.; *Schuppert*, in: AK GG, Bd.1, Art. 33 Abs. 4, 5, Rn. 25 ff.

[119] Vgl. *Rudolf*, VVDStRL 37 (1979), 175, 202.

[120] *Ehlers*, Verwaltung in Privatrechtsform, S. 123; *Maunz*, in: Maunz/Dürig, GG, Art. 33 Rn. 42; *Steiner*, Öffentliche Verwaltung durch Private, S. 260.

[121] *Bracher*, Gefahrenabwehr durch Private, S. 69.

ein sachlicher Grund für die Ausnahme gegeben sein.[122] Ferner wird z.T. eine quantitative Beschränkung der übertragenen Hoheitsbefugnisse gefordert.[123] Eine Rechtfertigung der nach §§ 17 III, 18 II möglichen Beleihungen ist danach möglich: Der Ausnahmecharakter der Beleihung bleibt gewahrt, da die Wahrnehmung der hoheitlichen Befugnisse nach §§ 13 I, 14 I, 15 KrW-/AbfG grundsätzlich den öffentlich-rechtlichen Entsorgungsträgern eingeräumt ist und den privaten Entsorgungsträgern nur unter den in § 17 III aufgezählten engen Voraussetzungen übertragen werden kann. Da die den privaten Entsorgungsträgern eingeräumten hoheitlichen Befugnisse eine ordnungsgemäße Erfüllung der übertragenen Pflichten gewährleisten - z.B. stellen die Überlassungs- und Duldungspflichten sicher, daß Abfallbesitzer und -erzeuger, die zu einer ordnungsgemäßen eigenen Entsorgung nicht in der Lage sind, ihre Abfälle dem Entsorgungsträger überlassen, und ermöglichen die Befugnisse zur Anordnung von Trenn- und Bringpflichten eine den Anforderungen des KrW-/AbfG genügende Organisation der Entsorgung -, liegt auch ein sachlicher Grund für die Übertragung vor. Schließlich sind die den privaten Entsorgungsträgern eingeräumten hoheitlichen Befugnisse quantitativ begrenzt. Ihnen stehen nur die im KrW-/AbfG abschließend aufgezählten Befugnisse zu.

Ein Verstoß gegen Art. 33 IV GG scheidet somit aus.[124]

III. Sonstiges Verfassungsrecht

Privatisierungsschranken könnten sich schließlich aus der Zuständigkeitsverteilung des GG, dem Demokratie-, Rechtsstaats-, oder Sozialstaatsprinzip oder aus Art. 20 a GG ergeben

Die in Art. 30, 83 ff. GG enthaltene Zuständigkeitsverteilung betrifft lediglich die Verteilung der Verwaltungskompetenzen zwischen Bund und Ländern, enthält jedoch keine Aussage darüber, ob nicht auch Privaten die Ausführung von Gesetzen übertragen werden darf.[125] Den Privatisierungstatbeständen des KrW-/AbfG stehen die Normen daher nicht entgegen.

Das in Art. 20 II GG enthaltene Demokratieprinzip erfordert eine lückenlose demokratische Legitimation und Kontrolle der Ausübung von Staats-

---

[122] *V.Arnim*, Rechtsfragen der Privatisierung, S. 44; *Ehlers*, Verwaltung in Privatrechtsform, S. 123; v.Münch/*Kunig*, GG, Art. 33 Rn. 50; *Maunz*, in: Maunz/Dürig, GG, Art. 33 Rn. 42.

[123] *V.Arnim*, Rechtsfragen der Privatisierung, S. 44; *Michaelis*, Der Beliehene, S. 148 f.; *Steiner*, Öffentliche Verwaltung durch Private, S. 260 f. m.w.Nachw.

[124] So auch *Bree*, Privatisierung der Abfallentsorgung, S. 220 f.

[125] *Hofmann*, VBlBW 1994, 121, 123; *Schoch*, DVBl. 1994, 962, 969.

gewalt.[126] Dieses Erfordernis gilt auch für Private, soweit sie Exekutivfunktionen wahrnehmen.[127] Im Hinblick auf die Beleihungstatbestände des KrW-/AbfG in §§ 17 III, 18 II, die einen Übergang hoheitlicher Befugnisse beinhalten, folgt die demokratische Legitimation der beliehenen privaten Entsorgungsträger aus dem durch die - ihrerseits demokratisch legitimierte - zuständige Behörde vorgenommenen Übertragungsakt. Hinreichende Kontrollmechanismen liegen dabei in der obligatorischen Befristung der Übertragung, der Möglichkeit einer Erteilung unter Nebenbestimmungen, den Möglichkeiten eines Widerrufs oder einer Rücknahme der Übertragung und in der über die Beliehenen auszuübenden Staatsaufsicht. Für materiell privatisierte Tätigkeiten wie im Falle der §§ 5 II, 11 I, 15 III, 16 II gelten die Anforderungen des Demokratieprinzips hingegen nicht; mit der Privatisierungsentscheidung eines demokratisch legitimierten Organs - im Falle der §§ 5 II, 11 I des Gesetzgebers, bei § 15 III des Gemeindevertretungsorgans und bei § 16 II der Bezirksregierung - fallen diese aus dem Bereich der Ausübung von Hoheitsgewalt heraus.[128] Auch die Einschaltung privater Verwaltungshelfer in die öffentlich-rechtliche Entsorgung nach § 16 I ist im Hinblick auf das Demokratieprinzip unproblematisch, da diese lediglich im Rahmen der Erfüllung der Pflichten tätig werden und nicht in Rechtsbeziehungen zum Bürger treten.[129]

Aus dem Rechtsstaatsprinzip ergibt sich für Privatisierungen, die mit der Übertragung hoheitlicher Befugnisse einhergehen, d.h. für Beleihungen, oder die mit Rechtsbeeinträchtigungen des Bürgers verknüpft sind, die Geltung des Vorbehalts des Gesetzes.[130] Diesem Erfordernis wird im KrW-/AbfG durch die §§ 5, 11, 13 - 18 genüge getan. Es verbietet sich jedoch, wie oben ausgeführt, eine Auslegung, nach der auch bei einer Pflichtenübertragung nach § 16 II die in § 17 V, VI genannten hoheitlichen Befugnisse auf den Dritten übergehen, wie dies bei einer Pflichtenübertragung auf Verbände und Einrichtungen der Kammern der Fall ist.[131]

Außerdem ist, wie oben erörtert,[132] die Ermächtigung privater Entsorgungsträger zum Erlaß von Abfallgebührensatzungen in § 17 V 2 zumindest

---

[126] BVerfGE 93, 37, 66 ff.

[127] *V.Arnim*, Rechtsfragen der Privatisierung, S. 35; *Ossenbühl*, VVDStRL 29 (1971), 137, 159 ff.

[128] *V.Arnim*, Rechtsfragen der Privatisierung, S. 34 f.

[129] Vgl. *v.Arnim*, Rechtsfragen der Privatisierung, S. 34.

[130] *Ossenbühl*, VVDStRL 29 (1971), 137, 169 ff.; *Schoch*, DVBl. 1994, 962, 970; *ders.*, Privatisierung der Abfallentsorgung, S. 48.

[131] S.o. 3. Teil, C.I.2.b).

[132] 3. Teil, C.III.1.b).

insofern nicht mit dem Grundsatz der Gewaltenteilung vereinbar, als sie sich auf private Rechtssubjekte bezieht, bzw. insgesamt wegen fehlender Kompetenz des Bundesgesetzgebers verfassungswidrig.

Das Sozialstaatsprinzip des GG ist inhaltlich weitgehend offen; ableiten lassen sich daraus lediglich die Grundprinzipien des "Schutzes des Schwächeren" und des "menschenwürdige Daseins für alle".[133] Allgemeine Privatisierungsverbote folgen daraus nicht. Vielmehr steht dem Staat bei der Verfolgung des Ziels einer gerechten Sozialordnung ein weiter Gestaltungsspielraum offen, der private Betätigung nicht grundsätzlich ausschließt.[134] Allerdings muß in Bereichen der lebensnotwendigen Daseinsvorsorge in jedem Fall eine gleichmäßige, dauerhafte und sozialverträgliche Leistungserstellung gewährleistet bleiben.[135] Für den Bereich der Abfallentsorgung folgt daraus, daß eine ordnungsgemäße und flächendeckende Entsorgung langfristig und zu angemessenen Entgelten sicherzustellen ist. Diesen Voraussetzungen genügt die Neuordnung der Entsorgung im KrW-/AbfG insbesondere schon deshalb, als der Bereich der Daseinsvorsorge, d.h. die Entsorgung von Haushaltsabfällen und anderen Abfällen zur Beseitigung, dem Grundsatz nach in der Hand der öffentlich-rechtlichen Entsorgungsträger liegt, §§ 13 I, 15 I, und eine Betätigung Privater nur unter Voraussetzungen und Kontrollmechanismen zulässig ist, die eine Verletzung der sozialstaatlichen Anforderungen ausschließen.[136] Ein Verstoß gegen das Sozialstaatsprinzip durch das KrW-/AbfG scheidet damit aus.

Auch aus Art. 20 a GG ergeben sich keine Bedenken gegen die Verfassungsmäßigkeit der Privatisierungsregelungen des KrW-/AbfG.[137] Als Staatszielbestimmung verpflichtet Art. 20a GG zwar den Staat zum Schutz der natürlichen Lebensgrundlagen, doch ist die Wahl der Mittel weitgehend seiner politischen Gestaltungsfreiheit anheimgestellt.[138] Für das Verhältnis von öffentlicher und privater Entsorgungsverantwortung gibt Art. 20a GG daher

---

[133] *Sachs*, GG, Art. 20 Rn. 28.

[134] *V. Heimburg*, Verwaltungsaufgaben und Private, S. 25; *Hofmann*, VBlBW 1994, 121, 124; *Krieger*, Schranken der Zulässigkeit der Privatisierung öffentlicher Einrichtungen der Daseinsvorsorge mit Anschluß- und Benutzungszwang, S. 85 ff.; *Schoch*, DVBl. 1994, 962, 970; *ders.*, Privatisierung der Abfallentsorgung, S. 48; *Witte-Wegmann*, Festgabe Sandrock, S. 333, 342.

[135] Vgl. *Klowait*, Beteiligung Privater, S. 143 f., m.w.Nachw.; ausführlich zu etwaigen Privatisierungsgrenzen für die Abfallentsorgung durch den Begriff der Daseinsvorsorge *Bree*, Privatisierung der Abfallentsorgung, S. 204 ff.

[136] Näher dazu *Bree*, Privatisierung der Abfallentsorgung, S. 210 ff.

[137] So auch *Bree*, Privatisierung der Abfallentsorgung, S. 212 f.

[138] *Bernsdorff*, NuR 1997, 328, 330; *Kloepfer*, Umweltrecht, 2. Aufl., § 3 Rn. 35; *Murswiek*, in: Sachs, GG, Art. 20a Rn. 17.

nichts her; es steht dem Gesetzgeber frei, die Erfüllung einer bestimmten Umweltschutzaufgabe weitgehend unter private Verantwortung zu stellen oder auf marktwirtschaftliche Instrumente zu setzen, solange und soweit sich diese Mittel nicht als ineffektiv oder als ökologischer Rückschritt erweisen.[139]

---

139 Zur Ableitung eines ökologischen Rückschrittsverbots und einer Garantie der umweltrechtlichen Kerngehalte aus Art. 20 a GG *Kloepfer*, Umweltrecht, 2. Aufl., § 3 Rn. 38; zu Inhalt und Umfang der Schutzverpflichtung vgl. auch *Bernsdorff*, NuR 1997, 328, 332 f.

Fünfter Teil

Rechtliche Rahmenbedingungen für Privatisierungen

Für das Verhältnis zwischen öffentlicher und privater Abfallentsorgung ist nicht nur das KrW-/AbfG, sondern sind auch eine Vielzahl von Vorgaben aus anderen Rechtsgebieten maßgebend.

Rechtliche Schranken für Privatisierungen durch die öffentlich-rechtlichen Entsorgungsträger bestehen insbesondere für die - sich in der kommunalen Praxis in den vergangen Jahren zunehmender Beliebtheit erfreuende[1] - Gründung von bzw. Beteiligung an privatrechtlichen Entsorgungsgesellschaften oder Verbänden im Sinne des § 17 I. Diese können als Verwaltungshelfer nach § 16 I mit der Erfüllung von Entsorgungsaufgaben betraut oder ihnen können Entsorgungsaufgaben nach §§ 16 II, 17 III übertragen werden. Den rechtlichen Rahmen bilden dabei auf der Ebene des Landesrechts vor allem das öffentliche Organisationsrecht und das Gebührenrecht, auf Bundesebene das Gesellschafts-, Kartell- und Vergaberecht. Aber auch die Übertragung von Entsorgungspflichten nach den §§ 17 III, 18 II, 16 II sowie die Errichtung kollektiver Rücknahmesysteme zur Bewältigung von Rücknahmepflichten begegnen rechtlichen Grenzen außerhalb des Abfallrechts.

A. Öffentliches Organisationsrecht

Das in den Vorschriften über die wirtschaftliche und nichtwirtschaftliche Betätigung in den Gemeinde- bzw. Kreisordnungen der Länder normierte öffentliche Organisationsrecht ist für Privatisierungen im Bereich der kommunalen Abfallentsorgung insofern relevant, als es bestimmt, unter welchen Voraussetzungen die durch Landesrecht zu öffentlich-rechtlichen Entsorgungsträgern bestimmten Gemeinden oder Kreise Unternehmen oder Einrichtungen in privatrechtlicher Form gründen oder sich daran beteiligen dürfen.

---

[1] In jüngster Vergangenheit ist allerdings wieder eine eher kritische Haltung der Kommunen gegenüber dem Modell der gemischt-wirtschaftlichen Entsorgung zu beobachten, so *Schink*, Eildienst LKT 1997, 238, 246.

Die Abfallentsorgung wird dabei - z.T. aufgrund des Charakters als Pflichtaufgabe[2] bzw. als überwiegend dem Umweltschutz dienende[3] Tätigkeit, z.T. auch ausdrücklich[4] - durchweg zu den nichtwirtschaftlichen gemeindlichen Betätigungen gezählt; eine Einordnung, die angesichts des immer stärkeren wirtschaftlichen Bezuges der Entsorgung, insbesondere im Bereich der Verwertung, vielfach als nicht mehr zeitgemäß angesehen wird.[5] Nach Schink soll diese gemeinderechtliche Zuordnung der Abfallentsorgung zu den nichtwirtschaftlichen Betätigungen mit Inkrafttreten des KrW-/AbfG einschränkend dahingegend zu interpretieren sein, daß nur die Tätigkeiten darunter fallen, zu denen die Körperschaften durch § 15 I iVm § 13 I KrW-/AbfG gesetzlich verpflichtet sind.[6] Soweit danach kein Überlassungsanspruch und keine Entsorgungspflicht bestehe, was insbesondere für Abfälle zur Verwertung aus anderen Herkunfsbereichen als privaten Haushaltungen gelte, stelle die kommunale Entsorgungstätigkeit eine wirtschaftliche Betätigung dar und unterläge den für diese geltenden Vorschriften. Diese Auslegung gilt ohnehin für die Gemeinde- bzw. Kreisordnungen, die bei der Zuordnung zu den nichtwirtschaftlichen Tätigkeiten auf die gesetzliche Pflicht abstellen.[7] Soweit jedoch ausdrücklich, wie z.B. in § 107 II Nr. 3 GO NW, der Betrieb von Einrichtungen der Abfallentsorgung zu den nichtwirtschaftlichen Betätigungen gezählt wird, ist diese Auslegung mit dem Wortlaut des Gesetzes nicht ohne weiteres in Einklang zu bringen, umfaßt der Begriff der Abfallentsorgung doch sowohl die Beseitigung wie auch die Verwertung von Abfällen jedweder Herkunft.[8] Dabei ist jedoch zu berücksichtigen, daß die kommunalrechtlichen Regelungen vor der Verabschiedung des KrW-/AbfG formuliert wurden, daher weder die Ausdehnung des abfallrechtlichen Regimes noch die Umkehr der grundsätzlichen Verteilung der Entsorgungspflichten in Betracht gezogen werden konnte.[9] Dem Begriff der Abfallentsorgung kam unter dem AbfG eine eingeschränktere Bedeutung als unter dem KrW-/AbfG zu; insbesondere fiel die Verwertung von Reststoffen durch private Unternehmen grundsätzlich nicht in den Anwendungsbereich des Abfallrechts. Nach dem KrW-/AbfG begründet

---

[2] So in § 102 III Nr. 1 GO BW, § 101 II Nr. 1 BbgGO, § 68 II Nr. 1 KV MV, § 108 III Nr. 1 NdsGO, § 97 II NR. 1 SächsGemO, § 116 III Nr. 1 GemO LSA.

[3] § 85 II 1 Nr. 5 GO RP.

[4] So in § 121 II Nr. 1 HessGO, § 107 II Nr. 3 GO NW, § 101 II Nr. 2 GO SH.

[5] *Rehn/Cronauge*, GO NW, § 107 S. 13; *Schoch*, DÖV 1993, 377, 379; *ders.*, Privatisierung der Abfallentsorgung, S. 66 f.; *ders.*, DVBl. 1994, 962, 972; *Struß*, Abfallwirtschaftsrecht, S. 123 ff.; *Tettinger*, DÖV 1996, 764, 769.

[6] *Schink*, UPR 1997, 201, 204 f.

[7] Z.B. § 102 III Nr. 1 GO BW, § 108 III Nr. 1 NdsGO.

[8] § 3 VII KrW-/AbfG.

[9] *Tettinger*, DÖV 1996, 764, 769.

die Abfalleigenschaft einer Sache nicht mehr automatisch die grundsätzliche Entsorgungspflicht der öffentlich-rechtlichen Entsorgungsträger; diese hängt vielmehr außerdem ab von der Herkunft der Sache und dem geplanten Entsorgungsvorgang (Verwertung oder Beseitigung). Da die Landesgesetzgeber dem Begriff der Abfallentsorgung die unter dem AbfG geltende Bedeutung beigemessen haben, ist der genannten einschränkenden Interpretation der kommunalrechtlichen Zuordnung der Abfallentsorgung zu den nichtwirtschaftlichen Betätigungen mit Inkrafttreten des KrW-/AbfG zuzustimmen. Nichtwirtschaftlich ist der Betrieb von Einrichtungen der Abfallentsorgung danach nur, soweit der öffentlich-rechtliche Entsorgungsträger damit seiner aus § 15 I folgenden Entsorgungspflicht nachkommt.[10] Im übrigen handelt es sich, da die Kommunen dann als "Hersteller, Anbieter oder Verteiler von Gütern oder Dienstleistungen am Markt tätig werden" und "die Leistung ihrer Art nach auch von einem Privaten mit der Absicht der Gewinnerzielung erbracht werden könnte"[11], um eine wirtschaftliche Betätigung, die engeren Zulässigkeitsvoraussetzungen unterliegt.[12]

Die Anforderungen an eine Gründung von oder Beteiligung an Unternehmen in Privatrechtsform sind in den Vorschriften der Gemeindeordnungen, die über Verweise in der Regel auch für Kreise, Landschaftsverbände und Zweckverbände gelten, ebenso unterschiedlich geregelt wie die Befugnisse der Träger zur Steuerung dieser Unternehmen durch Einwirkungs- und Aufsichtsrechte.

I. Nordrhein-Westfalen

In Nordrhein-Westfalen ist eine Gründung von privatrechtlichen Unternehmen oder eine Beteiligung daran bei *nichtwirtschaftlichen* Entsorgungstätigkeiten zulässig, wenn insbesondere die Voraussetzungen des § 8 I GO NW gegeben sind und ein wichtiges Interesse der Gemeinde vorliegt, § 108 I Nr. 2 GO NW.[13] Nach § 8 I GO NW ist die Schaffung gemeindlicher öffentlicher Einrichtungen abhängig von der gemeindlichen Leistungsfähigkeit einerseits und der Erforderlichkeit für die wirtschaftliche, soziale und kulturelle Betreu-

---

[10] So auch *Beckmann/David*, DVBl. 1998, 1041, 1042.

[11] § 107 I 2 GO NW.

[12] Wirtschaftlicher Natur sind danach z.B. die Aktivitäten der Kommunen im Zusammenhang mit dem Dualen System, s. *Klowait*, Beteiligung Privater, S. 172 f.

[13] Vgl. dazu, daß von den Regelungen des § 108 GO nicht nur der Prozeß der Gründung bzw. Beteiligung, sondern auch der Zustand des Beteiligtseins und die Betätigungsphase umfaßt sind, *Pauly/Figgen/Hünnekens*, Gemischtwirtschaftliche Entsorgungsunternehmen, S. 40.

ung ihrer Einwohner andererseits. Die kommunale Abfallentsorgung gehört traditionell zu den Einrichtungen der öffentlichen Daseinsvorsorge. Das Erfordernis eines "wichtigen Interesses" der Gemeinde macht die Gründung von oder Beteiligung an privatrechtlichen Unternehmen zu einer begründungsbedürftigen Ausnahme von den grundsätzlich öffentlich-rechtlichen Organisationsformen.[14] Bei der Auslegung des unbestimmten Rechtsbegriffs des "wichtigen Interesses" steht der Gemeinde - insbesondere da die verfassungsrechtlich geschützte Selbstverwaltungsgarantie der Art. 28 II, Art. 78 LVerf NW auch die Befugnis zur Wahl privatrechtlicher Organisationsformen umfaßt[15] - eine Einschätzungsprärogative offen.[16] Die gerichtliche Nachprüfbarkeit ist dementsprechend eingeschränkt.[17]

Als wichtige Interessen zur Gründung eines gemischt-wirtschaftlichen Abfallentsorgungsunternehmens kommen neben Kostenaspekten die "größere Autonomie und Flexibilität bei der Aufgabenerfüllung, Abkoppelung vom öffentlichen Dienst-, Organisations- und Haushaltsrecht, leichtere Gewinnung qualifizierten Fachpersonals, wirtschaftliche Einbindung privater Dritter und dadurch mögliche Nutzbarmachung technischer oder wirtschaftlicher Spezialkenntnisse sowie erleichterte Aufbringung von Investitionsmitteln für Großvorhaben" in Betracht.[18] Sofern die Gründung eine Verteuerung der Leistungserstellung erwarten läßt, steht dies der Annahme eines wichtigen Interesses nicht zwingend entgegen; die Kostenfrage stellt vielmehr nur einen von vielen Aspekten dar, so daß sie z.B. gegenüber zu erwartenden Effektivitätsgewinnen zurückstehen kann.[19] Bei einer derart großzügigen Auslegung[20]

---

[14] Vgl. *Rehn/Cronauge*, GO NW, § 108 S. 6 f.; *Schoch*, Privatisierung der Abfallentsorgung, S. 73.

[15] *Oebbecke*, StGR 1995, 387 m.w.Nachw.; *Tettinger*, DÖV 1996, 764, 768.

[16] BVerwGE 39, 329, 334; OVG NW, NWVBl. 1995, 173, 174; *Witte-Wegmann*, in: Festgabe Sandrock, S. 333, 343 f.; *Pauly/Figgen/Hünnekens*, Gemischtwirtschaftliche Entsorgungsunternehmen, S. 55.

[17] BVerwGE 39, 329, 334.

[18] OVG NW, NWVBl. 1995, 173, 174; enger *Schoch*, Privatisierung der Abfallentsorgung, S. 72 ff.

[19] Vgl. OVG NW, NWVBl. 1995, 173, 174.

[20] Vgl. auch OVG NW, NVwZ 1986, 1045, 1046, wonach ein wichtiges Interesse bereits dann anzunehmen ist, wenn die gemeindliche Aufgabenerfüllung verbessert wird, sowie *Schink*, VerwArch 1994, 251, 264 f.; *ders.*, in: Bauer/Schink, Organisationsformen, S. 5, 11, der lediglich fordert, daß die Gründung oder Beteiligung für die gemeindliche Betätigung im Rahmen ihrer öffentlich-rechtlichen Aufgabenerfüllung nützlich ist.

steht das Erfordernis des "wichtigen Interesses" kommunalen Privatisierungsvorhaben im Bereich der Abfallentsorgung in aller Regel nicht entgegen.[21]

Liegt ein "wichtiges Interesse" im Sinne des § 108 I Nr. 2 GO NW vor, beschränkt sich die gerichtliche Nachprüfbarkeit kommunaler Privatisierungsentscheidungen auf das Vorliegen von Ermessensfehlern. In die Ermessensabwägung einzustellende Aspekte sind für den Bereich der Abfallentsorgung neben Kostensteigerungen zu Lasten der Gemeindeeinwohner vor allem "eine Aushöhlung der kommunalen Selbstverwaltung und der damit verbundene Verlust von Steuerungs- und Kontrollmöglichkeiten der demokratisch legitimierten Vertretungskörperschaft" sowie "Versorgungs-, Entsorgungs- und Nachsorgesicherheit, Zuverlässigkeit der Aufgabenwahrnehmung, Umweltverträglichkeit der Aufgabenerledigung, Sozialverträglichkeit des Entgelts, Wettbewerb und Verhinderung von Monopolen, Haftung und strafrechtliche Verantwortlichkeit".[22] Die Annahme von Ermessensfehlern dürfte dabei allerdings nur in Ausnahmefällen in Betracht kommen, gehen Privatisierungsentscheidungen doch in aller Regel umfassende Auseinandersetzungen mit den genannten Aspekten voraus.

Soweit eine als *wirtschaftliche* Betätigung einzustufende Entsorgungstätigkeit in Rede steht, wozu insbesondere die Verwertung gewerblicher Abfälle zu zählen ist,[23] ist vor der Frage, ob die Kommune diese in privatrechtlicher Form ausüben darf, die Frage zu klären, ob eine Betätigung in diesem Bereich überhaupt zulässig ist. Nach § 107 I Nr. 1 GO NW darf sich die Gemeinde zur Erledigung von Angelegenheiten der örtlichen Gemeinschaft nur wirtschaftlich betätigen, wenn ein dringender öffentlicher Zweck die Betätigung erfordert und die Betätigung nach Art und Umfang in einem angemessenen Verhältnis zur Leistungsfähigkeit der Gemeinde steht.[24] Liegen diese Voraussetzungen vor, darf sie sich insofern auch der Organistionsformen des Privatrechts bedienen, § 108 I Nr. 1 GO NW. Die einzige nennenswerte Hürde für eine wirtschaftliche Betätigung der Kommune im Bereich der Entsorgung stellt dabei das Erfordernis des "dringenden öffentlichen Zwecks" dar; ein angemessenes Verhältnis zur Leistungsfähigkeit der Gemeinde ist in aller

---

21 *Engel,* Gemischtwirtschaftliche Abfallentsorgung, S. 12; *Pauly/Figgen/Hünnekens*, Gemischtwirtschaftliche Entsorgungsunternehmen, S. 56 f.; *Schink*, VerwArch 1994, 251, 264 f.; *ders.;* in: Bauer/Schink, Organisationsformen, S. 5, 12; *Witte-Wegmann*, in: Festgabe Sandrock, S. 333, 344.

22 OVG NW, NWVBl. 1995, 173, 174 f.; *Schoch*, DVBl. 1994, 962, 968.

23 *Schink*, UPR 1997, 201, 204 f.

24 Die sog. Subsidiaritätsklausel, wonach die wirtschaftliche Betätigung weiterhin voraussetzt, daß der verfolgte Zweck nicht besser und wirtschaftlicher durch andere Unternehmen erfüllt werden kann, ist in der GO NW vom 14.7.1994 nicht mehr enthalten.

Regel gegeben.[25] Ein "öffentlicher Zweck" liegt vor, wenn die Betätigung eine dem Gemeinwohl dienende Versorgung der Einwohner zum Ziel hat,[26] wobei die bloße Absicht der Gewinnerzielung nicht ausreicht;[27] "dringend" ist ein öffentlicher Zweck dann, wenn die Betätigung für eine gedeihliche Existenz der Gemeindeeinwohner unerläßlich ist.[28] Wiederum steht der Gemeinde dabei eine gerichtlich nur eingeschränkt überprüfbare Einschätzungsprärogative offen.[29] Eine als wirtschaftlich zu qualifizierende Tätigkeit der Kommunen im Bereich der Abfallentsorgung, insbesondere im Bereich der Verwertung gewerblicher Abfälle, kann danach zur Verfolgung eines dringenden öffentlichen Zweckes z.B. erforderlich sein, wenn dafür im Gemeindegebiet ein Bedarf besteht, der nicht bereits durch ein anderes Unternehmen in der Umgebung gedeckt wird, also neue Verwertungsmöglichkeiten geschaffen werden, aber auch, wenn die Tätigkeit der Auslastung und damit der Wirtschaftlichkeit einer im Rahmen der gesetzlichen Entsorgungspflicht betriebenen kommunalen Entsorgungsanlage dient, so daß unverhältnismäßige Gebührensteigerungen zu Lasten der Gemeindeeinwohner begrenzt werden können.[30]

Weitere Voraussetzungen für die Zulässigkeit der Gründung von und Beteiligung an Unternehmen bzw. Einrichtungen in Privatrechtsform bestimmt § 108 I GO NW in den Nr. 3 bis 8. Die in § 108 I Nr. 3 bis 5 GO NW geregelten Voraussetzungen dienen dem Schutz der Gemeindefinanzen:[31] Danach muß eine Rechtsform gewählt werden, welche die Haftung der Gemeinde auf einen bestimmten Betrag begrenzt; desweiteren darf die Einzahlungsverpflichtung im Verhältnis zur Leistungsfähigkeit der Gemeinde nicht unangemessen sein und sie darf sich nicht zur Verlustübernahme in unbestimmter oder unangemessener Höhe verpflichten.[32] Um den mit einer privatrechtlichen Organisationsform notwendig einhergehenden Steuerungsverlust in Grenzen zu halten, normiert § 108 I Nr. 6 GO NW als weitere Voraussetzung, daß die Gemeinde einen angemessenen und durch Gesellschaftsvertrag, Satzung oder in anderer

---

[25] *Schink*, UPR 1997, 201, 206.

[26] *Rehn/Cronauge*, GO NW, § 107 S. 11.

[27] BVerwGE 39, 329, 333 f.

[28] *Schmidt-Jortzig*, Kommunalrecht, Rn. 688.

[29] BVerwGE 39, 329, 334.

[30] *Schink*, UPR 1997, 201, 206; *Gruneberg*, StT 1997, 371, 372.

[31] *Oebbecke*, StGR 1995, 387, 390; siehe auch *Ehlers*, Verwaltung in Privatrechtsform, S. 164.

[32] Wegen unbeschränkter Haftung nicht in Betracht kommt daher eine Beteiligung der Kommune an einem nichtrechtsfähigen Verein, als Gesellschafterin einer oHG oder GbR sowie als Komplementärin einer KG oder KGaA. Die am häufigsten gewählte Rechtsform ist die GmbH, möglich ist aber auch die Beteiligung an einer AG.

Weise gesicherten Einfluß auf das Unternehmen erhält.[33] Gemäß § 108 I Nr. 7 GO NW muß das Unternehmen darüberhinaus durch Gesellschaftsvertrag, Satzung oder sonstiges Organisationsstatut auf den öffentlichen - hier: abfallwirtschaftlichen - Zweck, dem zu dienen es bestimmt ist, ausgerichtet werden. Zur nachhaltigen Erfüllung des öffentlichen Zwecks ist das Unternehmen durch die Gesellschaft, ihre Organe, die Gemeinde und deren entsandte Vertreter[34] entsprechend zu führen, zu steuern und zu kontrollieren, § 109 I 1 GO NW. § 113 I GO NW regelt die Steuerung der Unternehmen durch die von der Gemeinde entsandten Vertreter in Beiräten, Ausschüssen, Gesellschafterversammlungen, Aufsichtsräten etc. Diese haben insbesondere das Interesse der Gemeinde zu verfolgen, sind an die Beschlüsse des Rates gebunden, haben ihr Amt auf Beschluß des Rates jederzeit niederzulegen und müssen den Rat über alle Angelegenheiten von besonderer Bedeutung frühzeitig unterrichten, soweit nicht durch Gesetz[35] etwas anderes bestimmt ist. Der Steuerung dient auch die in § 113 III GO NW normierte Pflicht der Gemeinde, auf ein Recht zur Entsendung von Mitgliedern in den Aufsichtsrat hinzuwirken.

Nach alledem ergeben sich aus dem öffentlichen Organisationsrecht in Nordrhein-Westfalen keine unüberwindlichen Schranken für die Gründung von Entsorgungseigengesellschaften und die Beteiligung an gemischt-wirtschaftlichen Entsorgungsunternehmen; die Vorschriften sind als eher "privatisierungsfreundlich" einzustufen.[36]

II. Andere Bundesländer

Die Zulässigkeit der Gründung von oder Beteiligung an privaten Gesellschaften im Rahmen der *nichtwirtschaftlichen* Betätigung ist in der Mehrzahl der Gemeindeordnungen ähnlich "privatisierungsfreundlich" wie in Nordrhein-Westfalen geregelt.[37] Ganz überwiegend muß ein öffentlicher Zweck das Unternehmen zumindest rechtfertigen, was für Organisationsprivatisierungen und die Gründung gemischt-wirtschaftlicher Unternehmen kein ernstzuneh-

---

[33] Näher dazu *Schink*, UPR 1997, 201, 209 f.; sowie *Pauly/Figgen/Hünnekens*, Gemischtwirtschaftliche Entsorgungsunternehmen, S. 59 ff.

[34] *Oebbecke*, StGR 1995, 387, 391.

[35] Insbesondere durch das GmbHG bzw. AktG, dazu unten B.

[36] *Schoch*, DÖV 1993, 377, 382.

[37] Z.B. § 102 GO Bbg., § 96 SächsGemO, § 122 II HessGO, § 109 I SaarlKSV; näher dazu *Pauly/Figgen/Hünnekens*, Gemischtwirtschaftliche Entsorgungsunternehmen, S. 71 f.

mendes Hindernis darstellt.[38] In Niedersachsen ist die nichtwirtschaftliche Betätigung in Formen des privaten Rechts grundsätzlich nur zulässig, wenn ein wichtiges Interesse nachgewiesen und dabei in einem Bericht zur Vorbereitung des Ratsbeschlusses unter umfassender Abwägung der Vor- und Nachteile dargelegt wird, daß die Aufgabe im Vergleich zu den sonst zulässigen Organisationsformen des öffentlichen Rechts wirtschaftlicher durchgeführt werden kann, § 109 I Nr. 1 NGO. Diese relativ voraussetzungsreiche Vorschrift gilt jedoch nicht für Einrichtungen im Sinne des § 108 IV 1 NGO; danach können Einrichtungen, die Abfälle einsammeln und befördern oder die Aufgaben der Abfallbehandlung , -verwertung oder -ablagerung wahrnehmen, in einer Rechtsform privaten Rechts geführt werden, wenn die Gemeinde über die Mehrheit der Anteile verfügt. Strengere Voraussetzungen enthalten hingegen z.B. die Regelungen in Bayern, Baden-Württemberg, Mecklenburg-Vorpommern, Sachsen-Anhalt und Schleswig-Holstein;[39] danach dürfen private Rechtsformen nur gewählt werden, wenn der öffentliche Zweck nicht ebensogut in einer Rechtsform des öffentlichen Rechts, insbesondere durch einen gemeindlichen Eigenbetrieb, erfüllt wird oder werden kann oder wenn Private an der Erfüllung des öffentlichen Zwecks wesentlich beteiligt werden sollen und die Aufgabe hierfür geeignet ist.[40] Keine Eigengesellschaften, sondern allenfalls gemischt-wirtschaftliche Gesellschaften sind in Baden-Württemberg, Mecklenburg-Vorpommern und Sachsen-Anhalt zugelassen, da ein nichtwirtschaftliches Unternehmen in Privatrechtsform dort nur gegründet werden kann, wenn die gemeindliche Aufgabe unter wesentlicher Beteiligung eines Dritten erfüllt werden soll und die Aufgabe hierfür geeignet ist.[41] Jedoch ermöglicht in Baden-Württemberg § 6 V LAbfG abweichend von den Regelungen der Gemeindeordnung Organisationsprivatisierungen für Einrichtungen der Abfallentsorgung; auf diese finden die für wirtschaftliche Unternehmen geltenden Regelungen Anwendung.[42]

Im Hinblick auf die Zulässigkeit *wirtschaftlicher* Betätigung enthalten einige Gemeinde- bzw. Kreisordnungen der Länder zusätzlich zu dem Erfor-

---

[38] *Witte-Wegmann*, in: Festgabe Sandrock, S. 333, 343 f.; krit. dazu *Ehlers*, DVBl. 1997, 137, 141, der privatrechtliche Organisationsformen selbst in Ländern, in denen Vorrangregelungen zugungsten öffentlich-rechtlicher Organisationsformen fehlen, für begründungsbedürftige Ausnahmen hält, die nur bei nachweislich besserer Eignung in Betracht kommen.

[39] Vgl. *Schink*, VerwArch 1994, 251, 262; *Schoch*, DVBl. 1994, 962, 973.

[40] Art. 91 I BayGO, §103 I Nr. 1 GO BW, § 69 KV MV, § 118 I Nr. 1 GO LSA, § 102 I Nr. 1 GO SH, § 73 I ThürKO; näher dazu *Pauly/Figgen/Hünnekens*, Gemischtwirtschaftliche Entsorgungsunternehmen, S. 70 f.

[41] § 104 GO BW, § 118 GemO LSA, § 70 I Nr. 1, 2 KV MV.

[42] S. dazu *Hofmann*, VBlBW 1994, 121, 127.

dernis eines öffentlichen Zwecks eine Subsidiaritätsklausel.[43] Die Gemeinde darf sich danach nur wirtschaftlich betätigen, wenn der damit verfolgte Zweck nicht ebensogut und wirtschaftlich durch einen anderen (insbesondere Privaten) erfüllt wird oder werden kann. In diesen Ländern dürfte eine wirtschaftliche Entsorgungstätigkeit nur in Ausnahmefällen zulässig sein.[44] Soweit der öffentliche Zweck allerdings in der Auslastung kommunaler Anlagen und damit der Verhinderung erheblicher Gebührensteigerungen zu Lasten der Gemeindeeinwohner liegt, kann dieser nur durch die öffentliche Hand erfüllt werden.[45] Darüberhinaus wird z.T. eine Subsidiarität privatrechtlicher Rechtsformen vorgeschrieben; eine wirtschaftliche Betätigung in Privatrechtsform ist dann nur zulässig, soweit der öffentliche Zweck nicht ebensogut in einer Rechtsform des öffentlichen Rechts erfüllt werden kann.[46] Im übrigen entsprechen die Voraussetzungen im wesentlichen den für Nordrhein-Westfalen genannten.

Auch die weiteren Zulässigkeitsvoraussetzungen an private Rechtsformen sind überwiegend wie in § 108 I Nr. 3 bis 8 GO NW geregelt.

B. Gesellschaftsrecht

Privatisierungen der Kommunen im Bereich der Abfallentsorgung werden im Falle einer Gründung von oder Beteiligung an gemischt-wirtschaftlichen Gesellschaften außerdem durch das Gesellschaftsrecht determiniert.

I. Formen

Bei der Gründung privatrechtlicher Gesellschaften sind die Kommunen an die Gesellschaftsformen gebunden, die das Gesellschaftsrecht bereithält (sog. numerus clausus der Gesellschaftsformen).[47] Der Grundsatz der Formenwahlfreiheit bei der Organisation kommunaler Betätigungen[48] beinhaltet kein

[43] Z.B. Art. 89 I Nr. 3 BayGO, § 116 I Nr. 3 GemO LSA, § 71 I ThürKO.

[44] *Schink*, UPR 1997, 201, 206 f.

[45] *Gruneberg*, StT 1997, 371, 372.

[46] Z.B. § 117 I Nr. 1 GemO LSA, § 73 I ThürKO.

[47] *Püttner*, DVBl. 1986, 748, 751.

[48] *Erbguth/Stollmann*, DÖV 1993, 798, 799; *Gusy*, JA 1995, 166, 170; *Scholz/Pitschas*, in: Püttner, HbKWP Bd. 5, S. 128, 129 f.

Formenerfindungsrecht; kommunale Entsorgungsgesellschaften "sui generis" sind daher ausgeschlossen.[49]

II. Steuerung

Einer der wichtigsten Aspekte bei der Entscheidung über die Organisatonsform im Bereich der Abfallentsorgung ist, inwieweit diese der Steuerung durch den öffentlich-rechtlichen Entsorgungsträger zugänglich ist.

Die Tätigkeit von kommunalen Eigengesellschaften und gemischt-wirtschaftlichen Unternehmen liegt häufig im Spannungsfeld zwischen dem nach Gesellschaftsrecht ausschlaggebenden und in der Regel an Gewinnerzielung orientierten Unternehmensinteresse und den von den beteiligten Kommunen verfolgten öffentlichen Zwecken.[50] Möglichkeiten der Kommunen, die Tätigkeit dieser Unternehmen im Hinblick auf die Einhaltung öffentlich-rechtlicher Zielsetzungen zu steuern, sind zwar beschränkt, da die direkte Entscheidungs- und Kontrollkompetenz bei den Organen der privaten Gesellschaft liegt,[51] aber durchaus vorhanden. Aufgrund des Vorrangs des bundesrechtlich geregelten Gesellschaftsrechts[52] vor dem Kommunal- und Landesabfallrecht können sich die Kommunen dabei aber nur im Rahmen der zwingenden gesellschaftsrechtlichen Vorschriften bewegen.[53] Diesem Grundsatz tragen die meisten Gemeindeordnungen mit Klauseln Rechnung, wonach die Bindungsvorschriften nicht gelten, soweit durch Gesetz etwas anderes bestimmt ist.[54] Die gesellschaftsrechtlichen Einwirkungs- und Kontrollmöglichkeiten sind abhängig von der Rechtsform des Unternehmens, dem Umfang der kommunalen Beteiligung und der Ausgestaltung der Verträge, Satzungen und anderen Organisationsstatuten.[55] Auch in diesem Rahmen stehen den Gemeinden jedoch vielfältige, z.T. allerdings nur faktisch wirkende Möglichkeiten zur

---

[49] S. zur Diskussion über neue öffentlich-rechtliche Unternehmensformen *Schmidt*, ZGR 1996, 345, 357 f.

[50] *V. Danwitz*, AöR 1995, 595, 597 f., 611 ff.; *Leisner*, WiVerw 1983, 212 ff.; *Schmidt*, ZGR 1996, 345, 350; *Wolff/Bachof/Stober*, Verwaltungsrecht II, § 104a Rn. 32.

[51] *Erbguth/Stollmann*, DÖV 1993, 798, 801; *Schink*, in: Bauer/Schink, Organisationsformen, S. 5, 22 f.; *Schoch*, Privatisierung der Abfallentsorgung, S. 90 ff.; *Schoepke*, VBlBW 1995, 417, 419 f.; *Schönershofen/Binder-Falcke*, VR 1997, 109, 113; *Wirtz*, Die Auswirkungen des Kreislaufwirtschaftsgesetzes für die Kommunen, S. 28.

[52] BGHZ 36, 296, 305 ff.; 69, 334 ff.; *Schmidt*, ZGR 1996, 345, 350 f.; *Schwintowski*, NJW 1995, 1316 ff.

[53] *Ehlers*, DVBl. 1997, 137, 139, 142 ff.; *Stober*, NJW 1984, 449, 455.

[54] Z.B. § 113 I 4 GO NW.

[55] *Spannowsky*, DVBl. 1992, 1072, 1074.

Sicherung angemessenen Einflusses offen.[56] Die vom Gesellschaftsrecht bereitgehaltenen Steuerungsinstrumente sollen im folgenden kurz dargestellt werden. Ob und inwieweit die öffentlich-rechtlichen Entsorgungsträger davon Gebrauch machen, ist jedoch z.T. eine politische Frage; häufig ist eine Verringerung kommunaler Steuerung politisch gerade gewollt, z.B. um dem Unternehmen ein flexibleres und nach marktwirtschaftlichen Gesichtspunkten orientiertes Agieren zu ermöglichen.[57]

Zur Sicherung des öffentlichen Zwecks muß dieser als Zweck des Unternehmens, auf den alle Organmitglieder verpflichtet sind, in dem jeweiligen Organisationsstatut festgeschrieben werden.[58] Ungewollte nachträgliche Veränderungen der Gesellschaftssatzung können die Kommunen allerdings nur bei einer Beteiligung mit satzungs-ändernder Mehrheit verhindern. Weiterhin kann bei der Gründung einer GmbH im Gesellschaftsvertrag die Bestellung eines Aufsichtsrates, § 52 GmbHG, mit besonderen Entsenderechten der Gemeinde und darüberhinaus bestimmt werden, daß der (Ober-) Bürgermeister geborenes Mitglied ist. Zur dauerhaften Sicherung von Einfluß- und Kontrollmöglichkeiten kommen außerdem Beherrschungsverträge[59], Ingerenz- und Einwirkungsverträge[60] sowie vertragliche Genehmigungsvorbehalte zugunsten der Kommunen für bestimmte Angelegenheiten[61] in Betracht.

Im wesentlichen erfolgt die Steuerung der kommunalen Eigen- oder Beteiligungsgesellschaften durch die Vertreter der Kommune in den Unternehmensorganen, d.h. der Geschäftsführung bzw. dem Vorstand, der Gesellschafter- bzw. Hauptversammlung und im Aufsichtsrat. Im Hinblick auf die Zulässigkeit verbindlicher Weisungen an die von der Kommune entsandten Vertreter ist zwischen GmbH und AG zu unterscheiden:

- Die Organmitglieder der Aktiengesellschaft handeln gemäß §§ 76, 111 AktG selbständig und eigenverantwortlich, sind daher an Weisungen nicht gebunden. Unzulässig sind daher bindende Weisungen des Rates oder des Bürgermeisters an die Vorstandsmitglieder und Mitglieder des Aufsichtsrates

---

[56] *Ehlers*, Verwaltung in Privatrechtsform, S. 124 ff.; *Knemeyer*, StT 1992, 317, 320 ff.; *Spannowsky*, ZGR 1996, 400, 424 ff.

[57] *Schink*, in: Bauer/Schink, Organisationsformen, S. 5, 23; *Schoch*, DÖV 1993, 377, 383.

[58] *Ehlers*, DVBl. 1997, 137, 142 f.; *Noack*, StGR 1995, 379, 380; *Schmidt*, ZGR 1996, 345, 359; *Schön*, ZGR 1996, 429, 435 f., 440 f.; *Spannowsky*, ZGR 1996, 400, 422 f.

[59] *Ehlers*, Verwaltung in Privatrechtsform, S. 137 ff.; *Knemeyer*, StT 1992, 317, 321; *Schmidt*, ZGR 1996, 345, 360; *Spannowsky*, ZGR 1996, 400, 423.

[60] *Knemeyer*, StT 1992, 317, 320 f.

[61] *Wolff/Bachof/Stober*, Verwaltungsrecht II, § 104a Rn. 32.

der kommunalen Eigen- oder Beteiligungsgesellschaft.[62] Werden Weisungen trotz gesellschaftsrechtlicher Unzulässigkeit erteilt, entfalten sie keine rechtliche Wirkung, d.h. die Beschlüsse des Vorstands bzw. des Aufsichtsrates sind jedenfalls gültig, sondern binden die Gemeindevertreter aufgrund des jederzeitigen Abberufungsrechts der Gemeinde allenfalls faktisch.[63] Keine rechtlichen Bedenken gegen Weisungen an die entsandten Aufsichtsratsmitglieder bestehen jedoch dann, wenn durch sie das Gesellschaftsinteresse nicht verletzt wird; eine Konfliktsituation ist dann nicht gegeben.[64] Soweit sich kommunale Weisungsrechte auf Vertreter der Aktionäre in der Hauptversammlung einer AG beziehen, sind sie mit Gesellschaftsrecht vereinbar.[65] Allerdings steht wiederum der Hauptversammlung grundsätzlich keine Befugnis zu Weisungen an die Geschäftsführung zu.[66]

- Demgegenüber ist die GmbH gemeindlicher Steuerung in stärkerem Maße zugänglich:[67] Zwar gilt das zur Weisungsfreiheit von Aufsichtsratsmitgliedern Ausgeführte gemäß § 52 GmbHG auch für die GmbH, soweit ein Aufsichtsrat zu bestellen ist, d.h. bei mehr als 500 Arbeitnehmern. Jedoch unterliegen die Vertreter der Gesellschafter in der Gesellschafterversammlung den Weisungen derselben, da sie dort deren Rechte wahrnehmen, §§ 37 I, 46 Nr. 6 GmbHG; eine Bindung der Vertreter der Gemeinde an Weisungen des Rates[68] ist daher - im Rahmen des Gesellschaftszwecks - gegeben.[69] Abgesehen davon können die Gesellschafter der Geschäftsführung, soweit nicht bereits eine entsprechende Satzungsregelung maßgeblichen Einfluß gewährt, § 45 I GmbHG, durch Einzelbeschluß Weisungen erteilen, § 37 I GmbHG.[70]

---

[62] BGHZ 69, 334, 341; *Ehlers*, Verwaltung in Privatrechtsform, S. 136; *Müller*, NWVBl. 1997, 173, 174; *Noack*, StGR 1995, 379, 380 f.; *Püttner*, Die öffentlichen Unternehmen, S. 236 f.; *Schwintowski*, NJW 1995, 1316, 1317 ff.; *Spannowsky*, DVBl. 1992, 1072, 1074; *Graf Vitzthum*, AöR 1979, 580, 611 f.; kritisch *Engel*, Grenzen und Formen der mittelbaren Kommunalverwaltung, S. 160 ff.; *Scholz/Pitschas*, in: Püttner, HbKWP Bd. 5, S. 128, 150 f.

[63] Auch diese nur faktische Wirkung ist allerdings nicht zu unterschätzen, s. *Knemeyer*, StT 1992, 317, 320.

[64] *Noack*, StGR 1995, 379, 381; *Schwintowski*, NJW 1995, 1316, 1319; a.A. *Schön*, ZGR 1996, 429, 449 ff.

[65] *Engel*, Grenzen und Formen der mittelbaren Kommunalverwaltung, S. 159; *Püttner*, Die öffentlichen Unternehmen, S. 237.

[66] *Noack*, StGR 1995, 379, 380.

[67] *Ehlers*, DVBl. 1997, 137, 139 f.; *Schmidt*, ZGR 1996, 345, 358.

[68] Vgl. § 113 I 2 GO NW.

[69] *Müller*, NWVBl. 1997, 173, 174; *Noack*, StGR 1995, 379, 380; *Graf Vitzthum*, AöR 1979, 580, 612.

[70] *Schmidt*, ZGR 1996, 345, 358 m.w.Nachw.

Entscheidend für die Reichweite der gesellschaftsrechtlichen Steuerungsmöglichkeiten ist primär der Beteiligungsumfang. Da die von den Gesellschaftern einer GmbH zu treffenden Bestimmungen, zu der u.a. die Bestellung und Abberufung von Geschäftsführern und die Maßregeln zur Prüfung und Überwachung der Geschäftsführung zählen, mit der Mehrheit der abgegebenen Stimmen beschlossen werden, § 47 GmbHG, sichert eine in kommunaler Hand befindliche Stimmenmehrheit in der Gesellschafterversammlung der Kommune erhebliche Einwirkungsmöglichkeiten. Wenn die Kommune alleinige Gesellschafterin ist, sind ihr weitreichende faktische Einflußmöglichkeiten dadurch eröffnet, daß sie den oder die Geschäftsführer jederzeit abberufen kann.[71]

C. Vergaberecht

Weiterhin können bei Privatisierungsentscheidungen öffentlich-rechtlicher Entsorgungsträger, insbesondere im Bereich der Beauftragung Dritter nach § 16 I KrW-/AbfG, vergaberechtliche Vorschriften zu beachten sein. Das deutsche Vergaberecht wurde jüngst erneut novelliert; die 1993 erfolgte Umsetzung der europäischen Vergaberichtlinien[72] im Wege der Einfügung der §§ 57 a bis 57 c in das HGrG (sog. "haushaltsrechtliche Lösung") war von der EG-Kommission beanstandet worden, weil Interessenten und Bietern weder subjektive Rechte auf die Einhaltung der Vorschriften zustanden noch gerichtlicher Rechtsschutz zu deren Durchsetzung zur Verfügung stand.[73] Zur Umsetzung der europäischen Vergaberichtlinien wurde nunmehr ein vergaberechtliches Kapitel in das GWB aufgenommen.[74] Die Beschaffung von Waren, Bau- und Dienstleistungen erfolgt danach "im Wettbewerb und im Wege transparenter Verfahren" nach Maßgabe der §§ 97 ff. GWB (n.F.). Nähere Bestimmungen über das Vergabeverfahren sowie die Festlegung der Auf-

---

[71] *Ehlers*, Verwaltung in Privatrechtsform, S. 133; *Knemeyer*, StT 1992, 317, 320; *Schmidt*, ZGR 1996, 345, 359.

[72] Richtlinien zur Koordinierung der Verfahren zur Vergabe öffentlicher Bauaufträge (93/37/EWG vom 14.6.1993, ABl. EG Nr. L 199/54), Lieferaufträge (93/36/EWG vom 14.6.1993, ABl. EG Nr. L 199/1), und Dienstleistungsaufträge (92/50/EWG vom 18.6.1992, ABl. Nr. L 209/1); Sektorenrichtlinie (93/38/EWG vom 14.6.1993, ABl. EG Nr. L 199/84); Nachprüfungsrichtlinien (89/665/EWG vom 21.12.1989, ABl. EG Nr. L 395/33 und 92/13/EWG vom 25.12.1992, ABl. EG Nr. L 76/14).

[73] EuGH, EuZW 1996, 575 f.; vgl. dazu *Pietzcker*, 1996, 313 ff.

[74] Artikel 1 des Vergaberechtsänderungsgesetzes vom 26. August 1998, BGBl. I S. 2512; hier wird die ab dem 1.1.1998 geltende Neufassung des GWB zugrundegelegt, BGBl. I S. 2546.

tragswerte, bei deren Erreichen oder Überschreiten die Vergaberegelungen Anwendung finden (sog. Schwellenwerte), bleiben der Regelung in einer Vergabeverordnung vorbehalten. Für die anzuwendenden Verfahren ist vorgesehen, darin auf Teile der bestehenden Verdingungsordnungen (Verdingungsordnung für Leistungen - ausgenommen Bauleistungen - VOL/A und Verdingungsordnung für Bauleistungen - VOL/B) zu verweisen.[75] Um den Rechtsschutz der Interessenten und Bieter zu gewährleisten, ist die Einrichtung von Vergabekammern vorgesehen. Deren Nachprüfung unterliegt die Vergabe öffentlicher Aufträge unbeschadet der Prüfungsmöglichkeiten von Aufsichtsbehörden und Vergabeprüfstellen.

I. Auftragsvergabe bei Auftragswerten unterhalb der Schwellenwerte

Unterhalb der Schwellenwerte (nach dem Vorentwurf der Vergabeverordnung liegen diese z.B. für Liefer- und Dienstleistungsaufträge bei 200.000 ECU, für Bauaufträge bei 5 Mio. ECU) bleibt es für Privatisierungen im Bereich der Abfallentsorgung bei dem für die öffentlich-rechtliche Körperschaft, die die jeweilige Privatisierung vornimmt, schon bislang geltenden Haushaltsrecht. Soweit es sich um Gemeinden oder Gemeindeverbände handelt, gilt die jeweilige Landes-Gemeindehaushaltsverordnung. Dabei sind in den meisten Ländern die Verdingungsordnungen durch Erklärung der Landesinnenminister für verbindlich erklärt worden, in den übrigen wurde deren Anwendung lediglich empfohlen.

II. Auftragsvergabe bei Auftragswerten oberhalb der Schwellenwerte

Oberhalb der Schwellenwerte findet das neue Vergaberecht Anwendung.

1. "Öffentlicher Auftraggeber"

Dem für den Anwendungsbereich entscheidenden Begriff des "öffentlichen Auftraggebers" gemäß § 98 GWB unterliegen dabei nicht mehr nur die klassischen öffentlichen Auftraggeber; dem neuen Vergaberecht liegt vielmehr ein sog. funktionaler Auftraggeberbegriff zugrunde, der nicht formal auf die öffentlich-rechtliche Natur der handelnden Institution abstellt, sondern auf

---

75 Vorentwurf einer Vergabeverordnung zur Information als Anlage 2 zur Regierungsbegründung, BR-Drs. 646/97, S. 64 ff.

deren "juristische Substanz"[76], so daß auch Privatrechtssubjekte den Vergabebestimmungen unterworfen sein können, wenn sie bestimmte staatliche Funktionen wahrnehmen oder in einer bestimmten Beziehung zu staatlichen Institutionen stehen, insbesondere von ihnen beherrscht werden.[77] Öffentliche Auftraggeber sind danach nicht nur Gebietskörperschaften, deren Sondervermögen und von ihnen gegründete Verbände, sondern gemäß § 98 Nr. 2 GWB auch "andere juristische Personen des öffentlichen und privaten Rechts, die zu dem besonderen Zweck gegründet wurden, im Allgemeininteresse liegende Aufgaben nichtgewerblicher Art zu erfüllen", wenn Gebietskörperschaften oder aus ihnen bestehende Verbände "sie einzeln oder gemeinsam durch Beteiligung oder auf sonstige Weise überwiegend finanzieren oder über ihre Leitung die Aufsicht ausüben oder mehr als die Hälfte der Mitglieder eines ihrer zur Geschäftsführung oder zur Aufsicht berufenen Organe bestimmt haben". Neben den nach Landesrecht bestimmten öffentlich-rechtlichen Entsorgungsträgern können daher auch private Entsorgungsunternehmen an das Vergaberecht gebunden sein.

In Betracht kommt insbesondere eine Anwendung der Vorschriften auf Eigengesellschaften der öffentlich-rechtlichen Entsorgungsträger, gemischt-öffentliche und gemischt-wirtschaftliche Entsorgungsunternehmen. Nach dem öffentlichen Organisationsrecht der Länder stellt die Abfallentsorgung nicht nur - als notwendige Aufgabe der Daseinsvorsorge - eine im Allgemeininteresse liegende Aufgabe dar, sie gilt außerdem zumindest insoweit als nichtwirtschaftlich, als der öffentlich-rechtliche Entsorgungsträger damit seiner aus § 15 I KrW-/AbfG folgenden Entsorgungspflicht nachkommt.[78] Eigengesellschaften und gemischt-öffentliche Unternehmen erfüllen den Begriff des öffentlichen Auftraggebers ohne weiteres dadurch, daß sie von Gebietskörperschaften überwiegend finanziert werden. Auch im Hinblick auf die gemischtwirtschaftlichen Entsorgungsunternehmen sind die Voraussetzungen erfüllt, soweit diese unter mehrheitlicher Beteiligung der öffentlichen Hand gegründet werden - wie es bislang weitgehend üblich ist - oder diese die Mehrheit der Mitglieder des Geschäftsführungs- oder Aufsichtsorgans stellt. Sowohl Eigen- wie auch gemischt-öffentliche und gemischt-wirtschaftliche Entsorgungsunternehmen haben demnach bei der Vergabe von Aufträgen, die die Schwellenwerte überschreiten, das Vergaberecht zu beachten.[79]

Öffentliche Auftraggeber im Sinne des § 98 GWB könnten außerdem die nach §§ 17 III, 18 II KrW-/AbfG beliehenen Verbände und Einrichtungen der

---

[76] *Möschel*, WuW 1997, 120, 121.

[77] *Boesen*, NJW 1997, 345; *Byok*, WuW 1997, 197.

[78] Ebenso *Engel*, Gemischtwirtschaftliche Abfallentsorgung, S. 22 f.

[79] Vgl. auch *Möschel*, WuW 1997, 120, 123 f.

Kammern sein, mit der Konsequenz, daß dann das neue Vergaberecht auf die von diesen im Rahmen der ihnen übertragenen Aufgaben zu vergebenden Aufträge Anwendung findet. In Betracht kommt eine Einordnung unter § 98 Nr. 2 GWB, diesmal jedoch nicht wegen überwiegender Finanzierung der Institution durch eine Gebietskörperschaft, sondern weil eine solche über ihre Leitung die Aufsicht ausübt. Wie oben ausgeführt, unterliegen die nach §§ 17 II, 18 III Beliehenen hinsichtlich der ihnen übertragenen Aufgabe der Fachaufsicht der übergeordneten Behörde.[80] Ob dies allerdings eine Aufsicht über die *Leitung* der beliehenen juristischen Person im Sinne der genannten Vorschrift darstellt, ist fraglich. Die über einen Beliehenen auszuübende Fachaufsicht stellt eine Staatsaufsicht dar und findet ihre Rechtfertigung darin, daß der Beliehene durch die Übertragung hoheitlicher Befugnisse der Staatsverwaltung angegliedert und damit selbst zum Träger öffentlicher Verwaltung wird. Die Formulierung in § 98 Nr. 2 GWB, die insofern den der Regelung zugrundeliegenden Richtlinienvorschriften entspricht,[81] scheint sich demgegenüber auf *gesellschaftsrechtliche* Einwirkungsmöglichkeiten der öffentlichen Hand zu beziehen, worauf insbesondere auch die übrigen dort aufgezählten Fälle hindeuten (mehrheitliche Finanzierung durch die öffentliche Hand, Mehrheit der öffentlichen Hand in einem zur Geschäftsführung oder Aufsicht berufenen Organ, wobei in diesem letzteren Fall ein Aufsichtsrat gemeint sein dürfte). Eine systematische Auslegung spricht daher dagegen, die Staatsaufsicht über Beliehene als Ausübung von Aufsicht über ihre Leitung im Sinne der Vorschrift anzusehen. Die nach §§ 17 III, 18 II KrW-/AbfG Beliehenen zählen damit nicht zu den öffentlichen Auftraggebern, auf die das neue Vergaberecht Anwendung finden wird.

2. *"Öffentliche Aufträge"*

Sachlich bezieht sich das neue Vergaberecht auf öffentliche Aufträge. Dies sind nach der in § 99 I GWB enthaltenen Definition "entgeltliche Verträge zwischen öffentlichen Auftraggebern und Unternehmen, die Liefer-, Bau- oder Dienstleistungen zum Gegenstand haben, und Auslobungsverfahren, die zu Dienstleistungsaufträgen führen sollen". Der Begriff der "Dienstleistung" beschränkt sich dabei nicht auf Dienste im Sinne der §§ 611 ff. BGB, sondern ist weit gefaßt[82] (§ 99 IV GWB: "Als Dienstleitungsaufträge gelten die Verträge über Leistungen, die nicht unter Absatz 2 oder 3 fallen und keine Auslobungsverfahren sind.") und bezieht sich daher auch auf Werkleistungen im

---

80 S.o. 3. Teil, C.III.2.

81 Vgl. nur Art. 1 b) der Dienstleisungsrichtlinie.

82 Vgl. *Byok*, WuW 1997, 197, 198.

Sinne der §§ 633 ff. BGB. Damit ist der Anwendungsbereich des neuen Vergaberechts prinzipiell für sämtliche im Zusammenhang mit der Entsorgung stehenden Tätigkeiten eröffnet.

3. Vergabekriterien

Die Aufträge werden gemäß § 97 IV GWB an fachkundige, leistungsfähige und zuverlässige Unternehmen vergeben; jedoch können weitergehende Anforderungen gestellt werden, wenn dies durch Bundes- oder Landesgesetz vorgesehen ist. Nach § 97 V GWB ist der Zuschlag auf das wirtschaftlichste Angebot zu erteilen. Diese Formulierung wurde in den Empfehlungen der Ausschüsse des Bundesrates als zu eng und mißverständlich kritisiert und für nicht kompatibel mit den EG-Vergaberichtlinien gehalten, die die Wahl lassen zwischen dem Kriterium des niedrigsten Preises und dem des wirtschaftlich günstigsten Angebotes, wobei letzteres die Berücksichtigung verschiedener auf den Auftrag bezogener Kriterien (z.B. Qualität, technischer Wert, Zweckmäßigkeit) ermöglicht. Die Möglichkeit zur Berücksichtigung anderer als nur finanzieller Kriterien spielt für Aufträge im Bereich der Umweltverwaltung eine besondere Rolle; bei der Auftragsvergabe könnte der Auftraggeber dann auch Aspekte wie die bessere Umweltverträglichkeit einer Leistung, die Förderung neuer Technologien oder die Kompatibilität mit bislang verwendeten Technologien einbeziehen.

Nach der Gesetz gewordenen Fassung scheinen derartige Aspekte aber nur im Rahmen der Möglichkeit weitergehender Anforderungen durch Bundes- oder Landesgesetz gemäß § 97 IV GWB einbezogen werden zu können. Eine weitere Möglichkeit dürfte jedoch in einer entsprechenden Beschreibung der ausgeschriebenen Leistung liegen.

Nicht durchgesetzt hat sich auch die vom Bundesrat geforderte Aufnahme einer Formulierung, wonach bei der Auswahl zwischen verschiedenen Anbietern Kriterien der Umweltverträglichkeit im Sinne einer nachhaltigen und umweltgerechten Wirtschaftsweise zu berücksichtigen sind.[83] Auch einer solchen Regelung wäre für den Bereich der Umweltverwaltung besondere Bedeutung zugekommen.

Bei der Vergabe von Aufträgen im Rahmen des § 16 I KrW-/AbfG haben die öffentlich-rechtlichen Entsorgungsträger somit nach dem Kriterium des wirtschaftlichsten Angebots vorzugehen; über die Fachkunde, Leistungsfähig-

---

[83] Empfehlungen der Ausschüsse zum Entwurf eines Gesetzes zur Änderung der Rechtsgrundlagen für die Vergabe öffentlicher Aufträge, BR-Drs. 646/2/97, S. 6 f.

keit und Zuverlässigkeit hinausgehende Anforderungen bedürfen einer gesetzlichen Grundlage.

D. Steuerrecht

Einen weiteren bedeutsamen Aspekt bei der Entscheidung einer Kommune über die Organisationsform der kommunalen Abfallwirtschaft stellt der der Besteuerung dar.

I. Öffentlich-rechtliche Organisationsformen

Bislang sind die öffentlich-rechtlich organisierten Entsorgungseinrichtungen - insbesondere Regiebetriebe, Eigenbetriebe und Zweckverbände - im Gegensatz zu den privatrechtlich organisierten Entsorgungsunternehmen aufgrund des hoheitlichen Charakters ihrer Tätigkeit von der Körperschaft-, Gewerbe- und Umsatzsteuer befreit.[84] Gleichzeitig scheidet damit die Möglichkeit eines Vorsteuerabzuges aus. Die Steuerfreiheit ergibt sich aus § 4 V KStG, § 2 GewStDV und § 2 III UStG. Maßgeblich ist dabei insbesondere der in § 4 KStG definierte Begriff des *Betriebes gewerblicher Art*, auf den sich die anderen Normen beziehen; zu den der Steuerpflicht unterliegenden Betrieben gewerblicher Art gehören nach § 4 V KStG nicht die sog. Hoheitsbetriebe, d.h. solche Betriebe, die überwiegend der Ausübung der öffentlichen Gewalt dienen. Die Ausübung öffentlicher Gewalt umfaßt solche Tätigkeiten, die einem Träger öffentlicher Gewalt *eigentümlich und vorbehalten* sind, die also nicht auch von Personen des Privatrechts ausgeübt werden können.[85] Diese Voraussetzung wird für die Entsorgungstätigkeit der Gebietskörperschaften in der bisherigen Praxis der Finanzbehörden und -gerichte überwiegend bejaht.[86] Von anderer Seite wird das Vorliegen dieser Voraussetzungen mit dem Argument bezweifelt, daß sich die öffentlich-rechtlichen Entsorgungsträger doch

---

[84] *Britsch*, in: Bauer/Schink, Organisationsformen, S. 52, 56; *Hühn*, StT 1995, 374; *Müller*, in: Himmelmann, Öffentliche Unternehmen in der Abfallwirtschaft, S. 45, 46 ff.; *Schoch*, Privatisierung der Abfallentsorgung, S. 97 ff.; *Sinz*, GemH 1994, 217.

[85] BFH, BB 1997, 29, 30 m.w.Nachw.

[86] Vgl. *Britsch*, in: Bauer/Schink, Organisationsformen, S. 52, 56; *Forster*, DStR 1996, 651, 655 ff.; *Hühn*, StT 1995, 374; *Müller*, in: Himmelmann, Öffentliche Unternehmen in der Abfallwirtschaft, S. 45, 46 ff.; *Schoch*, Privatisierung der Abfallentsorgung, S. 97 ff.; *Sinz*, GemH 1994, 217.

häufig genug im Wettbewerb mit privaten Entsorgungsunternehmen befänden.[87]

Eine partielle Angleichung der Besteuerung privater und kommunaler Entsorgungsbetriebe durch die Einführung einer Umsatzsteuerpflicht für Entsorgungsleistungen in Höhe von 7 % hatte die Bundesregierung für 1995 geplant.[88] Sie sollte mit dem Jahressteuergesetz 1996 stattfinden. Aufgrund erheblicher Widerstände nach zunächst kontroversen Standpunkten der kommunalen Spitzenverbände hat das Bundesfinanzministerium diese Pläne jedoch zunächst fallengelassen.[89]

Die der Steuerbefreiung nach noch geltendem Recht kritisch gegenüberstehende Haltung schien sich mit einem aufsehenerregenden Gerichtsbescheid vom 10. Juli 1996[90] auch der Bundesfinanzhof (BFH) zu eigen zu machen. Danach sollte die Entsorgungstätigkeit der öffentlichen Hand nicht mehr als hoheitlich anzusehen sein, da es sich um Aufgaben handele, die auch von Personen des Privatrechts wahrgenommen werden, und die öffentlichen Entsorgungsträger in tatsächlichen oder potentiellen Wettbewerb zu diesen Unternehmen träten. Öffentliche Entsorgungseinrichtungen müßten daher ebenso wie die privaten Entsorgungsunternehmen zur Körperschaftsteuer herangezogen werden. Für die Kommunen hätte dies neben einem erheblichen Anstieg der Entsorgungskosten und damit der vom Bürger zu tragenden Abfallgebühren - entsprechende Berechnungen ließen einen Anstieg von bis zu 25 % befürchten - auch einen verstärkten Druck in Richtung auf weitere Privatisierungen im Bereich der Abfallentsorgung zur Folge gehabt.[91]

In dem mit Spannung erwarteten Urteil vom 24.10.1996[92] hob der BFH den Gerichtsbescheid vom 10.7.1996 jedoch auf und entschied, daß die öffentlichen Entsorgungsbetriebe jedenfalls im Hinblick auf die Hausmüllentsorgung nicht körperschaftsteuerpflichtig seien.[93] Nicht nur sei die Entsorgung des Hausmülls durch die Regelung in § 3 II 1 AbfG den juristischen Personen öffentlichen Rechts als öffentliche Pflichtaufgabe übertragen und damit *vorbe-*

---

[87] *Seer*, DStR 1992, 1751, 1755; im Hinblick auf die Wertstoffsammlung und -verwertung *Widmann*, UR 1992, 9, 11.

[88] Die Zeit v. 24.3.1995; Süddeutsche Zeitung v. 22.3.1995. Eingehend zur politischen Diskussion *Cronauge/Dedy*, GemH 1997, 217 f. Zu den Auswirkungen einer Steuerpflicht auf die kommunale Abfallentsorgung *Hühn*, StT 1995, 374 ff.

[89] Deutscher Landkreistag, WuB 1996, 15, 18.

[90] Az. I R 1/94 und I R 2/92; s. SZ v. 18.9.1996 und FAZ v. 17.9.1996; *Cronauge/Dedy*, GemH 1997, 217, 220.

[91] *Cronauge/Dedy*, GemH 1997, 217, 220 f.

[92] Süddeutsche Zeitung v. 24.10.1996.

[93] BFH, BB 1997, 29 ff.

halten, diese sei ihnen auch *eigentümlich* unabhängig davon, ob mit der tatsächlichen Durchführung der Hausmüllentsorgung ganz oder teilweise private Unternehmen beauftragt worden seien, da diese lediglich als "Erfüllungsgehilfen" tätig werden könnten.[94] Die Entsorgung des Hausmülls diene überwiegend der Ausübung öffentlicher Gewalt, nicht weil die Körperschaft dabei über öffentlich-rechtliche Zwangs- und Monopolrechte verfüge, sondern weil damit die Erfüllung einer öffentlichen Aufgabe, nämlich der Schutz der Gesundheit der Bevölkerung und der Umwelt, verfolgt werde und nicht die Erzielung von Einnahmen Hauptzweck der Tätigkeit sei.[95] Schließlich könnten die entsorgungspflichtigen juristischen Personen öffentlichen Rechts mit privaten Entsorgungsunternehmen weder tatsächlich noch potentiell in Wettbewerb treten, da ihnen die Hausmüllentsorgung gesetzlich vorbehalten sei.[96]

Obwohl der BFH sich in der Entscheidung ausdrücklich auf die der Streitigkeit zugrundeliegenden Jahre 1984 und 1985 und damit auf das zu diesem Zeitpunkt geltende Abfallrecht[97] bezieht, dürfte die Qualifizierung der Hausmüllentsorgung als hoheitliche Tätigkeit nicht nur für das AbfG von 1986, sondern auch für das insoweit identische KrW-/AbfG gelten: Weiterhin ist den entsorgungspflichtigen Körperschaften öffentlichen Rechts durch § 15 I iVm § 13 I die Entsorgung der Abfälle aus privaten Haushaltungen gesetzlich auferlegt und damit als ihnen "vorbehalten und eigentümlich", überwiegend der Ausübung öffentlicher Gewalt dienend und somit wettbewerbsneutral zu qualifizieren.[98] Übertragen lassen sich die - aufgrund des Streitgegenstandes auf die Hausmüllentsorgung beschränkten[99] - Erwägungen des BFH aber auch auf die Entsorgung der auf dem Gebiet der öffentlich-rechtlichen Entsorgungsträger angefallenen und ihnen überlassenen Abfälle zur Beseitigung aus anderen Herkunftsbereichen; auch für diese Abfälle besteht eine gesetzliche

---

94 BFH, BB 1997, 29, 30 f.

95 BFH, BB 1997, 29, 31.

96 BFH, BB 1997, 29, 31.

97 Abfallgesetz v. 7.6.1972, BGBl. I, S. 873, BGBl. I, S. 204.

98 *Cronauge/Dedy*, GemH 1997, 217, 223.

99 Ausdrücklich nicht entschieden wissen wollte der BFH die Frage, ob die Einordnung als hoheitliche Tätigkeit auch für die Entsorgung von Sondermüll gelte, s. BB 1997, 29, 30; da er Sonderabfall dabei als solchen Abfall einordnet, der nicht mit den in Haushaltungen anfallenden Abfällen entsorgt werden kann oder der aus gewerblichen oder sonstigen wirtschaftlichen Unternehmen stammt und in besonderem Maße gefährlich ist im Sinne von § 2 II AbfG a.F., stellt sich die Frage, ob er nicht ohnehin solchen Abfall, der zwar aus gewerblichen oder sonstigen wirtschaftlichen Unternehmen stammt, aber nicht gefährlich ist und mit den in Haushaltungen anfallenden Abfällen entsorgt werden kann (sog. hausmüllähnlicher Gewerbeabfall), unter den Begriff des Hausmülls faßt.

Entsorgungspflicht der juristischen Personen öffentlichen Rechts nach §§ 15 I, 13 I, so daß die Erfüllung dieser Pflicht als ihnen "vorbehalten und eigentümlich" damit wettbewerbsneutral und außerdem als überwiegend der Ausübung öffentlicher Gewalt dienend gelten kann, da sie dem Schutz der Gesundheit der Bevölkerung und der Umwelt und nicht primär Erwerbszwecken dient.[100] Als hoheitlich ist danach jede Tätigkeit öffentlich-rechtlicher Entsorgungsträger anzusehen, die in Erfüllung ihrer gesetzlichen Entsorgungspflicht erfolgt.[101]

Nicht geklärt hat der BFH allerdings die Frage, ob öffentliche Entsorgungsbetriebe auch weiterhin von der Umsatzsteuerpflicht befreit sind.[102] Eine Steuerpflicht könnte sich insbesondere aufgrund Art. 4 V der 6. Umsatzsteuerrichtlinie der EWG[103] ergeben, wonach Gemeinden und sonstige Einrichtungen des öffentlichen Rechts zwar nicht als Steuerpflichtige gelten, soweit sie Tätigkeiten ausüben oder Leistungen erbringen, die ihnen im Rahmen der öffentlichen Gewalt obliegen; jedoch ist nach Auffassung der Kommission und des EuGH die Voraussetzung der nichtunternehmerischen Tätigkeit eng auszulegen.[104] Als steuerbefreit seien danach nur solche Tätigkeiten anzusehen, durch die eine spezifische Aufgabe im Rahmen der öffentlichen Gewalt wahrgenommen wird, was nicht der Fall sein soll, wenn die öffentliche Einrichtung diese Tätigkeiten unter denselben Voraussetzungen wie private Wirtschaftsteilnehmer wahrnimmt, mit diesen also in Wettbewerb treten könnte, und eine Steuerbefreiung zu größeren Wettbewerbsverzerrungen führen könnte.[105] Inwieweit diese Voraussetzungen hinsichtlich der öffentlichen Entsorgungstätigkeit gegeben sind, ist umstritten. Unklar ist dabei nicht nur, ob zwischen den öffentlich-rechtlichen Entsorgungsträgern und privaten Entsorgern überhaupt ein zumindest potentielles Wettbewerbsverhältnis besteht, sondern auch, ob eine erhebliche Wettbewerbsverzerrung vorliegt.[106]

---

[100] A.A. *Cronauge/Dedy*, GemH 1997, 217, 223.

[101] Andererseits wird aus der ausdrücklichen Beschränkung des BFH auf die Streitjahre 1984 und 1985 und auf den Bereich der Hausmüllentsorgung gefolgert, das Gericht wolle sich "- vor allem wohl im Hinblick auf eine etwa zu erwartende Privatisierung der Entsorgung - für die Zukunft eine von der vorliegenden abweichende rechtliche Sicht vorbehalten", s. *Selmer*, JuS 1997, 474, 475.

[102] Gegen eine Steuerbefreiung öffentlich-rechtlicher Entsorgungsbetriebe nach § 2 III UStG *Klapdor*, BB 1996, 2065, 2066 f.

[103] Richtlinie des Rates 77/388/EWG.

[104] EuGHE 1987, 1471.

[105] EuGHE 1990, I - 1869.

[106] Vgl. *Forster*, DStR 1996, 651, 657 f.; *Klapdor*, BB 1996, 2065, 2067 f.

Auch die Pläne der Bundesregierung, eine Steuerpflicht für öffentlich-rechtliche Entsorgungseinrichtungen zu begründen, um privaten Anbietern gleiche Wettbewerbschancen einzuräumen, sind noch nicht vom Tisch.[107]

II. Privatrechtliche Organisationsformen

Im Gegensatz zu den öffentlich-rechtlichen Entsorgungseinrichtungen der Gebietskörperschaften unterliegen privatrechtliche Entsorgungsunternehmen - kraft Rechtsform - der Körperschaft-, Gewerbe- und Umsatzsteuerpflicht.[108]

Danach sind sowohl rein private Unternehmen wie auch gemischt-wirtschaftliche und Eigengesellschaften der öffentlichen Hand steuerpflichtig.

Eine Anerkennung privater Entsorgungsunternehmen als gemeinnützig nach §§ 51 ff. AO - die zu einer Befreiung von der Körperschaft-, Gewerbe- und Grundsteuer und einer Reduktion der Umsatzsteuer auf 7 % bei voller Vorsteuerabzugsfähigkeit führen würde - dürfte regelmäßig an der Voraussetzung des "selbstlosen" Handelns scheitern, ist deren Tätigkeit doch in der Regel darauf gerichtet, Einnahmen zu erzielen.[109]

III. Steuerpflicht bei Pflichtenübertragung?

Soweit privaten Dritten Entsorgungspflichten nach § 16 II KrW-/AbfG übertragen werden, besteht kein Zweifel an der Steuerpflicht der neuen Pflichtenträger; diese erfüllen die Pflichten nicht hoheitlich, sondern auf privatrechtlicher Basis. Die Voraussetzungen für die Annahme eines Hoheitsbetriebes liegen daher nicht vor.

Bei Pflichtenübertragungen nach §§ 17 III, 18 II wird die Stellung der privaten Entsorgungsträger jedoch aufgrund der Mitübertragung hoheitlicher Befugnisse weitgehend der der öffentlich-rechtlichen Entsorgungsträger angenähert. Die Verbände und Einrichtungen der Kammern werden zu Beliehenen, also zu Trägern öffentlicher Verwaltung. Im Hinblick auf die Erfüllung der ihnen übertragenen Pflichten könnte daher ein von der Steuerpflicht

---

[107] Vgl. nur Stellungnahme der Bundesregierung zum elften Hauptgutachten der Monopolkommission, BT-Drs. 13/7998, S. 14.

[108] Im einzelnen *Müller*, in: Himmelmann, Öffentliche Unternehmen in der Abfallwirtschaft, S. 45, 55 ff.; *Sinz*, AJ 1994, 60, 61 f., *ders.*, GemH 1994, 217 ff.

[109] Vgl. BFH, NVwZ 1995, 1036 ff.; BFH, NVwZ 1995, 1038 ff.; *Müller*, in: Himmelmann, Öffentliche Unternehmen in der Abfallwirtschaft, S. 45, 51 ff.; *Sinz*, AJ 1994, 60, 61.

befreiter Hoheitsbetrieb anzunehmen sein. Dem stehen die vom BFH in dem Verfahren zur Körperschaftsteuerpflicht der kommunalen Hausmüllentsorgung aufgestellten Kriterien nicht entgegen: Auch die Beliehenen sind - wie die öffentlich-rechtlichen Entsorgungsträger - nach § 17 VI 1 iVm § 15 I zur Entsorgung gesetzlich verpflichtet, so daß ihnen die dazu erforderlichen Tätigkeiten "vorbehalten und eigentümlich" sind; bei der Erfüllung der ihnen übertragenen Entsorgungspflichten können andere Entsorger nur als Erfüllungsgehilfen, nicht aber selbstverantwortlich tätig werden. Abgesehen davon dient auch die Tätigkeit der Beliehenen überwiegend der Ausübung öffentlicher Gewalt, da die Erzielung von Einnahmen schon wegen des bei der Gebührenerhebung und auch bei der Berechnung privatrechtlicher Entgelte durch Beliehene geltenden Kostenüberschreitungsverbotes, das die Erzielung von Gewinnen verbietet, nicht als Hauptzweck in Betracht kommen kann. Und schließlich können auch die Beliehenen im Hinblick auf die ihnen übertragenen Pflichten weder tatsächlich noch potentiell mit anderen Entsorgungsunternehmen in Wettbewerb treten, da diese ihnen gesetzlich vorbehalten sind. Für die Erfüllung der nach §§ 17 III, 18 II übertragenen Pflichten ist danach ein Hoheitsbetrieb anzunehmen, so daß die Verbände und Einrichtungen der Kammern insoweit von der Körperschaft-, Gewerbe- und Umsatzsteuer befreit sind.

E. Kartellrecht

Fragen kartellrechtlicher Art stellen sich insbesondere im Hinblick auf die gemischt-wirtschaftliche Entsorgung, aber auch bei der Möglichkeit der Verbandsgründung nach § 17 I KrW-/AbfG, den Möglichkeiten zur Übertragung von Entsorgungspflichten nach §§ 17 III, 18 II, 16 II KrW-/AbfG sowie der Errichtung kollektiver Rücknahmesysteme.[110]

I. Gemischt-wirtschaftliche Entsorgung

Die gemischt-wirtschaftliche Entsorgung in Form der Gründung privatrechtlicher Gesellschaften unter Beteiligung der öffentlich-rechtlichen Entsorgungsträger und privater Unternehmen wirft unter verschiedenen Aspekten kartellrechtliche Probleme auf. Zu unterscheiden ist zwischen der Gründung derartiger Unternehmen (dazu unter 1.), deren Beauftragung durch die öffent-

---

110 Zugrundegelegt wird wiederum die ab dem 1.1.1999 geltende Fassung des GWB, s. Bekanntmachung in BGBl. I, 2547; die alte Nummerierung wurde in Klammern gesetzt.

liche Hand (dazu unter 2.) und schließlich deren laufender Geschäftstätigkeit (dazu unter 3.).[111]

1. Gründung

a) Anwendbarkeit

Voraussetzung für die Anwendbarkeit des Kartellrechts auf die Gründung eines gemischt-wirtschaftlichen Unternehmens ist, daß die Körperschaften öffentlichen Rechts dabei als Unternehmen im Sinne des GWB handeln. Unternehmen im Sinne des Gesetzes ist jeder, der als Anbieter oder Nachfrager auf einem Markt zum Zwecke des marktwirtschaftlichen Leistungsaustausches auftritt.[112] Nach § 130 I 1 GWB (§ 98 I GWB a.F.) findet das Gesetz auch Anwendung auf "Unternehmen", die ganz oder teilweise im Eigentum der öffentlichen Hand stehen oder von ihr verwaltet oder betrieben werden. Dabei ist dem dort genannten Begriff des Unternehmens keine einschränkende Funktion dergestalt zu entnehmen, daß nur rechtlich selbständige Einheiten der öffentlichen Hand erfaßt sein sollen; vielmehr wird der Unternehmensbegriff funktions- und tätigkeitsbezogen weit ausgelegt.[113] Auch Gemeinden und ihre Untereinheiten, d.h. Ämter, Regiebetriebe und Eigenbetriebe, können danach Unternehmen im Sinne des GWB sein,[114] Voraussetzung ist lediglich, daß sie am Wirtschaftsleben teilnehmen, also in Wettbewerbsbeziehungen zu privaten Nachfragern oder Anbietern treten.[115] Dabei kommt es nicht darauf an, ob die Kommunen in öffentlich-rechtlicher oder privatrechtlicher Form tätig werden.[116] Vielmehr ist die (öffentlich-rechtliche oder privatrechtliche) *Leistungs*beziehung der öffentlichen Hand zu den Adressaten ihres Handelns einerseits von der *Wettbewerbs*beziehung zu anderen privaten Unternehmen andererseits zu trennen; für die Anwendung

---

[111] Vgl. zu dieser Einteilung auch *Pauly/Figgen/Hünnekens*, Gemischtwirtschaftliche Entsorgungsunternehmen, S. 16.

[112] *Jungbluth*, in: Langen/Bunte, KartR, § 98 Rn. 1.

[113] *Jungbluth*, in: Langen/Bunte, KartR, § 98 Rn. 2 f.

[114] *Jungbluth*, in: Langen/Bunte, KartR, § 98 Rn. 38.

[115] *Emmerich*, in: Immenga/Mestmäcker, GWB, § 98 Rn. 44, 46 ff.

[116] BGHZ 67, 81, 84 m.w.Nachw.; *Huber/Baums*, in: Frankfurter Kommentar GWB, § 1 Rn. 72; *Jungbluth*, in: Langen/Bunte, KartR, § 98 Rn. 37; *Pauly/Figgen/Hünnekens*, Gemischtwirtschaftliche Entsorgungsunternehmen, S. 108 f.; *von Wallenberg*, Kartellrecht, Rn. 48.

des GWB muß nur letztere privatrechtlicher Natur sein.[117] Es kommt somit für die Gründung gemischt-wirtschaftlicher Entsorgungsunternehmen nur darauf an, ob die Wettbewerbsbeziehungen zwischen öffentlich-rechtlichen Entsorgungsträgern und privaten Entsorgungsunternehmen dabei privatrechtlicher Natur sind.

Keine privatrechtlichen Wettbewerbsbeziehungen liegen vor bei Leistungen, die von der öffentlichen Hand aufgrund hoheitlicher Bestimmungen angeboten oder nachgefragt werden; dies ist insbesondere der Fall, wenn ein Anschluß- und Benutzungszwang besteht.[118] Entsorgungsleistungen, die die öffentlich-rechtlichen Entsorgungsträger in Erfüllung ihrer gesetzlichen Entsorgungspflicht nach § 15 I KrW-/AbfG (früher § 3 II 1 AbfG) erbringen, stehen danach nicht in privatrechtlicher Wettbewerbsbeziehung zu den Entsorgungsleistungen privater Entsorgungsunternehmen; das GWB findet darauf keine Anwendung.[119] Der Vorgang der Gründung eines gemischt-wirtschaftlichen Entsorgungsunternehmens fällt jedoch nicht in den Bereich der Erbringung von Entsorgungsleistungen nach § 15 I; es handelt sich dabei vielmehr um Aktivitäten der Kommune im Vorfeld des § 16 I, insbesondere die kommunalrechtlich determinierte Entscheidung über die Beteiligung an einem privaten Unternehmen, die Auswahl der zu beteiligenden privaten Entsorger, die Vertragsverhandlungen und schließlich den Abschluß des privatrechtlichen Gesellschaftsvertrages. Diese betreffen nicht die öffentlich-rechtliche *Leistungs*beziehung zwischen öffentlichem Entsorgungsträger und Bürger,[120] sondern zeitigen *wettbewerbs*rechtliche Auswirkungen im Hinblick auf andere private Entsorgungsunternehmen, insbesondere da die ausgewählten privaten Partner diesen gegenüber einen Marktvorteil erlangen können.[121] Diese Wettbewerbsbeziehung ist privatrechtlicher Natur, da das gemischt-wirtschaftliche Entsorgungsunternehmen auf dem Markt Leistungen anbietet, die denen anderer Entsorgungsunternehmen gleichartig sind.

---

[117] BGHZ 102, 280, 286; *Emmerich*, in: Immenga/Mestmäcker, GWB, § 98 Rn. 13 ff.; *Huber/Baums*, in: Frankfurter Kommentar GWB, § 1 Rn. 73; *Jungbluth*, in: Langen/Bunte, KartR, § 98 Rn. 10.

[118] *Emmerich*, in: Immenga/Mestmäcker, GWB, § 98 Rn. 36; *Jungbluth*, in: Langen/Bunte, KartR, § 98 Rn. 28.

[119] *Schink*, in: Bauer/Schink, Organisationsformen in der öffentlichen Abfallwirtschaft, S. 5, 30 ff.

[120] Vgl. *Engel*, Gemischtwirtschaftliche Abfallentsorgung, S. 39, 40; *Fluck*, KrW-/AbfG, 3 16 Rn. 61.

[121] OLG Düsseldorf, NWVBl. 1994, 193, 194; a.A. *Schütte*, RdE 1994, 137, 139.

Das GWB ist somit auf die Gründung gemischt-wirtschaftlicher Unternehmen anwendbar.[122]

b) Fusionskontrolle

Die Gründung eines gemischt-wirtschaftlichen Entsorgungsunternehmens zwischen öffentlich-rechtlichen Entsorgungsträgern und privaten Unternehmen kann die Gründung eines Gemeinschaftsunternehmens im Sinne von § 37 I Nr. 3 S. 3 GWB (§ 23 II Nr. 2 S. 3 GWB a.F.) darstellen und daher als fusionskontrollrechtlich relevanter Zusammenschluß der Beteiligten auf dem Markt des Gemeinschaftsunternehmens gelten. Voraussetzung ist der Erwerb von Anteilen an dem neuen Entsorgungsunternehmen in Höhe von 50 % oder 25 % des Kapitals oder der Stimmrechte durch die öffentliche Hand und den/die privaten Entsorger. Nach § 35 I GWB greift die Fusionskontrolle jedoch nur ein, wenn die beteiligten Unternehmen im letzten Geschäftsjahr vor dem Zusammenschluß weltweit Umsatzerlöse von mehr als 1 Mrd. DM und mindestens ein beteiligtes Unternehmen im Inland Umsatzerlöse von mehr als 50 Mio. DM erzielt haben.[123] Damit dürften nur solche Gemeinschaftsunternehmen erfaßt sein, an denen sich umsatzstarke, überregional agierende Entsorger oder Energieversorger beteiligen, nicht jedoch solche zwischen öffentlich-rechtlichen Entsorgungsträgern und kleineren, ausschließlich regional tätigen Entsorgungsunternehmen.

Liegt ein Zusammenschluß im Sinne des § 37 I GWB vor und ist dieser kausal für die Begründung oder Verstärkung einer marktbeherrschenden Stellung im Sinne von § 19 II, III GWB (§ 22 I, II GWB a.F.), so ist die Gründung durch das Bundeskartellamt gemäß § 36 I 1 GWB (§ 24 I, II GWB a.F.) zu untersagen. Ob die Gründung eines gemischt-wirtschaftlichen Entsorgungsunternehmens eine marktbeherrschende Stellung begründet oder verstärkt, ist jeweils hinsichtlich seiner Marktfunktion in einem bestimmten sachlich, örtlich und zeitlich abgegrenzten Bereich, dem sog. relevanten Markt, zu untersuchen.[124] Für eine sachliche Abgrenzung des jeweils relevanten Marktes bietet sich eine Unterscheidung von Entsorgungsleistungen nach der Abfallart, d.h. nach Abfällen zur Verwertung/zur Beseitigung,

---

[122] Davon geht auch das BKartA aus, s. Tätigkeitsbericht 1993/94, BT-Drs. 13/1660, S. 126.

[123] Im Hinblick auf die öffentlich-rechtliche Körperschaft zählen insofern nur die Umsätze aus unternehmerischer Tätigkeit, s. *Bechtold*, in: Tettinger, Public-private-partnerships, S. 67.

[124] Vgl. *Möschel*, in: Immenga/Mestmäcker, GWB, § 22 Rn. 18; *Ruppelt*, in: Langen/Bunte, KartR, § 24 Rn. 13.

Abfällen aus privaten Haushaltungen/aus anderen Herkunftsbereichen und nicht/einfach/besonders überwachungsbedürftigen Abfällen, an.[125] Der jeweils räumlich relevante Markt bestimmt sich nach Maßgabe der räumlich gegebenen Austauschmöglichkeiten aus Sicht der Abnehmer der Entsorgungsleistung.[126]

In der Regel werden gemischt-wirtschaftliche Entsorgungsunternehmen mit dem Zweck gegründet, mit der Erfüllung der dem öffentlich-rechtlichen Entsorgungsträger obliegenden Entsorgungsaufgaben ganz oder zumindest zum größten Teil beauftragt zu werden.[127] Den nicht an dem Gemeinschaftsunternehmen beteiligten örtlich ansässigen privaten Entsorgern, die die Erfüllung dieser Aufgaben ebenfalls anbieten könnten, wird dieser Markt langfristig faktisch versperrt; der Wettbewerb um die Vergabe der entsprechenden Entsorgungsleistungen in dem jeweiligen Gebiet wird dauerhaft ausgeschlossen.[128] Danach könnte ohne weiteres von der Begründung oder Verstärkung einer marktbeherrschenden Stellung des gemischt-wirtschaftlichen Entsorgungsunternehmens ausgegangen werden. Das Bundeskartellamt stellt bei der Betrachtung der Marktverhältnisse jedoch weniger auf die Stellung der Gemeinde oder des Gemeinschaftsunternehmens als vielmehr auf die der beteiligten privaten Entsorgungsunternehmen ab; danach kommt es darauf an, ob diese eine überragende Marktstellung erlangen.[129] Dabei ist entscheidend, inwieweit die privaten Entsorger durch die Beteiligung einen verbesserten Zugang zu den örtlichen Absatzmärkten erlangen, wobei insbesondere die bereits vorhandenen Marktanteile relevant sind.[130] Besonders kritisch ist die Beteiligung von Tochtergesellschaften der großen Energieversorgungsunter-

---

[125] *Weber*, RdE 1995, 91, 92; differenzierend nach Dienstleistungs- und Warenmärkten *Bechtold*, in: Tettinger, Public-private-partnerships, S. 67, 69 f.

[126] Vgl. *Ruppelt*, in: Langen/Bunte, KartR, § 22 Rn. 25. Nach *Pauly/Figgen/Hünnekens*, Gemischtwirtschaftliche Entsorgungsunternehmen, S. 115, liegt es nahe, hinsichtlich der gemischt-wirtschaftlichen Entsorgung das Gebiet der jeweils entsorgungspflichtigen Körperschaft als relevanten räumlichen Markt zugrunde zu legen. Zu den Problemen bei der Abgrenzung sachlich und räumlich relevanter Entsorgungsmärkte s. Monopolkommission, Hauptgutachten 1994/95, BT-Drs. 13/5309, Tz. 78, 100.

[127] *Weber*, RdE 1995, 91, 94. Seit Inkrafttreten des KrW-/AbfG kommt als Zweck auch eine Pflichtenübertragung im Sinne des § 16 II in Betracht.

[128] *Weber*, RdE 1995, 91, 94; Zweifel am Vorliegen der Untersagungsvoraussetzungen äußert *Bechtold*, in: Tettinger, Public-private-partnership, S. 67, 71 f.

[129] Vgl. *Weber*, RdE 1995, 91, 95; *Wolf*, in: GfU, Kreislaufwirtschafts- und Abfallgesetz - was ändert sich?, S. 193, 198.

[130] *Wolf*, in: GfU, Kreislaufwirtschafts- und Abfallgesetz - was ändert sich?, S. 193, 198 f.; vgl. dazu *Richter*, in: Tettinger, Public-private-partnerships, S. 47, 62 f.

nehmen zu beurteilen;[131] bei der kartellrechtlichen Betrachtung kommt es dann auch auf die bei diesen vorhandenen finanziellen Ressourcen an, die zu einem Verdrängungswettbewerb eingesetzt werden können,[132] außerdem sind deren aus der kommunalen Beteiligung resultierende strukturelle Vorteile zu beachten.[133]

Für den Fall, daß ein gemischt-wirtschaftliches Unternehmen zwecks Bewerbung um den DSD-Auftrag in der jeweiligen Kommune gegründet wird, geht das Bundeskartellamt grundsätzlich davon aus, daß dadurch eine marktbeherrschende Stellung verstärkt wird: Aufgrund der Notwendigkeit einer Abstimmungserklärung der Kommunen kann unterstellt werden, daß das Unternehmen bei der Vergabe des DSD-Auftrags gegenüber rein privaten Entsorgern dauerhaft bevorzugt wird.[134] Dies soll jedoch dadurch ausgeschlossen werden können, daß die Laufzeit des Unternehmens auf die Dauer der Beauftragung beschränkt wird.[135]

c) Behinderungs- und Diskriminierungsverbot

Hinsichtlich der Auswahl der an dem gemischt-wirtschaftlichen Entsorgungsunternehmen zu beteiligenden privaten Unternehmen durch die Gemeinde könnte weiterhin § 20 I GWB (§ 26 II GWB a.F.) Anwendung finden. Danach dürfen u.a. marktbeherrschende Unternehmen im Sinne des § 19 II, III GWB (§ 22 GWB a.F.) andere Unternehmen nicht unbillig behindern oder ohne sachlich gerechtfertigten Grund unterschiedlich behandeln. Zweck der Vorschrift ist die Begrenzung der von bestimmten Machtstellungen ausgehenden Beeinträchtigungen wettbewerblicher Betätigungsmöglichkeiten anderer Unternehmen.[136]

---

[131] BKartA, Tätigkeitsbericht 1993/94, BT-Drs. 13/1660, S. 126; Monopolkommission, Hauptgutachten 1994/95, BT-Drs. 13/5309; Tz. 99 f.; *Schultz*, in: UTR 38, Umwelschutz und Wettbewerb, S. 107, 122.

[132] *Weber*, RdE 1995, 91, 95 f.; *Wolf*, in: GfU, Kreislaufwirtschafts- und Abfallgesetz - was ändert sich?, S. 193, 198.

[133] *Weber*, RdE 1995, 91, 95, 96; vgl. auch *Burchardi/Sacksofsky*, in: Jb. UTR 1994, 23, 37. Siehe beispielhaft für die Bevorzugung von EVU durch Gebietskörperschaften auch im Entsorgungsbereich die Berichte von *Drobek*, et 1994, 273 (Public-Private-Partnership Abfallverwertungsanlage Augsburg), und *Cahn von Seelen*, et 1994, 280, 283 f. (Bioabfallkompostierung).

[134] *Burchardi/Sacksofsky*, in: Jb. UTR 1994, 23, 37; vgl. auch *Scholten*, in: Tettinger, Public-private-partnerships, s. 73, 76.

[135] Vgl. *Burchardi/Sacksofsky*, in: Jb. UTR 1994, 23, 37.

[136] *Markert*, in: Immenga/Mestmäcker, GWB, § 26 Rn. 52, 69 ff.

Die öffentliche Hand gilt bei der Erteilung öffentlicher Aufträge als marktbeherrschendes Unternehmen.[137] Der öffentlich-rechtliche Entsorgungsträger ist bei der Auswahl der privaten Gesellschafter marktbeherrschendes Unternehmen unter dem Aspekt, daß er dabei als Nachfrager nach Entsorgungsleistungen, die der Erfüllung seiner gesetzlichen Entsorgungspflicht dienen, in einer Monopolsituation ist.[138] Er unterliegt dabei also gegenüber allen in der Kommune in Betracht kommenden privaten Entsorgungsunternehmen dem Behinderungs- und Diskriminierungsverbot des § 20 I GWB (§ 26 II GWB a.F.). Daraus folgt jedoch nicht, daß der öffentliche Entsorgungsträger alle bislang auf seinem Gebiet tätigen Entsorgungsunternehmen an dem gemischtwirtschaftlichen Unternehmen beteiligen müßte; insbesondere haben die nicht berücksichtigten Unternehmen keinen Anspruch auf eine Beteiligung.[139] Vielmehr ergibt sich aus § 20 I GWB lediglich eine Pflicht der Gemeinde zur Ausschreibung der Beteiligung und zur willkürfreien Auswahl zwischen den Bewerbern.[140]

d) Kartellverbot

Auf die Gründung eines gemischt-wirtschaftlichen Entsorgungsunternehmens, genauer den Gesellschaftsvertrag, könnte schließlich das Kartellverbot des § 1 GWB (n.F.)[141] Anwendung finden. Danach sind Vereinbarungen zwischen miteinander im Wettbewerb stehenden Unternehmen, Beschlüsse von Unternehmensvereinigungen und aufeinander abgestimmte Verhaltensweisen, die eine Verhinderung, Einschränkung oder Verfälschung des Wettbewerbs bezwecken oder bewirken, verboten.

---

137 BGHZ 101, 72, 78 ff.; OLG Koblenz, GRUR 1984, 380 ff.; *Schultz*, in: Langen/Bunte, KartR, § 26 Rn. 65, 67 m.w.Nachw.

138 *Engel*, Gemischtwirtschaftliche Abfallentsorgung, S. 65 f.; *Pauly/Figgen/Hünnekens*, Gemischtwirtschaftliche Entsorgungsunternehmen, S. 113 f.; *Schütte*, RdE 1994, 137, 139 f.

139 *Pauly/Figgen/Hünnekens*, Gemischtwirtschaftliche Entsorgungsunternehmen, S. 105; *Schütte*, RdE 1994, 137, 140.

140 BGHZ 101, 72, 82 f.; OLG München, WiB 1997, 386; OLG Düsseldorf WuW/E OLG 2274, 2280 f.; OLG Düsseldorf, NWVBl. 1994, 193, 195; *Engel*, Gemischtwirtschaftliche Abfallentsorgung, S. 68 f.; *Pauly/Figgen/Hünnekens*, Gemischtwirtschaftliche Entsorgungsunternehmen, S. 105 f.; vgl. auch *Schink*, in: Bauer/Schink, Organisationsformen, S. 33 ff.

141 Durch die Neufassung hat sich zwar die Formulierung des Kartellverbotes, nicht jedoch dessen materieller Aussagegehalt geändert, vgl. *Bechtold*, BB 1997, 1853, 1854; *Lutz*, GewArch 1997, 165, 175.

§ 1 GWB ist auf die Gründung gemischt-wirtschaftlicher Entsorgungsgesellschaften neben der Fusionskontrolle der §§ 35 ff. GWB (§§ 23 ff. GWB a.F.) anwendbar, weil es sich dabei überwiegend nicht um konzentrative, sondern, da sie in der Regel zu einer Koordinierung der Unternehmenspolitik der Mütter, d.h. der öffentlichen Hand und der beteiligten privaten Unternehmen, beitragen, um kooperative Gemeinschaftsunternehmen handelt.[142] Es findet daher eine Doppelkontrolle statt; § 1 GWB ist anwendbar.

Der Gesellschaftsvertrag zwischen privaten Entsorgern und öffentlich-rechtlichen Entsorgungsträgern stellt eine Vereinbarung zwischen miteinander im Wettbewerb stehenden Unternehmen dar. Weiterhin müßte eine Beschränkung des Wettbewerbs bezweckt oder bewirkt werden, d.h. die Beteiligten müßten durch die Unternehmensgründung ihre wirtschaftliche Handlungsfreiheit am Markt beschränken. Mit der Gründung eines gemischt-wirtschaftlichen Unternehmens ziehen sich die daran beteiligten privaten Entsorger zugunsten desselben als Anbieter und die öffentliche Hand als Nachfrager weitgehend vom Entsorgungsmarkt zurück und beschränken dadurch den (potentiellen) Wettbewerb zwischen sich untereinander und vor allem zwischen sich und externen Wettbewerbsteilnehmern.[143] Eine derartige Unternehmensgründung beeinflußt in der Regel auch die Marktverhältnisse auf dem Entsorgungsmarkt in der betreffenden Kommune: Es kann davon ausgegangen werden, daß nicht beteiligte Entsorgungsunternehmen auf dem Markt der zuvor von der Kommune nachgefragten Entsorgungsleistungen in ihrer Tätigkeit strukturell erheblich beeinträchtigt werden, und zwar insbesondere dann, wenn das gemischt-wirtschaftliche Unternehmen umfassend mit den dem öffentlichen Entsorgungsträger obliegenden Aufgaben beauftragt werden soll.[144]

---

142 Vgl. *Engel*, Gemischtwirtschaftliche Abfallentsorgung, S. 47; *Pauly/Figgen/Hünnekens*, Gemischtwirtschaftliche Entsorgungsunternehmen, S. 134 ff. Wickeln die Mütter des gemischt-wirtschaftlichen Unternehmens ihre Tätigkeiten hingegen ausschließlich über das Gemeinschaftsunternehmen ab und werden in diesem sachlichen Bereich außerhalb nicht mehr selbständig tätig, handelt es sich um ein konzentratives Gemeinschaftsunternehmen, auf das lediglich die Fusionskontrolle Anwendung findet, s. *Richter*, in: Tettinger, Public-private-partnership, S. 47, 50 f.

143 OLG Düsseldorf, NWVBl. 1994, 193, 194; *Engel*, Gemischt-wirtschaftliche Abfallentsorgung, S. 51 ff.

144 OLG Düsseldorf, NWVBl. 1994, 193, 195; BKartA, Tätigkeitsbericht 1993/94, BT-Drs. 13/1660, S. 126; Monopolkommission, Hauptgutachten 1994/95, BT-Drs. 1375309, Tz. 104; *Schink*, in: Bauer/Schink, Organisationsformen, S. 5, 36 f.; *Schultz*, in: UTR 38, Umweltschutz und Wettbewerb, S. 107, 121 f.; wird das Unternehmen nur mit einer einzelnen Entsorgungsaufgabe betraut, bestehen kaum kartellrechtliche Bedenken, s. *Richter*, in: Tettinger, Public-private-partnership, S. 47, 57 f.

Ein Verstoß gegen § 1 GWB durch den jeweiligen Gesellschaftsvertrag kommt danach in Betracht.[145] Diesem kann jedoch mit ordnungsgemäßer Ausschreibung und diskriminierungsfreier Auswahl unter allen potentiellen Partnern[146] sowie dadurch begegnet werden, daß im Gesellschaftsvertrag festgeschrieben wird, daß das Gemeinschaftsunternehmen private Dritte einbeziehen kann und dabei die Leistungen entsprechend dem öffentlichen Vergaberecht auszuschreiben hat.[147] Eine weitere Möglichkeit ist in der Befristung des Gesellschaftsvertrages zu sehen.[148]

2. Beauftragung

Voraussetzung für die Anwendung des GWB auf die Beauftragung des gemischt-wirtschaftlichen Unternehmens durch den öffentlich-rechtlichen Entsorgungsträger ist, daß dieser dabei unternehmerisch, d.h. als Anbieter oder Nachfrager von gewerblichen Leistungen tätig wird. Dies ist zu bejahen für die Vergabe öffentlicher Aufträge und damit auch den Fall, daß private Verwaltungshelfer mit der Erfüllung gesetzlicher Pflichten betraut werden.[149] Auf die Beauftragung gemischt-wirtschaftlicher Entsorgungsunternehmen nach § 16 I KrW-/AbfG findet das GWB somit Anwendung.[150]

Einschlägig ist im Hinblick auf die Beauftragung zum einen das Behinderungs- und Diskriminierungsverbot des § 20 I GWB (§ 26 II GWB a.F.) - für die Auswahl des Unternehmens durch die Kommune, die insofern marktbeherrschendes Unternehmen ist -und zum anderen das Kartellverbot des § 1 GWB - für den Vertrag zwischen der Kommune und dem gemischt-wirtschaftlichen Unternehmen.[151] Ein Verstoß gegen diese Normen kommt insbesondere in Betracht, wenn vor der Auftragsvergabe keine öffentliche Ausschreibung und willkürfreie Auswahl unter allen auf dem Gebiet der

---

[145] Vgl. auch *Wolf*, in: GfU, Kreislaufwirtschafts- und Abfallgesetz - was ändert sich?, S. 193, 198.

[146] OLG Düsseldorf, NWVBl. 1994, 193, 195.

[147] *Schink*, in: Bauer/Schink, Organisationsformen, S. 5, 36 f.; kritisch *Richter*, in: Tettinger, Public-private-partnership, S. 47, 60 f.; *Schultz*, in: UTR 38, Umweltschutz und Wettbewerb, S. 107, 121 f.

[148] Monopolkommission, Hauptgutachten 1994/95, BT-Drs. 13/5309, Tz. 104; *Schink,* in: Bauer/Schink, Organisationsformen, S. 5, 37; s. auch *Burchardi/Sacksofsky*, in: Jb. UTR 1994, 23, 37.

[149] OLG Koblenz, GRUR 1984, 380, 381.

[150] *Pauly/Figgen/Hünnekens*, Gemischtwirtschaftliche Entsorgungsunternehmen, S. 109 ff.

[151] Dazu im einzelnen *Pauly/Figgen/Hünnekens*, Gemischtwirtschaftliche Entsorgungsunternehmen, S. 119 ff., 141.

Kommune in Frage kommenden privaten Entsorgern stattfindet[152] sowie wenn eine langfristige und umfassende Beauftragung erfolgen soll, da der Markt für die von der Kommune nachgefragten Entsorgungsleistungen dann für die Dauer der Beauftragung komplett verschlossen ist[153].

3. Tätigkeit des gemischt-wirtschaftlichen Unternehmens

Auch die Tätigkeit gemischt-wirtschaftlicher Entsorgungsunternehmen selbst ist schließlich kartellrechtlich relevant.[154] Sie sind in aller Regel marktbeherrschende Unternehmen im Sinne des § 19 II Nr. 1 GWB (§ 22 I Nr. 1 GWB a.F.), da sie als Anbieter der von der Kommune nachgefragten Entsorgungsleistungen ohne Wettbewerber sind bzw. zumindest keinem wesentlichen Wettbewerb ausgesetzt sind.[155] Bei mißbräuchlicher Ausnutzung dieser marktbeherrschenden Stellung gemäß § 19 I GWB oder im Falle der Behinderung oder Diskriminierung anderer Unternehmen gemäß § 20 GWB (§ 26 II GWB a.F.) kann die Kartellbehörde dieses Verhalten gemäß § 32 GWB untersagen. Ein Mißbrauch kann insbesondere gegeben sein, wenn das Unternehmen Entgelte fordert, die sich bei einem funktionierenden Wettbewerb mit hoher Wahrscheinlichkeit nicht ergeben würden, § 19 IV Nr. 2 GWB, wenn ohne sachliche Rechtfertigung unterschiedliche Preise gegenüber gleichartigen Abnehmern, z.B. der öffentlichen Hand auf der einen und privaten Nachfragern auf der anderen Seite, verlangt werden, § 19 IV Nr. 3 GWB, oder wenn das Unternehmen Unterbeauftragungen in wettbewerbswidriger Weise, insbesondere ohne eine erforderliche Ausschreibung vornimmt.[156]

II. Verbandsgründung nach § 17 I

Kartellrechtlich relevant werden könnten neben gemischt-wirtschaftlichen Entsorgungsunternehmen auch Verbandsgründungen nach § 17 I KrW-/AbfG. Danach können gewerbliche Erzeuger und Besitzer von Abfällen Verbände

---

[152] OLG Düsseldorf, NWVBl. 1994, 193, 195; *Schink,* in: Bauer/Schink, Organisationsformen, S. 5, 36 f.

[153] *Engel*, Gemischtwirtschaftliche Abfallentsorgung, S. 34 ff.; 52 ff., 68 f.

[154] Vgl. *Richter*, in: Tettinger, Public-private-partnerships, S. 47.

[155] Vgl. *Pauly/Figgen/Hünnekens*, Gemischtwirtschaftliche Entsorgungsunternehmen, S. 129 f.; *Weber*, RdE 1995, 91, 94 f.

[156] *Pauly/Figgen/Hünnekens*, Gemischtwirtschaftliche Entsorgungsunternehmen, S. 130 f.

bilden, die sie mit der Erfüllung ihrer Entsorgungspflichten beauftragen können. Nach § 17 II können die öffentlichen Entsorgungsträger und die Selbstverwaltungskörperschaften der Wirtschaft auf die Bildung solcher Verbände hinwirken und sich an ihnen beteiligen. Wegen der dadurch vorgegebenen Kooperation von Nachfragern nach Entsorgungsleistungen und Anbietern solcher Leistungen könnten derartige Verbandsgründungen insbesondere gegen das Kartellverbot des § 1 GWB verstoßen.[157]

Die Befürchtung, das Kartellrecht würde bei der Gründung von Verbänden im Sinne des § 17 KrW-/AbfG vom KrW-/AbfG verdrängt,[158] ist unbegründet; dazu fehlt es bereits an dem für die Annahme einer Verdrängung erforderlichen spezifischen Regelungs-konflikt:[159] Die von Abfallerzeugern und -besitzern sowie öffentlich-rechtlichen Entsorgungsträgern gegründeten Verbände müssen nicht notwendig wettbewerbsbeschränkend ausgestaltet werden. Das GWB findet auf Verbandsgründungen nach § 17 I KrW-/AbfG daher uneingeschränkt Anwendung. Die Verbände müssen also den allgemeinen kartellrechtlichen Anforderungen genügen.[160]

III. Pflichtenübertragung

Im Gegensatz zu der Beauftragung privater Unternehmen durch die öffentliche Hand, die sich durch den Abschluß privatrechtlicher Verträge vollzieht, geschieht die Pflichtenübertragung nach §§ 16 II, 17 III, 18 II KrW-/AbfG, die zumindest für die Verbände und Einrichtungen der Selbstverwaltungskörperschaften der Wirtschaft eine Beleihung darstellt, durch Hoheitsakt der zuständigen Behörde. Als solcher ist die Pflichtenübertragung einer kartellbehördlichen Überprüfung nicht zugänglich;[161] im Unterschied zur staatlichen Teil-

---

[157] BKartA, Tätigkeitsbericht 1993/94, BT-Drs. 13/1660, S. 33; Monopolkommission, Hauptgutachten 1994/95, BT-Drs. 13/5309, Tz. 81; *Schultz*, in: Klett/v.Köller/Schmitt-Gleser, Kreislaufwirtschafts- und Abfallgesetz, S. 243, 249 f.

[158] Vgl. Monopolkommission, Hauptgutachten 1994/95, BT-Drs. 13/5309, Tz. 82.

[159] BKartA, Tätigkeitsbericht 1993/94, BT-Drs. 13/1660, S. 33, 127; s. auch *Schultz*, in: Klett/v.Köller/Schmitt-Gleser, Kreislaufwirtschafts- und Abfallgesetz, S. 243, 249 f. m.w.Nachw.; *ders.*, in: UTR 38, Umweltschutz und Wettbewerb, S. 107, 125 f.

[160] Vgl. dazu die von Kunig/Paetow/*Versteyl*, KrW-/AbfG, § 17 Rn. 41, für die Gründung von Verbänden aufgestellten Grundsätze.

[161] *Scheibach*, in: Klett, Andienungs- und Überlassungspflichten bei der Sonderabfallentsorgung, S. 51, 59; *Schultz*, in: Klett/v.Köller/Schmitt-Gleser, Kreislaufwirtschafts- und Abfallgesetz, S. 243, 251.

nahme am Wirtschaftsleben[162] kommt im Bereich der Ausübung hoheitlicher Funktionen eine kartellrechtliche Kontrolle nicht in Betracht.[163]

Es besteht daher aus rechtspolitischer Sicht insbesondere im Hinblick auf den Fall einer Pflichtenübertragung auf einen Verband im Sinne von § 17 die Befürchtung, daß dadurch kartellrechtswidrige Zustände hoheitlich abgesichert[164] bzw. nachträglich legitimiert[165] werden könnten. Ähnliche Bedenken bestehen gegen Pflichtenübertragungen auf gemischt-wirtschaftliche Entsorgungsunternehmen nach § 16 II.[166]

Der Ausschluß der kartellrechtlichen Kontrolle gilt jedoch nur für den Bereich der Ausübung hoheitlicher Tätigkeit, nicht aber, soweit eine Beteiligung am Wirtschaftsleben vorliegt; lediglich der Hoheitsakt der Pflichtenübertragung selbst sowie die Ausübung der übertragenen hoheitlichen Befugnisse durch den Verband - soweit dadurch nicht in wettbewerbliche Prozesse eingegriffen wird, sondern diese sich ausschließlich in der Leistungsbeziehung zum Adressaten des hoheitlichen Handelns auswirkt[167] - entziehen sich daher der kartellrechtlichen Betrachtung. Im übrigen greift das Kartellrecht ein, d.h. sowohl der Verband an sich als auch seine nicht-hoheitliche Tätigkeit müssen mit dem GWB im Einklang stehen oder bedürfen einer kartellrechtlichen Freistellung.[168]

Das gleiche gilt für Pflichtenübertragungen auf gemischt-wirtschaftliche Entsorgungsunternehmen nach § 16 II.[169]

---

162 Vgl. oben I.1.a).

163 *Schultz*, in: Klett/v.Köller/Schmitt-Gleser, Kreislaufwirtschafts- und Abfallgesetz, S. 243, 252; allgemein *Emmerich*, in: Immenga/Mestmäcker, GWB, § 98 Rn. 36 f.

164 *Weber*, RdE 1995, 91, 97.

165 *Schultz*, in: Klett/v.Köller/Schmitt-Gleser, Kreislaufwirtschafts- und Abfallgesetz, S. 243, 252.

166 *Schultz*, in: Klett/v.Köller/Schmitt-Gleser, Kreislaufwirtschafts- und Abfallgesetz, S. 243, 255 ff.

167 Vgl. *Emmerich*, in: Immenga/Mestmäcker, GWB, § 98 Rn. 13 ff.; *Huber/Baums*, in: Frankfurter Kommentar GWB, § 1 Rn. 73; *Jungbluth*, in: Langen/Bunte, KartR, § 98 Rn. 10; s. auch BGH, NJW 1993, 1659 f.

168 Vgl. *Schultz*, in: Klett/v.Köller/Schmitt-Gleser, Kreislaufwirtschafts- und Abfallgesetz, S. 243, 252 ff.; *ders.*, in: UTR 38, Umweltschutz und Wettbewerb, S. 107, 126 f.

169 *Schultz*, in: Klett/v.Köller/Schmitt-Gleser, Kreislaufwirtschafts- und Abfallgesetz, S. 243, 255 ff.

IV. Rücknahmesysteme

Durch Verordnung auf der Grundlage des § 24 KrW-/AbfG angeordnete Rücknahmepflichten sind selbst nicht kartellrechtlich relevant, wohl aber die Errichtung flächendeckender kollektiver Rücknahmesysteme wie das Duale System. Derartige Rücknahmesysteme können Wettbewerbsbeeinträchtigungen verschiedenster Art beinhalten.

1. Fusionskontrolle

Die Gründung der DSD GmbH stellt keinen Zusammenschluß im Sinne des § 37 I GWB (§ 23 II GWB a.F.) dar, da keines der beteiligten Unternehmen über 25 % der Anteile verfügt.[170] Sie unterfällt damit weder der Anzeigepflicht noch greift die Untersagungsmöglichkeit des BKartA.

Allerdings hat das BKartA im Hinblick auf § 1 GWB eine Untersagung für den Fall einer Kapitalbeteiligung von Entsorgungsunternehmen an der DSD GmbH angekündigt,[171] da bei einer solchen Beteiligung auch der Wettbewerb zwischen den Entsorgungsunternehmen eingeschränkt würde.[172]

2. Behinderungs- und Diskriminierungsverbot

§ 20 I GWB (§ 26 II GWB a.F.) enthält für bestimmte Unternehmen und Vereinigungen von Unternehmen, die eine besondere Machtposition haben, das Verbot, andere Unternehmen unbillig zu behindern oder ohne sachlich gerechtfertigten Grund unterschiedlich zu behandeln. Die Norm dient damit zum einen dem Schutz marktschwächerer oder abhängiger Unternehmen und zum anderen dem Schutz des Wettbewerbs an sich.[173]

Die DSD ist als Nachfrager nach der Erfassung und Sortierung von Verkaufsverpackungen auf dem Entsorgungsleistungsmarkt und als Anbieter von sortierten Verpackungsabfällen auf den Sekundärrohstoffmärkten keinem bzw. zumindest keinem wesentlichen Wettbewerb ausgesetzt und daher markt-

---

[170] *Burchardi/Sacksofsky*, in: Jb. UTR 1994, 23, 36; *Sacksofsky*, WuW 1994, 320; *Thomé-Kozmiensky,* Die Verpackungsverordnung, S. 99 f.

[171] *Burchardi/Sacksofsky*, in: Jb. UTR 1994, 23, 36; *Sacksofsky*, WuW 1994, 320.

[172] *Schultz*, in: Rengeling, Kreislaufwirtschafts- und Abfallrecht, S. 141, 152 f.

[173] *Schultz*, in: Langen/Bunte, KartR, § 26 Rn. 49.

beherrschendes Unternehmen.[174] Sie unterliegt daher der Mißbrauchsaufsicht nach § 19 GWB (§ 22 IV GWB a.F.) und dem Behinderungs- und Diskriminierungsverbot nach § 20 I GWB (§ 26 II GWB a.F.). Eine unzulässige Behinderung bzw. Diskriminierung von Unternehmen durch die DSD kommt in Betracht für die Praxis der Festlegung von Anforderungen an Verpackungen, wenn diese bestimmte Verpackungen von vornherein von der Teilnahme am Dualen System ausschließt, sowie für die Lizenzentgeltfestsetzung, wenn diese bestimmte Verpackungen unsachgemäß benachteiligt, z.B. durch eine lediglich am Volumen und nicht auch am Gewicht und an der Materialart orientierte Berechnung.[175] Gegenwärtig kann die Tätigkeit der DSD jedoch unter keinem dieser Gesichtspunkte als gegen das GWB verstoßend angesehen werden.

3. Kartellverbot

Diskutiert wird das Duale System weiterhin insbesondere im Hinblick auf das Kartellverbot. Relevant ist in dieser Hinsicht nicht nur der Gesellschaftsvertrag der DSD, sondern das gesamte Geflecht von Verträgen zwischen den am Dualen System beteiligten Unternehmen. Eine Beschränkung des Wettbewerbs durch das Vertragsgeflecht kommt unter verschiedenen Gesichtspunkten in Betracht:

a) Warenverkehrsbeschränkung

Ein Verstoß gegen § 1 GWB ist insbesondere in der - zunächst ausdrücklich im Gesellschaftsvertrag der DSD enthaltenen, nach der Streichung aber immer noch faktisch bestehenden - Selbstverpflichtung des Handels zu sehen, nur noch Produkte mit dem "Grünen Punkt" zu beziehen.[176] Dadurch werden Hersteller und Vertreiber, die sich nicht am Dualen System beteiligen, in ihren Marktchancen benachteiligt. Das BKartA entschied sich jedoch trotz dieses Verstoßes für eine Tolerierung der DSD,[177] d.h. es verzichtete im Rahmen pflichtgemäßen Ermessens auf die Einleitung eines Untersagungsverfahrens

---

[174] *Riesenkampff*, BB 1995, 833, 839; *Thomé-Kozmiensky*, Die Verpackungsverordnung, S. 101.

[175] *Thomé-Kozmiensky*, Die Verpackungsverordnung, S. 100 ff., insbes. 106 ff.

[176] *Burchardi/Sacksofsky*, in: Jb. UTR 1994, 23, 38; *Sacksofsky*, WuW 1994, 320; *Wolf*, in: GfU, Kreislaufwirtschafts- und Abfallgesetz - was ändert sich?, S. 193, 201 f.

[177] Vgl. *Burchardi/Sacksofsky*, in: Jb. UTR 1994, 23, 40 f.; *Sacksofsky*, WuW 1994, 320.

nach § 37 a I GWB a.F.,[178] solange die Tätigkeit der DSD den Zielen der VerpackV dient und der Weiterentwicklung umweltfreundlicher Verpackungssysteme nicht entgegenwirkt, das System diskriminierungsfrei gehandhabt wird und den zwischenstaatlichen Handel nicht wesentlich behindert.[179]

b) Beschränkung des Nachfragewettbewerbs

Diese Toleranzgrenze wurde überschritten, als die DSD ihre Tätigkeit auf Transportverpackungen ausdehnen wollte. Es sollte eine Tochtergesellschaft (DEGI) gegründet werden, die ein dem "Grünen Punkt" vergleichbares Zeichen vergeben und mit den jeweiligen Entsorgern von gewerblichen und industriellen Anfallstellen Verträge über die Entsorgung von Transportverpackungen schließen sollte. Darin lag eine gegen § 1 GWB verstoßende wettbewerbsbeschränkende Bündelung der bislang wettbewerblich geprägten Nachfrage nach Entsorgungsdienstleistungen an einer Vielzahl von Anfallstellen. Das BKartA untersagte die Ausdehnung mit Beschluß vom 24.6.1993.[180]

Die Annahme einer Beschränkung des Nachfragewettbewerbs nach Entsorgungsleistungen durch die DSD auch für Verkaufsverpackungen würde voraussetzen, daß ohne die Nachfragebündelung überhaupt ein wirksamer Nachfragewettbewerb bestünde. Davon kann jedoch nicht ausgegangen werden; eine individuelle Erfüllung der aus der VerpackV folgenden Rücknahme- und Verwertungspflichten ist praktisch nicht möglich.[181] Aus der VerpackV resultiert vielmehr die Notwendigkeit einer Nachfragevergemeinschaftung, so daß eine Beschränkung des Nachfragewettbewerbs durch die DSD insofern zu verneinen ist.[182]

---

[178] *Schultz,* in: Rengeling, Kreislaufwirtschafts- und Abfallrecht, S. 141, 149.

[179] *Burchardi/Sacksofsky*, in: Jb. UTR 1994, 23, 40 f.; *Wolf*, in: GfU, Kreislaufwirtschafts- und Abfallgesetz - was ändert sich?, S. 193, 201 f.; kritisch zur Duldungspraxis des BKartA *Finckh*, Regulierte Selbstregulierung im Dualen System, S. 136 ff.

[180] BKartA, WuW/E BKartA 2561; dass., Tätigkeitsbericht 1993/94, BT-Drs. 13/1660, S. 33; vgl. *Burchardi/Sacksofsky*, in: Jb. UTR 1994, 23, 42; *Schultz*, in: Rengeling, Kreislaufwirtschafts- und Abfallrecht, S. 141, 151 f.

[181] *Schultz*, in: Rengeling, Kreislaufwirtschafts- und Abfallrecht, S. 141, 151.

[182] *Riesenkampff*, BB 1995, 833, 839; *Schultz*, in: Rengeling, Kreislaufwirtschafts- und Abfallrecht, S. 141, 151.

c) Beschränkung des Angebotswettbewerbs

Sollte sich die Entsorgungswirtschaft an der DSD beteiligen, kommt die Annahme eines Anbieterkartells in Betracht. Dann würde nämlich zusätzlich zu der geschilderten Nachfragebündelung auch der Angebotswettbewerb zwischen den Entsorgungsunternehmen auf dem Markt der Entsorgungs-, insbesondere Erfassungs- und Sortierungsleistungen, beschränkt.[183]

Dementsprechend scheiterte die insbesondere während der Finanzkrise der DSD[184] im Gespräch befindliche Beteiligung der Entsorgungswirtschaft - wegen der dadurch zu befürchtenden Verhaltenskoordination auf dem Entsorgungsmarkt zwecks Beschränkung des Wettbewerbs - an der Beanstandung durch das BKartA.[185]

d) Beschränkung der Sekundärrohstoffmärkte

Indem die DSD mit den Garantiegebern Verträge über die stoffliche Verwertung der Verkaufsverpackungen abschließt, beeinflußt sie schließlich auch die Sekundärrohstoffmärkte. Nicht nur ist sie alleinige Anbieterin der erfaßten und sortierten Verkaufsverpackungen, auch sind die Garantiegeber überwiegend monopolistische oder oligopolistische Nachfrager.[186]

Eine Verzerrung der Sekundärrohstoffmärkte war insbesondere in der kostenlosen Überlassung der Wertstoffe an die Garantiegeber (sog. "Schnittstelle Null") zu sehen.[187] Diese Praxis hat das DSD jedoch mittlerweile - aufgrund der Bedingungen der EG-Kommission während des Freistellungsverfahrens[188] - aufgegeben und die Verträge mit den mit der Erfassung und Sortierung der Verkaufsverpackungen betrauten Entsorgungsunternehmen dahingehend geändert, daß diese nunmehr berechtigt sind, Verpackungsmaterialien auch selbst, d.h. im eigenen Namen und auf eigene Gefahr zu verwerten und zu vermarkten; ausgenommen sind dabei lediglich Kunststoffe und Getränke-

---

[183] *Bartling*, WuW 1995, 183, 189; *Schultz*, in: Rengeling, Kreislaufwirtschafts- und Abfallrecht, S. 141, 152 f.

[184] Vgl. *Bünemann/Rachut*, Der Grüne Punkt: Eine Versuchung der Wirtschaft, S. 127 ff.

[185] *Burchardi/Sacksofsky*, in: Jb. UTR 1994, 23, 36; *Schultz*, in: Rengeling, Kreislaufwirtschafts- und Abfallrecht, S. 141 152 f.

[186] *Selmayr*, UPR 1998, 99, 101, sieht darin einen Verstoß gegen § 1 GWB und Art. 85 EGV a.F.

[187] *Riesenkampff*, BB 1995, 833, 838 f.; *Schultz*, in: Rengeling, Kreislaufwirtschafts- und Abfallrecht, S. 141, 153; a.A. *Selmayr*, UPR 1998, 99, 101.

[188] Dazu unten 4.

kartons.[189] Auch die neue VerpackV geht von der Aufhebung der "Schnittstelle Null" aus.[190]

4. Europäisches Kartellrecht

Aufgrund der flächendeckenden Tätigkeit der DSD ist schließlich die Vereinbarkeit mit Europäischem Kartellrecht zweifelhaft. In Betracht kommt eine Behinderung des innergemeinschaftlichen Handels, wobei insbesondere Art. 85 EGV (Art. 81 EGV n.F.) einschlägig ist. Die DSD hat am 2.9.1992 ihr Vertragswerk bei der EG-Kommission angemeldet, um feststellen zu lassen, daß ein Verstoß nicht vorliegt, bzw. um hilfsweise eine Einzelfreistellung nach Art. 85 III EGV (Art. 81 III EGV n.F.) zu erlangen.

Die Anwendung des Verbotes von den Wettbewerb im Binnenmarkt behindernden Vereinbarungen, Beschlüssen und aufeinander abgestimmten Verhaltensweisen aus Art. 85 EGV (Art. 81 EGV n.F.) auf das Duale System setzt zunächst voraus, daß dieses nicht ausschließlich auf staatliche Maßnahmen zurückzuführen ist; staatlich veranlaßte Wettbewerbsbeschränkungen unterliegen eigenen europarechtlichen Schranken.[191] Das Duale System und insbesondere seine konkrete Ausgestaltung ist jedoch keine Rechtsfolge des § 6 III VerpackV, sondern Ausdruck der Willensentscheidung der Beteiligten.[192] Art. 85 EGV (Art. 81 EGV n.F.) findet demnach Anwendung.

Wettbewerbsverzerrend und den zwischenstaatlichen Handel beeinträchtigend im Sinne von Art. 85 I EGV (Art. 81 I EGV n.F.) kann vor allem die faktische Selbstverpflichtung des deutschen Handels wirken, nur noch Produkte mit dem "Grünen Punkt" zu beziehen.[193] Importeure aus dem europäischen Ausland werden dadurch faktisch gezwungen, sich am Dualen System zu beteiligen. Je nach Umsatz auf dem deutschen Markt kann dies einen

---

189 Vgl. *Flanderka*, BB 1996, 649, 652.

190 Vgl. dazu Monopolkommission, Hauptgutachten 1994/95, BT-Drs. 13/5309, Tz. 84.

191 S.o. 4. Teil, A.I.b); vgl. *Ehle*, Die Einbeziehung des Umweltschutzes in das Europäische Kartellrecht, S. 96 f.

192 BKartA, WuW/E BKartA 2561, 2572; *Ehle*, Die Einbeziehung des Umweltschutzes in das Europäische Kartellrecht, S. 97 f.

193 *Finckh*, Regulierte Selbstregulierung im Dualen System, S. 323 ff.; *Schultz*, in: Rengeling, Kreislaufwirtschafts- und Abfallrecht, S. 141, 149; *Selmayr*, UPR 1998, 99, 100 f.

erheblichen Wettbewerbsnachteil für die importierten Produkte bedeuten.[194] Ein Verstoß gegen Art. 85 I EGV (Art. 81 I EGV n.F.) war in jedem Fall in der "Schnittstelle Null" zu sehen, wonach die von der DSD beauftragten lokalen Entsorger den Garantiegebern für Abnahme und stoffliche Verwertung die gesammelten und sortierten Wertstoffe kostenlos zu überlassen hatten.[195] Die Wettbewerbsbeschränkung lag nach Auffassung der EG-Kommission darin, "daß die Entsorger im Hinblick auf ihre Beziehungen zu dritten Parteien gebunden wurden und als Eigentümer der Materialien an einer eigenständigen wirtschaftlichen Verwertung gehindert waren".[196] Die Erfassung der Wertstoffe wurde dadurch über die Lizenzgebühr voll finanziert, was einen erheblichen Marktvorteil dieser Stoffe auf dem internationalen Markt bewirkte. Insbesondere auf den europäischen Märkten für Altglas und Altpapier führte dieser Umstand zu extremen Wettbewerbsverzerrungen.[197]

Bereits im Verlauf des von der DSD angestrengten Freistellungsverfahrens stellte die EG-Kommission klar, daß zumindest die "Schnittstelle Null" aufgegeben und Rohstoffe soweit irgend möglich im Wettbewerb vermarktet werden müssen.[198] Daraufhin gestattete die DSD im Wege einer Vertragsänderung den mit der Erfassung und Sortierung der Verkaufsverpackungen betrauten Entsorgungsunternehmen, Verpackungsmaterialien - mit Ausnahme von Kunststoffen und Getränkekartons - grundsätzlich auch selbst zu verwerten und zu vermarkten.[199] Überdies verpflichtete sich die DSD gegenüber der Kommission, Hersteller und Vertreiber von Verkaufsverpackungen mit Sitz in der EG oder dem EWR nicht von der Lizensierung auszuschließen und nicht unterschiedlich zu behandeln, ein Entgelt nur für solche Verpackungen zu erheben, die im Geltungsbereich der Verpackungsverordnung in Verkehr gebracht werden, die Lizenzentgelte möglichst verursachergerecht nach Materialfraktionen zu berechnen und dies in angemessenen Zeitabständen durch Sachverständige überprüfen zu lassen.[200] Damit liegen nach Auffassung

---

[194] Vgl. *Burchardi/Sacksofsky*, in: Jb. UTR 1994, 23, 44 f.; *Ehle*, Die Einbeziehung des Umweltschutzes in das Europäische Kartellrecht, S. 101; *Götz*, ZLR 1993, 534, 536 f.

[195] Europäische Kommission, WuW 1997, 504, 508 f.; *Ehle*, Die Einbeziehung des Umweltschutzes in das Europäische Kartellrecht, S. 103 f.

[196] WuW 1997, 504, 509.

[197] *Bünemann/Rachut*, Der Grüne Punkt: Eine Versuchung der Wirtschaft, S. 85, 88, 115. Gegen diese Praxis der DSD wurden daher mehrere Beschwerden bei der EG-Kommission erhoben, vgl. *Burchardi/Sacksofsky*, in: Jb. UTR 1994, 23, 46 f.

[198] *Wolf*, in: GfU, Kreislaufwirtschafts- und Abfallgesetz - was ändert sich?, S. 193, 202.

[199] Vgl. *Flanderka*, BB 1996, 649, 652.

[200] Mitteilung der Europäischen Kommission gemäß Art. 19 III der VO Nr. 17 des Rates vom 27.3.1997 - Sache IV/34493, WuW 1997, 504, 512.

der Kommission die Voraussetzungen für eine Freistellung nach Art. 85 III EGV (Art. 81 III EGV n.F.) vor; sie beabsichtigt, die von der DSD angemeldeten Vereinbarungen vom Kartellverbot des Art. 85 I EGV (Art. 81 I EGV n.F.) freizustellen.[201]

F. Gebühren-/Kostenrecht

Bei Privatisierungsentscheidungen im Bereich der Abfallwirtschaft sind schließlich die für die Finanzierung der Entsorgung jeweils einschlägigen Regelungen zu berücksichtigen. Zu unterscheiden ist zwischen der Erhebung von Gebühren auf der einen und privatrechtlichen Entgelten auf der anderen Seite.

I. Gebührenerhebung durch öffentlich-rechtliche Entsorgungsträger

Dem Wesen nach sind Gebühren öffentlich-rechtliche Geldleistungen, die dem Gebührenschuldner als Gegenleistung für eine individuell zurechenbare öffentliche Leistung aufgrund einer öffentlich-rechtlichen Norm oder einer sonstigen hoheitlichen Maßnahme auferlegt werden.[202]

Erbringt der öffentlich-rechtliche Entsorgungsträger Leistungen im Rahmen seiner gesetzlichen Entsorgungspflicht, § 15 I KrW-/AbfG, so handelt es sich um individuell zurechenbare öffentlich-rechtliche Leistungen gegenüber dem jeweiligen Abfallerzeuger oder -besitzer; dieser nimmt die öffentliche Einrichtung "Abfallentsorgung" in Anspruch, wofür der Entsorgungsträger nach Maßgabe des Kommunalabgabenrechts Benutzungsgebühren[203] erhebt.

1. Besonderheiten der Gebührenerhebung bei funktionaler Privatisierung

Bedient sich der öffentlich-rechtliche Entsorgungsträger zur Erfüllung seiner Entsorgungspflicht Dritter, § 16 I, ändert dies an der öffentlich-rechtlichen Natur des Rechtsverhältnis gegenüber dem Leistungsempfänger nichts: Zwar geschieht die Einbeziehung Dritter regelmäßig aufgrund eines privatrechtlichen Vertrages, doch hat dieses privatrechtliche Rechtsverhältnis nur im Innenverhältnis zwischen Entsorgungsträger und Drittem Bedeutung, nicht

---

[201] Mitteilung der Europäischen Kommission vom 27.3.1997, WuW 1997, 504, 512.

[202] BVerfGE 50, 217, 226 m.w.Nachw.; *Dahmen/Lichtenfeld*, in: Driehaus, Kommunalabgabenrecht, § 4 Rn. 40 ff.

[203] Vgl. § 6 KAG NW.

aber im Außenverhältnis gegenüber dem Bürger; ein Rechtsverhältnis zwischen Drittem und Leistungsempfänger entsteht nicht.[204] Vielmehr werden dem Entsorgungsträger die Leistungen des Dritten zugerechnet, so daß sie sich im Außenverhältnis als - öffentlich-rechtliche - Leistungen des Entsorgungsträgers an den Bürger darstellen. Der Dritte kann daher sein Entgelt auch nicht dem Bürger, sondern nur seinem Vertragspartner, d.h. dem öffentlich-rechtlichen Entsorgungsträger in Rechnung stellen. Die daraus entstehenden Kosten kann dieser grundsätzlich bei der Veranschlagung des Gebührenaufkommens einstellen:[205] Gemäß § 6 II 2 KAG NW gehören zu den "nach betriebswirtschaftlichen Grundsätzen ansatzfähigen Kosten"[206] im Sinne des § 6 I KAG NW auch Entgelte für in Anspruch genommene Fremdleistungen; speziell für die Abfallgebühr sieht dies auch § 9 II 1 AbfG NW vor, wonach zu den ansatzfähigen Kosten im Sinne des KAG auch die Aufwendungen rechnen, die der entsorgungspflichtigen Körperschaft dadurch entstehen, daß sie abfallwirtschaftliche Aufgaben durch Dritte wahrnimmt. Berücksichtigungsfähige Kosten im Sinne des § 6 II KAG sind dabei grundsätzlich sämtliche von dem Dritten vereinbarungsgemäß in Rechnung gestellten Entgelte, "soweit es sich um betriebsnotwendige Kosten handelt und deren Bemessung nicht dem Äquivalenzprinzip widerspricht".[207] Berücksichtigungsfähig sind danach die vertraglichen Gegenleistungen inklusive eines angemessenen, zur Abgeltung des allgemeinen Unternehmenswagnisses dienenden Unternehmergewinns[208], der Umsatzsteuer und Aufwandsentschädigungen für Aufsichtsratsmitglieder oder Aufwendungen für die Erstellung des Jahresabschlusses, nicht jedoch der Aufwendungen für Körperschaftsteuer.[209]

Eine Grenze der Ansatzfähigkeit der an Dritte zu zahlenden Entgelte ergibt sich daraus, daß dem Gebührenaufkommen Kosten für die Inanspruchnahme

---

[204] *Bree*, Privatisierung der Abfallentsorgung, S. 184; *Fluck*, KrW-/AbfG, § 16 Rn. 61 f.; *Grünewald*, SächsVBl. 1997, 49, 51; zur insoweit identischen Rechtslage unter dem AbfG *Beckmann*, in: Bauer/Schink, Organisationsformen, S. 38, 44; *Hösel/von Lersner*, § 3 AbfG Rn. 15; *Kirchberg*, VBlBW 1994, 469, 471; *Kloepfer*, VerwArch 79 (1979), 195, 196 f.; *Kunig*/Schwermer/Versteyl, § 3 Rn. 33; *Lottermoser*, Fortentwicklung, S. 214; *Schink*, VerwArch 1994, 251, 258 f.; *Steiner*, Öffentliche Verwaltung durch Private, S. 113 ff.; *Winkelmann*, UPR 1991, 169, 170; a.A. nur VG Leipzig, LKV 1995, 407; dagegen zu Recht *Sponer*, LKV 1995, 392 f.

[205] Voraussetzung ist allerdings, daß die Einbindung des Dritten rechtmäßig ist, s. *Wiesemann*, NWVBl. 1998, 257.

[206] S. dazu nur *Tettinger*, NWVBl. 1996, 81, 82 ff.

[207] OVG NW, NWVBl. 1995, 173, 175.

[208] S. dazu *Wiesemann*, in: Tettinger, Public-Private-Partnerships, S. 81, 90 f.; *ders.*, NWVBl. 1998, 257, 258, 260.

[209] OVG NW, NWVBl. 1995, 173, 175; zustimmend *Dahmen*, in: Driehaus, Kommunalabgabenrecht, § 6 Rn. 138 f.

von Verwaltungshelfern nur in der Höhe in Rechnung gestellt werden dürfen, wie sie der öffentlichen Hand bei eigener Erfüllung der Leistung entstanden wären.[210] Dies folgt aus dem für die Tätigkeit aller Behörden geltenden Grundsatz der Wirtschaftlichkeit und aus den Gebührengrundsätzen, insbesondere dem Äquivalenzprinzip, wonach Leistung und Gegenleistung in einem angemessenen Verhältnis stehen müssen, und dem Kostenüberschreitungsverbot, das der Körperschaft die Erzielung von Gewinnen verbietet, die sonst zu Lasten des Bürgers umgangen würden.[211]

Umstritten ist, ob ein in der Entgeltkalkulation des Dritten enthaltener Gewinn in die Gebührenbedarfsberechnung auch dann eingestellt werden darf, wenn an dem Dritten der öffentlich-rechtliche Entsorgungsträger selbst beteiligt ist, der Dritte also ein gemischt-wirtschaftliches Entsorgungsunternehmen ist. Dem öffentlichen Träger wüchse in diesem Fall - in seiner Funktion als Gesellschafter des Unternehmens - ein aus Gebühren finanzierter Gewinnanteil zu. Nach Auffassung des VG Gelsenkirchen führt dies zu Kostenüberdeckungen auf seiten der Gemeinde und zur Erschließung "illegaler Finanzquellen"; die Einstellung des Gewinns in die Gebührenbedarfsberechnung laufe dem Kostendeckungsprinzip zuwider, das es verbiete, im Wege der Gebührenerhebung unzulässige Überdeckungen zu erzielen, und sei daher unzulässig.[212] Dem ist das OVG NW mit dem Argument entgegengetreten, es handele sich bei den an das gemischt-wirtschaftliche Unternehmen gezahlten Entgelten um tatsächliche Kosten, deren Einstellung in die Gebührenkalkulation daher nicht zu Kostenüberdeckungen auf seiten der Gemeinde führe.[213] Außerdem würde eine Verneinung der Ansatzfähigkeit derartiger Kosten dazu führen, daß von der gesetzlich eingeräumten Befugnis, privatrechtliche Unternehmen zu gründen bzw. sich daran zu beteiligen, praktisch kein Gebrauch gemacht werden könne. Dürften die dadurch zwangsläufig anfallenden Kosten nicht in die Gebührenkalkulation einbezogen werden, hätte der allgemeine

---

[210] *Bree*, Privatisierung der Abfallentsorgung, S. 184; *Peine*, DÖV 1997, 353, 358 ff.; vgl. auch *Steenbock*, GemH 1987, 246, 248, sowie Punkt 4.1 der Rahmenvereinbarung der kommunalen Spitzenverbände vom August 1985, veröffentlicht in Eildienst LKT 1985, 367.

[211] *Peine*, DÖV 1997, 353, 358 ff.; a.A. wohl OVG NW, NWVBl. 1995, 173, 174, das die Einschaltung einer gemischt-wirtschaftlichen Entsorgungsgesellschaft für zulässig hielt, obwohl diese nicht kostengünstiger als die entsorgungspflichtige Körperschaft wirtschaftet, im Gegenteil durch deren Einschaltung die Kosten um ca. 110 % für die Abfallbeseitigung und 40 % für die Straßenreinigung gegenüber der Erledigung in öffentlicher Hand gestiegen sind und dies nur zum Teil auf eine Ausweitung des Leistungsangebotes zurückzuführen ist.

[212] VG Gelsenkirchen, NWVBl. 1994, 181, 185 ff.; zustimmend *Wiesemann*, in: Tettinger, Public-Private-Partnerships, S. 81, 91 f.

[213] OVG NW, NWVBl. 1995, 173, 175.

Verwaltungshaushalt für die durch Gebühren nicht gedeckten Kosten aufzukommen, was weder mit dem Kostendeckungsgebot noch mit den in § 76 II GO NW geregelten Grundsätzen der Einnahmebeschaffung vereinbar wäre. Nach § 76 II GO NW hat die Gemeinde die zur Erfüllung ihrer Aufgaben erforderlichen Einnahmen jedoch nur "soweit vertretbar und geboten aus speziellen Entgelten für die von ihr erbrachten Leistungen" und "im übrigen aus Steuern zu beschaffen, soweit die sonstigen Einnahmen nicht ausreichen". *Soweit* aber der Gemeinde als Gesellschafterin eines Unternehmens ein Gewinnanteil daraus erwächst, daß dem Unternehmen von ihr selbst Entgelte gezahlt werden, die einen Gewinn beinhalten, erscheint es nicht geboten, die zur Finanzierung dieses Anteils erforderlichen Mittel aus Gebühren zu beschaffen; vielmehr entspricht es dem für die Gebührenberechnung geltenden Kostendeckungsgebot, wenn dieser Anteil nicht aus dem Gebührenhaushalt, sondern aus dem allgemeinen Verwaltungshaushalt, dem er ja auch wieder zufließt, getragen wird. Warum insofern das Modell der Einschaltung privatrechtlicher Eigen- oder gemischt-wirtschaftlicher Gesellschaften praktisch ausgeschlossen sein soll, ist nicht ersichtlich; es kommen jedenfalls keine zusätzlichen Kosten auf den gemeindlichen Haushalt zu. In die Gebührenbedarfsberechnung darf der Gewinnanteil des von dem privaten Unternehmen in Rechnung gestellten Entgelts daher nur in der Höhe eingestellt werden, wie er nicht der Gemeinde als Gesellschafterin des Unternehmens zusteht.[214]

Bei einer gerichtlichen Kontrolle der Gebührenfestsetzung durch die Gemeinde wird im Hinblick auf die Entgeltzahlung an Dritte nur überprüft, ob diese "nach dem bundesrechtlich geltenden Gleichheitssatz oder dem Äquivalenzprinzip unangemessen hoch festgesetz worden sind".[215]

2. Besonderheiten der Gebührenberechnung bei der Übertragung von Anlagevermögen auf Private

Gründet eine entsorgungspflichtige Körperschaft eine Eigen- oder gemischt-wirtschaftliche Entsorgungsgesellschaft, die dann mit der Entsorgung nach § 16 I beauftragt werden soll, wird dieser Gesellschaft häufig Sachanlagevermögen, z.B. der Bestand an Abfuhrfahrzeugen und Entsorgungsanlagen, verkauft. In diesem Fall ist zu beachten, daß mit dem Verkauf von Anlagevermögen Veräußerungsgewinne erzielt werden können, die dem Gebührenhaushalt - und nicht dem allgemeinen Haushalt - gutzuschreiben

---

214 So auch OVG MV Urt. v. 7.11.1997, zit. nach *Wiesemann*, NWVBl. 1998, 257, 260.

215 *Wiesemann*, in: Tettinger, Public-Private-Partnership, S. 81, 88, sowie *ders.*, NWVBl. 1998, 257, 260 f., unter Verweis auf die Rechtsprechung des OVG NW.

sind.[216] Ein dem Gebührenhaushalt zustehender Veräußerungsgewinn kann insbesondere dann entstehen, wenn bei der Berechnung des Kaufpreises Anlagegegenstände, die zwar ihre buchmäßige Nutzungsdauer (nahezu) erreicht haben, aber noch voll genutzt werden, mit einem sogenannten Anhaltewert berücksichtigt worden sind. Dieser Wert würde als "Stille Reserve" dem Gebührenzahler zugute kommen, wenn die Anlagen in öffentlicher Hand verblieben, indem sie der Einrichtung Abfallentsorgung für die restliche Nutzungsdauer zur Verfügung stünden und die Anschaffung von Ersatzgegenständen entbehrlich machten. Veräußerungsgewinne aus dem Verkauf von (nahezu) vollständig abgeschriebenem Anlagevermögen mit Restnutzungswert stehen deshalb dem Gebührenhaushalt zu, weil diese "den Gegenwert für die entgangenen (kostenlosen) Nutzungsmöglichkeiten der Anlagegüter" darstellen und der Gebührenhaushalt die Kosten getragen hat, die im Zusammenhang mit den abgeschriebenen Vermögensgegenständen entstanden sind.[217]

II. Finanzierung der Entsorgung im Falle der Pflichtenübertragung auf private Entsorgungsträger oder Dritte

Die von § 3 II 2 AbfG bekannte und auch bei § 16 I KrW-/AbfG mögliche Konstruktion, daß der öffentlich-rechtliche Entsorgungsträger von den Abfallerzeugern Gebühren erhebt und an den Dritten auskehrt, ist bei einer Übertragung der Entsorgungspflicht nicht möglich;[218] die Entsorgung stellt dann keine Leistung der Körperschaft mehr dar, für deren Inanspruchnahme sie - unter Ansatz der Kosten für in Anspruch genommene Fremdleistungen[219] - Gebühren verlangen könnte. Der Inhaber der übertragenen Entsorgungspflicht muß sich daher direkt an den Leistungsempfänger halten.

1. Gebührenerhebung

Zur Erhebung öffentlich-rechtlicher Gebühren für die Erbringung von Entsorgungsleistungen sind gemäß § 17 V 1 (iVm § 18 II 2) auch die Verbände und Einrichtungen der Selbstverwaltungskörperschaften der Wirtschaft be-

---

[216] OVG NW, NWVBl. 1995, 173, 176; *Wiesemann,* NWVBl. 1998, 257, 259 f.; vgl. auch *Steenbock,* GemH 1987, 246, 251 f.

[217] OVG NW, NWVBl. 1995, 173, 176.

[218] *Bree*, Privatisierung der Abfallentsorgung, S. 147 f.; *Engel*, Gemischtwirtschaftliche Abfallentsorgung, S. 73 f.; a.A. wohl *Peine*, in: Schmidt, Öffentliches Wirtschaftsrecht, S. 371, 458.

[219] § 6 II 2 KAG NW.

fugt,[220] jedoch nur, soweit es sich um Leistungen im Rahmen der ihnen nach §§ 17 III, IV, 18 II übertragenen Pflichten handelt.[221] Im übrigen sind sie auf privatrechtliche Entgelte angewiesen.[222]

Auch bei der Festlegung von Gebühren durch Beliehene gilt das öffentliche Abgabenrecht.[223] Fraglich ist jedoch, welche gesetzliche Regelung konkret auf die Gebührenerhebung durch Verbände und Einrichtungen der Kammern Anwendung findet. Aufgrund der bereits festgestellten Verfassungswidrigkeit des 17 V 2 KrW-/AbfG wegen Verstoßes gegen den Gewaltenteilungsgrundsatz und wegen fehlender Gesetzgebungskompetenz des Bundes[224] sind die beliehenen Verbände jedenfalls nicht befugt, die Gebühren selbst in einer eigenen Satzung festzulegen. Mangels anderweitiger Regelung ist daher hinsichtlich der Frage, wer zum Erlaß der entsprechenden Gebührenordnung befugt ist, auf das Landesgebührenrecht zurückzugreifen. Dabei kann das KAG, auf dessen Grundlage die Gemeinden und Gemeindeverbände ihre Abfallgebührensatzungen erlassen, auf die privaten Entsorgungsträger des KrW-/AbfG keine Anwendung finden.[225] Da es sich bei den Beliehenen aber um Behörden der Länder handelt, gelten für die Gebührenerhebung das GebG NW bzw. die entsprechenden Gesetze in anderen Bundesländern[226].[227] Die Landesgebührengesetze regeln die Gebührenerhebung von Behörden im Bereich des Landes für öffentlich-rechtliche Verwaltungstätigkeit in Ausfüh-

---

[220] Anders als die Befugnis zum Erlaß von Gebührensatzungen ist die Gebührenerhebungsbefugnis Beliehener nichts Neues; allerdings sind in vielen Beleihungsfällen die Privaten nicht zur Erhebung von Gebühren befugt, sondern dürfen nur ein privatrechtliches Entgelt erheben. Auch im Fall der nach § 4 II TierKBG Beliehenen, dem die Regelung im KrW-/AbfG nachempfunden sein soll, können lediglich privatrechtliche Entgelte erhoben werden, s. die Mehrzahl der ausführenden Landesgesetze (§ 5 IV LTKBG BW, § 4 I BayTKBG, § 8 LTKBG NW, § 8 II NdsTKBG, § 4 IV SächsTKBG, § 4 III BremTKBG, § 9 V LTKBG RP, § 5 II SaarlTKBG, § 4 II LTBG MV, § 6 V LTBG LSA). Die Entgelte für die Tierkörperbeseitigung sind nach den Landesgesetzen in der Regel in allgemeinen Geschäftsbedingungen zu regeln, die einer Genehmigung der zuständigen Behörde bedürfen.

[221] *Frenz*, KrW-/AbfG, § 17 Rn. 16.

[222] Zur Frage der landesgesetzlichen Ausgestaltung der Finanzierungsmöglichkeiten, insbesondere der Zulässigkeit eines Gebührenerhebungsrechts für Dritte im Sinne von § 16 II, *Bree*, Privatisierung der Abfallentsorgung, S. 145 f.

[223] Vgl. *Peine*, DÖv 1997, 353, 362 f.

[224] S.o. 3. Teil, C.III.1.b).

[225] Lediglich für öffentlich-rechtliche Abfall-Zweckverbände käme eine Anwendung des KAG in Betracht, vgl. § 5 II GkG NW.

[226] Z.B. LGebG BW vom 21.3.1961 (GBl. BW S. 59), zul. geändert 18.12.1995 (GBl. 1996, S. 29); NdsVwKostG vom 7.5.1962, zul. geändert 7.11. 1991 (Nds. GVBl. S. 295); SaarlGebG vom 24.6.1964, zul. geändert 12.5.1982 (SaarlABl. S. 534).

[227] *Frenz*, Verursacherprinzip, S. 121.

rung von Landes- oder Bundesrecht, soweit keine speziellere Regelung der Kostenerhebung vorhanden ist. Nach diesen Gesetzen sind die Gebührensätze in Gebührenordnungen zu bestimmen, die die Landesregierung oder das zuständige Ministerium erläßt.[228] Bei der Bemessung der Gebührensätze ist insbesondere das Äquivalenzprinzip zu beachen, § 3 GebG NW.[229] Danach dürfen die Gebühren in keinem Mißverhältnis zu der angebotenen Leistung stehen.[230] Die Geltung des Kostendeckungsprinzips, wonach das Gesamtaufkommen der Gebühren die voraussichtlichen Kosten der Einrichtung decken soll, wurde im GebG NW nicht angeordnet, wohl aber in den meisten anderen Landesgebührengesetzen.[231] Jedenfalls gilt jedoch das Kostenüberschreitungsverbot, wonach bei der Veranschlagung des Gesamtgebührenaufkommens die ansatzfähigen Kosten nicht überschritten werden dürfen;[232] Gewinne dürfen die Verbände und Einrichtungen der Selbstverwaltungskörperschaften der Wirtschaft aus dem Gebührenaufkommen somit nicht erzielen.

2. Erhebung privatrechtlicher Entgelte

a) Entgelterhebung durch Beliehene

Wie allen Trägern öffentlicher Verwaltung steht - nach dem Grundsatz der Formenwahlfreiheit der Verwaltung - auch den nach §§ 17 III, 18 II beliehenen Verbänden und Einrichtungen der Kammern die Möglichkeit offen, privatrechtliche Handlungsformen zu wählen.[233] Dann kommt allerdings die Erhebung von Gebühren nicht in Betracht; diese können nur als Gegenleistung für eine als öffentlich-rechtlich zu qualifizierende Leistung erhoben werden. Für privatrechtliche Leistungen können nur privatrechtliche Entgelte in Rechnung gestellt werden.

---

[228] So z.B. § 2 GebG NW, § 3 I, III NdsVwKostG, § 5 SaarlGebG.

[229] Vgl. dazu *Dahmen*, in: Driehaus, Kommunalabgabenrecht, § 4 Rn. 48 m.w. Nachw.; *Frotscher*, Die Ausgestaltung kommunaler Nutzungsverhältnisse bei Anschluß- und Benutzungszwang, S. 30 ff.; *Steenken/Wiebe*, in: Lübbe-Wolff, Umweltschutz durch kommunales Satzungsrecht, Rn. 526.

[230] BVerfGE 20, 257, 270; BVerwGE 12, 162, 166; BVerwGE 26, 302, 308 ff.

[231] Vgl. § 3 II NdsVwKostG, § 6 II SaarlGebG.

[232] *Schulte*, in: Driehaus, Kommunalabgabenrecht, § 6 Rn. 33 ff.; *Steenken/Wiebe*, in: Lübbe-Wolff, Umweltschutz durch kommunales Satzungsrecht, Rn. 522; *Tettinger*, NWVBl. 1996, 81; *Weyreuther*, UPR 1997, 261.

[233] Vgl. *Bree*, Privatisierung der Abfallentsorgung, S. 146 f.; allgemein *v.Hagemeister*, Privatisierung, S. 61.

Für die privatrechtliche Leistungsbestimmung durch einen Träger öffentlicher Gewalt, also auch durch Beliehene, ist gegenüber den genannten gebührenrechtlichen Schranken zwar ein gewisser Spielraum eröffnet. Jedoch gilt insoweit das sog. Verwaltungsprivatrecht. Danach sind im Rahmen der hinsichtlich der Höhe des Entgelts anwendbaren Billigkeits- und Sittenwidrigkeitskontrolle gemäß §§ 315 III, 138 BGB[234] insbesondere auch die "grundlegenden Prinzipien öffentlicher Finanzgebarung" zu beachten.[235] Danach gelten auch bei der Entgeltfestsetzung das Äquivalenz- und das Kostendeckungsprinzip sowie der Gleichbehandlungsgrundsatz.[236]

b) Entgelterhebung durch Dritte

Dritte im Sinne des § 16, denen nach § 16 II Entsorgungspflichten übertragen wurden, sind im Gegensatz zu den beliehenen Verbänden und Einrichtungen der Kammern *nicht* zur Erhebung von Gebühren befugt;[237] dafür fehlt es nicht nur an einer dazu erforderlichen Ermächtigungsgrundlage, sondern auch an einer als öffentlich-rechtlich zu qualifizierenden Leistung - da es sich bei der Pflichtenübertragung auf Dritte nicht um eine Beleihung handelt, sind deren Leistungen privatrechtlicher Natur. Sie sind daher für ihren gesamten Leistungsbereich, also nicht nur für die Tätigkeit als Beauftragte nach § 16 I, sondern auch für die Durchführung ihnen nach § 16 II übertragener Entsorgungspflichten, auf privatrechtliche Entgelte angewiesen. Die dafür maßgeblichen rechtlichen Schranken ergeben sich ausschließlich aus der Privatrechtsordnung.

---

[234] BGH, UPR 1992, 106 ff.; BGH, DVBl. 1992, 369, 370; *Frotscher*, Die Ausgestaltung kommunaler Nutzungsverhältnisse bei Anschluß- und Benutzungszwang, S. 32, unter Hinweis auf Urteile des BGH zur Preisgestaltung von Energieversorgungsunternehmen.

[235] BGHZ 91, 84, 96 f.; *Grünewald*, SächsVBl. 1997, 49, 53; *Wiesemann*, NWVBl. 1998, 257, 261.

[236] BGH, UPR 1992, 106, 107; BGH, DVBl. 1992, 369, 371; *Bree*, Privatisierung der Abfallentsorgung, S. 147; *Tettinger*, DÖV 1996, 764, 769.

[237] *Grünewald*, SächsVBl. 1997, 49, 52 f.; a.A. Schink/Schmeken/*Schwade*, AbfG NW, S. 33.

Sechster Teil

Umweltpolitische Bewertung der Privatisierungsregelungen

Eine umweltpolitische Betrachtung der verschiedenen Privatisierungsformen des KrW-/AbfG muß ansetzen bei dem klassischen Zielkonflikt, den Privatisierungen heraufbeschwören, nämlich dem Konflikt zwischen dem Gewinnstreben, das der privaten unternehmerischen Tätigkeit zugrunde liegt, und dem in erster Linie an der Verwirklichung bestimmter gemeinwohlbezogener Sachziele orientierten Streben der öffenlichen Hand.[1] Insbesondere bei Privatisierungen im Bereich der Umweltverwaltung besteht die Gefahr, daß ökologische Aspekte gegenüber betriebswirtschaftlichen Rentabilitätsinteressen ins Hintertreffen geraten.[2] Dafür sprechen im Hinblick auf den Bereich der Entsorgung folgende Erwägungen:

In einem durch Wettbewerb gekennzeichneten Markt ist die Motivation der Teilnehmer auf die Erzielung betriebswirtschaftlicher Vorteile, insbesondere auf Gewinnmaximierung gerichtet. Soll ein Produkt oder eine Dienstleistung vermarktet werden, besteht ein Anreiz der Anbieter, sich gegenseitig in Qualität und Preis zu übertreffen. Der Nachfrager entscheidet sich grundsätzlich für ein Gut aufgrund einer Kosten-Nutzen-Abwägung. Bei der Abfallentsorgung besteht jedoch der Unterschied, daß es sich bei Abfall um ein Gut mit "negativem Wert" handelt, vereinfacht gesagt: Die Nachfrage ist nicht auf den Erhalt eines Gutes gerichtet, sondern darauf, eine lästige Pflicht loszuwerden. Es besteht daher eine gewisse Wahrscheinlichkeit, daß sich nicht derjenige Anbieter am Markt durchsetzen wird, der die umweltgerechteste Entsorgung zu einem relativ günstigen Preis anbieten kann, sondern derjenige, der schlicht die günstigste Entsorgungsleistung anbietet. Die kostengünstigste Entsorgung stellt aber in aller Regel nicht die umweltgerechteste dar. Bei privaten Anbietern von Entsorgungsleistungen liegt somit zunächst keine in umweltpolitischer Hinsicht zielführende Motivationslage vor.

---

[1] Vgl. Wissenschaftlicher Beirat der Gesellschaft für öffentliche Wirtschaft, ZögU 1994, 195, 196; *Ossenkamp*, ZG 1996, 160, 162; *Schoch*, DVBl. 1994, 962, 968.

[2] *Meyer-Renschhausen,* ZögU 1996, 79, 82; speziell für den Bereich der Abfallentsorgung *Schoch*, Privatisierung der Abfallentsorgung, S. 153.

Zur Verwirklichung umweltpolitischer Zielsetzungen bei Privatisierungen im Entsorgungsbereich sind daher flankierende Steuerungsmaßnahmen erforderlich.[3] Steuerungswirkungen können dabei nicht nur von den der Privatisierungsmaßnahme jeweils zugrunde liegenden rechtlichen Regelungen (dazu unter A.), sondern auch von der Vollzugspraxis der zuständigen Verwaltungsträger (dazu unter B.) ausgehen.

A. Steuerungspotential der Privatisierungsregelungen

I. Bestimmung der Bewertungskriterien

Zu einer umweltpolitischen Bewertung der verschiedenen Privatisierungsformen ist zunächst die Bestimmung der maßgeblichen Bewertungskriterien erforderlich.

Die in der umweltpolitischen Diskussion entwickelten Kriterien für die Bewertung einzelner umweltpolitischer Steuerungsinstrumente sind in erster Linie die ökologische Effektivität und die ökonomische Effizienz.[4] Ökologisch effektiv ist ein Instrument, wenn es zur Erreichung bestimmter umweltpolitischer Ziele geeignet ist; ökonomische Effizienz ist gegeben, wenn die Zielerreichung zu minimalen volkswirtschaftlichen Kosten erfolgt.[5] Im Rahmen der ökologischen Effektivität ist dabei u.a. zu berücksichtigen, ob strukturelle Anreize zu Normverstößen erkennbar sind, die ein Vollzugsdefizit wahrscheinlich erscheinen lassen und damit die Geeignetheit des Instruments in Frage stellen.[6] Bei der Bewertung der ökonomischen Effizienz ist zu beachten, daß nicht nur die unmittelbaren Vermeidungskosten, sondern auch die Transaktionskosten, d.h. die Kosten der Durchführung der umweltpolitischen Maßnahme selbst, Berücksichtigung finden; außerdem sind die Innovationswirkungen des Instruments zu betrachten und wettbewerbspolitische

---

[3] So auch *Kahl*, DVBl. 1995, 1327, 1335; *Spannowsky*, Jb. UTR 1996, 289, 307; s. allgemein zur Notwendigkeit einer Risikominimierung bei der Privatisierung umweltbehördlicher Aufgaben *Lübbe-Wolff/Steenken*, ZUR 1993, 263, 267 f.

[4] *Michaelis*, Ein ökonomischer Orientierungsrahmen für die Umweltpolitik, S. 22 ff.; RSU, Umweltgutachten 1974, Tz. 592 ff.; ders., Sondergutachten Abfallwirtschaft, Tz. 896; *Wicke*, Umweltökonomie, S. 399 ff.; vgl. auch *Knüppel*, Umweltpolitische Instrumente, S. 74 ff.

[5] *Gawel*, Umweltallokation durch Ordnungsrecht, S. 46; *Michaelis*, Ein ökonomischer Orientierungsrahmen für die Umweltpolitik, S. 22 ff.; *Römer*, ZfU 1994, 75, 81 f.

[6] *Michaelis*, Ein ökonomischer Orientierungsrahmen für die Umweltpolitik, S. 23 f.

Probleme zu berücksichtigen.[7] In die Bewertung müssen schließlich Aspekte der Praktikabilität, Reversibilität, Flexibilität, Systemkonformität und der politischen Realisierbarkeit einfließen.[8]

Bei der Anwendung dieser Kriterien auf Privatisierungsmaßnahmen treten allerdings nicht unerhebliche Probleme auf:

1. Zweck der Maßnahme

Zunächst tritt der eigentliche Zweck der jeweiligen Privatisierungsmaßnahme nicht immer klar zutage. Häufig werden umweltpolitische Zwecke anderen, vielleicht politisch weniger opportunen Zwecken vorgeschoben, zum Teil sind die Zwecke sehr diffus formuliert oder gar irrationaler Natur.

Fehlen ausdrückliche Zwecke, sind jedenfalls die Ziele der der Privatisierung jeweils zugrundeliegenden Rechtsgrundlagen einschlägig.

Zweck des KrW-/AbfG ist nach § 1 die Förderung der Kreislaufwirtschaft zur Schonung der natürlichen Ressourcen und die Sicherung der umweltverträglichen Beseitigung von Abfällen. Dies umfaßt auch die Vermeidung von Abfällen.[9]

2. Ökonomische Effizienz

Der Kostenaspekt stellt - insbesondere in Anbetracht der gegenwärtig desolaten Situation der öffentlichen Haushalte - sicherlich das Hauptkriterium bei Privatisierungsentscheidungen dar.[10] In der Diskussion wird die Privatwirtschaft häufig für generell effizienter als die öffentliche Hand gehalten. Gegenüber derartigen Pauschalierungen ist jedoch Vorsicht geboten, ergeben sich bei Kostenvergleichen zwischen öffentlicher und privater Erledigung doch vielfältige Schwierigkeiten. Dabei dürfte das Hauptproblem in der Frage bestehen, inwieweit die Kosten öffentlicher und privater Erledigung überhaupt vergleichbar sind.[11]

---

[7] *Michaelis*, Ein ökonomischer Orientierungsrahmen für die Umweltpolitik, S. 26, 28.

[8] RSU, Umweltgutachten 1974, Tz. 592 ff.; *Wicke*, Umweltökonomie, S. 399 ff.

[9] Regierungsentwurf, BT-Drs. 12/5672, S. 1; *Töpfer*, Umwelt (BMU) 1993, 198.

[10] *Himmelmann*, in: Gedenkschrift Thiemeyer, S. 133, 143; *Fleischle/Schückhaus*, KPBl. 1997, 527; *McGovern*, MM 1995, 34, 35; *Schmeken*, StT 1989, 239, 245; *Wenzel*, StT 1992, 532.

[11] Vgl. *Fleischle/Schückhaus*, KPBl. 1997, 527 ff.

Eine Vergleichbsbasis fehlt häufig bereits aus dem Grund, daß die tatsächlichen Kosten der Kommunen für einzelne Leistungen wegen der kameralistischen Haushaltsrechnung nicht ermittelt wurden.[12] Die für die Kommunalverwaltung geltende kameralistische Rechnungslegung erfaßt nur Einkünfte und Zahlungen, nicht aber, welche Leistungen erwirtschaftet, welche Dienstleistungen oder Güter in Anspruch genommen werden; eine verursachungsgerechte Kostenzuordnung zu den einzelnen erbrachten Dienstleistungen fehlt.[13] Schon lange wird aus diesem Grunde eine Reform des kommunalen Rechnungswesens mit dem Ziel gefordert, mehr Transparenz herstellen und Kostenvergleiche anstellen zu können.[14] Für einen korrekten Vergleich zwischen kommunaler und privater Leistungserstellung wäre die Ermittlung der kommunalen Kosten nach der kaufmännischen doppelten Buchführung erforderlich, wie sie z.B. beim Eigenbetrieb bzw. eigenbetriebsähnlichen Betrieb praktiziert wird.[15] Im Rahmen von Privatisierungsentscheidungen werden derartige Kostenermittlungen für die Leistungen kommunaler Regiebetriebe jedoch in den seltensten Fällen durchgeführt.[16] Bislang liefert daher lediglich die Rechnungslegung des Eigenbetriebes bzw. der eigenbetriebsähnlichen Einrichtung eine akzeptable Grundlage für einen Vergleich mit privaten Anbietern. Dies mag ein Grund dafür sein, daß diese Organisationsform sich gegenwärtig zunehmender Beliebtheit erfreut.

Weiterhin wird häufig übersehen, daß dem Preisangebot Privater in der Regel eine völlig andere Kosten- und Preiskalkulation zugrundeliegt als dem der öffentlichen Hand, die kostendeckend im kommunalabgabenrechtlichen Sinne handelt, daher z.B. auch Abschreibungsbeträge einberechnen muß.[17] Zu

---

[12] *Dieckmann*, GemH 1993, 121; *Hill*, BB 1997, 425, 426; *Laux*, GemH 1994, 169, 178; *Otting*, JA 1997, 237, 239; *Schmeken*, StT 1989, 239, 243; *Schulze/Berg*, AJ 1994, 284.

[13] *Kirchhof*, DÖV 1997, 749, 751; *Schulze/Berg*, AJ 1994, 284 f.

[14] Vgl. *Hill*, BB 1997, 425, 426; *Püttner*, DÖV 1994, 552, 557.

[15] *Bodanowitz*, Organisationsformen für die kommunale Abwasserbeseitigung, S. 88; *Schmeken*, StT 1989, 239, 243; so auch *Brüning*, Amt für Abfallwirtschaft und Stadtreinigung Düsseldorf, Gespräch v. 26.6.1997. Demgegenüber halten *Fleischle/Schückhaus* eine Kosten- und Leistungsrechnung für eine zu verwertbaren Ergebnissen führende Kostenanalyse der Verwaltung nicht für notwendig, KPBl. 1997, 527, 528.

[16] Modellhaft erprobt wird die Einführung einer Kosten- und Leistungsrechnung bzw. einer doppelten Buchführung allerdings, z.B. in Ludwigsburg, Pforzheim und Wiesloch, s. *Tabet*, AJ 1996, 29. Ein weiteres Beispiel liefert die Stadt Braunschweig; dort wurde 1993 eine Unternehmensberatung mit der Einführung der Sonderrechnung im Stadtreinigungsamt beauftragt, vgl. *Schulze/Berg*, AJ 1994, 284 ff.

[17] *Wenzel*, StT 1992, 532 ff.; vgl. auch *Bull*, VerwArch 1995, 621, 624.

einem echten Leistungsvergleich wäre daher u.a. erforderlich, dem Preisangebot Privater die Abschreibungsbeträge hinzuzurechnen.[18]

Darüberhinaus werden bei Kostenvergleichen regelmäßig die bei Privatisierungsmaßnahmen möglicherweise entstehenden sog. Transaktionskosten vernachlässigt. Diese können vor allem durch die zur weiteren Gewährleistung ordnungsgemäßer Aufgabenerfüllung zusätzlich erforderliche Steuerung und Kontrolle der Einhaltung der ordnungsrechtlichen Vorgaben, für die personelle und technische Kapazitäten bei der Verwaltung vorgehalten werden müssen, entstehen.[19] Die Ermittlung dieser Kosten dürfte allerdings äußerst schwierig bzw. überwiegend erst ex post möglich sein.

Festzuhalten bleibt, daß der privaten Aufgabenerfüllung nicht generell eine höhere Effizienz unterstellt werden kann, sondern stets eine differenzierte Betrachtung unter Berücksichtigung der genannten Aspekte erforderlich ist. An einer solchen fehlt es jedoch häufig.[20]

3. Ökologische Effektivität

Entscheidend für die Bewertung der ökologischen Effektivität einer staatlichen Maßnahme ist ihre ökologische Steuerungswirkung.[21] Auch der Umgang mit diesem Kriterium wirft vielfältige Schwierigkeiten auf, zum einen, weil sich die tatsächlichen Auswirkungen von Maßnahmen häufig erst nach Ablauf eines gewissen Zeitraums zeigen,[22] nur unzulänglich vorhersagbar sind und empirisches Datenmaterial fehlt, und zum anderen, weil die ökologische Bewertung selbst erheblichen Schwankungen unterliegen kann, solange keine zuverlässigen Ökobilanzen für einen Vergleich vorliegen[23].

Als Anhaltspunkte für eine ökologisch effektive Zuordnung von Entsorgungstätigkeiten seien genannt: Anreiz zur Abfallvermeidung, Ordnungs-

---

[18] *Wenzel*, StT 1992, 532, 534.

[19] *Wenzel*, StT 1992, 532, 533; Wissenschaftlicher Beirat der Gesellschaft für öffentliche Wirtschaft, ZögU 1994, 195, 201.

[20] Vgl. *Hennerkes*, StT 1997, 645, 647, der es bis heute für nicht bewiesen hält, daß Private langfristig kostengünstiger als die öffentliche Hand agieren. Erheblichen Forschungsbedarf sieht hier auch *Bull*, VerwArch 1995, 621, 623.

[21] Zu den Aspekten, die bei der Beurteilung der Steuerungsfähigkeit von Normen zu beachten sind, s. *Hoffmann-Riem*, in: Hoffmann-Riem u.a., Reform des allgemeinen Verwaltungsrecht, S. 115, 121 ff.

[22] *Di Fabio*, NVwZ 1995, 1, 2.

[23] Zu den Problemen bei der Erstellung von Ökobilanzen vgl. nur die Kritik von *Böhm/Fehrenbach/Giegrich* an den "Ökobilanzen zur Verwertung von Kunststoffverpackungen aus Verkaufsverpackungen", StT 1996, 502 ff.

mäßigkeit und Schadlosigkeit der Entsorgung, wirksamer Ausschluß illegaler Entsorgung, Innovationsfreundlichkeit, flächendeckende Entsorgung und langfristige Entsorgungssicherheit[24]. Ein Anreiz zur Abfallvermeidung setzt voraus, daß der Entsorgende Einfluß auf die Entstehung der Abfälle nehmen kann und ein Interesse an der Vermeidung von Abfällen hat. Voraussetzung für eine ordnungsgemäße Entsorgung ist die für die jeweilige Tätigkeit erforderliche Sachkunde und Zuverlässigkeit des Entsorgers, sichergestellt durch funktionierende Kontrollmechanismen; dabei muß die Kontrolle umso stärker sein, je größere Gefahren für die Umwelt bestehen, insbesondere also je gefährlicher der zu entsorgende Abfall ist. Ein Anreiz zu illegaler Entsorgung besteht insbesondere bei hoher Kostenintensität, weniger jedoch, wenn es sich um einen marktfähigen Stoff handelt; verringert werden kann der Anreiz zu illegaler Entsorgung durch regelmäßige Kontrollen, ein hohes "Entdeckungsrisiko"[25] und eventuell durch die Androhung empfindlicher Sanktionen. Innovationsfreundlich ist eine Maßnahme dann, wenn sie dem die Entsorgungstätigkeit Ausführenden einen Anreiz zur Entwicklung neuer Verfahren bietet. Das Erfordernis der Flächendeckung beinhaltet einen wirksamen Ausschluß der Entstehung von Entsorgungslücken in bestimmten, insbesondere unrentabel zu entsorgenden Gebieten. Eine langfristige Entsorgungssicherheit setzt schließlich voraus, daß die zu der jeweiligen Entsorgung erforderlichen sachlichen, finanziellen und personellen Kapazitäten langfristig vorgehalten werden; dabei sind z.B. die Konkursrisiken Privater zu berücksichtigen.[26]

Unter der Prämisse, daß der Anreiz zu illegaler Entsorgung in öffentlicher Hand sehr viel geringer ist als bei Privaten, sprechen folgende Aspekte eher für eine Entsorgung in öffentlicher Regie: hohe Risiken für die Umwelt, z.B. wegen strukturellen (organisatorischen, technischen, finanziellen oder personellen) Unvermögens Privater zu ordnungsgemäßer Entsorgung[27] oder wegen besonderer Gefährlichkeit des Abfalls,[28] hohe Kosten, Ausfallrisiken Privater, fehlender Markt für den jeweiligen Stoff.

---

[24] Vgl. *Himmelmann*, in: Gedenkschrift Thiemeyer, S. 133, 143; *Tettinger*, in: FS Friauf, S. 569, 577; *Wenzel*, StT 1992, 532.

[25] Dies ist v.a. gegeben, wenn der Verursacher aufgrund der Art oder Zusammensetzung der Abfälle einfach zu ermitteln ist, was insbesondere bei homogenen Massenabfällen aus der Produktion der Fall sein kann, vgl. *Hecht/Werbeck/Wink*, List Forum 1996, 43, 58.

[26] *Engstler*, GemH 1987, 109, 113.

[27] Dieses Kriterium spricht insbesondere dafür, die Hausmüllentsorgung öffentlicher Verantwortung zu unterstellen.

[28] Aus diesem Grund sollte nach *Rautenberg*, in: Himmelmann, Öffentliche Unternehmen in der Abfallwirtschaft, S. 166, 175, z.B. die Verwaltung von Deponien in

Demgegenüber können die folgenden Umstände eine private Entsorgung sinnvoller erscheinen lassen: geringe Risiken für die Umwelt, einfache Kontrollierbarkeit, hohes Eigeninteresse an ordnungsgemäßer Entsorgung, z.B. wegen einfachen Kausalitätsnachweises im Haftungsfall oder hohen Entdeckungsrisikos, Existenz eines funktionierenden Marktes für die betreffenden Stoffe, aber auch eventuell bessere fachliche und finanzielle Ausstattung.

4. Nichtindentierte/mittelbare Folgen der Privatisierung

Bedenkenswert sind schließlich auch nichtintendierte und mittelbare Folgen von Privatisierungsmaßnahmen. Dazu gehören insbesondere Monopolisierungen,[29] wie sie auf dem deutschen Entsorgungsmarkt schon seit einiger Zeit zu beobachten sind, und daraus resultierende Preisverzerrungen und Abhängigkeiten der Kommunen.[30] Zu bedenken ist auch, daß durch Privatisierungen die Möglichkeiten der Kommunen, durch die Auftragspraxis in gewissem Umfang Arbeitsmarktpolitik zu betreiben, z.B. durch die Beauftragung von örtlichen (non-profit-) Beschäftigungsgesellschaften[31] oder schwer vermittelbaren Arbeitnehmern, beschränkt werden können.[32]

II. Umweltpolitische Bewertung der verschiedenen Privatisierungstatbestände des KrW-/AbfG

Zur Erreichung des in § 1 KrW-/AbfG genannten gesetzlichen Ziels der Förderung der Kreislaufwirtschaft zur Schonung der natürlichen Ressourcen und der Sicherung der umweltverträglichen Beseitigung von Abfällen soll nach den Vorstellungen des Gesetzgebers primär auf "das marktwirtschaftliche Eigeninteresse und damit auf den Ideenreichtum und die Kreativität von Wirtschaft und Gesellschaft"[33] gesetzt werden. Dazu diene insbesondere die in § 22 normierte Produktverantwortung, zu deren Durchsetzung vor allem

---

öffentlicher Hand verbleiben, und kann nach *Schoch*, Privatisierung der Abfallentsorgung, S. 153, der Betrieb einer Kompostierungsanlage Privaten übertragen werden.

[29] *Bull*, VerwArch 1995, 621, 624 u. 629.

[30] *Wenzel*, StT 1992, 532, 534. Zur langfristigen Ausschaltung von Wettbewerb bei Betreibermodellen s. *Steenbock*, GemH 1987, 246, 250.

[31] Solche setzt das Stadtreinigungsamt Bielefeld z.B. bei der Entsorgung von Altpapier und im Bereich eines Wiederverwendungssystems von Weinflaschen ein.

[32] Vgl. *Komarnicki*, in: Schmitt-Tegge, Kommunale und private Abfallbeseitigung, S. 1, 2; ferner *Bull*, VerwArch 1995, 621, 624.

[33] *Töpfer*, Umwelt (BMU) 1993, 198.

Rückgabe- und Rücknahmepflichten eingeführt werden sollen.[34] Der Verwirklichung des umweltrechtlichen Verursacherprinzips soll auch die grundsätzliche Zuordnung der Entsorgungspflichten zu den Erzeugern und Besitzern dienen.[35] Ziel der Regelungen sei eine umfangreiche Privatisierung der Abfallwirtschaft nach einem "ökonomisch sinnvollen Verursacherprinzip".[36] Die dadurch erfolgende verursachergerechte Pflichtenzuordnung soll bisher externalisierte Umweltkosten preiswirksam machen,[37] um so Anreize zur Aktivierung von Abfallvermeidungs- und -verringerungspotentialen bei Produktion und Produktgestaltung zu geben.[38] Grundgedanke ist es, "die Leistungsfähigkeit des marktwirtschaftlichen Systems zum Zweck der Verwirklichung ökologischer Zielsetzungen" zu instrumentalisieren.[39]

Zweifel an der ökologischen Wirksamkeit und ökonomischen Effizienz der Privatisierungsregelungen des KrW-/AbfG ergeben sich vor allem im Hinblick auf die Errichtung privater Rücknahmesysteme aufgrund von Rücknahmepflichten, die originäre Zuordnung der Entsorgungspflichten, insbesondere im Hinblick auf Sonderabfälle, die Möglichkeiten einer Übertragung der Entsorgungspflichten auf private Entsorgungsträger und die Beauftragung Privater.

Obwohl von der Konzeption des KrW-/AbfG her als Sonderfall ausgestaltet, soll die Betrachtung mit der Anordnung von Rücknahmepflichten beginnen; mit der VerpackV liegen nicht nur erste Erfahrungen mit der Umsetzung des Produktverantwortungsgedankens vor, darüber hinaus hat die VerpackV auch wesentliche Impulse für weitere Privatisierungsmaßnahmen im Bereich der Entsorgung geliefert.[40]

---

[34] *Töpfer*, Umwelt (BMU) 1993, 198, 199.

[35] So die Begründung zum Regierungsentwurf, BT-Drs. 12/5672, S. 32, sowie die Ausschußbegründung, BT-Drs. 12/7284, S. 17.

[36] *Töpfer*, Umwelt (BMU) 1993, 198, 199.

[37] Regierungsbegründung, BT-Drs. 12/5672, S. 34.

[38] Regierungsbegründung, BT-Drs. 12/5672, S. 2, 31 f. Vgl. außerdem *Franßen*, in: FS Redeker, S. 457, 468; *Kahl*, DVBl. 1995, 1327, 1333 f. m.w.Nachw.; RSU, ZAU 1993, 172, 178; *Spannowsky*, Jb. UTR 1996, 289, 292 ff.

[39] *Spannowsky*, Jb. UTR 1996, 289, 293.

[40] Vgl. *Finckh*, Regulierte Selbstregulierung im Dualen System, S. 25 m.w.Nachw.; *Schoch*, Privatisierung der Abfallentsorgung, S. 168; sowie *Dittmann*, der die VerpackV für eine "Art Vorläufer zur Privatisierung des öffentlich-rechtlichen Entsorgungsmonopols" hält, in: UTR 38, Umweltschutz und Wettbewerb, S. 180.

1. Rücknahmepflichten

Als umweltpolitische Steuerungsinstrumente sind Rücknahme- und Entsorgungspflichten erst seit der Verpackungsverordnung ins Blickfeld gerückt.[41] Indem sie zwar Handlungspflichten normieren, die Steuerungswirkung aber von den aus der Erfüllung der Handlungspflichten resultierenden Kosten ausgehen soll, rangieren sie in der Einordnung zwischen den ordnungsrechtlichen (Ge- und Verbote) und den ökonomischen Steuerungsinstrumenten (z.B. Abgaben).[42] Ein besonderer Vorteil dieser Steuerungsinstrumente wird in ihrer hohen Flexibilität gesehen; wie der Rücknahmepflichtige auf die Entsorgungspflicht und die damit einhergehende Anlastung der Entsorgungskosten reagiert, bleibt ihm weitgehend überlassen.[43]

Für Rücknahmepflichten bestehen je nach Gegenstand unterschiedliche umweltpolitische Zielsetzungen. Der Zweck kann z.B. darin bestehen, daß die Entsorgungskosten für die rücknahmepflichtigen Gegenstände nicht beim Endverbraucher, wo sie kaum Rückwirkung auf den Produzenten entfalten,[44] sondern beim Hersteller bzw. Vertreiber anfallen, damit dieser sie in seine Preiskalkulation einstellen muß, wovon ein Anreiz zu Vermeidung und entsorgungsfreundlicher Produktion und Produktgestaltung ausgehen soll.[45] Wenig Sinn macht eine solche Zielsetzung, wenn bei dem Rücknahmepflichtigen keine Vermeidungs- und Verringerungspotentiale bestehen.[46] Andere Zwecke von Rücknahmepflichten können die Steigerung der Verwertung bestimmter Stoffe, die Entfrachtung der öffentlichen Entsorgungssysteme von

---

[41] *Birn*, NVwZ 1992, 419, 423; *Di Fabio*, NVwZ 1995, 1; *ders.*, in: Hoffmann-Riem/Schmidt-Aßmann, Öffentliches Recht und Privatrecht als wechselseitige Auffangordnungen, S. 143, 159 f.

[42] *Rehbinder,* in: Rengeling, Kreislaufwirtschafts- und Abfallrecht, S. 109, 112 f.; *Rutkowsky/Tegner*, ZAU 1996, 507, 509; *Spies*, ZAU 1994, 309, 313 f.; zur Einteilung der Steuerungsinstrumente allgemein RSU, Sondergutachten Abfallwirtschaft, Tz. 894.

[43] *Hecht*, Wirtschaftsdienst 1993, 479, 485; *Kreienbaum/Wacker-Theodorakopoulos*, Umweltorientierte Abfallpolitik, S. 32; *Römer*, ZfU 1994, 75, 83.

[44] *Hecht/Werbeck*, ZfU 1995, 49, 53; *Holm-Müller*, Jb. für Nationalökonomie und Statistik 1993, 480, 481; *Rutkowsky/Tenger*, ZAU 1996, 507, 511; *Spies*, ZAU 1994, 309, 310.

[45] Dieser Strategie folgt z.B. die Verpackungsverordnung, s. *Ahlheim*, Die neue Verpackungsverordnung im Licht der Umweltökonomie, S. 23 f.; *Hecht/Werbeck*, ZfU 1995, 49, 54; *Schenkel*, ZAU 1991, 341 f.; *Spies*, ZAU 1994, 309, 311, 313 f.; *Trienekens*, ZAU 1991, 345, 346.

[46] So kann es nicht Zweck der geplanten Altpapier-Verordnung sein, daß Vertreiber von Zeitungen, Zeitschriften etc. Druckerzeugnisse vermeiden, s. *Friauf*, FS Börner, S. 701, 707 f.

bestimmten Stoffen oder auch schlicht die Überwälzung der Entsorgungskosten auf die Produzenten sein.[47]

Grundsätzliche Erkenntnisse zur ökologischen Effektivität und ökonomischen Effizienz von Rücknahmepflichten und dem notwendigen Ordnungsrahmen lassen sich bisher lediglich aus den Erfahrungen mit der VerpackV gewinnen.

a) Steuerungsstruktur der VerpackV und des Dualen Systems

Zentrales Steuerungsinstrument der VerpackV sind die Pflichten zur kostenlosen Rücknahme von Transport-, Um- und Verkaufsverpackungen. Diesen müssen Hersteller und Vertreiber für Transport- und Umverpackungen unmittelbar nachkommen, während für Verkaufsverpackungen die Möglichkeit einer Befreiung bei Beteiligung an einem flächendeckenden Erfassungssystem besteht.[48] Die Rücknahmepflicht für Verkaufsverpackungen, die den Einzelhandel vor praktisch kaum lösbare logistische Probleme stellen würde, übt auf diesen erheblichen Druck in Richtung auf eine Beteiligung am Dualen System aus.[49] Die Beteiligung der Einzelhändler besteht darin, nur mit dem "Grünen Punkt" gekennzeichnete Waren in ihr Sortiment aufzunehmen. Dadurch wiederum entsteht Druck auf die Konsumgüterproduzenten, nur solche Abfüller zu wählen, die für ihre Verpackungen die Lizenz zur Nutzung des "Grünen Punktes" erworben haben. Um weiterhin Aufträge zu erhalten, sehen sich die Abfüller daher ihrerseits gezwungen, den "Grünen Punkt" zu erwerben. Das ist aber nur für solche Packmittel möglich, für die eine Verwertungsgarantie gegenüber der DSD vorliegt. Die Packmittelhersteller werden sich daher bemühen, nur solche Packmittel einzusetzen, für die eine

---

[47] Z.B. ist Ziel der geplanten Rücknahmepflichten für Elektronikschrott nicht die Vermeidung elektrischer oder elektronischer Geräte, sondern nur deren Verwertung durch die Hersteller, wovon Anreize zu entsorgungsfreundlicher Produktgestaltung ausgehen sollen, und die Entlastung der öffentlich-rechtlichen Entsorgungsträger, s. *Beckmann*, in: GfU, Kreislaufwirtschafts- und Abfallgesetz - was ändert sich?, S. 244, 258; s. allgemein zu Zielsetzungen bei Rücknahmepflichten *ders.*, DVBl. 1995, 313, 319 f.

[48] Aufgrund dieser Möglichkeit der Vermeidung des eigentlichen Verordnungsbefehls durch kollektive substitutive Eigenvornahme "erfüllungshalber" sieht *Schmidt-Preuß* in der Verpackungsverordnung einen neuen Normtypus des "Androhungsgesetzes", VVDStRL 56 (1996), 160, 214 f.

[49] *Finckh*, Regulierte Selbstregliertung im Dualen System, S. 76; *Friauf*, FS Börner, S. 701, 704 ff.; *Römer*, ZfU 1994, 75, 85. Tatsächlich dürfte die Rücknahmepflicht für Verkaufsverpackungen nie dazu bestimmt gewesen sein, erfüllt zu werden, sondern ihren Zweck ausschließlich in der "Motivation" des Einzelhandels finden, so *Selmayr*, UPR 1998, 99, 100.

Verwertungsgarantie besteht. Unter der Voraussetzung, daß eine solche Garantie nur bei einer tatsächlichen kostendeckenden Verwertungsmöglichkeit ausgesprochen wird, besteht so ein Anreiz, Verpackungsmaterial zu verringern und verwertungsfreundliche Materialien zu verwenden.[50]

Der von den Rücknahmepflichten ausgehende Druck wird also von den Einzelhändlern in einer langen Kette zu den Packmittelherstellern weitergereicht.[51] Die Verwertungskosten, die von der Packmittelindustrie nunmehr bei ihrer Preiskalkulation mit einberechnet werden müssen, werden in umgekehrter Richtung über die Abfüller, die Konsumgüterhersteller und den Einzelhandel schließlich auf den Konsumenten abgewälzt.[52] Gleiches gilt für das von den Abfüllern für die Nutzung des "Grünen Punktes" an das DSD zu zahlende Lizenzentgelt. Dieses richtet sich nach Volumen, Gewicht und Material der Verpackung; bei Kunststoffverpackungen sind außerdem Verwertungskosten enthalten.[53] Im Produktpreis sind dann die Kosten für Sammlung und Vorsortierung der Verpackung und die Verwertungskosten enthalten. Durch den Wettbewerbsvorteil der wegen geringerer Lizenz- und Verwertungskosten für die jeweilige Verpackung relativ günstigeren Produkte, der das Konsumentenverhalten beeinflussen soll, soll wiederum ein Wettbewerb der Verpackungsmaterialien initiiert werden, der Rückwirkungen auf die Packmittelindustrie entfalten soll.[54] Sofern keine Mischpreiskalkulationen vorgenommen werden, sind auf dem Packmittelmarkt schließlich Anpassungsreaktionen zu erwarten; langfristig werden Packmittel begünstigt, die materialärmer und entsorgungsfreundlicher sind als andere.[55]

Die Beteiligung des Konsumenten am Dualen System durch das Sammeln der mit dem "Grünen Punkt" gekennzeichneten Verpackungen in "Gelben Säcken" ist bislang rein freiwillig; eine Rückgabepflicht besteht nicht. Einen materiellen Anreiz kann lediglich die entsorgungspflichtige Körperschaft dadurch setzen, daß die Möglichkeit einer kleineren, gebührenreduzierten Restmülltonne eingeräumt wird. Ansonsten würde die Doppelbelastung des Verbrauchers für den Fall, daß er DSD-Müll dem öffentlich-rechtlichen Entsorgungsträger zuführt (Abfallgebühren und DSD-Kosten im Produktpreis), gar nicht spürbar. Zur Motivation der Endverbraucher ist das DSD auf Öffentlichkeitsarbeit beschränkt. Künftig kann die Kommune Verpackungs-

---

[50] *Hecht/Werbeck*, ZfU 1995, 49, 69.

[51] *Ahlheim*, StWStP 1993, 348, 377 f.

[52] *Ahlheim*, StWStP 1993, 348, 378.

[53] *Spies*, ZAU 1994, 309, 318.

[54] *Burchardi/Sacksofsky*, Jb. UTR 1994, 23, 28 f.; *Hecht/Werbeck*, ZfU 1995, 49, 70.

[55] *Römer*, ZfU 1994, 75, 84.

abfälle von der öffentlichen Entsorgung ausschließen und Verstöße mit Sanktionen bewehren, wovon zusätzliche Anreize zur - nunmehr einzig legalen - Überlassung an das Duale System ausgehen dürften.

b) Wirkungen

Seit ihrem Inkrafttreten hat die Verpackungsverordnung nicht unerhebliche Vermeidungs- und Verringerungseffekte hervorgerufen. So soll die Gesamtmenge an Verpackungsabfällen seit Inkrakfttreten der VerpackV jährlich um durchschnittlich 3 % und bis 1996 insgesamt um 15 % abgenommen haben.[56]

Insbesondere im Hinblick auf Transport- und Umverpackungen, für die die Hersteller und Vertreiber ohne Freistellungsmöglichkeit rücknahmepflichtig sind, hat die VerpackV erhebliche Reduktionen und Produktionsänderungen bewirkt.[57]

Aber auch bei den Verkaufsverpackungen waren - zumindest in der Anfangsphase - Verringerungseffekte erkennbar.[58] Im Hinblick auf einzelne Verpackungsstoffe ist dabei allerdings ein Anstieg zu verzeichnen; z.B. zeigen nach einer kritischen Stellungnahme des BUND die Statistiken der Verpackungshersteller einen gestiegenen Verbrauch von Weißblech, Glas und Aluminium.[59]

Die flächendeckende Erfassung durch das Duale System wurde stetig verbessert: Im Jahr 1996 wurden 5,45 Mio. t gebrauchter Verkaufsverpackungen (zuzüglich ca. 8 % Fehlwürfe) erfaßt; das sind rund 86 % des Gesamtverbrauchs, der mit 6,4 Mio. t beziffert wird. Am Dualen System beteiligt waren 16 837 Lizenznehmer für rund 5,3 Mio. t Verkaufsverpackungen; für den Rest in Höhe von 1,1 Mio. t fand keine Beteiligung statt. Mit 5,32 Mio. t wurden rund 84 % des Gesamtverbrauchs an Verkaufsverpackungen verwertet.[60]

---

56 *Versteyl*, in: GfU, Kreislaufwirtschafts- und Abfallgesetz - was ändert sich?, S. 211, 213. Zu konkreten Erfahrungen mit dem Dualen System auf lokaler Ebene vgl. *Cichonski/Heinrichs/Spielberg*, AJ 1994, 201 ff.

57 *Friege*, StT 1997, 506, 510; *Spangenberg/Verheyen*, Von der Abfallwirtschaft zum Stoffstrom-Management, S. 49.

58 *Spangenberg/Verheyen*, Von der Abfallwirtschaft zum Stoffstrom-Management, S. 49; zweifelnd *Vorholz*, Die Zeit v. 2.2.1996; kritisch auch die SPD-Bundestagsfraktion in einem Antrag zur Novellierung der Verpackungsverordnung, BT-Drs. 13/2818.

59 Süddeutsche Zeitung v. 25.6.1996.

60 Daten entnommen aus Süddeutsche Zeitung v. 7./8.5.1997 und v. 25.6.1997; BReg., BT-Drs. 13/8240.

Im Hinblick auf die Verwertungverfahren werden die Effekte der VerpackV kritischer gesehen.[61] Insbesondere die stoffliche Verwertung der Kunststofffraktionen gilt als ökologisch fragwürdig (Stichwort "Downcycling").[62] Die starre Festlegung auf die stoffliche Verwertung läßt außer acht, daß eine andere Verwertungsart, insbesondere die energetische Verwertung, oder gar eine Beseitigung unter umfassender Berücksichtigung aller damit einhergehenden Emissionen, des Energieverbrauchs etc. (z.B. im Wege einer Ökobilanz) die umweltpolitisch bessere Alternative darstellen kann.[63] Diese Kritik wurde in der Novelle der VerpackV z.T. aufgenommen; bei Kunststoffverpackungen ist danach nur noch ein Teil der Quote durch werkstoffliche Verwertung zu erfüllen und kann im übrigen energetisch verwertet werden.

Erinnert sei ferner an verschiedene Fälle ökologisch zweifelhafter "Verwertungs"wege bzw. sogar illegaler Entsorgung im Zusammenhang mit dem Dualen System.[64]

c) Institutionelle Schwachpunkte

aa) Als umweltpolitisch kontraproduktiv wird in erster Linie die Ablösung der durch die VerpackV ursprünglich zur Rücknahme von Verkaufsverpackungen Verpflichteten durch das von der DSD betriebene System der Rücknahme und Verwertung gesehen.[65] Dadurch werden die Hersteller als die eigentlichen Verursacher entlastet, die Verantwortung für die Rücknahme und Verwertung geht auf die DSD und die - häufig branchenfremden[66] - Garantiegeber über. Die ökologische Steuerungswirkung von Rücknahmepflichten

---

[61] Vgl. *Bünemann/Rachut*, Der grüne Punkt: eine Versuchung der Wirtschaft, S. 21.

[62] *Cichonski/Heinrichs/Spielberg*, AJ 1994, 201, 204 f.; *Bünemann/Rachut*, Der grüne Punkt: eine Versuchung der Wirtschaft, S. 120 f.; *Finckh,* Regulierte Selbstregulierung im Dualen System, S. 70 ff.

[63] Vgl. *Rehbinder*, in: UTR 38, Umweltschutz und Wettbewerb, S. 183 f., 192.

[64] Vgl. Süddeutsche Zeitung v. 28.6.1996 (illegales Ablagern von DSD-Abfällen durch beauftragte Entsorger in Neubrandenburg und Italien) und v. 27.11.1996 (illegaler Export von Sortierresten nach Hongkong) und v. 14.2.1997 (Plastikmüll-Export nach Südkorea); Der Spiegel 32/1997, 50 f. (Plastikmüll-Export nach Nordkorea); sowie *Finckh*, Regulierte Selbstregulierung im Dualen System, S. 69.

[65] So *Diederichsen*, BayVBl. 1996, 649, 652 ("Webfehler" der Verpackungsverordnung); *Bünemann/Rachut*, Der grüne Punkt: eine Versuchung der Wirtschaft, S. 42; *Schmecken/Schwade*, VerpackV, S. 32; *Schmidt/Müller*, Einführung in das Umweltrecht, S. 125 f.; *Schwade*, StGR 1991, 269, 272; *Selmayr*, UPR 1998, 99, 100; *Spangenberg/Verheyen*, Von der Abfallwirtschaft zum Stoffstrom-Management, S. 56.

[66] *Spangenberg/Verheyen*, Von der Abfallwirtschaft zum Stoffstrom-Management, S. 60.

greift bei einer solchen Konstellation nur ein, wenn der Rückkoppelungseffekt auf die Produktion und die Produktgestaltung erhalten bleibt,[67] d.h. zumindest die Kosten der Erfassung, Sortierung und Verwertung einzelner Verpackungsarten letztlich ihren Herstellern angelastet werden.[68]

Ein Rückkoppelungseffekt kann bei der Übernahme der ursprünglichen Rücknahmepflichten durch das DSD nur über die Lizenzentgelte einerseits und über die Verwertungskosten für die Verpackungsstoffe, die in einer Kette bis zum Endverbraucher weitergereicht werden, andererseits erhalten werden. Voraussetzung ist, daß bei der Berechnung der Lizenzentgelte und Verwertungspreise keine Mischpreiskalkulationen vorgenommen werden, d.h. nicht hohe Erfassungs-, Sortierungs- oder Verwertungskosten nur zum Teil dem entsprechenden Verpackungsmaterial und zum Teil anderen Verpackungsmaterialien mit niedrigeren Kosten zugerechnet werden.[69] Dadurch würde der angestrebte Wettbewerb zwischen den verschiedenen Verpackungsmaterialien verzerrt. Ein Anreiz zu Vermeidung, Verringerung und verwertungsfreundlicher Produktgestaltung besteht vielmehr nur, wenn die Entsorgungskosten volumen-, gewichts- und materialspezifisch verursachergerecht zugeordnet werden;[70] ein lediglich nach Volumen oder Gewicht differenzierendes Entgelt würde zu Fehlallokationen führen.[71] Die tatsächlichen mit der Sammlung, Sortierung und Verwertung der einzelnen Verpackung verbundenen Kosten gehen jedoch auch nach der neuen Entgeltstaffelung der DSD nicht ausreichend verursachergerecht in die Lizenztarife ein, da zwar nach Volumen, Gewicht und Material, aber weiter nur nach der Materialgruppe und nicht nach der konkreten Stoffzusammenstellung unterschieden wird, die aber für die Verwertbarkeit der Verpackung von erheblicher Bedeutung ist.[72] Kritiker befürchten, dadurch komme es zu einer "systemimmanenten Subventionierung

---

[67] *Spangenberg/Verheyen*, Von der Abfallwirtschaft zum Stoffstrom-Management, S. 56.

[68] *Birn*, NVwZ 1992, 419, 423; *Michaelis*, UPR 1998, 210, 214.

[69] *Römer*, ZfU 1994, 75, 83, 85; s. auch *Ahlheim*, StWStP 1993, 348, 384.

[70] *Beckmann*, DVBl. 1995, 313, 320; *Hecht/Werbeck*, ZfU 1995, 49, 52, 70; *Römer*, ZfU 1994, 75, 82 ff.; *Trienekens*, ZAU 1993, 444, 445; s. auch *Schenkel*, ZAU 1993, 441, 443.

[71] *Michaelis*, UPR 1998, 210, 214; *Spies*, ZAU 1994, 309, 310, 318 ff. Der RSU hat in seinem Umweltgutachten 1994 eine weitere Ausdifferenzierung der Gebührenpolitik des DSD gefordert, "damit sich die bei der Verwertung und Restmüll-Ablagerung von Verpackungen entstehenden Kosten verursachergerecht in den Gebühren widerspiegeln", s. Tz. 506.

[72] *Spangenberg/Verheyen*, Von der Abfallwirtschaft zum Stoffstrom-Management, S. 51.

unökologischer und ineffizienter Verfahren", die Quersubventionierung festige vorhandene Strukturen und sei innovationsfeindlich.[73]

Zur Absicherung einer verursachergerechten und anreizwirksamen Entgeltgestaltung hält die VerpackV überdies kein Instrumentarium bereit. Diese fehlende institutionelle Sicherung anreizwirksamer Entgelte ist eine bislang kaum beachtete Schwäche des Dualen Systems. Das für die Nutzung des "Grünen Punktes" zu zahlende Lizenzentgelt könnte eine erheblich stärkere umweltpolitische Steuerungswirkung entfalten, wenn es unter ökologischen Aspekten festgesetzt würde.[74] Weder der VerpackV noch dem DSD sind jedoch Mechanismen immanent, die das DSD zur Festsetzung von Entgelten zwingt, die ökologische Aspekte berücksichtigen.[75] Das Funktionieren der Anreizstrukturen liegt insoweit vielmehr in den Händen der beteiligten Unternehmen, was insofern kritisch zu sehen ist, als Hersteller und Vertreiber daran ein ebenso geringes Interesse haben dürften wie die mit der Verwertung betrauten Entsorger.[76] In Betracht gezogen werden sollte daher, die Preisfestsetzung künftig öffentlicher Kontrolle zu unterstellen.[77] Zwang in dieser Richtung wird bisher lediglich von außen an das DSD herangetragen, z.B. durch die öffentliche Diskussion oder bei Verhandlungen mit Ländern oder Kommunen.[78] Zu erwähnen ist in diesem Zusammenhang auch die Selbstverpflichtung der DSD gegenüber der Europäischen Kommission, die Lizenzentgelte für den Grünen Punkt so zu bestimmen, daß die Systemkosten verursachungsgerecht den Materialfraktionen zugerechnet werden, und dies in angemessenen Zeitabständen durch Sachverständige überprüfen zu lassen.[79] Positiv zu bewerten ist in dieser Hinsicht auch, daß nach der novellierten VerpackV die Systembetreiber künftig die Kosten für die Erfassung, Sortierung sowie Verwertung oder Beseitigung für die einzelnen Verpackungsmaterialien offenzulegen haben.[80]

---

[73] *Finck,* Regulierte Selbstregulierung im Dualen System, S. 92, m.w.Nachw.; *Spangenberg/Verheyen*, Von der Abfallwirtschaft zum Stoffstrom-Management, S. 55, 60.

[74] Vgl. *Rehbinder*, in: UTR 38, Umweltschutz und Wettbewerb, S. 192 f.

[75] Vgl. dazu auch *Finckh*, Regulierte Selbstregulierung im Dualen System, S. 80 f.

[76] *Beckmann*, DVBl. 1995, 313, 320; *Finckh*, Regulierte Selbstregulierung im Dualen System, S. 95. Vgl. auch RSU, Sondergutachten Abfallwirtschaft, Tz. 160: "Private Entsorgungsunternehmen werden nicht ohne weiteres daran interessiert sein, durch ihre Entgeltsgestaltung an der staatlichen Abfallwirtschaftspolitik mitzuwirken."

[77] Vgl. *Holm-Müller*, Jb. für Nationalökonomie und Statistik 1993, 480, 494.

[78] *Spies*, StWStP 1994, 267, 294 f.

[79] Mitteilung der Europäischen Kommission, WuW 1997, 504, 511.

[80] S. Anhang I Ziff. 3 III Nr. 3 VerpackV.

bb) Eine vollständige Internalisierung sog. externer Kosten erfolgt durch die VerpackV nicht.[81] Externe (oder volkswirtschaftliche bzw. soziale) Kosten sind Kosten, die nicht den sie verursachenden Wirtschaftssubjekten, sondern Dritten, insbesondere der Allgemeinheit, aufgebürdet werden. Im Umweltbereich entstehen externe Kosten durch die kostenlose Inanspruchnahme knapper Umweltressourcen.[82] Umweltpolitische Strategien einer Internalisierung externer Kosten dienen der Korrektur des Marktpreises für die Inanspruchnahme von Umweltgütern mit dem Ziel einer der Knappheit des jeweiligen Gutes entsprechenden sparsamen Inanspruchnahme.[83]

Das an die DSD zu zahlende Lizenzentgelt spiegelt nicht die externen Kosten des spezifischen Verpackungsmaterials wider;[84] enthalten sind lediglich die Kosten für die Sammlung, die Sortierung und z.T. auch für die Verwertung.[85] Deshalb dürfte die Höhe der Preisaufschläge auf das einzelne Produkt kaum geeignet sein, die mit der VerpackV beabsichtigten Vermeidungs- und Verminderungspotentiale bei den Verpackungsabfällen tatsächlich zu aktivieren: Die Kosten für den Konsumenten sind zwar insgesamt erheblich - ca. 50,- DM pro Person und Jahr[86] -, der Anteil am Gesamtpreis eines einzelnen Produktes aber viel zu niedrig - und zudem nicht transparent[87] -, um für den Konsumenten spürbar zu sein und seine Kaufentscheidung beeinflussen zu können.[88]

---

[81] *Burchardi/Sachsofsky,* Jb. UTR 1994, 23, 34 f.; *Römer*, ZfU 1994, 75, 87; vgl. auch Monopolkommission, Hauptgutachten 1994/95, BT-Drs. 5309, Tz. 88.

[82] Vgl. *Ahlheim*, StWStP 1993, 348, 357 ff.; *Bonus*, in: UTR 38, Umweltschutz und Wettbewerb, S. 11, 14 ff; *Michaelis*, Ökonomische Aspekte der Abfallgesetzgebung, S. 7 ff.; *Sandhövel*, Marktorientierte Instrumente der Umweltpolitik, S. 113 f.; RSU, Sondergutachten Abfallwirtschaft, Tz. 894; *Wicke*, Umweltökonomie, S. 44.

[83] *Michaelis*, UPR 1998, 210, 211; *ders.*, Ökonomische Aspekte der Abfallgesetzgebung, S. 7 ff.; *ders.*, Ein ökonomischer Orientierungsrahmen für die Umweltpolitik, S. 5 ff.; *Sandhövel*, Marktorientierte Instrumente der Umweltpolitik, S. 114.

[84] *Römer*, ZfU 1994, 75, 87, 93.

[85] *Spies*, ZAU 1994, 309, 316, insbes. Fn. 38; *ders.*, StWStP 1994, 267, 294.

[86] *Spangenberg/Verheyen*, Von der Abfallwirtschaft zum Stoffstrom-Management, S. 53. Gewährleistet werden sollte ursprünglich eine Kostenbegrenzung auf 40,- DM, s. *Bünemann/Rachut*, Der Grüne Punkt: Eine Versuchung der Wirtschaft, S. 133.

[87] *Ahlheim*, StWStP 1993, 348, 384; *Spangenberg/Verheyen*, Von der Abfallwirtschaft zum Stoffstrom-Management, S. 53.

[88] *Ahlheim*, StWStP 1993, 348, 380; *Hansmeyer*, Wirtschaftsdienst 1993, 232, 236; *Hecht/Werbeck*, ZfU 1995, 49, 55; *Hofmann-Hoeppel*, Die Bedeutung der Verpackungsverordnung für die Kommunen, S. 22; *Schmeken/Schwade*, VerpackV, S. 32; *Schwade*, StGR 1991, 269, 272; *Spies*, ZAU 1994, 309, 320; vgl. auch *Rehbinder,* in: UTR 38, Umweltschutz und Wettbewerb, S. 192 f. Im Februar 1998 hat die DSD sogar angekündigt, die Kosten bis 2006 schrittweise zu senken, so daß der Bürger dann nur

Vom Rat von Sachverständigen für Umweltfragen wird daher als weitere Voraussetzung für einen Anreiz zu umweltschonendem Verhalten eine verursachergerechte, sowohl am Abfallaufkommen orientierte als auch schadstoffspezifische, Erhöhung der Deponiekosten gefordert.[89] Dies würde zu einer entsprechenden Verteuerung nicht vermiedener, schwer verwertbarer und/oder umweltschädlicher Stoffe führen.

Trotz nicht vollständiger Internalisierung externer Kosten stellt die Verpackungsverordnung jedoch aus steuerungspolitischer Sicht eine Verbesserung dar,[90] insbesondere angesichts der Tatsache, daß bislang auch bei der Erhebung öffentlich-rechtlicher Gebühren keine Internalisierung externer ökologischer Kosten erfolgt, da dabei das Kostendeckungsprinzip gilt und nur die betriebswirtschaftlichen Kosten ansatzfähig sind.[91] Die Einführung von Umweltabgaben könnte zwar eine effektivere und effizientere Allokation von Umweltgütern bewirken, scheint jedoch derzeit politisch nicht durchsetzbar.

cc) Auch das häufig kritisierte "Trittbrettfahrerverhalten" von Teilen des Einzelhandels stellt ein steuerungspolitisches Defizit dar.[92] Der durch die drohende Rücknahmepflicht auf den einzelnen Vertreiber ausgeübte Druck zu einer Beteiligung am Dualen System schien bislang unzureichend zu sein. Zwar war der Einzelhandel insgesamt am Erfolg des Dualen Systems, d.h. der Einhaltung der vorgeschriebenen Sammel- und Sortierquoten, interessiert, da ansonsten die Rücknahmeverpflichtung für Verkaufsverpackungen in Kraft getreten wäre. Für ein einzelnes Unternehmen war es hingegen ökonomisch rational, sich als Trittbrettfahrer zu verhalten, d.h. sein Sortiment nicht auf lizensierte Produkte umzustellen, da es dann - zumindest solange die geforderten Quoten von den übrigen Beteiligten noch erfüllt wurden - trotzdem faktisch in den Genuß der Freistellung von der Rücknahmepflicht kam, solange die Haushalte ihren Verpackungsmüll insgesamt über das Duale System entsorgten.[93]

---

noch mit durchschnittlich 41 DM pro Jahr belastet werde; berichtet in Süddeutsche Zeitung v. 6.2.1998.

89 RSU, Umweltgutachten 1994, Tz. 505; vgl. auch Monopolkommission, Hauptgutachten 1994/95, BT-Drs. 13/5309, Tz. 89, mit der Empfehlung, die Verwertung schrittweise mit den bisher nicht berücksichtigten Kosten der Umweltnuztung zu belasten.

90 So auch *Finckh*, Regulierte Selbstregulierung im Dualen System, S. 93 f.

91 *Holm-Müller*, Jb. für Nationalökonomie und Statistik 1993, 480, 481.

92 *Emslander/Morasch*, ZfU 1996, 209, 224; *Michaelis*, UPR 1998, 210, 213; *Römer*, ZfU 1994, 75, 85 f.; RSU, Umweltgutachten 1994, Tz. 506.

Um den Anreiz zum "Trittbrettfahren" zu verringern, sieht die novellierte Verpackungsverordnung für Unternehmen, die sich nicht an einem dualen System nach § 6 III VerpackV beteiligen wollen, in § 6 I 1 vor, daß diese ihre eigenen, den für duale Systeme geltenden entsprechenden Verwertungsquoten nachzuweisen haben; erfüllen sie diese Quoten nicht, müssen sie sich einem dualen System nach § 6 III anschließen, § 6 I 9 VerpackV.[94] Damit dürfte der "Trittbrettfahrer"-Problematik wirksam begegnet sein.

dd) Umweltpolitisch kontraproduktiv könnten sich schließlich die durch das Duale System erfolgten Monopolisierungen auswirken. Die DSD hat nicht nur ein Angebotsmonopol für Hersteller, Vertreiber und Handel inne - es gibt keinen zweiten Systemträger für die Rücknahme von Verkaufsverpackungen -, sondern auch ein Nachfragemonopol für Entsorgungsdienstleistungen.[95] Diese Monopolisierungen sind geeignet, den angestrebten Innovationswettbewerb auf dem Packmittelmarkt zu hemmen.[96]

Die novellierte VerpackV will dem zum einen dadurch entgegentreten, daß ausdrücklich keine Festlegung auf *ein* bundesweit agierendes System erfolgt, sondern vielmehr von System*en* nach § 6 III VerpackV die Rede ist, daher künftig auch weitere Systeme neben dem Dualen System tätig werden können, und zum anderen dadurch, daß die Träger dualer Systeme zur Ausschreibung von Entsorgungsleistungen in "Verfahren, die eine Vergabe im Wettbewerb sichern" und zur Abgabe der zur Verwertung bestimmten Verpackungen unter Wettbewerbsbedingungen verpflichtet sind.[97]

Zweifelhaft ist jedoch, ob nach der Etablierung des Dualen Systems faktisch überhaupt noch die Möglichkeit zur Errichtung anderer Systeme gegeben ist.

Das Dispositionsmonopol der Garantiegeber ist im Hinblick auf die erfaßten Sekundärrohstoffe[98] zwischenzeitlich schon dadurch entkräftet worden, daß die mit der Erfassung und Sortierung betrauten Entsorgungsunternehmen die

---

[93] *Emslander/Morasch*, ZfU 1996, 209, 218 f., 222; *Michaelis*, UPR 1998, 210, 213; *Römer*, ZfU 1994, 75, 85 f.; vgl. auch Landesregierung NW, LT-Drs. 12/1511, S. 2.

[94] Vgl. Begründung der Bundesregierung, BT-Drs. 13/7761, S. 24.

[95] *Spangenberg/Verheyen*, Von der Abfallwirtschaft zum Stoffstrom-Management, S. 55.

[96] Vgl. *Bonus*, in: UTR 38, Umweltschutz und Wettbewerb, S. 11, 31 ff.

[97] Anhang I Ziff. 3, Abs. 1 und 3 Nr. 2 und 4.

[98] Vgl. *Spangenberg/Verheyen*, Von der Abfallwirtschaft zum Stoffstrom-Management, S. 52 f.

Verpackungsmaterialien - abgesehen von Kunststoffen und Getränkekartons - nunmehr auch selbst verwerten und vermarkten dürfen.[99]

d) Fazit

Unter Zugrundelegung der oben genannten Bewertungskriterien ist die Verpackungsverordnung und das darauf beruhende Duale System keine umweltpolitisch optimale Lösung: Zwar ist das Modell grundsätzlich geeignet, die Vermeidung und Verwertung von Verpackungsmaterialien zu fördern, doch könnte ein erheblich höherer Anreizeffekt erreicht werden, wenn eine vollständige Internalisierung der externen Kosten erfolgte; außerdem wird die Anreizwirksamkeit der Rücknahmepflicht für Verkaufsverpackungen aufgrund der Ablösung der Pflichtigen durch das Duale System strukturell verringert, insbesondere da keine Mechanismen vorhanden sind, die eine - zur Erhaltung des Rückkoppelungseffektes erforderliche - anreizwirksame Entgeltgestaltung durch das Duale System gewährleisten, und schließlich bewirkt das System kontraproduktive Monopolisierungen. Angesichts dieser Systemschwächen stellt sich die Frage, ob die - zumindest in der Anfangsphase doch nicht unerheblichen - Erfolge der VerpackV und des DSD tatsächlich auf die oben skizzierte Lenkungsstruktur zurückzuführen sind, oder ob die Ursachen dafür nicht vielmehr in der starken Aufmerksamkeit der zunächst überwiegend kritisch eingestellten Öffentlichkeit, die die Implementation des Systems auf sich gezogen hat, sowie in einem allgemeinen gesellschaftlichen Umdenkprozeß im Hinblick auf die Notwendigkeit vermehrter Abfallvermeidung und -verwertung zu suchen sind.

Die im Zuge der Novellierung der VerpackV zur Behebung der Systemschwächen durchgesetzten Änderungen, insbesondere zur Eindämmung des "Trittbrettfahrerverhaltens" und der Monopolisierungen, sind in jedem Fall zu begrüßen.[100] Dem Problem, daß kein institutioneller Sicherungsmechanismus eine anreizwirksame Entgeltgestaltung durch das DSD gewährleistet, wird allerdings ebensowenig abgeholfen werden wie dem, daß die Anreizwirkung der DSD-Kosten aufgrund unvollständiger Internalisierung externer Kosten unzureichend ist.

---

[99] Vgl. *Flanderka*, BB 1996, 649, 652.

[100] So auch *Michaelis*, UPR 1998, 210, 216.

2. Originäre Zuordnung der Entsorgungspflichten

In den §§ 5 II, 11 I wird den Erzeugern und Besitzern die Pflicht zur Entsorgung ihrer Abfälle auferlegt, womit sie für die Entsorgung materiell verantwortlich sind und auch die anfallenden Kosten zu tragen haben. Nach der Legaldefinition in § 3 VI bzw. V ist Besitzer von Abfällen, wer die tatsächliche Sachherrschaft über Abfälle hat, und Erzeuger derjenige, durch dessen Tätigkeit Abfälle angefallen sind oder wer Vorbehandlungen, Mischungen oder sonstige Behandlungen vorgenommen hat, die eine Veränderung der Natur oder der Zusammensetzung dieser Abfälle bewirken. Damit hat der Gesetzgeber sowohl Verbraucher als auch Produzenten als auch Entsorger, soweit sie Abfallbehandlungen vornehmen, als "Verursacher" des Anfalls von Abfällen in die Pflicht genommen. Ähnlich dem Instrument der Rücknahmepflichten soll auch die originäre Entsorgungspflicht der Erzeuger und Besitzer mittelbar einen Anreiz zu Abfallvermeidung, entsorgungsfreundlicher Produktion und Produktgestaltung entfalten.[101]

Bei der Beurteilung der Frage, ob diese Maßnahme vor dem Hintergrund der umweltpolitischen Bewertungskriterien als zielführend anzusehen ist, kann allerdings nicht isoliert auf die Regelung in §§ 5 II, 11 I abgestellt werden, sondern muß der Zusammenhang mit §§ 13, 15 beachtet werden. Danach trifft die Erzeuger und Besitzer die materielle Entsorgungspflicht nur grundsätzlich umfassend und bestehen weitreichende Ausnahmen für Abfälle aus privaten Haushaltungen und für Abfälle zur Beseitigung, soweit öffentliche Interessen einer Entsorgung in eigenen Anlagen entgegenstehen; insoweit sind die öffentlich-rechtlichen Entsorgungsträger entsorgungspflichtig. Eine uneingeschränkte Entsorgungspflicht der privaten Haushaltungen wäre mit den Kriterien der Effizienz, Effektivität und Zumutbarkeit schwerlich vereinbar gewesen.[102] Ebenso hätten Effizienz- und Effektivitätsgesichtspunkte auch einer ausnahmslosen Entsorgungspflicht der Erzeuger und Besitzer von Abfällen aus anderen Herkunftsbereichen entgegengestanden.[103]

Die nach §§ 13 I, 15 I nicht materiell zur Entsorgung verpflichteten Erzeuger und Besitzer werden mittelbar, nämlich über die Erhebung von Abfallgebühren durch die öffentlich-rechtlichen Entsorgungsträger, als Verursacher

---

[101] *Spangenberg/Verheyen*, Von der Abfallwirtschaft zum Stoffstrom-Management, S. 64.

[102] *Kahl*, DVBl. 1995, 1327, 1329 m.w.Nachw.; *Kunig*/Schwermer/Versteyl, AbfG, § 3 Rn. 1.

[103] *Kloepfer*, Umweltrecht, 2. Aufl., § 18 Rn. 139; *Peine*, in: Schmidt, Öffentliches Wirtschaftsrecht, S. 371, 437.

herangezogen.[104] Eine ökologisch effektive Wirkung entfalten die Abfallgebühren aber nur, wenn sie einerseits einen Anreiz zu abfallvermeidendem Verhalten setzen, also möglichst verursachergerecht zugeordnet werden, andererseits aber nicht zu illegaler Entsorgung motivieren, also nicht zu hoch angesetzt sind.[105]

Nur für Abfälle, die nicht aus privaten Haushaltungen stammen, und auch nur, soweit nicht überwiegende öffentliche Interessen einer Beseitigung in eigenen Anlagen entgegenstehen, bleibt es bei der materiellen Verantwortlichkeit der Erzeuger und Besitzer. Uneingeschränkt besteht eine Verantwortlichkeit nur für gewerbliche und industrielle Abfälle zur Verwertung. Die nach §§ 5 II, 11 I in die Pflicht genommenen "Verursacher" sind demnach in erster Linie Produzenten. Ein Anreiz zur Vermeidung und Verringerung von Abfällen bei der Produktion und zur entsorgungsfreundlichen Produktgestaltung soll für diese davon ausgehen, daß die aus der Erfüllung ihrer Verantwortlichkeit resultierenden Entsorgungskosten nunmehr in ihre Kostenrechnung eingestellt werden müssen.[106] Dies funktioniert jedoch nur, soweit das erwünschte Verhalten betriebswirtschaftlich lohnt, die Entsorgungskosten also höher sind als der Mehraufwand für abfallarme Produktion und entsorgungsfreundliche Produktgestaltung. Nicht verwirklicht wurde damit die schon erwähnte Strategie der Internalisierung externer Kosten, wonach die Nutzung der knappen Ressource Umwelt einen der Knappheit entsprechenden Kostenfaktor darstellen soll:[107] Die materielle Entsorgungsverantwortlichkeit der Produzenten führt zwar zu einer weitgehenden Zurechnung der Entsorgungskosten zum "Verursacher", doch berechnen sich diese nur nach dem jeweiligen Marktpreis, stellen also nicht den sog. Knappheitspreis dar; damit bleibt es bei der Entstehung negativer externer Kosten durch die Inanspruchnahme der Umwelt als "freies Gut" durch Produktion und Entsorgung.[108] Diese Aufgabe vermögen nur Umweltabgaben zu erreichen, für den Bereich der Abfallwirtschaft z.B. in Form vom Deponieabgaben.[109] Umweltpolitisch ist die Entsorgungs-

---

[104] Vgl. *Kunig*/Schwermer/Versteyl, AbfG, § 3 Rn. 1; *Rehbinder*, Verursacherprinzip, S. 4 ff., 36 f.

[105] *Steenken/Wiebe*, in: Lübbe-Wolff, Umweltschutz durch kommunales Satzungsrecht, Rn. 507 ff.

[106] Regierungsbegründung, BT-Drs. 12/5672, S. 34.

[107] Vgl. *Ahlheim*, StWStP 1993, 348, 357 ff.; *Michaelis*, Ökonomische Aspekte der Abfallgesetzgebung, S. 14 ff.; *Rutkowsky/Tegner*, ZAU 1996, 507, 509; *Spies*, ZAU 1994, 309, 310; *Voigt*, WiVerw. 1983, 142, 148 ff.

[108] Vgl. *Michaelis*, Ökonomische Aspekte der Abfallgesetzgebung, S. 7 ff.; *Sandhövel*, Marktorientierte Instrumente der Umweltpolitik, S. 113 f.; RSU, Sondergutachen Abfallwirtschaft, Tz. 398.

[109] Vgl. RSU, Umweltgutachten 1994, BT-Drs. 12/6995, Tz. 505, 512, 520.

pflicht der "Verursacher" damit zwar ein Schritt in die richtige Richtung, aber mangels Internalisierung der negativen externen Effekte durch Zurechnung der "tatsächlichen", dem Knappheitspreis entsprechenden Entsorgungskosten suboptimal.

Nicht aufgenommen wurde auch der Vorschlag des Rates von Sachverständigen für Umweltfragen, zwecks stärkerer ökonomischer Steuerung gegenüber öffentlich-rechtlichen Entsorgungsträgern und privaten Entsorgern aus Gründen des Umweltschutzes Grundsätze zur Gestaltung der Entsorgungspreise gesetzlich festzulegen.[110]

3. Insbesondere: "Sonderabfallentsorgung"

Nach den Regelungen in §§ 5 II, 11 I, 15 III (iVm 13 I, 15 I) obliegt die Entsorgung der wegen ihrer Art, Menge oder Beschaffenheit von der öffentlichen Entsorgung nach § 15 III 2 KrW-/AbfG ausgeschlossenen Abfälle zur Beseitigung aus Gewerbe und Industrie - deren Menge im wesentlichen aus besonders überwachungsbedürftigen Abfällen besteht - ebenso wie die Entsorgung besonders überwachungsbedürftiger Abfälle zur Verwertung grundsätzlich den Erzeugern und Besitzern. Dies erscheint aus umweltpolitischer Sicht paradox: Ausgerechnet die Entsorgung der gefährlichsten Abfälle, die die vergleichsweise höchsten Kosten verursacht - und bei der damit der Anreiz zu illegaler Entsorgung besonders hoch ist - und die die größten Gefahren für die Umwelt und die Bevölkerung birgt, wird privater Verantwortung unterstellt.[111] Geschürt werden die Bedenken gegen eine solche Verantwortungsverteilung durch die sich insbesondere in jüngster Zeit häufenden Fälle illegaler Entsorgung durch private Unternehmen.[112]

---

[110] RSU, ZAU 1993, 172, 176 f.

[111] Kritisch auch *Peine*, in: Hoffmann/Müller, Abfallwirtschaft im Umbruch, S. 71, 96; *ders.*, in: Schmidt, Öffentliches Wirtschaftsrecht, S. 371, 431; zum alten Recht schon *Tettinger*, GewArch 1988, 41, 47. Auch das OVG Brandenburg scheint einer privaten Sonderabfallentsorgung skeptisch gegenüberzustehen; in seiner Entscheidung zu den landesrechtlichen Andienungspflichten führt es aus, die Außervollzugsetzung der SAbfEV "würde die Gefahr begründen, daß einzelne Entsorgungspflichtige die Beseitigung durch hierzu ungeeignete Stellen vornehmen lassen würden, was - wie auf der Hand liegt - gerade bei der nicht sachgemäßen Behandlung von Sonderabfällen ohne weiteres zu einer Gefährdung einzelnen, der Allgemeinheit oder der Umwelt führen könnte", LKV 1997, 258, 259.

[112] Z.B. Export von 380 Tonnen Giftmüll nach Ungarn, getarnt als Wertstoffe, s. Süddeutsche Zeitung v. 4.11.1996, Umdeklaration von Sondermüll zwecks Einsparung von Sondermüllabgaben und illegaler Entsorgung in dafür ungeeigneten Entsorgungs-, insbesondere Hausmüllverbrennungsanlagen, s. Süddeutsche Zeitung v. 26.11.1996

Allerdings wäre auch eine Pflicht der Kommunen zur Entsorgung der "Sonderabfälle" keine optimale Lösung; in aller Regel wären diese von ihren personellen, organisatorischen, technischen und finanziellen Kapazitäten her dazu nicht in der Lage. Diese dem Schutz der Kommunen dienenden Aspekte liegen der Möglichkeit des Ausschlusses von Abfällen von der öffentlichen Entsorgung denn auch zugrunde.[113]

Aus diesem Grund sind nicht nur die für besonders überwachungsbedürftige Abfälle geltenden strengeren Überwachungsvorschriften des KrW-/AbfG,[114] sondern auch die - in ihrem Umfang nunmehr durch § 13 IV geregelten - Aktivitäten der Länder im Bereich der Entsorgung besonders überwachungsbedürftiger Abfälle aus umweltpolititscher Sicht begrüßenswert. Durch intensivere Überwachung einerseits und Überlassungs- und Andienungspflichten zugunsten öffentlicher, öffentlich dominierter oder zumindest besonderer öffentlicher Kontrolle unterfallender Einrichtungen oder Gesellschaften andererseits wird die öffentliche Verantwortung und Kontrolle verstärkt. Die mit der materiell privaten Entsorgungspflicht einhergehenden Risiken können dadurch z.T. kompensiert werden.

4. Pflichtenübertragung

Durch eine Übertragung der Entsorgungspflicht nach den §§ 16 II, 17 III, 18 II wird der ursprünglich Verpflichtete von seiner Entsorgungspflicht befreit. Damit geht die materielle Verantwortlichkeit auf eine andere Rechtspersönlichkeit über.

Wie bei dem für Verkaufsverpackungen errichteten Dualen System stellt sich auch im Hinblick auf die Übertragungstatbestände das Problem, wie in diesen Fällen der Rückwirkungseffekt erhalten werden kann. Kritische Stimmen befürchten, daß das Prinzip der Eigenverantwortung und damit die Anreizfunktion der §§ 5 II, 11 I KrW-/AbfG torpediert werde: Seien die Erzeuger und Besitzer von Abfällen nicht mehr zur Entsorgung verpflichtet, bestehe auch kein Anreiz mehr, Abfälle zu vermeiden oder ihre Verwertbarkeit sicherzustellen; und die nach der Übertragung verpflichteten privaten

---

und 28.11.1996; illegaler Abfallexport nach Hongkong, s. Süddeutsche Zeitung v. 27.11.1996; illegale Entsorgung von Shredderabfällen, insbes. von Altautos und Elektrogeräten, auf Hausmülldeponien, s. Süddeutsche Zeitung v. 18.4.1997. Vgl. auch den Antrag der Fraktion der SPD zur Regelung der Sonderabfallentsorgung, BT-Drs. 13/7562.

113 Vgl. zur alten Rechtslage *Klowait*, Beteiligung Privater, S. 91; *Kunig*/ Schwermer/Versteyl, AbfG, § 3 Rn. 38.

114 §§ 43, 46 KrW-/AbfG.

Entsorgungsträger hätten erst recht kein Interesse an einer Eindämmung der Abfallmenge, stelle der Abfall doch "das Lebenselixier des gesamten Systems" dar.[115]

Wiederum kann die angestrebte Anreizwirkung daher allenfalls von den Entgelten bzw. - im Falle der Verbände und Kammereinrichtungen - Gebühren ausgehen, die die neuen Pflichteninhaber den ursprünglich Verpflichteten für die Entsorgung ihrer Abfälle in Rechnung stellen. Dazu ist erforderlich, daß jeder Verursacher von Abfällen zu den tatsächlichen Kosten, die bei der Entsorgung seiner Abfälle anfallen, herangezogen wird. Nur bei einer Auferlegung der tatsächlichen Kosten ist ein Anreiz gegeben, die Kosten durch Vermeidung und Verringerung von Abfällen und entsorgungsfreundliche Gestaltung von Produkten zu senken.[116] Dabei stellen sich die gleichen Probleme wie bei der Berechnung des Lizenzentgelts durch das Duale System; insbesondere fehlt es - abgesehen von dem im Falle einer Gebührenerhebung durch die Verbände und Einrichtungen geltenden Recht, das insofern lediglich durch die Geltung des Äquivalenzprinzips und des Kostenüberschreitungsgebots steuert[117] - wiederum nicht nur an entsprechenden rechtlichen Vorgaben,[118] sondern auch an einer in dieser Hinsicht zielführenden Motivationslage der Beteiligten.

Sollte dennoch eine verursachergerechte Zuordnung der Entsorgungskosten durch die Verbände und Einrichtungen der Selbstverwaltungskörperschaften der Wirtschaft gewährleistet sein, könnte dies in etwa der durch die Gebührenerhebung durch die entsorgungspflichtigen Körperschaften erfolgenden Zuordnung entsprechen. Ein höherer Anreiz zu Abfallvermeidung ergibt sich aus diesem System aber nicht. Im Gegenteil könnte die Anreizwirkung sogar geringer sein, weil weniger als bei öffentlichen Stellen mit einer lenkenden Gebühren- bzw. Entgeltgestaltung zu rechnen ist. Aus umweltpolitischer Sicht bedenklich ist überdies die durch die unübersichtliche Verantwortungsverteilung erschwerte Überwachung der Entsorgung, die die Entstehung zusätzlicher Vollzugsdefizite befürchten läßt.[119]

---

[115] *Kahl*, DVBl. 1995, 1327, 1336; ebenso *Hölscher*, ZUR 1995, 176, 180; *Schink*, ZAU 1995, 227, 232; *Schmidt/Müller*, Einführung in das Umweltrecht, S. 125 f.; *Spangenberg/Verheyen*, Von der Abfallwirtschaft zum Stoffstrom-Management, S. 64 f.

[116] *Weidemann*, NJW 1996, 2757, 2760.

[117] S.o. 5. Teil, F.II.1.

[118] Vgl. wiederum den - vom Gesetzgeber nicht aufgenommenen - Vorschlag des RSU, gegenüber privaten Entsorgern aus Gründen des Umweltschutzes Grundsätze zur Gestaltung der Entsorgungspreise festzulegen, ZAU 1993, 172, 177.

[119] *Kahl*, DVBl. 1995, 1327, 1336; *Queitsch*, UPR 1995, 412, 419, *ders.*, StuG 1995, 55, 66; *Spannowsky*, Jb. UTR 1996, 289, 310 f.

Aus diesen Gründen sind die in den §§ 16 II, 17 III, 18 II KrW-/AbfG geregelten Möglichkeiten einer Übertragung der Entsorgungspflicht auf Dritte aus umweltpolitischer Sicht als nicht zielführend bzw. sogar kontraproduktiv anzusehen.[120]

Überdies muß der mit der Privatisierung von Entsorgungsleistungen angestrebte Zweck des Qualitäts- und Effizienzgewinns durch Marktöffnung im Hinblick auf die Übertragungstatbestände schon aus dem Grunde kritisch betrachtet werden, als bei Beleihungen nach §§ 17 III, 18 II den privaten Entsorgungsträgern zusammen mit der Aufgabe Hoheitsbefugnisse übertragen werden,[121] die ihnen eine regionale Monopolstellung bei der Wahrnehmung dieser Aufgabe ermöglichen; insoweit stellen sie sich also gerade nicht dem freien Markt, sondern werden gegenüber anderen Teilnehmern bevorzugt, so daß eher von einer Marktverzerrung denn von einer den Wettbewerb um Qualität und Preis steigernden Marktöffnung die Rede sein kann. Die Beleihung wird dementsprechend als eine eher "marktfremde" Privatisierungsform eingestuft.[122]

Aber auch Pflichtenübertragungen nach § 16 II, die keine Beleihungen, sondern materielle Privatisierungen darstellen, können den Entsorgungsmarkt beeinträchtigen, werden dadurch doch regional ausschließliche Zuständigkeiten begründet, die zumindest faktisch eine Monopolstellung des neuen Pflichteninhabers zur Folge haben können.

Entstehen durch die Übertragungen aber nur private regionale Entsorgungsmonopole, deren Monopolstellung auch noch - durch die Einräumung ausschließlicher Zuständigkeiten bzw. sogar hoheitlicher Befugnisse - staatlich unterstützt wird, können die mit der Privatisierung verbundenen ordnungspolitischen Zielsetzungen nicht verwirklicht werden.

5. *Beauftragung*

Bei der Beauftragung Dritter mit der Erfüllung der Entsorgungspflicht handelt es sich nicht um eine befreiende Übertragung der Pflicht, sondern lediglich um eine Erfüllungs- bzw. Verwaltungshilfe des Dritten. Dabei bleibt die materielle Verantwortlichkeit der Entsorgungspflichtigen unberührt. Eine

---

120 Ebenso *Kahl*, DVBl. 1995, 1327, 1336.

121 S.o. 3. Teil, C.I.1.c).

122 *Schultz*, in: Klett/v.Köller/Schmitt-Gleser, Kreislaufwirtschafts- und Abfallgesetz, S. 243, 251. Vgl. auch *Arndt/Walter*, WiVerw 1997, 183, 238, die die Einbindung der beliehenen Entsorgungsträger in die Staatsgewalt allerdings überwiegend als Handicap in der Privatwirtschaft einstufen.

umweltpolitische Betrachtung dieses Instituts hat zu unterscheiden zwischen einer Beauftragung durch die Abfallbesitzer und -erzeuger aufgrund der §§ 16 I, 17 I oder 18 I einerseits und der Beauftragung durch die öffentlich-rechtlichen Entsorgungsträger aufgrund des § 16 I andererseits.

a) Beauftragung durch die Abfallbesitzer und -erzeuger

Bei einer Beauftragung Dritter nach § 16 I, eines Verbandes nach § 17 I oder einer Einrichtung nach § 18 I durch den Abfallerzeuger bzw. -besitzer verringert sich die mit der materiellen Entsorgungsverpflichtung angestrebte Anreizfunktion insoweit, als der Entsorgungspflichtige zwar die ihm von dem Erfüllungsgehilfen in Rechnung gestellen Kosten tragen muß,[123] diese aber durch die Wahl des billigsten Anbieters senken kann. Der Entsorgungspflichtige ist nicht verpflichtet, den Erfüllungsgehilfen unter ökologischen Gesichtspunkten auszuwählen; dieser muß nur zuverlässig, d.h. zur ordnungsgemäßen Durchführung des Auftrags in der Lage sein.

Auf der anderen Seite wäre es unpraktikabel, ökonomisch ineffizient und unzumutbar, die Einschaltung von Erfüllungsgehilfen auszuschließen. Überdies ist der Bereich durch die Regelung in § 13 I stark eingeschränkt: Der Abfallerzeuger bzw. -besitzer darf Erfüllungsgehilfen nicht mit der Entsorgung von nach § 13 I überlassungspflichtigen Haushaltsabfällen und sonstigen Abfällen zur Beseitigung beauftragen, zulässig ist eine Beauftragung nur für die Entsorgung nicht aus privaten Haushaltungen stammender Abfälle zur Verwertung sowie solcher Abfälle, die der öffentlich-rechtliche Entsorgungsträger nach § 15 III von der Entsorgung ausgeschlossen hat, wobei letztere Befugnis wiederum durch landesrechtliche Andienungs- und Überlassungspflichten für besonders überwachungsbedürftige Abfälle eingeschränkt sein kann.

Die Befugnis zur Einschaltung privater Erfüllungsgehilfen ist daher aus umweltpolitischer Sicht vertretbar.

---

[123] Nach *Frenz*, Verursacherprinzip, S. 85, bleibt das Verursacherprinzip bei einer Beauftragung Dritter "deshalb gewahrt, weil sich die Erzeuger und Besitzer selbst um eine Ersatzperson kümmern und diese auch bezahlen müssen, mithin selbst die Belastung tragen".

b) Beauftragung durch die öffentlich-rechtlichen Entsorgungsträger

Bei einer Beauftragung Privater durch die öffentlich-rechtlichen Entsorgungsträger geht es - ebenso wie bei der Selbstvornahme durch die öffentliche Hand - aus umweltpolitischer Sicht nicht darum, ob im Hinblick auf den Verpflichteten ausreichend Anreiz zur Vermeidung und entsorgungsfreundlichen Produktion und Produktgestaltung erhalten bleibt; da die öffentlich-rechtlichen Entsorgungsträger nicht "Verursacher" der ihrer Entsorgungspflicht unterliegenden Abfälle sind, wären sie dazu die falschen Adressaten. Es geht vielmehr darum, wie die Verlagerung der Erfüllung der Entsorgungsleistung gerade in *private* Hände zu beurteilen ist. Angesichts der Vielgestaltigkeit der Einsatzformen Privater im Rahmen des § 16 I kann dazu keine allgemeingültige Aussage getroffen werden, vielmehr ist eine differenzierende Betrachtung erforderlich.

Die Möglichkeit einer Einschaltung Privater als Beauftragte der entsorgungspflichtigen Gebietskörperschaften ist seit den Anfängen einer geregelten Abfallbeseitigung eine Selbstverständlichkeit.[124] So wäre eine Erledigung aller im Zusammenhang mit der Entsorgung erforderlichen Tätigkeiten durch die öffentliche Verwaltung in vielen Fällen unwirtschaftlich; insbesondere kleinere Kommunen sind nach ihren organisatorischen, personellen, technischen und vor allem finanziellen Möglichkeiten häufig nicht in der Lage, bestimmte Entsorgungstätigkeiten wirtschaftlich in eigener Regie durchzuführen, und somit auf die Heranziehung externer Anbieter angewiesen, die z.B. aufgrund ihrer Betriebsgröße die jeweilige Tätigkeit effizienter durchführen können.[125]

Die Frage, ob ein Privater eine Tätigkeit effizienter und damit kostengünstiger für die Verwaltung ausführen kann, dürfte zwar in der Regel klar zu beantworten sein, so für Tätigkeiten, für die die Vorhaltung umfangreicher technischer und personeller Kapazitäten erforderlich ist, die aber von dem Bedarf der öffentlichen Hand bei weitem nicht ausgelastet werden, wie z.B. der Betrieb eines Fuhrparks für kleine Gemeinden; eine klare Antwort ergibt sich aber nicht immer.[126] So zählt das Kriterium der Effizienz zu den umstrittensten Fragen bei der Entscheidung über die Einschaltung von Verwaltungshelfern. Zu berücksichtigen ist bei einem Kostenvergleich insbesondere, daß die Löhne bei privaten Entsorgern zwar um bis zu 30 % niedriger sein können, öffentliche Einrichtungen dafür aber nicht der Umsatzsteuer unterlie-

---

[124] *Klowait*, Beteiligung Privater, S. 18.

[125] *Bartels*, Abfallrecht, S. 130; *Klowait*, Beteiligung Privater, S. 91.

[126] Auf unklare Kriterien und gegensätzliche Ergebnisse vergleichender Untersuchungen weist *Struß* hin, Abfallwirtschaftsrecht, S. 105 f.

gen, was - unter Berücksichtigung des deshalb ebenfalls wegfallenden Vorsteuerabzuges - nach Schätzungen zu ca. 6 -8 % geringeren Kosten in öffentlicher Hand führen kann, und daß außerdem die öffentliche Hand nicht auf die Erzielung von Gewinnen angewiesen ist, sondern lediglich kostendeckend arbeiten muß.[127] Hinzu kommt, daß mit der Auslagerung bestimmter Tätigkeiten aus der öffentlichen Entsorgung zusätzliche Kontroll- und Überwachungstätigkeiten, in ihrer Intensität abhängig von dem Umfang, der Umweltrelevanz und dem Gefahrenpotential der jeweiligen Tätigkeit, erforderlich werden, um die aus umweltpolitischer Sicht nicht zielführende Interessenlage der Beauftragten zu kompensieren.[128] Diese zusätzlichen Tätigkeiten müssen bei einem Effizienzvergleich als sog. Transaktionskosten berücksichtigt werden.[129] Sofern hohe Investitionen erforderlich sind, ist schließlich auf die in aller Regel günstigeren Konditionen für Kommunalkredite hinzuweisen.[130] Die Heranziehung Privater ist danach nicht notwendig die kostengünstigere Alternative. Außerdem ist zu bedenken, daß eventuelle Kostenvorteile Privater auch durch die Aktivierung von Rationalisierungspotentialen in den Kommunalverwaltungen ausgeglichen bzw. sogar übertroffen werden können.[131]

Als Argumente für eine effektivere Erledigung von Entsorgungstätigkeiten in privater Hand werden insbesondere die fehlende Bindung Privater an das öffentliche Dienst- und das Vergaberecht, die Möglichkeit flexiblerer tariflicher Regelungen und insbesondere einer leistungsbezogenen, differenzierten Vergütungsstruktur, die zu einer Steigerung der Leistungsbereitschaft des Personals beitragen soll, angeführt.[132] Auch die schnellere Umsetzung von Entscheidungen in privaten Gesellschaften soll sich effektivitätssteigernd auswirken. So obliegen im Regiebetrieb wesentliche Entscheidungen, insbesondere Investitionsentscheidungen, der Vertretungskörperschaft der Kommune, was den Entscheidungsprozeß wegen der politischen Einflußnahme verlangsamt.[133] Aus umweltpolitischer Sicht ist die bei öffentlich-rechtlichen

---

[127] *Wiebe*, damaliger Leiter des Stadtreinigungsamtes Bielefeld, Gespräch v. 2.6.1997.

[128] *Kamphausen/Veelken/Schmeken*, StGR 1988, 215, 217; *Wenzel*, StT 1992, 1992, 532, 533.

[129] Wissenschaftlicher Beirat der Gesellschaft für öffentliche Wirtschaft, ZögU 1994, 195, 201.

[130] *Bellefontaine*, GemH 1988, 265, 267; *Bodanowitz*, Organisationsformen für die kommunale Abwasserbeseitigung, S. 128.

[131] Deutscher Städtetag, StT 1995, 317, 319; *Schoch*, Privatisierung der Abfallentsorgung, S. 156; *Schreiber*, StT 1993, 563, 564 f.

[132] *Fleischle/Schückhaus*, KPBl. 1997, 527, 528; *Kamphausen/Veelken/Schmeken*, StGR 1988, 215, 218; *Struß*, Abfallwirtschaftsrecht, S. 105.

[133] *Schink*, Eildienst LKT 1997, 278, 281 f.

Organisationsformen intensivere politische Steuerung aber nicht notwendig negativ zu bewerten, darin kann im Gegenteil ein Mittel zur Durchsetzung öffentlicher gegen betriebswirtschaftliche Interessen und damit zur Steigerung der ökologischen Effektivität liegen.

Soweit außerdem die Wettbewerbssituation herausgestellt wird, der private Unternehmen ausgesetzt sind und die zu Qualitätssteigerungen und Kostensenkungen führen soll,[134] ist einerseits an die wenig zielführende Interessenlage Privater im Hinblick auf die Qualität von Entsorgungsleistungen zu erinnern und andererseits an die mit der Beauftragung häufig einhergehende "Quasi-Monopolstellung" des Privaten, die ihn einer Wettbewerbssituation für die Dauer des Auftrags gerade entzieht.[135]

c) Insbesondere: Eigengesellschaften und gemischt-wirtschaftliche Unternehmen

Eine unter Effizienzgesichtspunkten besonders diskutierte Form der Beauftragung Dritter ist die Beauftragung formell privatisierter oder gemischtwirtschaftlicher Unternehmen. Ein Nachweis, daß diese Form gegenüber der öffentlich-rechtlichen Wahrnehmung langfristig kostengünstiger ist, ist bislang allerdings nicht erbracht; im Gegenteil ist eher eine Tendenz zur Verteuerung der Abfallentsorgung erkennbar.[136] Dabei fällt insbesondere die Steuerpflicht der privaten Unternehmen ins Gewicht. Kraft Privatrechtsform unterliegen diese der Gewerbe-, Körperschaft- und Umsatzsteuer.[137] Außerdem ist zu berücksichtigen, daß die Privaten stets einen Gewinnzuschlag einkalkulieren[138] bzw. sogar einkalkulieren müssen, da eine Gesellschaft Leistungen steuerlich nur gegen ein angemessenes Entgelt erbringen darf.[139] Diese das private Leistungsangebot verteuernden Kosten fallen in öffentlich-rechtlicher Regie nicht an. Andererseits kann die öffentliche Hand keinen Vorsteuerabzug geltend machen, ein Aspekt, der insbesondere bei der Notwendigkeit hoher Investitionen für eine Privatisierung ins Feld geführt wird. Allerdings wird die Möglichkeit des Vorsteuerabzugs häufig überbewertet; bei

---

[134] *Struß*, Abfallwirtschaftsrecht, S. 105 f.

[135] Vgl. *Doose*, StT 1983, 585, 587; *Irmisch*, StT 1977, 53, 54; *Schoch*, Privatisierung der Abfallentsorgung, S. 153.

[136] *Hennerkes*, StT 1997, 645, 647; *McGovern*, MM 1995, 34 f.; *Schink*, Eildienst LKT 1997, 278, 281.

[137] *Sinz*, AJ 1994, 60, 61 f.

[138] *Bauer*, BayVBl. 1990, 292, 297; *Bodanowitz*, Organisationsformen für die kommunale Abwasserbeseitigung, S. 142; *Steenbock*, GemH 1987, 246, 249.

[139] *Sinz*, AJ 1994, 60, 61.

langfristiger Betrachtung könnte der daraus resultierende Liquiditätsvorteil durch die Umsatzbesteuerung kompensiert oder sogar überkompensiert werden.[140] Die Einschaltung von Eigen- oder gemischt-wirtschaftlichen Unternehmen kann daher unter dem Gesichtspunkt der ökonomischen Effizienz eine Verschlechterung bedeuten.

III. Fazit

Verschiedene Privatisierungen und Privatisierungsmöglichkeiten des KrW-/AbfG erscheinen aus umweltpolitischer Sicht wenig zielführend. Insbesondere wurden Strategien einer Internalisierung externer Kosten nicht verwirklicht; verursachergerecht zugeordnet werden lediglich z.T. die marktlichen Entsorgungskosten (VerpackV, materielle Entsorgungspflicht der Abfallerzeuger), nicht aber die Kosten, die aus der Nutzung von Umwelressourcen resultieren. Überdies liegt dem Konzept des KrW-/AbfG keine umfassende stoffpolitische Gesamtbetrachtung, sondern eine einseitige Betrachtung aus Sicht der Abfallpolitik zugrunde; "andere Elemente eines umfassenden ökologischen Designs bleiben außen vor"[141] Die Forderungen des Rates von Sachverständigen für Umweltfragen, mittels einer ökologischen Gesamtbetrachtung sicherzustellen, daß einer Verlagerung von Umweltbelastungen von einem Medium ins andere entgegengewirkt wird, wurden nicht verwirklicht.

B. Auswirkungen auf die Steuerungsmöglichkeiten der Kommunen

Maßgeblich für die umweltpolitische Bewertung der verschiedenen Privatisierungsregelungen des KrW-/AbfG sind außerdem die Auswirkungen auf die tatsächlichen Steuerungsmöglichkeiten der Kommunen.

---

[140] *Bauer*, BayVBl. 1990, 292, 295; *Bellefontaine*, GemH 1988, 265 ff.; *Bodanowitz*, Organisationsformen für die kommunale Abwasserbeseitigung, S. 119 ff.; *Müller*, in: Himmelmann, Öffentliche Unternehmen in der Abfallwirtschaft, S. 45, 61; *Stehenbock*, GemH 1987, 246, 250 f.; *Wenzel*, StT 1992, 532, 534.

[141] So *Schrader*, NVwZ 1997, 943, 945, zur Produktverantwortung des KrW-/AbfG.

I. Auswirkungen des KrW-/AbfG

1. Die Situation in den Kommunen

Die gegenwärtig von vielfältigen Problemen geprägte Situation der Kommunen im Bereich der Entsorgung wird häufig auf das Inkrafttreten des KrW-/AbfG im allgemeinen und die darin vorgenommene Neuordnung der Entsorgung im besonderen zurückgeführt.

Im Bereich der Abfallwirtschaft herrschen derzeit in fast allen Kommunen erhebliche Planungsunsicherheiten.[142] Klar ist zwar, daß den öffentlich-rechtlichen Entsorgungsträgern eine Auffangverantwortlichkeit zukommt, die sie zwingt, bestimmte Entsorgungskapazitäten vorzuhalten;[143] kaum zu prognostizieren ist hingegen der Umfang und die Zusammensetzung der künftig von der öffentlichen Hand zu entsorgenden Abfallmengen.[144]

Insbesondere bestehen Unsicherheiten darüber, welche Abfälle künftig noch den Kommunen zu überlassen sind.[145] So ist aufgrund der unklaren Formulierung des § 13 I z.B. weiterhin umstritten, inwieweit für verwertbare Abfälle noch ein Anschluß- und Benutzungszwang angeordnet werden kann, ob die Einschaltung Dritter durch den Abfallbesitzer bzw. -erzeuger die Überlassungspflicht entfallen lassen kann, was "eigene Anlagen" sind und was "überwiegende öffentliche Interessen sind", die eine Überlassungspflicht für gewerbliche Abfälle zur Verwertung begründen können. Aber auch die Abgrenzung der "Abfälle zur Beseitigung" von den "Abfällen zur Verwertung", die für die Zuordnung der Entsorgungspflichten für gewerbliche und industrielle Abfälle nach dem KrW-/AbfG von entscheidender Bedeutung ist, stellt ein erhebliches Problem dar.[146] "Ettikettenschwindel" und "Schein-

---

[142] Vgl. *Bünemann*, AKP 3/1996, 31, 34; *Hennerkes*, zit. nach Süddeutsche Zeitung v. 2.10.1996; *Just*, Umwelt (VDI) 3/1996, 14, 16; *Meyer/Tiebel-Pahlke*, AKP 3/1996, 43, 45; *Queitsch*, StuG 1995, 55, 66; *Zahn/Landsberg*, zit. nach StuG 1995, 194, 195.

[143] *Loosen/Sieger*, Umwelt (VDI) 1995, 425, 426; *Nogueira*, MM 1995, 58, 59.

[144] *Jüttner*, AKP 6/1996, 5; *Kamen*, Abfallverwertungs- und Entsorgungsbetrieb des Kreises Paderborn, Gespräch am 22.4.1996; *Meyer*, Umweltdezernent des Kreises Soest, Gespräch am 14.3.1996; *Meyer/Tiebel-Pahlke*, AKP 3/1996, 43, 45; *Schiller-Dickhut*, AKP 5/1997, 56, 57; *Wendenburg*, in: Hoffmann/Müller, Steuerungselemente kommunaler Abfallwirtschaft, S. 13, 24 f.; *Queitsch*, StuG 1995, 55, 66; *Zahn/Landsberg*, zit. nach StuG 1995, 194, 195.

[145] *Kelle*, KPBl. 1996, 187, 188; *Schink*, StGR 1996, 102 f.

[146] *Bantz/Brüning/John/Görtz/Lindert/Sieger*, Umweltamt bzw. Amt für Abfallwirtschaft und Stadtreinigung der Stadt Düsseldorf, Gespräche am 26.6.1997; *Billigmann*, zit. nach FAZ v. 23.9.1997; *Jung*, Der Bayerische Bürgermeister 1997, 138, 139; *Koch-Schulte*, Abfallwirtschaftsbetrieb des Kreises Minden-Lübbecke, Gespräch am

verwertungen" scheinen vorprogrammiert.[147] Schon jetzt ist ein Trend erkennbar, daß Unternehmen möglichst viele Abfälle zu "Verwertungsabfällen" deklarieren, um der regelmäßig teureren öffentlichen Entsorgung oder doch zumindest der für die Beseitigung geltenden strengeren Überwachung zu entgehen und eine kostengünstigere "Verwertung" durchzuführen.[148] Hinzu kommt das Problem der Abgrenzung von Abfall und Produkt:[149] Die Deklaration eines bei der Produktion anfallenden Stoffes als Produkt scheint wegen der damit verbundenen Ausklammerung abfallrechtlicher Vorschriften (insbes. Überwachung, Nachweisverfahren) zunehmend interessant zu werden; so berichteten Vertreter des Umweltamtes Düsseldorf von einem Fall, in dem ein Unternehmen Spülwasser mit Düngemittelresten, das nach dem Abfallkatalog als besonders überwachungsbedürftig einzustufen wäre und das von dem Unternehmen bei einer Kläranlage zur Entsorgung angeliefert wird, als Produkt deklarierte.[150] Verunsichernd wirken schließlich auch Unklarheiten über künftige Rücknahmeverordnungen, die weitere private Entsorgungswege eröffnen würden, sowie über die Auswirkungen des Verbandsmodells in § 17 KrW-/AbfG.[151]

Verschärft wird dieses Problem dadurch, daß etliche Kommunen gegenwärtig mit einer mangelnden Auslastung ihrer Entsorgungsanlagen zu kämpfen haben.[152]

25.9.1997; *Wiebe*, damaliger Leiter des Stadtreinigungsamtes Bielefeld, Gespräch am 2.6.1997. Bislang wenig zur Klärung dieser Frage beigetragen die Rechtsprechung, die keine einheitliche Linie erkennen läßt, vgl. nur VG Berlin, NVwZ 1997, 1032 ff.; VG Schleswig, NVwZ 1998, 313 f; VG Frankfurt, NVwZ-RR 1998, 167 ff.; VG Sigmaringen, NVwZ 1998, 429 ff.; VG Regensburg, NVwZ 1998, 431 ff.

[147] Presseerklärung der kommunalen Spitzenverbände und des VKS v. 7.10.1996, StT 1996, 767 f.; *Joachim*, StT 1997, 649, 652; VKS, StT 1997, 585.

[148] *Bantz/Brüning/John/Görtz/Lindert/Sieger*, Umweltamt bzw. Amt für Abfallwirtschaft und Stadtreinigung der Stadt Düsseldorf, Gespräche am 26.6.1997; *Joachim*, StT 1997, 649, 654 f.; *Jung*, Der Bayerische Bürgermeister 1997, 138, 139; *Koch-Schulte*, Abfallwirtschaftsbetrieb des Kreises Minden-Lübbecke, Gespräch am 25.9.1997; *Pott*, Umweltdezernent der Stadt Münster, zit. nach StT 1997, 585; ebenso Deutscher Städtetag, WuB 6/1997, 25, 26.

[149] Vgl. Wolfers, NVwZ 1998, 225 ff.

[150] *Brüning/John*, Gespräch am 26.6.1997.

[151] *Dittmann*, ZögU 1997, 91, 97; *Meyer*, Umweltdezernent des Kreises Soest, Gespräch am 14.3.1996.

[152] *Bantz/Görtz/Sieger*, Umweltamt der Stadt Düsseldorf, Gespräch am 26.9,1997; *Holzapfel*, Umwelt (VDI) 6/1996, 18 f.; *Koch-Schulte*, Abfallwirtschaftsbetrieb des Kreises Minden-Lübbecke, Gespräch am 25.9.1997.; vgl. auch Bay. Staatsregierung, LT-Drs. 13/7621, S. 4 ff.

Bei einer Darstellung der Situation der Abfallentsorgung in den Kommunen ist allerdings zu unterscheiden zwischen öffentlichen Entsorgungsträgern mit den Anforderungen der TA Siedlungsabfall (TASi) genügenden Entsorgungsanlagen auf der einen Seite und solchen, die nicht über derartige Anlagen verfügen, auf der anderen Seite. Letztere profitieren derzeit von einem "Ausverkauf" von Deponieraum, der ab 2005 nach den Anforderungen der TASi nicht mehr genutzt werden darf und daher gegenwärtig von den Betreibern zu Niedrigstpreisen auf dem Markt angeboten wird, und lagern ihren Abfall dort überwiegend unbehandelt und damit äußerst kostengünstig ab.[153] Zwar darf nach der TASi schon seit dem 1. Juni 1993 grundsätzlich nur inertisierter Abfall abgelagert werden, wobei die Einhaltung der in Anhang B geregelten Kriterien für die Zuordnung bei Deponien gegenwärtig nur durch eine thermische Behandlung möglich ist, und müßten daher eigentlich alle Kommunen die von ihnen zu entsorgenden Abfälle in einer Müllverbrennungsanlage vorbehandeln lassen, doch kann die zuständige Behörde nach Ziffer 12.1 TASi bis zum 1. Juni 2005 Ausnahmen zulassen, "wenn absehbar ist, daß der Abfall aus Gründen mangelnder Behandlungskapazität die Zuordnungskriterien nicht erfüllen kann". Diese Ausnahme wird in der Praxis der Länder bislang überwiegend großzügig gehandhabt.[154] Währenddessen bleiben diejenigen öffentlich-rechtlichen Entsorgungsträger, die bereits über TASi-gerechte Anlagen verfügen, auf ihren Entsorgungskapazitäten sitzen; aufgrund des hohen Fixkostenanteils können sie bei dem geschilderten "Preisdumping" nicht mithalten. Die notwendig höheren Kosten führen jedoch zu einem weiteren Abwandern nicht überlassungspflichtiger Abfälle, was wiederum zu einem Anstieg der Kosten für die Entsorgung der verbleibenden Abfälle und damit der vom Bürger zu tragenden Abfallgebühren führt.[155]

---

[153] So die BReg. in einer Antwort auf eine Kleine Anfrage zum Vollzug des Kreislaufwirtschafts- und Abfallgesetzes, BT-Drs. 13/8406, S. 4 f.; ebenso *Billigmann*, zit. nach Süddeutsche Zeitung v. 23.9.1997, 30.4.1998 und FAZ v. 23.9.1997; *Bantz/Brüning/John/Görtz/Lindert/Sieger*, Umweltamt bzw. Amt für Abfallwirtschaft und Stadtreinigung der Stadt Düsseldorf, Gespräche am 26.6.1997; *Koch-Schulte*, Abfallwirtschaftsbetrieb des Kreises Minden-Lübbecke, Gespräch am 25.9.1997.; *Schiller-Dickhut*, AKP 5/1997, 56, 57 f.; *Schink*, StGR 1996, 102, 104; *Tiebel-Pahlke*, AJ 12/1996, 41; *Weidemann*, NJW 1996, 2757, 2760: "Der 'Ausverkauf freier Kapazitäten' (...) läuft auf eine absurde 'Versilberung ökologischer Knappheiten' hinaus (...)"; Der Spiegel, "Sie reißen sich um jede Tonne", 3/1996, 40 ff.

[154] *Weidemann*, NJW 1996, 2757, 2760.

[155] *Bantz/Brüning/John/Görtz/Lindert/Sieger*, Umweltamt bzw. Amt für Abfallwirtschaft und Stadtreinigung der Stadt Düsseldorf, Gespräche am 26.6.1997; *Friege*, StT 1997, 506, 509; *Koch-Schulte*, Abfallwirtschaftsbetrieb des Kreises Minden-Lübbecke, Gespräch am 25.9.1997; *Schiller-Dickhut*, AKP 5/1997, 56, 57 f.; *Schink*, StGR 1996, 102, 105; *Seifert*, in: Hoffmann/Müller, Abfallwirtschaft im Umbruch, S. 61, 64 f.; Deutscher Städtetag, WuB 6/1997, 25, 26; *Zahn/Landsberg*, zit. nach StuG 1995, 194, 195; vgl. auch FAZ v. 26.4.1996.

Kooperationen mit den nicht über Behandlungskapazitäten verfügenden Kommunen scheitern in der Regel an deren Bestreben, die eigenen Entsorgungskosten so lange wie möglich gering zu halten und daher die kostengünstigeren Deponiekapazitäten in Anspruch zu nehmen.[156] Diesem Dilemma wird in Nordrhein-Westfalen zur Zeit mit einer Lenkung der Abfallströme in die nicht ausgelasteten Müllverbrennungsanlagen im Wege der verbindlichen Festlegung von Entsorgungsträgern und Einzugsbereichen in Abfallwirtschaftsplänen nach § 29 I 4, IV KrW-/AbfG entgegenzusteuern versucht; den Plänen liegt dabei das Konzept einer regional, d.h. jeweils auf das Gebiet eines Regierungsbezirks bezogenen, autonomen Entsorgung zugrunde.[157] Ausnahmen nach Ziffer 12.1 TASi sind dementsprechend grundsätzlich zu versagen, da die Voraussetzung mangelnder Behandlungskapazität nicht gegeben, vielmehr in den meisten Regierungsbezirken "ausreichende Überkapazitäten" vorhanden sind.[158]

Ein weiteres Problem stellt die gegenwärtig äußerst angespannte Finanzlage der Kommunen dar. Im Bereich der Abfallwirtschaft ist dafür nicht nur die TASi, die die technischen Anforderungen an die Entsorgung erhöhte und einen erheblichen Investitionsbedarf zur Folge hatte, sondern auch die VerpackV, die den Kommunen z.T. wirtschaftlich lohnende Verwertungstätigkeiten entzog, verantwortlich zu machen. Die dadurch bei etlichen Kommunen eingetretene wirtschaftliche Zwangslage hat Privatisierungen durch faktische Zwänge vorangetrieben.[159] Es wird befürchtet, daß sich diese Entwicklung durch das KrW-/AbfG nicht nur fortsetzen, sondern sogar verschärfen wird. Weitere Kostensteigerungen werden z.B. dadurch erwartet, daß den Kommunen im wesentlichen nur die Auffangverantwortung für die kostenintensiven, unprofitablen Bereiche der Entsorgung verbleibe, während sich die Privatwirtschaft die "Rosinen herauspicken" könne.[160] Auch die erwartete Verstärkung

---

[156] Vgl. *Beckmann*, DVBl. 1997, 216, unter Verweis auf einen von der Landesregierung NW erstatteten Bericht zur "restriktiven Bedarfsprüfung für die Anlagen zur Siedlungsabfallentsorgung".

[157] *Beckmann*, DVBl. 1997, 216 ff.; *Schink* auf einer Vortragsverantstaltung des Instituts für Umweltrecht an der Universität Bielefeld am 22.10.1997. Vgl. z.B. den Abfallwirtschaftsplan Detmold 9/97.

[158] *Schink* auf einer Vortragsverantstaltung des Instituts für Umweltrecht an der Universität Bielefeld am 22.10.1997.

[159] Vgl. *Koch*, in: Hoffmann/Müller, Abfallwirtschaft im Umbruch, S. 381 ff.; *ders.*, KGV-Rundbrief 1/96, 9 f., 2/96, 12, 13, 14 ff.; *Seifert*, in: Hoffmann/Müller, Abfallwirtschaft im Umbruch, S. 61 ff.

[160] *Just*, Umwelt (VDI) 3/1996, 14, 15; *Kamen*, AV.E Abfallverwertungs- und Entsorgungsbetrieb des Kreises Paderborn, Gespräch am 22.4.1996; *Koch-Schulte*, Abfallwirtschaftsbetrieb des Kreises Minden-Lübbecke, Gespräch am 25.9.1997;

der Monopolisierungstendenzen[161] wird als Kostensteigerungsfaktor angeführt: bei fehlendem Wettbewerb auf dem Entsorgungsmarkt werden auch den auf diesem Markt - im Rahmen des § 16 I KrW-/AbfG - nachfragenden Kommunen Monopolpreise in Rechnung gestellt werden.[162]

2. Ursachen

Die schwierige Situation in den Kommunen allein auf die Neuordnung der Entsorgung im KrW-/AbfG bzw. allgemein auf das KrW-/AbfG zurückzuführen, würde der Sache nicht gerecht. Die Ursachen für die beklagten bzw. befürchteten Entwicklungen in den Kommunen liegen nicht in erster Linie in den Regelungen des KrW-/AbfG, sondern überwiegend in anderen, vom Inkrafttreten des KrW-/AbfG unabhängigen und z.T schon lange vor dessen Verabschiedung begonnenen Entwicklungen.

Zweifel sind insbesondere an der Auffassung angebracht, die das Problem der Auslastung kommunaler Entsorgungsanlagen auf das KrW-/AbfG zurückführt.[163] Die Tendenz zur Entstehung von Überkapazitäten hat sich bereits vor der Verabschiedung und jedenfalls noch vor Inkrafttreten des KrW-/AbfG gezeigt.[164] Ursachen sind u.a.:

- Fehlplanungen wegen falscher Prognosen zukünftiger Abfallmengen; dabei ist das unerwartet hohe Absinken der in öffentlicher Regie zu entsorgenden Abfallmengen[165] nicht nur auf Abfallvermeidungserfolge und eine Steigerung der Verwertungsquote,[166] sondern auch auf die wirtschaftliche Rezession in den letzten Jahren zurückführbar,[167]
- das Duale System, das der öffentlichen Entsorgung einen nicht unerheblichen Teil der Haushaltsabfälle entzog,[168]

Loosen/Sieger, Umwelt (VDI) 1995, 425, 426; *Queitsch*, StuG 1995, 55, 66, 67; *Spannowsky*, Jb. UTR 1996, 289, 311.

[161] *Nogueira*, MM 1995, 58, 59; *Pfitzner*, MM 1995, 31 ff.

[162] *Zahn/Landsberg*, zit. nach StuG 1995, 194, 195.

[163] Ebenso *Arndt/Walter*, WiVerw 1997, 183, 186 f.

[164] Vgl. FAZ v. 6.12.1995; Süddeutsche Zeitung v. 5.7.1995; Der Spiegel 22/1996; RSU, Umweltgutachten 1996, Tz. 382.

[165] Vgl. die Abfallbilanz 1990 und 1993 in Umwelt (BMU) 1996, 120, 121.

[166] *Jung*, Der Bayerische Bürgermeister 1997, 138.

[167] Vgl. Die Zeit v. 2.2.1996.

[168] *Holzapfel*, Umwelt (VDI) 6/1996, 18 f.

- der bereits geschilderte Ausverkauf von Deponieraumkapazitäten, die nach den Anforderungen der TASi nach 2005 nicht mehr genutzt werden können,
- und schließlich die durch § 27 I 2 KrW-/AbfG (früher § 4 I 2 AbfG) einerseits und eine großzügigere Auslegung des Verwertungsbegriffs andererseits eröffneten - und umweltpolitisch höchst umstrittenen - Optionen der Verbrennung von Abfällen in Kraft-[169] oder Zementwerken[170] und der Verfüllung in Bergwerken[171].

Für die genannten Planungsunsicherheiten hat auch der infolge der Einführung neuer technischer Standards durch die TA Siedlungsabfall entbrannte Streit über die Zulässigkeit anderer Inertisierungsverfahren neben dem der thermischen Behandlung gesorgt.[172] Während insbesondere von den SPD- bzw. rot-grün regierten Ländern und entsorgungspflichtigen Gebietskörperschaften aus umweltpolitischen Gründen auch die (zumindest ausnahmsweise) Zulassung mechanisch-biologischer Vorbehandlungsverfahren und eine dementsprechende Änderung der für die Deponierung geltenden Zuordnungswerte nach TASi, insbesondere des Parameters für den organischen Anteil des Trockenrückstandes bestimmt als Glühverlust oder als TOC (Anh. B), gefordert wird,[173] beharren die Bundesregierung und das Bundesumweltministerium auf der thermischen Vorbehandlung.[174]

Das Inkrafttreten des KrW-/AbfG hat zu den Planungsunsicherheiten lediglich durch die späte Verabschiedung des untergesetzlichen Regelwerks[175]

---

[169] Vgl. *Weidemann*, NVwZ 1995, 631, 635, 638; *ders.*, GewArch 1997, 311, 317 f.

[170] Vgl. *Weidemann*, GewArch 1997, 311, 318. Geplant ist die Verbrennung des Hausmülls z.B. im Lahn-Dill-Kreis, der gleichzeitig aus dem Dualen System aussteigen und so die Entsorgungskosten um die Hälfte reduzieren will, s. Süddeutsche Zeitung v. 12.2.1998 und v. 17.2.1998. Das Öko-Institut in Darmstadt allerdings warnt vor dieser Art der Abfallverwertung, da die Mitverbrennung von Abfällen in Zementöfen zu einem wesentlich erhöhten Ausstoß krebserregender Stoffe führe; s. Süddeutsche Zeitung v. 27.1.1998, v. 12.2.1998 und v. 17.2.1998.

[171] *Schink*, StGR 1996, 102, 103; Süddeutsche Zeitung v. 18.12.1997. Vgl. dazu BVerwG, DVBl. 1994, 1013 ff.; VG Stuttgart, NVwZ-RR 1997, 345 ff.; *Brandt/ Fouquet*, LKV 1995, 201 ff.; *Versmann*, ZUR 1995, 183 ff. Genutzt wird diese Option vor allem in den neuen Bundesländern, s. *Joachim*, StT 1997, 649, 651.

[172] *Kamen*, AV.E Abfallverwertungs- und Entsorgungsbetrieb des Kreises Paderborn, Gespräch am 22.4.1996; *Kix*, in: Hoffmann/Müller, Steuerungselemente kommunaler Abfallwirtschaft, S. 371, 372 f.; *Schink*, StGR 1996, 102, 103 f.

[173] Vgl. *Gaßner/Siederer*, MuA 1997, 256 ff.; sowie die Nachw. bei *Erbguth/ Mahlburg*, UPR 1997, 224, Fn. 5.

[174] Bericht der Bundesregierung zur TASi -WA II 6 -, Umwelt (BMU) 1996, 74 ff.; BReg., BT-Drs. 13/2128; zuletzt BReg. in BT-Drs. 13/8406, S. 6 f.

[175] *Schink*, StGR 1996, 102, 108; FAZ, 15.12.1995.

und die fehlende Übersichtlichkeit und Vollzugsfreundlichkeit des Gesetzes,[176] aber auch die Rechtsunsicherheit bzgl. der Auslegung der die Neuordnung der Entsorgung betreffenden Normen beigetragen.[177] Das Hauptproblem wird dabei in der Auslegung des neuen Abfallbegriffs, insbesondere in der Abgrenzung der Abfälle zur Beseitigung von den Abfällen zur Verwertung gesehen,[178] die zumindest im Bereich der gewerblichen Abfälle die Schnittlinie zwischen der öffentlichen und privaten Entsorgung zieht.[179] Wie oben ausgeführt[180] hat sich durch das KrW-/AbfG jedoch nur wenig gegenüber der alten Rechtslage geändert.[181] Die Ursache für die tatsächliche Entwicklung dürfte daher weniger in der veränderten Rechtslage als vielmehr in psychologischen Wirkungen des Gesetzes liegen.[182]

II. Verbleibende Steuerungsmöglichkeiten

Das KrW-/AbfG eröffnet den Kommunen verschiedene Handlungsoptionen:[183]

1. Weitgehend öffentlich-rechtliche Tätigkeit

Zum einen besteht die Möglichkeit einer so weit wie möglich in öffentlichrechtlicher Hand verbleibenden Entsorgung. Instrumente sind auf der einen

---

[176] *Doose*, ZAU 1992, 450, 454.

[177] *Joachim*, StT 1997, 649, 654.

[178] *Hennerkes*, StT 1997, 645, 646 f.; *Joachim*, StT 1997, 649, 650; *Kix*, in: Hoppe/Bauer/Faber/Schink, Auswirkungen, S. 191, 196 f.; *Koch-Schulte*, Abfallwirtschaftsbetrieb des Kreises Minden-Lübbecke, Gespräch am 25.9.1997; *Tischer*, UPR 1997, 238; vgl. auch LAGA, WuB 6/1997, 23, 24 f.

[179] *Weidemann*, NJW 1996, 2757, 2759.

[180] S.o. 3. Teil.

[181] Im Vollzug ist die umstrittene Rechtslage jedoch ein erhebliches Problem, da die Kommune ihre Auffassung in jedem Einzelfall, bei jedem Verdacht einer "Scheinverwertung", gegenüber dem Privaten durchsetzen muß, notfalls durch langwierige Gerichtsverfahren; so *Koch-Schulte*, Abfallwirtschaftsbetrieb des Kreises Minden-Lübbecke, Gespräch am 25.9.1997.

[182] *Schink*, in: GfU, Kreislaufwirtschafts- und Abfallgesetz - was ändert sich?, S. 113, 135 f.; *ders.*, Eildienst LKT 1997, 238, 239; *ders.* auf einer Vortragsveranstaltung des Instituts für Umweltrecht an der Universität Bielefeld am 22.10.1997; *Weidemann*, GewArch 1997, 311, 319.

[183] Vgl. Deutscher Landkreistag, WuB 6/1997, 25, 26; *Gaßner/Siederer*, in: Gaßner/Versmann, Neuordnung, S. 67, 71 ff.; *Gruneberg*, StT 1997, 371, 372; *Tiebel-Pahlke*, AJ 12/1996, 41, 42 f.

Seite die zurückhaltende Handhabung der Ausschlußmöglichkeiten des § 15 III, der Möglichkeiten zur Einschaltung Dritter in die Entsorgung nach § 16 I, der Beteiligung an Verbänden nach § 17 II sowie der Zustimmung zur Pflichtenübertragung nach §§ 16 II, 17 III, 18 II.[184] Auf der anderen Seite gehört zu einer solchen Strategie auch das Anbieten von Entsorgungsleistungen außerhalb der Überlassungspflicht (insbesondere im Verwertungsbereich) mit dem Ziel, von Erzeugern oder Besitzern auf dem privaten Entsorgungsmarkt als Dritte beauftragt zu werden, also ein auf dem Markt konkurrenzfähiges Leistungsangebot zu schaffen.[185] Dabei sind allerdings die jeweiligen kommunalwirtschaftsrechtlichen Grenzen zu beachten.[186] Empfohlen wird eine solche Strategie weitgehend öffentlicher Entsorgung vor allem für solche öffentlich-rechtlichen Entsorgungsträger, die über umfangreiche eigene Entsorgungskapazitäten verfügen.[187]

Eine Verringerung der Auslastungsrisiken öffentlicher Entsorgungsanlagen und eine generelle Stärkung der Position der öffentlichen Entsorgung kann dabei vor allem durch überörtliche Kooperationen mit anderen öffentlich-rechtlichen Entsorgungsträgern verwirklicht werden.[188] Diese könnten auch das oben geschilderte gegenwärtige Belastungsgefälle zwischen den Kommunen, deren TASI-gerechte Anlagen nicht ausgelastet sind, und solchen, die von den Dumpingpreisen für ab 2005 nicht mehr nutzbare Deponiekapazitäten profitieren, beheben.[189] Eine andere Möglichkeit besteht in der Akquisition

---

[184] *Gaßner/Siederer*, in: Gaßner/Versmann, Neuordnung, S. 67, 71 f.

[185] *Wiebe*, damaliger Leiter des Stadtreinigungsamtes Bielefeld, Gespräch am 2.6.1997. Ähnlich äußerte sich *Koch-Schulte*, Abfallwirtschaftsbetrieb des Kreises Minden-Lübbecke, Gespräch am 25.9.1997; dabei wies er allerdings auf diesbezügliche Grenzen hin: niedrige Preise für gewerbliche und industrielle Nachfrager sollten nicht durch entsprechend höhere Kosten für den Hausmüll ausgeglichen werden; der Gebührenzahler, der aufgrund des Anschluß- und Benutzungszwangs nicht auf andere Anbieter ausweichen kann, müsse dann Preisnachlässe zugunsten privater Nachfrager subventionieren. Vor einer solchen Entwicklung warnt auch der Steuerzahlerbund, s. FAZ v. 13.1.1998.

[186] Vgl. dazu *Gruneberg*, StT 1997, 371 ff.

[187] *Kix*, in: Hoppe/Bauer/Faber/Schink, Auswirkungen, S. 191, 195.

[188] BReg., BT-Drs. 13/8406, S. 2; *Dittmann*, ZögU 1997, 91, 98; *Schiller-Dickhut*, AKP 5/1997, 56, 58 f.; *Schink*, StGR 1996, 102, 103; *ders.*, Eildienst LKT 1997, 278, 279 u. 283; ebenso Bay. Staatsregierung, LT-Drs. 13/7621, S. 8; Thüringer Ministerium für Landwirtschaft, Naturschutz und Forsten, LT-Drs. 2/2169, S. 21, 32. Ein Beispiel bietet die vereinbarte Kooperation zwischen der Stadt Krefeld, der Stadt Mönchengladbach, dem Kreis Neuss und dem Kreis Viersen zur gemeinsamen Nutzung der Krefelder MVA, berichtet in StT 1997, 436.

[189] *Schmidt*, StT 1997, 442, 443. Darauf zielt auch die Politik der Landesregierung Nordrhein-Westfalen, die öffentlich-rechtlichen Entsorgungsträger durch die Festlegung von Einzugsbereichen und die Anordnung von Benutzungspflichten in

von Fremdabfällen auf privatwirtschaftlicher Basis aus anderen öffentlich-rechtlichen Körperschaften und Industrie und Gewerbe.

Ist der politische Wille zu einer weitgehend in öffentlicher Hand geschehenden Entsorgung gegeben, stellt sich die weitere Frage nach der dazu geeigneten Organisationsform. An öffentlich-rechtlichen Organisationsformen stehen der Kommune der Regiebetrieb, der Eigenbetrieb und - bei Kooperationen mit anderen Kommunen - der Zweckverband zur Verfügung. Dabei dürfte der Eigenbetrieb der klassischen Organisation der Abfallentsorgung in Form eines Regiebetriebes grundsätzlich überlegen sein.[190] Aufgrund des kaufmännischen Rechnungswesens und finanzwirtschaftlicher Selbständigkeit ist der Eigenbetrieb für die genannten Maßnahmen, insbesondere die Ausdehnung des Leistungangebotes auf den privaten Entsorgungsmarkt, wesentlich besser geeignet.[191] Der Zweckverband hingegen wird wiederum als eher "schwerfällige" Organisationsform angesehen.[192] Abgesehen von den öffentlich-rechtlichen Organisationsformen kommt (im Rahmen des Kommunalrechts) die Gründung von Eigengesellschaften bzw. - bei überregionaler Kooperation öffentlich-rechtlicher Entsorgungsträger - gemischt-öffentlichen Unternehmen in Betracht, die als Dritte nach § 16 I mit Aufgaben der Entsorgung beauftragt werden und sich (im Rahmen der kommunalrechtlichen Grenzen für wirtschaftliche Tätigkeit und des Kartellrechts) auf dem Entsorgungsmarkt betätigen können. Sofern keine Kooperation mit anderen Kommunen stattfinden soll, überwiegen jedoch regelmäßig - insbesondere wegen höherer Steuerungsfähigkeit - die Vorteile des Eigenbetriebs; diese Form sollte daher vor einer Privatisierungsentscheidung in jedem Fall in Betracht gezogen werden.[193]

2. *Weitgehende Einschränkung der öffentlich-rechtlichen Entsorgungstätigkeit*

Demgegenüber besteht auch die Möglichkeit einer weitgehenden Einschränkung der öffentlich-rechtlichen Entsorgungstätigkeit. Dazu kann eine Beschränkung auf Entsorgungskapazitäten für Hausmüll, ein weitgehender Ausschluß gewerblicher Abfälle von der Entsorgung, ein Hinwirken auf die

---

Abfallwirtschaftsplänen zur Kooperation zu zwingen, kritisch dazu *Schink*, Eildienst LKT 1997, 278, 279.

[190] *Bodanowitz*, Organisationsformen für die kommunale Abwasserbeseitigung, S. 72 f., 93.

[191] So auch *Schink*, VerwArch 1994, 251, 276 ff.; *ders.*, Eildienst LKT 1997, 278, 280 u. 284 f.; *Schmeken*, StGB 1989, 7, 9 ff.; *ders.*, StT 1989, 239, 240 ff.

[192] *Ehlers*, DVBl. 1997, 137, 140 f.; *Schink*, Eildienst LKT 1997, 278, 283.

[193] *Schink*, Eildienst LKT 1997, 278, 284 f.

Bildung von Verbänden nach § 17 II und auf Übertragungen nach § 16 II, 17 III, 18 II und eine großzügige Handhabung der dazu erforderlichen Zustimmung dienen.[194] Die danach verbleibenden Steuerungsmöglichkeiten sind denkbar gering.

3. Kooperationen mit Privaten

Eine weitere Handlungsoption stellt die Kooperation mit Privaten dar. Diese kann erfolgen durch eine weitreichende Beauftragung privater Unternehmen im Rahmen der öffentlichen Entsorgungspflicht nach § 16 I, aber auch durch eine - den oben genannten gemeinde-, vergabe- und kartellrechtlichen Anforderungen genügende - Gründung von gemischt-wirtschaftlichen Entsorgungsgesellschaften und die Beteiligung an Verbänden nach § 17, die dann wiederum als Verwaltungshelfer von dem öffentlich-rechtlichen Entsorgungsträger oder als Erfüllungsgehilfen von Abfallerzeugern und -besitzern oder anderen Entsorgungsträgern beauftragt werden können oder denen die Entsorgung von nicht aus privaten Haushaltungen stammenden Abfällen nach § 16 II oder § 17 III übertragen werden kann.

Die Steuerungsmöglichkeiten der Kommunen sind bei diesen Kooperationsmodellen zwar geringer als bei rein öffentlich-rechtlicher Regie, im einzelnen aber abhängig von der jeweils gewählten Privatisierungsform.

Die Hauptgefahren aus steuerungspolitischer Sicht liegen vor allem in dem mit der Gemeinwohlbindung der öffentlichen Hand nicht immer kompatiblen Gewinnstreben privater Wirtschaftssubjekte. Gefahren liegen aber auch in dem Konkursrisiko des privaten Unternehmens - und zwar nicht nur wegen der auf die Kommune zukommenden Probleme bei einem tatsächlichen Konkursfall, in dem kurzfristig ein neuer Partner gefunden bzw. gar eine neue Entsorgungslogistik aufgebaut werden muß,[195] sondern auch wegen eines sich aus der Notwendigkeit zur Konkursabwendung ergebenden faktischen Zwangs zur Erhöhung der Entgelte[196] -, sowie in einer potentiellen "Quasi-Monopol-

[194] *Gaßner/Siederer*, in: Gaßner/Versmann, Neuordnung, S. 67, 72. *Dittmann*, ZögU 1997, 91, 97, schlägt diese Strategie für diejenigen öffentlichen Entsorgungsträger vor, die nicht mehr über nennenswerte eigene Entsorgungskapazitäten verfügen.

[195] Vgl. *Doose*, StT 1983, 585, 587; *Irmisch*, StT 1977, 53, 54.

[196] Vgl. *Bauer*, BayVBl. 1990, 292, 296; *Bodanowitz*, Organisationsformen für die kommunale Abwasserbeseitigung, S. 137, 153; *Steenbock*, GemH 1987, 246, 249 f.; *Witte-Wegmann*, Festgabe Sandrock, S. 333, 341.

stellung"[197] der jeweiligen privaten Partner, die nicht nur zu einer faktischen Abhängigkeit der Kommune führen kann, sondern auch wenig anreizwirksam im Hinblick auf Kostensenkungen und Leistungssteigerungen ist.

Inwieweit von den jeweils zur Verfügung stehenden Steuerungsmöglichkeiten im Einzelfall tatsächlich Gebrauch gemacht wird, liegt in den Händen der Kommunen.

a) Gründung von bzw. Beteiligung an gemischt-wirtschaftlichen Entsorgungsunternehmen

Bei der Gründung von bzw. Beteiligung an gemischt-wirtschaftlichen Entsorgungsunternehmen oder Verbänden stehen den Kommunen vielfältige gesellschaftsrechtliche Steuerungsmöglichkeiten zur Verfügung, insbesondere kann der öffentliche Zweck als Unternehmenszweck im Gesellschaftsvertrag festgeschrieben werden.[198] Weitere ("externe")[199] Einwirkungsrechte können auch darüber hinaus vertraglich vereinbart werden. Entscheidend für die Steuerbarkeit gemischt-wirtschaftlicher Unternehmen ist jedoch der Umfang der kommunalen Beteiligung. Eine effektive Steuerung dürfte nur ein über 50 % liegender kommunaler Anteil gewährleisten.[200]

Eine bedeutende Rolle bei der gemischt-wirtschaftlichen Entsorgung spielt die Erstellung von operationalen und präzisen Leistungsprogrammen durch die Verwaltung;[201] dem beauftragten Unternehmen müssen "klare, langfristige und operationale Ziele vorgegeben werden".[202] Erforderlich für eine wirksame Steuerung ist bei der Gründung von bzw. Beteiligung an einer privatrechtlichen Gesellschaft daher u.a. die Errichtung einer "sachgerechten, professionell besetzten und ausgestatteten"[203] Beteiligungsverwaltung.[204] Deren Aufgabe ist es, die Leistungsprogramme nach den rechtlichen und politischen Zielvorgaben zu erstellen und die Kooperation zwischen der Gesellschaft und

---

[197] Deutscher Städtetag, StT 1995, 317, 319; *Bodanowitz*, Organisationsformen für die kommunale Abwasserbeseitigung, S. 149 ff.; *Doose*, StT 1983, 585, 587; *Witte-Wegmann*, Festgabe Sandrock, S. 333, 341 f.

[198] S.o. 5. Teil, B. II.

[199] *V.Arnim*, Rechtsfragen der Privatisierung, S. 20 ff.

[200] Ebenso *Tettinger*, in: FS Friauf, S. 569, 579.

[201] *McGovern*, MM 1995, 34, 36; *Pook*, in: Bauer/Schink, Organisationsformen, S. 88, 93 f.

[202] *Gottschalk*, in: Gedenkschrift Thiemeyer, S. 217, 223 f.

[203] *Gottschalk*, in: Gedenkschrift Thiemeyer, S. 217, 224.

[204] Deutscher Städtetag, StT 1995, 317, 319; *Dieckmann*, GemH 1993, 121, 123 f.; *Schink*, Eildienst LKT 1997, 278, 282 f.

der Kommune zu organisieren. Die Verwirklichung der in den Leistungsprogrammen vorgegebenen Ziele muß laufend konsequent und systematisch kontrolliert werden.[205]

b) Beauftragung

Maßgeblich für die Steuerung in Kooperationsmodellen ist insbesondere die Ausgestaltung der Entsorgungsverträge, d.h. der mit dem nach § 16 I zu beauftragenden Privatrechtssubjekt (privates oder gemischt-wirtschaftliches Unternehmen) zu schließenden Verträge. Hier bestehen erhebliche Spielräume für gemeindliche Steuerung.[206]

Ein wichtiges Instrument zur Begrenzung der aus der "Quasi-Monopolstellung" des beauftragten Privaten folgenden Gefahren stellt dabei die Befristung dar.[207] Wird die Aufgabe nach einer bestimmten Zeit im Wettbewerb neu vergeben, besteht ein höherer Anreiz zur ordnungsgemäßen und kostengünstigen Erfüllung. Je kürzer dabei die Laufzeit des Vertrages berechnet wird, desto stärker ist die Position der Kommune; bei zu langer Laufzeit können sich die Monopolstrukturen derart verfestigen, daß nach Ablauf des Vertrages faktisch kein Wettbewerb mehr eröffnet ist, weil kein Konkurrent mehr zur Erbringung der Tätigkeit in der Lage ist.[208]

Auch eine öffentliche Ausschreibung des zu vergebenden Auftrags kann im Hinblick auf Leistungsqualität und Kosten zielführend sein.[209] Der Wett-

---

205 *Gottschalk*, in: Gedenkschrift Thiemeyer, S. 217, 224. Vgl. den Gem. RdErl. des Innenministers und des Ministers für Umwelt, Raumordnung und Landwirtschaft NW vom 3.1.1989 zur Erfüllung der Abwasserbeseitigungspflicht durch die Gemeinden und hierfür zulässige Organisationsformen, MBl. NW. 1989, S. 83, Tz. 2.42. Nach Auskunft von *Wiebe*, damaliger Leiter des Stadtreinigungsamtes Bielefeld, Gespräch am 2.6.1997, findet praktisch keine Nachprüfung der Qualität privater Aufgabenerfüllung statt, es habe aber auch noch nie Anlaß dazu gegeben, eine Rückbindung erfolge nur über Belege/Nachweisverfahren, i.ü. sei die Überwachung Aufgabe der staatlichen Behörden.

206 Vgl. *Bauer*, DÖV 1998, 89, 93 ff.; *Wieberneit*, BB 1997, 2333, 2337 ff.

207 *Witte-Wegmann*, Festgabe Sandrock, S. 333, 342.

208 Bsp. Bielefeld: Die Entsorgungsverträge mit der Betreiberin der Müllverbrennungsanlage und der des Kompostwerkes sind auf 20 Jahre befristet. Nach *Brod*, Wasser Abwasser 1990, 403, 408 sollten die Verträge mit einem privaten Betriebsführer eine Laufzeit von 5 bis 8 Jahren nicht überschreiten.

209 In der Praxis findet häufig keine öffentliche Ausschreibung statt, da das Verfahren als zu starr empfunden wird, z.B. weil die Leistung im vorhinein nicht hunderprozentig umschrieben werden kann bzw. weil keine Nachverhandlungen möglich sind, so *Wiebe*, damaliger Leiter des Stadtreinigungsamtes Bielefeld, Gespräch am 2.6.1997.

bewerb beschränkt sich dabei allerdings auf die Vergabephase. Bei größeren Aufträgen sollte daher der Privatunternehmer vertraglich verpflichtet werden, Subunternehmen wiederum nur nach Durchführung einer öffentlichen Ausschreibung einzuschalten.[210]

Zur Sicherstellung der Leistungsqualität können außerdem besondere Kontroll- und Sanktionsrechte in den Vertrag aufgenommen werden.[211] Wirkung entfalten diese allerdings nur, wenn sie auch tatsächlich wahrgenommen werden, insbesondere regelmäßige Kontrollen durch kommunale oder von der Kommune beauftragte Sachverständige durchgeführt werden.

Auch die aus der "Quasi-Monopolstellung" resultierenden finanziellen Risiken für die öffentliche Hand können durch die Vertragsgestaltung verringert werden.[212] Zu nennen sind hier neben Festpreisvereinbarungen - bei langfristigen Verträgen u.U. mit Anpassungsklausel für einzelne näher bestimmte (Härte-)Fälle[213] - vor allem Vorkaufsrechte und Heimfallregelungen für den Konkursfall.[214]

Von erheblicher Bedeutung für die kommunale Steuerung ist auch der Umfang der Beauftragungen. Je mehr Entsorgungsaufgaben an private Unternehmen vergeben werden, desto schwächer wird die Stellung des öffentlichen Entsorgungsträgers. Der Grund liegt nicht nur darin, daß dadurch das zu einer effektiven Steuerung erforderliche Know-How in der öffentlichen Körperschaft verringert wird, sondern auch darin, daß eigene personelle, organisatorische und technische Kapazitäten abgebaut werden und die Kommune infolgedessen faktisch auf Dritte angewiesen ist. Wird gar nur ein einziges Entsorgungsunternehmen weitgehend umfassend, z.B mit der Erfassung, dem Transport und dem Betrieb der Entsorgungsanlagen, beauftragt, verstärkt sich diese faktische Abhängigkeit der Kommune dadurch, daß in aller Regel langfristig kein anderer Anbieter vorhanden sein dürfte, der die Tätigkeit des "Quasi-

---

[210] Zweifelnd an der Eignung dieses Instrumens für das Betreibermodell allerdings *Bodanowitz*, Organisationsformen für die kommunale Abwasserbeseitigung, S. 151.

[211] *Bauer*, BayVBl. 1990, 292, 297; *Engstler*, GemH 1987, 109, 113; *Komarnicki*, in: Schmitt-Tegge, Kommunale und private Abfallbeseitigung, S. 1, 13 f.; *Wieberneit*, BB 1997, 2333, 2337; vgl. z.B. den Entsorgungsvertrag zwischen der Stadt Bielefeld, dem Kreis Herford und der Müllverbrannungsanlage Bielefeld-Herford GmbH, der zahlreiche Einwirkungsmöglichkeiten für die öffentlich-rechtlichen Auftraggeber vorsieht.

[212] *Köhler*, AJ 1995, 623 ff.

[213] Nach *Bodanowitz*, Organisationsformen für die kommunale Abwasserbeseitigung, S. 136 f, führt die Möglichkeit der Anpassung des Entgelts für den privaten Betreiber im Betreibermodell allerdings dazu, daß letztlich die Kommune das Betriebsrisiko trägt.

[214] *Bauer*, BayVBl. 1990, 292, 296.

Monopolisten" übernehmen und daher mit diesem in Wettbewerb treten könnte.[215] Aus steuerungspolitischer Sicht sollte daher einerseits die Entsorgungstätigkeit nicht komplett ausgelagert werden, sondern zumindest teilweise in öffentlicher Hand verbleiben, und andererseits nicht nur ein, sondern mehrere Unternehmen eingeschaltet werden.

Ist dem Beauftragten die Einschaltung von Subunternehmen gestattet, kann der Einfluß der auftraggebenden Kommune auf die Auswahl derselben dadurch gewährleistet werden, daß in den Entsorgungsvertrag mit dem Beauftragten entsprechende Vorgaben, z.B. die Festlegung bestimmter Auswahlkriterien, aufgenommen werden, die dieser bei der Einschaltung von Subunternehmen zu berücksichtigen hat.[216]

c) Pflichtenübertragung

Ein weitgehender Steuerungsverlust für die Kommunen wird für den Fall einer Übertragung von Entsorgungspflichten auf Dritte, Verbände oder Einrichtungen der Selbstverwaltungskörperschaften der Wirtschaft befürchtet.[217] Die Pflichtenübertragung nimmt nicht der öffentlich-rechtliche Entsorgungsträger, sondern die auf einer höheren Ebene angesiedelte zuständige Behörde auf Antrag des Verbandes, der Einrichtung bzw. des Dritten vor.

Dennoch bestehen für die Kommunen nicht unerhebliche Steuerungsmöglichkeiten. Wichtigstes Instrument ist dabei die für die Übertragung erforderliche Zustimmung des öffentlich-rechtlichen Entsorgungsträgers. Nicht nur kann die Zustimmung bei Bedenken gegen die Tätigkeit des Privaten, z.B. im Hinblick auf die Qualität der Leistung oder eine langfristige Entsorgungssicherheit, versagt werden; als milderes Mittel kann die Kommune die Zustimmung auch unter Nebenbestimmungen, insbesondere auflösenden oder aufschiebenden Bedingungen, Befristungen, Änderungen des Antrags oder besonderen Maßgaben erteilen, die die zuständige Behörde bei der Übertragung binden.[218]

---

[215] Dies kann z.B. einen faktischen Zwang zur Erhöhung des von dem Privaten geforderten Entgelts zur Folge haben, vgl. *Bauer*, BayVBl. 1990, 292, 296, und *Steenbock*, GemH 1987, 246, 249 f., im Hinblick auf das niedersächsische Betreibermodell.

[216] *Wieberneit*, BB 1997, 2333, 2336.

[217] *Nogueira*, MM 1995, 58, 59; *Schink*, Eildienst LKT 1997, 278, 283 u. 288 f.; *Wiebe*, damaliger Leiter des Stadtreinigungsamtes Bielefeld, Gespräch v. 2.6.1997.

[218] S.o. 3. Teil, C.I.1.b)cc)ccc).

Empfohlen wird diese Form der Privatisierung für ländliche und kleinere Kommunen im Hinblick auf solche Entsorgungstätigkeiten, die schon bislang ausschließlich von beauftragten Dritten vorgenommen wurden.[219]

4. Steuerung bei Rücknahmeverordnungen

Welche Steuerungsmöglickeiten den Kommunen bei der Implementation neuer Rücknahmeverordnungen verbleiben, hängt von der Position ab, die ihnen darin eingeräumt wird. So verschafft z.B. die für die Freistellung nach § 6 III VerpackV erforderliche Abstimmung mit der entsorgungspflichtigen Körperschaft dieser eine aus steuerungstechnischer Sicht starke Position.[220]

---

219 *Tettinger*, in: FS Friauf, S. 569, 585.

220 *Schmeken/Schwade*, VerpackV, S. 98; *Schwade*, StGR 1991, 269, 272 ff.; vgl. auch *Hofmann-Hoeppel*, Die Bedeutung der Verpackungsverordnung für die Kommunen, S. 43 ff.

Zusammenfassung

1. Die Aufteilung der Entsorgungsverantwortung zwischen der öffentlichen Hand und Privaten ist keine Neuheit des KrW-/AbfG, sondern blickt auf eine lange Tradition zurück, die sich bis zu den Anfängen einer geordneten Abfallentsorgung in der Spätphase des Mittelalters zurückverfolgen läßt. Allerdings ist seit dem Erlaß der Verpackungsverordnung ein Trend zu einer verstärkten Verlagerung der Entsorgungsverantwortung in private Hände erkennbar, der auch die Entstehung des KrW-/AbfG stark beeinflußt hat.

2. Schon das AbfG eröffnete vielfältige Möglichkeiten einer Beteiligung Privater an der grundsätzlich öffentlichen Entsorgung:

Nach § 3 III AbfG konnten die entsorgungspflichtigen Körperschaften Abfälle, die nicht aus privaten Haushaltungen stammen, von der öffentlichen Entsorgung ausschließen, soweit sie sie nach Art oder Menge nicht mit den in privaten Haushaltungen anfallenden Abfällen entsorgen konnten. Der Ausschluß bewirkte gemäß § 3 IV AbfG einen Übergang der Entsorgungspflicht auf den Abfallbesitzer; es handelte sich dabei also um einen Fall der materiellen Privatisierung von Entsorgungspflichten. In der kommunalen Praxis wurde von dieser Möglichkeit in großem Umfang Gebrauch gemacht.

Außerdem konnten sich die entsorgungspflichtigen Körperschaften nach § 3 II 2 AbfG zur Erfüllung ihrer Pflichten Dritter bedienen. Als "Dritte" kamen dabei insbesondere natürliche und juristische Personen des Privatrechts in Betracht, also v.a. private Entsorger, zunehmend wurden aber auch Eigengesellschaften der Kommunen, gemischt-öffentliche oder gemischt-wirtschaftliche Unternehmen beauftragt. Bei einer Beauftragung nach § 3 II 2 AbfG konnten die Dritten lediglich mit der technischen Ausführung der Entsorgungspflicht betraut werden, eine Übertragung der Entsorgungspflicht war nicht möglich, da es sich bei der Abfallentsorgung um eine Pflichtaufgabe der entsorgungspflichtigen Körperschaften handelte, deren Zuweisung nicht zu ihrer Disposition steht. Dieser Fall ist daher als funktionale Privatisierung zu qualifizieren. Dabei bleibt die öffentliche Hand zur Aufgabenerfüllung gegenüber dem Bürger verpflichtet; Rechtsbeziehungen zwischen dem beauftragten Dritten und dem Bürger entstehen nicht.

Desweiteren konnte die Entsorgung auf den Inhaber einer Abfallentsorgunganlage, der Abfälle wirtschaftlicher entsorgen konnte als die entsorgungspflichtige Körperschaft, nach § 3 VI AbfG übertragen werden. Dies führte zu einem Übergang der Entsorgungspflicht auf den Anlagenbetreiber. Da dabei keine hoheitlichen Befugnisse mitübertragen wurden, stellt dieser Fall keine Beleihung, sondern eine materielle Privatisierung dar. Praktisch wurde von der Norm kaum Gebrauch gemacht.

Die ausnahmsweise Zulässigkeit einer Entsorgung von Abfällen außerhalb dafür zugelassener Anlagen nach § 4 II, IV AbfG ging mit einem Wegfall der grundsätzlichen Überlassungspflicht nach § 3 I AbfG einher. Ein Übergang der Entsorgungspflicht fand dabei allerdings nicht statt. Die entsorgungspflichtige Körperschaft zog sich vielmehr aus der Aufgabenwahrnehmung insoweit zurück, wie diese vom Abfallbesitzer tatsächlich durchgeführt wurde; aufgrund der subsidiären Verpflichtung der öffentlich-rechtlichen Körperschaft, die auflebte, wenn und soweit der Abfallbesitzer die Entsorgung nicht durchführte, liegt hierin ein Fall der Verwaltungssubstitution.

Ein weiterer Bereich privater Entsorgungsverantwortung wurde mit den Rücknahmepflichten der VerpackV eröffnet. Im Bereich der Verkaufsverpackungen ist die DSD anstelle der Hersteller und Vertreiber verpflichtet, die mit dem "Grünen Punkt" gekennzeichneten Verpackungen vom Endverbraucher zurückzunehmen und einer erneuten Verwendung außerhalb der öffentlichen Entsorgung zuzuführen. Das abfallrechtliche Regime fand darauf keine Anwendung, da die der DSD übergebenen Verpackungen keine Abfälle im Sinne des Gesetzes, sondern sog. "Wertstoffe" darstellten. Übergab der Besitzer die Verpackungen hingegen der entsorgungspflichtigen Körperschaft - wozu er mangels Überlassungspflicht an die DSD berechtigt war -, lebte das abfallrechtliche Regime wieder auf. Aufgrund dieser Konstruktion, die die Frage der öffentlichen oder privaten Entsorgung von der Entscheidung des Abfallbesitzers abhängig machte, läßt sich das aufgrund der VerpackV geschaffene private Entsorgungssystem am ehesten als teilweise materielle Privatisierung qualifizieren.

Insgesamt räumte das AbfG der öffentlichen Entsorgung klar Vorrang ein; private Entsorgung war lediglich als Ausnahme zugelassen.

3. Das KrW-/AbfG geht von einer grundlegend anderen Systematik als das AbfG aus, indem es in den §§ 5 II, 11 I anstelle einer grundsätzlich öffentlichen Entsorgung die grundsätzliche Entsorgungspflicht der Erzeuger und Besitzer von Abfällen bestimmt. Gegenüber dem AbfG wurde die Entsorgungspflicht dadurch im Grundsatz materiell privatisiert. Nur ausnahmsweise soll die Entsorgungspflicht öffentlich-rechtlichen Trägern obliegen.

Gegenstand der Entsorgungspflicht nach KrW-/AbfG sind aufgrund der Ausweitung des Abfallbegriffs nunmehr auch sämtliche verwertbaren Abfälle. Jedoch greift nicht mehr - wie nach altem AbfG - bereits mit der Qualifizierung einer Sache als Abfall das öffentliche Entsorgungssystem, sondern ist die Zuweisung der Pflichten zu Privaten oder öffentlich-rechtlichen Entsorgungsträgern von der Herkunft der Abfälle auf der einen (private Haushaltungen oder andere Herkunftsbereiche) und dem Entsorgungsweg (Verwertung oder Beseitigung) auf der anderen Seite abhängig.

Von dem Grundsatz der Eigenentsorgung der Abfallerzeuger und -besitzer bestehen weitreichende Ausnahmen zugunsten der öffentlichen Hand, die einen behaupteten "Paradigmenwechsel" letztlich nicht erkennen lassen.

Gemäß § 15 I sind die öffentlich-rechtlichen Entsorgungsträger zur Entsorgung der in ihrem Gebiet angefallenen und ihnen überlassenen Abfälle aus privaten Haushaltungen und Abfällen zur Beseitigung aus anderen Herkunftsbereichen verpflichtet. Insoweit werden die grundsätzlich materiell privaten Entsorgungspflichten republifiziert. Der Umfang ihrer Entsorgungspflicht wird maßgeblich durch die in § 13 I normierte Überlassungspflicht bestimmt. Danach sind Erzeuger und Besitzer von Abfällen aus privaten Haushaltungen zur Überlassung an die öffentlichen-rechtlichen Entsorgungsträger verpflichtet, soweit sie zu einer Verwertung nicht in der Lage sind oder eine solche nicht beabsichtigen. Nicht umfaßt ist die Verwertung durch Dritte. Eine eigene Verwertung der privaten Haushalte kommt daher nur hinsichtlich der Kompostierung organischer Abfälle in Betracht. Überlassungspflichtig sind auch Erzeuger und Besitzer von nicht aus privaten Haushaltungen stammenden Abfällen zur Beseitigung, soweit sie sie nicht - im Einklang mit überwiegenden öffentlichen Interessen - in eigenen Anlagen beseitigen. Eigene Anlagen sind solche, die der Abfallbesitzer oder -erzeuger selbst betreibt. Bei einer Einschaltung Dritter liegt keine eigene Entsorgung dar, die von der Überlassungspflicht befreien könnte. Stehen überwiegende öffentliche Interessen, z.B. eine Gefährdung notwendiger kommunaler Entsorgungskapazitäten, einer Entsorgung in Eigenregie entgegen, greift die Überlassungspflicht ein.

Wie nach altem AbfG können die öffentlich-rechtlichen Entsorgungsträger auch nach dem KrW-/AbfG ihrer Entsorgungspflicht durch einen Ausschluß von der öffentlichen Entsorgung entgehen. Diese Möglichkeit bezieht sich gemäß § 15 III nicht nur auf nicht aus privaten Haushaltungen stammende Abfälle, die wegen ihrer Art, Menge oder Beschaffenheit nicht gemeinsam mit dem Hausmüll entsorgt werden können, sondern nunmehr auch auf rücknahmepflichtige Abfälle, z.B. Verpackungsabfälle. Mit dem Ausschluß lebt die grundsätzliche Eigenentsorgungspflicht der Erzeuger und Besitzer wieder auf.

Der Eigenentsorgungspflicht unterfallen außerdem diejenigen Abfälle, die keiner Überlassungspflicht unterliegen, d.h. aus anderen Herkunftsbereichen als privaten Haushaltungen stammende Abfälle zur Verwertung und solche Abfälle zur Beseitigung, die ordnungsgemäß in eigenen Anlagen beseitigt werden, wenn dem keine öffentlichen Interessen entgegenstehen.

Der den Erzeugern und Besitzern nach dem KrW-/AbfG eröffnete Tätigkeitsbereich wird allerdings durch landesrechtliche Andienungs- und Überlassungspflichten im Rahmen des § 13 IV weiter eingeschränkt.

Gemäß § 16 I können sich die öffentlich-rechtlichen Entsorgungsträger wie bisher zur Erfüllung ihrer gesetzlichen Pflichten Dritter bedienen. Dabei bleibt ihre Pflicht gegenüber dem Bürger unverändert bestehen, wie § 16 I 2 nunmher ausdrücklich klarstellt. Handelt es sich bei dem Dritten um ein Privatrechtssubjekt, stellt die Beauftragung eine funktionale Privatisierung dar. Keine Privatisierung erfolgt in dem Fall, daß Dritte, Verbände oder Einrichtungen der Selbstverwaltungskörperschaften der Wirtschaft nach §§ 16 I, 17 I, 18 I von Abfallerzeugern oder -besitzern mit der Erfüllung bereits materiell privater Entsorgungspflichten beauftragt werden. Die Normen stellen insoweit lediglich fest, daß der Verpflichtete seiner Entsorgungspflicht nicht höchstpersönlich nachkommen muß.

Neu gegenüber der unter dem AbfG geltenden Rechtslage sind die Möglichkeiten einer Übertragung der Entsorgungspflichten, wie sie in den §§ 16 II, 17 III, 18 II vorgesehen sind. Danach kann die zuständige Behörde auf Antrag die Pflichten der öffentlich-rechtlichen Entsorgungsträger auf Dritte oder private Entsorgungsträger übertragen, wenn diese bestimmten Qualifikations- und Zuverlässigkeitsanforderungen genügen und der öffentlich-rechtliche Entsorgungsträger zustimmt. Nicht möglich ist jedoch eine Übertragung der dem öffentlich-rechtlichen Entsorgungsträger obliegenden Entsorgungspflicht für Haushaltsabfälle. Außerdem kann sie die Pflichten der Erzeuger und Besitzer auf private Entsorgungsträger bzw. von diesen auf Dritte übertragen, wobei wiederum die Zustimmung der öffentlich-rechtlichen Entsorgungsträger erforderlich ist. Durch die Übertragung wird der ursprünglich Verpflichtete von seiner Entsorgungspflicht frei.

Der Annahme, es handele sich bei den Übertragungstatbeständen um Beleihungsfälle, kann nur im Hinblick auf §§ 17 III, 18 II gefolgt werden. Nach der vorzugswürdigen Rechtsstellungstheorie ist Voraussetzung für die Annahme einer Beleihung, daß einem Privaten hoheitliche Befugnisse übertragen werden. Im Hinblick auf die Verbände und Einrichtungen der Kammern ist diese Voraussetzung gegeben, da deren Stellung im Falle einer Pflichtenübertragung der der öffentlich-rechtlichen Entsorgungsträger stark angenähert ist: So sind diese u.a. zur Erhebung von Gebühren sowie dazu berechtigt, den Abfallbesitzern Getrennthalte- und Bringpflichten aufzuerlegen, außerdem bestehen die

Überlassungs- und Duldungspflichten entsprechend. Allerdings ist die Ermächtigung zum Erlaß eigener Abfallgebührensatzungen in § 17 V 2 wegen Verstoßes gegen den Gewaltenteilungsgrundsatz und mangels Gesetzgebungskompetenz des Bundes verfassungswidrig. Keine Beleihung stellt demgegenüber die Pflichtenübertragung auf Dritte nach § 16 II dars; mangels entsprechender gesetzlicher Regelung können diesen keine hoheitlichen Befugnisse übertragen werden. Insofern ist vielmehr von einer materiellen Privatisierung auszugehen.

Weitere Möglichkeiten für materielle Privatisierungen eröffnet die in § 24 enthaltene Ermächtigung zum Erlaß von Rücknahmeverordnungen. Dabei unterfallen die darauf beruhenden privaten Entsorgungssysteme im Unterschied zur alten Rechtslage nunmehr dem Regime des Abfallrechts. Wie bisher ist außerdem die Übertragung der Entsorgung auf den Inhaber einer Abfallentsorgungsanlage möglich, § 28 II. Keine Privatisierungsregelungen stellen demgegenüber die Möglichkeiten einer Zulassung der Beseitigung außerhalb genehmigter Anlagen nach § 27 II, III dar; diese regeln lediglich Modalitäten der Entsorgung, treffen jedoch keine Entscheidung über die Zuordnung von Entsorgungspflichten.

4. Insgesamt ist festzustellen, daß das neue Abfallrecht im Hinblick auf die Verteilung der Entsorgungsverantwortung zwischen der öffentlichen Hand und Privaten keine so einschneidende Neuerung gebracht hat, wie die grundsätzliche Umkehrung des Regel-Ausnahme-Verhältnisses erwarten ließ. So wird die grundsätzlich materiell private Entsorgungspflicht der Erzeuger und Besitzer nach §§ 5 II, 11 I durch weitreichende Ausnahmen zugunsten der öffentlich-rechtlichen Entsorgungsträger stark eingeschränkt. Lediglich die Übertragungstatbestände der §§ 16 II, 17 II, 18 II haben eine Neuerung gebracht. Inwieweit davon praktisch Gebrauch gemacht werden wird, ist aber angesichts kritischer Stellungnahmen von Seiten der Kommunen, der Entsorgungswirtschaft und der Kammern äußerst zweifelhaft.

5. Ein Verstoß der die neue Entsorgungsordnung betreffenden Regelungen des KrW-/AbfG gegen europäisches Recht ist nicht feststellbar. Zwar beeinträchtigen sowohl Überlassungspflichten zugunsten öffentlich-rechtlicher und privater Entsorgungsträger als auch Rücknahmepflichten für bestimmte Produkte den freien Verkehr mit der Ware Abfall, doch sind die Regelungen aus zwingenden Gründen des Umweltschutzes erforderlich und stellen daher keine Verstöße gegen Art. 34 bzw. 30 EGV dar. Auch mit dem europäischen Abfallrecht sind die Vorschriften vereinbar; insbesondere enthalten die Richtlinien im Bereich der Abfallentsorgung keine Präferenz für öffentliche oder private Entsorgungssysteme, so daß den Mitgliedstaaten die Organisation der Entsorgung freigestellt ist.

6. Auch ein Verstoß gegen das Grundgesetz läßt sich im Ergebnis nicht feststellen.

a) Die in Art. 28 II GG gewährleistete kommunale Selbstverwaltungsgarantie verbürgt den Gemeinden das Recht, die Angelegenheiten der örtlichen Gemeinschaft im Rahmen der Gesetze selbstverantwortlich zu regeln. Kommunale Tätigkeitsbereiche können ihnen im Kernbereich gar nicht, außerhalb des Kernbereichs zumindest nicht ohne weiteres entzogen werden. Dies gilt nicht nur für einen Entzug zugunsten höherrangiger Verwaltungsebenen (sog. Hochzonung), sondern auch für einen Entzug zugunsten Privater. Die Abfallentsorgung kann allerdings nur noch im Hinblick auf die Hausmüllentsorgung und die nicht aus privaten Haushaltungen stammenden Abfälle zur Beseitigung und nur noch für die kreisfreien Städte und Kreise als Angelegenheit der örtlichen Gemeinschaft angesehen werden. Mit der grundsätzlichen materiellen Privatisierung der Entsorgungspflicht wird den Körperschaften diese Aufgabe entzogen. Gleiches gilt bei der Wahrnehmung der Übertragungsmöglichkeiten. Andererseits bewirken die vielfältigen Ausnahmen von der materiellen Privatisierung, daß für den Hausmüll und teilweise auch für die Beseitigungsabfälle wieder eine Entsorgungspflicht der öffentlich-rechtlichen Entsorgungsträger begründet wird, und haben die Gemeinden bei den Übertragungstatbeständen nicht zu vernachlässigende Einflußmöglichkeiten, insbesondere aufgrund des Zustimmungserfordernisses. Die kommunale Selbstverwaltung wird durch die verschiedenen Privatisierungstatbestände des KrW-/AbfG daher im Ergebnis nicht so stark beschränkt, daß ein Verfassungsverstoß anzunehmen wäre.

b) Auch Verstöße gegen Art. 33 IV GG, das Demokratie-, Rechtsstaats- und Sozialstaatsprinzip sowie Art. 20 a GG scheiden aus.

7. Für das Verhältnis zwischen öffentlicher und privater Abfallentsorgung ist neben dem KrW-/AbfG eine Vielzahl von Vorgaben aus anderen Rechtsgebieten maßgebend.

a) Rechtliche Schranken bestehen dabei insbesondere für die Gründung von bzw. Beteiligung an gemischt-wirtschaftlichen Entsorgungsunternehmen oder Verbänden im Sinne des § 17 I, die entweder mit der Erfüllung der Entsorgungspflichten beauftragt werden oder denen Entsorgungspflichten übertragen werden sollen. Diese ergeben sich zum einen aus dem öffentlichen Organisationsrecht. Dabei ist allerdings die Mehrzahl der Gemeinde- und Kreisordnungen der Länder als eher "privatisierungsfreundlich" einzustufen; danach genügt im Bereich der nichtwirtschaftlichen Betätigung - zu der die Abfallentsorgung insoweit zu zählen ist, als die Gemeinde dabei gesetzlichen Entsorgungspflichten nachkommt; im übrigen handelt es sich um eine nichtwirtschaftliche Betätigung, die nur begrenzt zulässig ist - im wesentlichen ein "wichtiges Interesse" der Gemeinde an der Beteiligung oder Gründung, muß eine Rechtsform gewählt werden, die die Haftung der Gemeinde auf einen bestimmten Betrag begrenzt und muß sich die Gemeinde einen angemessenen Einfluß auf das Unternehmen sichern. Die Steuerungsmöglichkeiten sind dabei allerdings durch das Gesellschaftsrecht begrenzt. Andere Länder sehen demgegenüber einen Vorrang zugungsten öffentlich-rechtlicher Organisationsformen vor. Weitere Schranken für die gemischt-wirtschaftliche Entsorgung ergeben sich vor allem aus dem Kartellrecht; häufig kommt aufgrund der Kooperation zwischen der öffentlichen Hand und den beteiligten Privatunternehmen die Begründung oder Verstärkung einer marktbeherrschenden Stellung des neu gegründeten Unternehmens bzw. der daran beteiligten privaten Entsorger nach § 22 I, II GWB sowie eine Wettbewerbsbeschränkung nach § 1 GWB in Betracht. Schließlich ist die Einhaltung vergaberechtlicher Vorschriften sowie das Steuerrecht zu beachten, das die private Entsorgung im Gegensatz zu öffentlichen Organisationsformen uneingeschränkt der Körperschaft-, Gewerbe- und Umsatzsteuer unterwirft.

b) Kartellrechtlichen Schranken können auch kollektive Rücknahmesysteme wie das Duale System unterliegen. Dabei kommen insbesondere Verstöße gegen das Kartellverbot des § 1 GWB sowie gegen das Europäische Kartellrecht in Betracht.

c) Pflichtenübertragungen im Sinne der §§ 16 II, 17 III, 18 II unterliegen als Hoheitsakte keiner kartellrechtlichen Überprüfung, wohl aber die Antragsteller und deren nicht-hoheitliche Tätigkeit. Eine Pflichtenübertragung kann daher keinen kartellrechtswidrigen Zustand nachträglich "legitimieren". Ein weiterer bedeutsamer Aspekt der Übertragungstatbestände ist der der Finanzierung. Beliehene Verbände und Einrichtungen der Selbstverwaltungskörperschaften der Wirtschaft sind im Hinblick auf die ihnen übertragenen Pflichten zur Erhebung von öffentlich-rechtlichen Gebühren befugt, § 17 V, und unterliegen dabei den für das öffentliche Abgabenrecht geltenden Schranken, insbesondere dem Äquivalenzprinzip und dem Kostenüberschreitungsverbot, das die Erzielung von Gewinnen verbietet. Diese Anforderungen gelten im Rahmen der §§ 315 III, 138 BGB als "grundlegende Prinzipien öffentlicher Finanzgebarung" auch, soweit sie statt der Gebühren privatrechtliche Entgelte erheben. Demgegenüber unterliegen Dritte, denen Pflichten nach § 16 II übertragen wurden, mangels hoheitlicher Aufgabenerledigung lediglich den sich aus der Privatrechtsordnung allgemein geltenden Schranken. Zur Erhebung von Gebühren sind sie nicht befugt. Zwischen den nach §§ 17 III, 18 II Beliehenen und den Dritten im Sinne des § 16 II ist auch hinsichtlich der Besteuerung zu unterscheiden; während die Beliehenen im Bereich der übertragenen Pflichten Tätigkeiten wahrnehmen, die ihnen "vorbehalten und eigentümlich" sind, ihre Tätigkeit insofern daher als Hoheitsbetrieb anzusehen ist, der nach geltendem Recht nicht der Steuerpflicht unterliegt, werden die

Dritten privatrechtlich tätig und unterliegen daher uneingeschränkt der Steuerpflicht.

8. Aus umweltpolitischer Sicht weisen die privatisierungsbezogenen Regelungen des KrW-/AbfG Schwachpunkte auf. Dabei lassen sich die aus den Erfahrungen mit der Verpackungsverordnung gewonnenen Erkenntnisse zu einem guten Teil auf die im KrW-/AbfG vorgenommene grundsätzliche Zuordnung der Entsorgungsverantwortung zu Erzeugern und Besitzern von Abfällen nach §§ 5 II, 11 I sowie die Möglichkeiten einer Übertragung der Entsorgungspflichten auf Dritte, Verbände und Einrichtungen der Kammern nach den §§ 16 II, 17 III, 18 II übertragen. Ähnlich dem Instrument der Rücknahmepflicht soll auch die Entsorgungspflicht der Erzeuger und Besitzer mittelbar einen Anreiz zu Vermeidung und entsorgungsfreundlicher Produktion und Produktgestaltung dadurch entfalten, daß sie die aus der Erfüllung ihrer Verantwortlichkeit resultierenden Kosten nunmehr in ihre Kostenrechnung einstellen müssen. Wirkung erzielt dieser Mechanismus jedoch nur, soweit die Entsorgungskosten höher sind als der Mehraufwand für abfallarme Produktion und entsorgungsfreundliche Produktgestaltung. Der in der Umweltökonomie entwickelte Ansatz des Verursacherprinzips, wonach die Nutzung der knappen Ressource Umwelt einen Kostenfaktor darstellen soll, wurde damit nur zum Teil aufgegriffen: Zwar führt die materielle Entsorgungsverantwortlichkeit zu einer Internalisierung der Entsorgungskosten, doch berechnen sich diese nur nach dem jeweiligen Marktpreis, stellen also nicht den Knappheitspreis dar. Im Hinblick auf die Übertragungsmöglichkeiten stellt sich wie bei dem für Verkaufsverpackungen errichteten Dualen System das Problem, wie der Rückkoppelungseffekt auf die Verursacher erhalten werden kann, wie also ein Anreiz zu Vermeidung, Weiterverwendung und entsorgungsfreundlicher Produktgestaltung erhalten werden kann, wenn die Verursacher durch einen Dritten ersetzt werden. Voraussetzung ist die Erhebung anreizwirksamer Entgelte durch den Dritten; dafür fehlt es jedoch nicht nur an rechtlichen Vorgaben, sondern auch an einer in dieser Hinsicht zielführenden Motivationslage der Beteiligten.

Steuerungsmöglichkeiten liegen auch in der Vollzugspraxis der entsorgungspflichtigen Körperschaften. Diese sind jedoch je nach Privatisierungsform mehr oder weniger weitreichend. Effektive Kontrolle ist den Kommunen insbesondere beim Einsatz privater Verwaltungshelfer nach § 16 I möglich. Hingegen beschränkt sich im Hinblick auf die Möglichkeit einer Übertragung von Entsorgungspflichten auf Dritte, Verbände oder Einrichtungen der Wirtschaft die Steuerung der Kommunen im wesentlichen auf das Zustimmungserfordernis.

Literaturverzeichnis

Ahlheim, Michael: Die neue Verpackungsverordnung im Licht der Umweltöknomie, Heidelberg 1991.

- Umweltökonomische Konzepte in der politischen Praxis: Das Beispiel Abfall, StWStP 1993, 348.

Alternativkommentar, Kommentar zum Grundgesetz für die Bundesrepublik Deutschland, Bd. 1, Darmstadt 1984.

Ambrosius, Gerold: Privatisierungen in historischer Perspektive: Zum Verhältnis von öffentlicher und privater Produktion, StWStP 1994, 415.

Arndt, Hans-Wolfgang: Kreislaufwirtschaft und kommunale Entsorgung, Zur Rechtsstellung der Kommunen und ihrer Wirtschaftsunternehmen im System des Kreislaufwirtschafts- und Abfallgesetzes, Köln 1996.

Arndt, Hans-Wolfgang/*Köhler*, Markus: Rechtspflicht des Verbrauchers zur Nutzung des "Dualen Systems"?, NJW 1993, 1945.

Arndt, Hans-Wolfgang/*Walter*, Christine: Zur Verteilung der Abfallentsorgung zwischen Verursacher, öffentlich-rechtlichem Entsorgungsträger, privatem Dritten und Verbänden, WiVerw 1997, 183.

Arnim, Hans Herbert von: Rechtsfragen der Privatisierung, Wiesbaden 1995.

Baars, Bodo A.: Zulässigkeit der Verwertung von Abfällen in Hausmüllverbrennungsanlagen, UPR 1997, 229.

Backes, Christoph: Das neue Abfallgesetz des Bundes und seine Entstehung, DVBl. 1987, 333.

Backherms, Johannes: Das DIN Deutsches Institut für Normung e.V. als Beliehener: zugleich ein Beitrag zur Theorie der Beleihung, Köln 1978.

Bansch, Frank: Die Beleihung als verfassungsrechtliches Problem, München 1973.

Bartels, Elke: Abfallrecht - Eine systematische Darstellung unter besonderer Berücksichtigung der Rechtslage in Nordrhein-Westfalen, Köln 1987.

Bartling, Hartwig: Grüner Punkt: Reformbedarf wettbewerblicher Rahmenbedingungen, WuW 1995, 183.

Bartlsperger, Richard: Die Entwicklung des Abfallrechts in den Grundfragen von Abfallbegriff und Abfallregime, VerwArch 1995, 32.

Bartram, Berit/*Schade*, Rainer: Andienungs- und Überlassungspflichten contra Eigenverantwortung - Abfallverwertung und Abfallbeseitigung nach dem neuen KrW-/AbfG - , UPR 1995, 253.

Bauer, Hartmut: Privatisierung von Verwaltungsaufgaben, VVDStRL 54 (1995), 243.

Bauer, Joachim/*Schink*, Alexander (Hrsg.): Organisationsformen in der öffentlichen Abfallwirtschaft, Köln 1993.

Bauer, Thomas: Privatisierung der Abwasserbeseitigung - das sogenannte "Niedersächsische Betreibermodell", BayVBl. 1990, 292.

BDE, Bundesverband der Deutschen Entsorgungswirtschaft e.V. (Hrsg.): Entsorgung '96, Bonn 1996.

Beckmann, Martin: Grundsätze des Zulassungsrechts und der Abfallüberwachung, NWVBl. 1995, 81.

- Rechtsprobleme der Rücknahme- und Rückgabepflichten, DVBl. 1995, 313.

- Produktverantwortung - Grundsätze und zulässige Reichweite, UPR 1996, 41.

- Abfallwirtschaftsplanung als Instrument zur Umsetzung der TA Siedlungsabfall, DVBl. 1997, 216.

Beckmann, Martin/*David*, Hans-Joachim: Kommunale Abfallwirtschaft als unlauterer Wettbewerb, DVBl. 1998, 1041.

Beckmann, Martin/*Kersting*, Andreas: Von der öffentlichen Daseinsvorsorge zur privaten Kreislaufwirtschaft, BB 1997, 161.

Beckmann, Martin/*Krekeler*, Nicola: Andienungspflichten für Abfälle zur Verwertung unter dem Kreislaufwirtschafts- und Abfallgesetz, UPR 1997, 214.

- Abfallberatungspflichten unter dem neuen Kreislaufwirtschafts- und Abfallgesetz, NuR 1997, 223.

Bellefontaine, Klemens: Abwasserbeseitigung nach dem Niedersächsischen Betreibermodell, GemH 1988, 265.

Bender, Bernd/*Sparwasser*, R./*Engel*, R.: Umweltrecht: Grundzüge des öffentlichen Umweltschutzrechts, 3. Auflage, Heidelberg 1995.

Bernsdorff, Norbert: Positivierung des Umweltschutzes im Grundgesetz (Art. 20a GG), NuR 1997, 328.

Biernat, Stanislaw/*Hendler*, R./*Schoch*, F./*Wasilewski, K.* (Hrsg.): Grundfragen des Verwaltungsrechts und der Privatisierung: Referate und Diskussionsbeiträge des Achten Deutsch-Polnischen Verwaltungskolloquiums vom 7.-11. September in Krakau, Stuttgart u.a. 1994.

Birn, Helmut: Verkehrssicherungspflicht bei der Abfallbeseitigung, NJW 1997, 1880.

- Rechtliche Instrumente zur Steuerung der Abfall- und Reststoffströme, NVwZ 1992, 419.

Blaurock, Uwe (Hrsg.): Verantwortlichkeit für Abfall in Deutschland und Frankreich, Baden-Baden 1992.

Bleicher, Ralf: Auswirkungen des Kreislaufwirtschafts- und Abfallgesetzes auf die Abfallwirtschaft, Landkreis 1994, 552.

- Kreislaufwirtschafts- und Abfallgesetz mit dem Abfallrecht der Europäischen Union vereinbar?, StT 1995, 519.

Bock, Matthias: Umweltrechtliche Prinzipien in der Wettbewerbsordnung der Europäischen Gemeinschaft, EuZW 1994, 47.

Bodanowitz, Jan: Organisationsformen für die kommunale Abwasserbeseitigung, Köln 1993.

Boesen, Arnold: Der Rechtsschutz des Bieters bei der Vergabe öffentlicher Aufträge, NJW 1997, 345.

Böhm, Monika: Abfallverbrennung in Industrieanlagen - Zur Neuregelung des § 4 I 2 AbfG -, DVBl. 1991, 242.

Böhm, Renate/*Fehrenbach*, H./*Giegrich*, J.: Kritik zur Ökobilanz für DSD-Kunststoffe, StT1996, 502.

Bongen, Martina: Das Kreislaufwirtschafts- und Abfallgesetz - Eine neue Ära im Abfallrecht, WiB 1996, 713.

Bonus, Holger: Umweltschutz und Wettbewerb aus ökonomischer Sicht, in: Schriftenreihe Umwelt- und Technikrecht, Band 38, Umweltschutz und Wettbewerb, Berlin 1997, S. 11.

Bracher, Christian: Gefahrenabwehr durch Private, Berlin 1987.

Brandt, Edmund/*Fouquet*, Helmut: Umweltrechtliche Probleme des bergmännischen Versatzes von Reststoffen, LKV 1995, 201.

Brandt, Edmund/*Ruchay*, D./*Weidemann*, C. (Hrsg.): Kreislaufwirtschafts- und Abfallgesetz, Kommentar, Loseblatt, Stand: August 1997, München.

Bree, Axel: Die Privatisierung der Abfallentsorgung nach dem Kreislaufwirtschafts- und Abfallgesetz, Berlin 1998.

Breuer, Rüdiger: Erweiterter Anwendungsbereich des neuen Abfallbegriffs, in: Klett/v.Köller/Schmitt-Gleser (Hrsg.), Kreislaufwirtschafts- und Abfallgesetz, Köln 1996, S. 27.

Breuer, Rüdiger/*Kloepfer*, M./*Marburger*, P./*Schröder*, M. (Hrsg.): Kreislauf oder Kollaps im Abfallwirtschaftsrecht?, 10. Trierer Kolloquium zum Umwelt- und Technikrecht vom 14. bis 16. September 1994, Schriftenreihe Umwelt- und Technikrecht Band 30, Heidelberg 1995.

Brosche, Hartmut: "Wilder Müll", DVBl. 1977, 235.

Brügelmann, Hermann: Baugesetzbuch Kommentar, Band 2, Loseblatt, Stand: Mai 1996, Stuttgart u.a.

Brüning, Christoph: Der Verwaltungsmittler - eine neue Figur bei der Privatisierung kommunaler Aufgaben, NWVBl. 1997, 286.

- Steht das alte Rechtsinstitut der Beleihung vor einer neuen Zukunft? - Zu den Regelungen der §§ 18 a Abs. 2a WHG, 16 Abs. 2 KrW-/AbfG und des FStrPrivFinG, SächsVBl. 1998, 201.

Buchardi, Wolrad E./*Sackofsky*, Eike: Wettbewerbspolitische und kartellrechtliche Probleme der deutschen Entsorgungswirtschaft, in: Jahrbuch Umwelt und Technikrecht 1994, 23.

Budäus, Dietrich/*Eichhorn*, Peter (Hrsg.): Public Private Partnership, Neue Formen öffentlicher Aufgabenerfüllung, Baden-Baden 1997.

Bull, Hans Peter: Privatisierung öffentlicher Aufgaben, VerwArch 1995, 621.

Bünemann, Agnes: Konzentration - Strukturen in der Entsorgungsbranche, AKP 3/1996, 32.

Bünemann, Agnes/*Rachut*, Gunda: Der Grüne Punkt: eine Versuchung der Wirtschaft, Karlsruhe 1993.

Byok, Jan: Die Vergabe von öffentlichen Dienstleistungsaufträgen, WuW 1997, 197.

- Nationale Beschaffungsmärkte sollen aufgebrochen werden, SZ v. 12.8.1997.

Cahn von Seelen, Udo: Abfallwirtschaft als Dienstleistung eines Regional-Versorgungsunternehmens, et 1994, 280.

Cichonski, Paul/*Heinrichs*, D./*Spielberg*, J.: Erfahrungen mit dem Dualen System - Zwischenbericht zur Einführung -, AJ 1994, 201.

Clemens, Thomas: Kommunale Selbstverwaltung und institutionelle Garantie: Neue verfassungsrechtliche Vorgaben durch das BVerfG, NVwZ 1990, 834.

Cronauge, Ulrich/*Dedy*, Helmut: "Eine überraschende Wende" - Bundesfinanzhof verneint Körperschaftsteuerpflicht der kommunalen Hausmüllentsorgung, GemH 1997, 217.

Danwitz, Thomas von: Vom Verwaltungsprivat- zum Verwaltungsgesellschaftsrecht - Zu Begründung und Reichweite öffentlich-rechtlicher Ingerenzen in der mittelbaren Kommunalverwaltung -, AöR 1995, 595.

Däubler-Gmelin, Herta: Vergabewesen endlich europagerecht ausgestalten, SZ v. 29.9.1997.

Deutscher Städte- und Gemeindebund (Hrsg.): Privatisierung in Städten und Gemeinden, Göttingen 1994.

de Vivie, Achim: Ist die Übertragung von Entsorgungspflichten durch § 15 Abs. 2 KrW-/AbfG für Haumüll eingeschränkt?, NuR 1997, 174.

Dieckmann, Jochen: Unternehmen Stadt, GemH 1993, 121.

Dieckmann, Martin: Das Abfallrecht der Europäischen Gemeinschaft, Baden-Baden 1994.

- Was ist "Abfall"?, ZUR 1995, 169.

Diederichsen, Lars: Stationen der Umweltrechtsentwicklung am Beispiel des Abfallrechts, BayVBl. 1996, 649.

Di Fabio, Udo: Die Verfassungskontrolle indirekter Umweltpolitik am Beispiel der Verpackungsverodnung, NVwZ 1995, 1.

- Verwaltung und Verwaltungsrecht zwischen gesellschaftlicher Selbstregulierung und staatlicher Steuerung, VVDStRL 55 (1996), 235.

Dippel, Martin: Die Kommunen im Recht des Umweltschutzes: dargestellt am nordrhein-westfälischen Recht unter Betonung des Abfallrechts, Köln 1994.

Dittmann, Bernd: Diskussionsbeitrag, Podiumsdiskussion: Das Duale System Deutschland: Wohltat oder Plage? in: Schriftenreihe Umwelt- und Technikrecht Bd. 38, Umweltschutz und Wettbewerb, Berlin 1997, S. 161.

Dittmann, Hans-Martin: Grundzüge des Kreislaufwirtschafts- und Abfallgesetzes, ZögU 1997, 91.

Dobrek, Franz K.: Public-Private-Partnership am Beispiel der Abfallverwertungsanlage Augsburg, et 1994, 273.

Dolde, Klaus-Peter/*Vetter*, Andrea: Abgrenzung von Abfallverwertung und Abfallbeseitigung nach dem Kreislaufwirtschafts- /Abfallgesetz, NVwZ 1997, 937.

Doose, Ulrich: Entsorgung und Umweltschutz - Auftrag und Aufgabe öffentlich-rechtlicher Körperschaften, StT 1983, 585.

- Der Entwurf eines Kreislaufwirtschafts- und Abfallgesetzes aus kommunaler Sicht, ZAU 1992, 450.

- Die Verwertung von Haushaltsabfällen durch Dritte, StT 1997, 234.

Drews, Bill/*Wacke*, G./*Vogel*, K./*Martens*, W.: Gefahrenabwehr, 9. Auflage, Köln, Berlin, Bonn, München 1986.

Driehaus, Hans-Joachim (Hrsg.): Kommunalabgabenrecht, Kommentar, Loseblatt Stand: Januar 1998, Herne, Berlin.

Dubach, Alexander: Freier Warenverkehr in der EU: Der Gerichtshof auf neuen Pfaden?, DVBl. 1995, 595.

Ehle, Dirk: Die Einbeziehung des Umweltschutzes in das Europäische Kartellrecht, Eine Untersuchung zu Art. 85 EGV unter besonderer Berücksichtigung kooperativer abfallrechtlicher Rücknahme- und Verwertungssysteme, Köln u.a. 1996.

Ehlers, Dirk: Verwaltung in Privatrechtsform, Berlin 1984.

- Die Entscheidung der Kommunen für eine öffentlich-rechtliche oder privatrechtliche Organisation ihrer Einrichtungen und Unternehmen, DÖV 1986, 897.

- Interkommunale Zusammenarbeit in Gesellschaftsform, DVBl. 1997, 137.

Eichhorn, Peter/*Engelhardt*, Werner W. (Hrsg.): Standortbestimmung öffentlicher Unternehmen in der Sozialen Marktwirtschaft, Gedenkschrift für Theo Thiemeyer, Baden-Baden 1994.

Ekrutt, Joachim W.: Verkehrssicherungspflicht bei der Abfallbeseitigung, NJW 1976, 885.

Emmerich, Volker: Kartellrecht, 6. Aufl., München 1991.

Emslander, Tina/*Morasch*, Karl: Verpackungsverordnung und Duales Entsorgungssystem - Eine spieltheoretische Analyse, ZfU 1996, 209.

Engel, Christoph: Gemischtwirtschaftliche Abfallentsorgung, Köln u.a. 1995.

Engel, Wolfgang: Grenzen und Formen der mittelbaren Kommunalverwaltung, Köln u.a. 1981.

Engstler, Horst: Privatisierung öffentlicher Abwasserbeseitigungsanlagen in Niedersachsen, GemH 1987, 109.

Epping, Christoph: Zweierlei Maß - Bei der Verbrennung von Abfällen gelten in Industrie- und Müllverbrennungsanlagen unterschiedliche Anforderungen, Müllmagazin 1997, 56.

Erbguth, Wilfried/*Mahlburg*, Stefan: Alternativen zur Müllverbrennung? - Rechtliche Anforderungen an Ausnahmen nach Ziffer 2.4 TA Siedlungsabfall -, UPR 1997, 224.

Erbguth, Wilfried/*Stollmann*, Frank: Erfüllung öffentlicher Aufgaben durch private Rechtssubjekte?, DÖV 1993, 798.

Erhard, Heinrich: Aus der Geschichte der Städtereinigung, Stuttgart, Köln 1954.

Ernst, Werner/*Zinkhan*, W./*Bielenberg*, W.: Baugesetzbuch Band II, Losebl., München, Stand: November 1997.

Fertig, Hans: Die Aufgabenwahrnehmung durch Dritte in der Tierkörperbeseitigung, DÖV 1994, 99.

Finckh, Andreas: Regulierte Selbstregulierung im Dualen System - Die Verpackungsverordnung als Instrument staatlicher Steuerung, Baden-Baden 1998.

Fischer, Hans-Günter/*Lacher*, Jörg: Auswirkungen des Kreislaufwirtschafts- und Abfallgesetzes, AJ 12/1996, 47.

Flanderka, Fritz: Struktur und Ausgestaltung des dualen Systems in der Bundesrepublik Deutschland, BB 1996, 649.

Fleischle, Frank/Schückhaus, Ulrich: Wirtschaftlichkeitsaspekte des Outsourcing, KPBl. 1997, 527.

Fluck, Jürgen: Ausgewählte Rechtsfragen der Verpackungsverordnung, DB 1993, 211.

- Der neue Abfallbegriff - eine Einkreisung, DVBl. 1995, 537.
- Zurückgewonnene Stoffe im Herstellungsverfahren: Abfall oder Nebenprodukt?, MuA 1997, 534.
- KrW-/AbfG, Kommentar, Heidelberg, Losebl. Stand April 1998.

Forster, Eduard: Umsatzsteuerliche Einordnung der Leistungen von juristischen Personen des öffentlichen Rechts im Abfallsektor, DStR 1996, 651.

Fouquet, Helmut: Verwertung und Beseitigung von Stoffen nach dem KrW-/AbfG, ZUR 1996, 186.

Franßen, Everhardt: Vom Elend des (Bundes-)Abfallgesetzes, in: Bender, Bernd (Hrsg.), Rechtsstaat zwischen Sozialgestaltung und Rechtsschutz: Festschrift für Konrad Redeker zum 70 Geburtstag, München 1993, S. 457.

Frenz, Walter: Die Staatshaftung in den Beleihungstatbeständen, Berlin 1991.

- Das Duale System zwischen öffentlichem und privatem Recht, GewArch 1994, 145.
- Die Abfalleigenschaft von Verpackungen, DÖV 1994, 421.
- Gemeindliche Selbstverwaltungsgarantie und Verhältnismäßigkeit, DV 1995, 33.
- Die Verwirklichung des Verursacherprinzips im Abfallrecht, Berlin 1996.
- Kreislaufwirtschafts- und Abfallgesetz, Kommentar, Köln u.a. 1996.

Friauf, Karl Heinrich: Abfallrechtliche Rücknahmepflichten, in: Baur, Jürgen F. u.a. (Hrgs.), Europarecht, Engergierecht, Wirtschaftsrecht: Festschrift für Bodo Börner zum 70. Geburtstag, Köln u.a. 1992, S. 701.

Friege, Henning: Von Waffengleichheit keine Spur - Die Schieflage in der deutschen Abfallwirtschaft, StT 1997, 506.

Frotscher, Werner: Die Ausgestaltung kommunaler Nutzungsverhältnisse bei Anschluß- und Benutzungszwang, Siegburg 1974.

Gaßner, Hartmut/*Siederer*, Wolfgang: Ablagerung biologisch-mechanisch vorbehandelter Abfälle nach dem 1. Juni 2005, MuA 1997, 256.

Gaßner, Hartmut/*Versmann*, Andreas (Hrsg.): Neuordnung kommunaler Aufgaben im Kreislaufwirtschafts- und Abfallgesetz, Berlin 1996.

Gassner, Ulrich M.: Von der Abfallwirtschaft zur Kreislaufwirtschaft, AöR 1998, 201.

Gawel, Erik: Umweltallokation durch Ordnungsrecht, Tübingen 1994.

Geiger, Rudolf: EG-Vertrag: Kommentar zum dem Vertrag zur Gründung der Europäischen Gemeinschaft, 2. Auflage, München 1995.

Gesellschaft für öffentliche Wirtschaft: Privatisierungsdogma widerspricht Sozialer Marktwirtschaft, ZögU 1994, 195.

Gesellschaft für Umweltrecht e.V. (Hrsg.): Kreislaufwirtschafts- und Abfallgesetz - was ändert sich? Dokumentation zur Tagung der Gesellschaft für Umweltrecht e.V. am 31. Oktober 1996 in Berlin, Berlin 1997.

Giesberts, Ludger: "Konkurrenz um Abfall": Rechtsfragen der Abfallverbringung in der Europäischen Union, NVwZ 1996, 949.

Glassen, Helmut/*v.Hahn*, H. u.a. (Hrsg.): Frankfurter Kommentar zum Gesetz gegen Wettbewerbsbeschränkungen, Loseblatt, Bd. 2, Stand: November 1997, Köln.

Gottschalk, Wolf: Kommunale Unternehmen als Instrumente der Selbstverwaltung, in: Eichhorn, Peter, u.a. (Hrsg.), Standortbestimmung öffentlicher Unternehmen in der sozialen Marktwirtschaft: Gedenkschrift für Theo Thiemeyer, Baden-Baden 1994, S. 217.

Götz, Gero: Wettbewerbs- und europarechtliche Aspekte des Dualen Systems, ZLR 1993, 534.

Grabitz, Eberhard: Der Grundsatz der Verhältnismäßigkeit in der Rechtsprechung des Bundesverfassungsgerichts, AöR 1973, 568.

Grabitz, Eberhard/*Hilf*, Meinhard (Hrsg.): Kommentar zur Europäischen Union, Band I, Loseblatt, Stand: Juli 1997, München.

Groeben, Hans v.d./*Thiesing*, J./Ehlermann, C.-D. Kommentar zum EWG-Vertrag, Band 2, 4. Auflage, Baden-Baden 1991.

Gromoll, Bernhard: Rechtliche Grenzen der Privatieirung öffentlicher Aufgaben - untersucht am Beispiel kommunaler Dienstleistungen, Bremen 1982.

Gruneberg, Ralf: Weiterentwickelte Zusammenarbeit von VKS und VKU-ARGE Entsorgung, StT 1997, 371.

Grünewald, Klaus: Handbuch des Tierkörperbeseitigungsrechts, Stuttgart u.a. 1994.

- Öffentlich-rechtliche oder privatrechtliche Finanzierung von Entsorgungsdienstleistungen nach dem Kreislaufwirtschafts- und Abfallgesetz, SächsVBl. 1997, 49.

Guian, Ursula: Der Europäische Binnenmarkt und die rechtliche Situation der französischen Monopole und öffentlichen Unternehmen, GewArch 1993, 271.

Gusy, Christoph: Die wirtschaftliche Betätigung des Staates, Teil 1 und 2, JA 1995, 166, 253.

Häder, Michael/*Weiland*, Raimund: Entsorgungspflichten als Instrument der Abfallwirtschaft - Inhalt und Einsatzvoraussetzungen eines neueren Instruments -, ZAU 1996, 247.

Hagemeister, Adrian von: Die Privatisierung öffentlicher Aufgaben, München 1992.

Hailbronner, Kay: Öffentliche Unternehmen im Binnenmarkt - Dienstleistungsmonopole und Gemeinschaftsrecht, NJW 1991, 593.

Hansmeyer, Karl-Heinrich: Das Duale System und die Verpackungsverordnung, Wirtschaftsdienst 1993, 232.

Hecht, Dieter/*Werbeck*, Nicola: Rücknahmeverpflichtungen als Instrument der Abfallwirtschaft - eine ökonomische Analyse am Beispiel des Dualen Systems Deutschland, ZfU 1995, 49.

Hecht, Dieter/*Werbeck*, Nicola/*Wink*, Rüdiger: Abfallwirtschaft zwischen Marktkoordination und hoheitlicher Planung - eine ordnungspolitische Entscheidungshilfe, List Forum 1996, 43.

Hecker, Bernd: Umweltstrafrecht: das Risiko des Entsorgungspflichtigen bei der Beauftragung ungeeigneter Dritter, MDR 1995, 757.

Heimburg, Sibylle von: Verwaltungsaufgaben und Private, Berlin 1982.

Heintzen, Markus/*Druschel*, Christoph: Besitz verpflichtet?, Jahrbuch Umwelt- und Technikrecht 1996, 361.

Hengstschläger, Johannes: Privatisierung von Verwaltungsaufgaben, VVDStRL 54 (1995), 165.

Henneke, Günter: Möglichkeiten zur Stärkung der kommunalen Selbstverantwortung, DÖV 1994, 705.

Hennerkes, Jörg: Mit "Wettbewerb" gegen die kommunale Selbstverwaltung?, StT 1997, 79.

- Anforderungen an eine zukunftsorientierte Abfallwirtschaft aus der Sicht des Deutschen Städtetages, StT 1997, 645.

Herschel, Wilhelm: Die Haftung der Technischen Überwachungs-Vereine, NJW 1969, 817.

Himmelmann, Gerhard (Hrsg.): Öffentliche Unternehmen in der Abfallwirtschaft, Baden-Baden 1991.

- Öffentliche Unternehmen und die politische Regulierung der Abfallwirtschaft, in: Eichhorn, Peter, u.a. (Hrsg.), Standortbestimmung öffentlicher Unternehmen in der sozialen Marktwirtschaft: Gedenkschrift für Theo Thiemeyer, Baden-Baden 1994, S. 133.

Himmelmann, Steffen/*Pohl*, A./*Tünnesen-Harms*, C.: Handbuch des Umweltrechts, Loseblatt, Stand: Februar 1996 , München.

Hoffmann, Lutz/*Müller*, K.-P. (Hrsg.): Steuerungselemente kommunaler Abfallwirtschaft, Handlungsspielräume im kommunalen Abfallmanagement, Sehnde 1993.

- Abfallwirtschaft im Umbruch, Sehnde 1995.

- Kreislaufwirtschaft zwischen Realität und Utopie, Möglichkeiten und Grenzen des kommunalen und betrieblichen Abfallmanagements, Sehnde 1995.

Hoffmann, Michael: Verfassungsrechtliche Anforderungen an Rechtsverordnungen zur Produktverantwortung nach dem Kreislaufwirtschafts- und Abfallgesetz, DVBl. 1996, 347.

- Abfallrechtliche Produktverantwortung nach §§ 22 ff. KrW-/AbfG, DVBl. 1996, 898.

Hoffmann-Riem, Wolfgang: Verfahrensprivatisierung als Modernisierung, DVBl. 1996, 225.

- Tendenzen in der Verwaltungsrechtsentwicklung, DÖV 1997, 433.

Hoffmann-Riem, Wolfgang/*Schmidt-Aßmann*, Eberhard (Hrsg.): Öffentliches Recht und Privatrecht als wechselseitige Auffangordnungen, Baden-Baden 1996.

Hofmann, Rainer: Privatisierung kommunaler Verwaltungsaufgaben - Rechtliche Rahmenbedingungen am Beispiel Baden-Württemberg, VBlBW 1994, 121.

Hofmann-Hoeppel, Jochen: Die Bedeutung der Verpackungsverordnung für die Kommunen, Stuttgart u.a. 1993.

- "Flächendeckung" i.S. von § 6 Abs. 3 Satz 1 VerpackV - Zur Auslegung eines unbestimmten Rechtsbegriffs, DVBl. 1993, 873.

Holm-Müller, Karin: Neudefinition von Eigentumstiteln zur Lösung umweltpolitischer Probleme - Die Rücknahmeverpflichtung im deutschen Abfallgesetz, Jb. für Nationalökonomie und Statistik 1993, 480.

Hölscher, Frank: Öffentliche und private Entsorgung, ZUR 1995, 175.

Holzapfel, Andrea: Sinkendes Müllaufkommen - steigende Gebühren, Umwelt (VDI) 6/1996, 18.

Hoppe, Werner: Umweltschutz in den Gemeinden, DVBl. 1990, 609.

Hoppe, Werner/*Bauer*, J./*Faber*, A./*Schink*, A. (Hrsg.): Auswirkungen des Kreislaufwirtschafts- und Abfallgesetzes auf die öffentlich-rechtlichen Entsorgungsträger, Köln 1996.

Hoppe, Werner/*Beckmann*, Martin: Planfeststellung und Plangenehmigung im Abfallrecht, Rechtsgutachten im Auftrag des Umweltbundesamtes, 1990.

Hoppe, Werner/*Schink*, Alexander (Hrsg.): Kommunale Selbstverwaltung und europäische Integration, Köln 1990.

Hoschützky, Arnold/*Kreft*, Hansjürgen: Recht der Abfallwirtschaft, Kommentar zum Abfallbeseitigungsgesetz, Teil 1, Stand: Mai 1980, Köln.

Hösel, Gottfried: Unser Abfall aller Zeiten, Eine Kulturgeschichte der Städtereinigung, München 1987.

Hühn, Reinhard: Aspekte der Steuerpflicht für die kommunale Abfallwirtschaft, StT 1995, 374.

Immenga, Ulrich/*Mestmäcker*, Ernst-Joachim: GWB, Kommentar, 2. Auflage, München 1992.

Ipsen, Jörn (Hrsg.): Privatisierung öffentlicher Aufgaben, Köln u.a. 1994.

Irmisch, Bernhard: Grenzen und Möglichkeiten der Privatisierung von Stadtreinigungsleistungen, StT 1977, 53.

Isensee, Josef/*Kirchhof*, Paul (Hrsg.): Handbuch des Staatsrechts, Band III: Das Handeln des Staates, Heidelberg 1988.

Jarass, Hans D.: Bundes-Immissionsschutzgesetz (BImSchG), Kommentar, 3. Auflage, München 1995.

- Regelungsspielräume des Landesgesetzgebers im Bereich der konkurrierenden Gesetzgebung und in anderen Bereichen, NVwZ 1996, 1041.

- Organisation und Überwachung der Sonderabfallentsorgung durch die Länder, Köln u.a. 1997.

Joachim, Hermann: Auswirkungen des Kreislaufwirtschafts- und Abfallgesetzes auf die kommunale Abfallwirtschaft, StT 1997, 649.

Jung, Dieter: Kapazitäten und Auslastungen von Deponien und Müllverbrennungsanlagen, Der Bayerische Bürgermeister 1997, 138.

Jungnickel, Sebastian/*Bree*, Axel: Wann ist eine Anlage "eigen" im Sinne des § 13 Abs. 1 S. 1 KrW-/AbfG?, UPR 1996, 297.

Just, Detlef: Überkapazitäten beim Recycling, Umwelt (VDI) 6/1996, 16.

- Entsorgungsmarkt verunsichert, Umwelt (VDI) 3/1996, S. 14.

Jüttner, Heiner: Kreislaufwirtschaft- und Abfallgesetz: Die Systemveränderer sitzen im Kabinett, AKP 6/1996, 5.

Kahl, Wolfgang: Die Privatisierung der Entsorgungsordnung nach dem Kreislaufwirtschafts- und Abfallgesetz, DVBl. 1995, 1327.

Kämmerer, Jörn Axel: Verfassungsstaat auf Diät?, JZ 1996, 1042.

Kamphausen, Peter/*Veelken*, M./*Schmeken*, W.: Abfallentsorgung und Abwasserbeseitigung, Das niedersächsische Modell - Modell auch in NW?, StGR 1988, 215.

Kauther, Helmut: Private als Träger von öffentlichen Einrichtungen mit Anschluß- und Benutzungszwang, Bochum 1975.

Kelle, Ronald: Kreislaufwirtschaftsgesetz tritt im Herbst in Kraft, KPBl. 1996, 187.

Kenntner, Markus: Kostentragung für die Beseitigung "wilden Mülls" - eine Analyse der Neuregelungen des Landesabfallgesetzes von Baden-Württemberg, VBlBW 1997, 325.

Kersting, Andreas: Die Abgrenzung zwischen Abfall und Wirtschaftsgut, Düsseldorf 1992.

Kiethe, Kurt/*Sproll*, Hans-Dieter: Die Privatisierung der Abfallentsorgung am Beispiel der Verpackungsverordnung, ZIP 1994, 275.

Kirchberg, Christian: Kommunale Zusammenarbeit auf dem Gebiet der Abfallwirtschaft, VBlBW 1994, 469.

Kirchhof, Ferdinand: Das Haushaltsrecht als Steuerungsressource, DÖV 1997, 749.

Klapdor, Ralf: Entsorgungstätigkeiten und § 2 Abs. 3 UStG, BB 1996, 2065.

Klett, Wolfgang (Hrsg.): Andienungs- und Überlassungspflichten bei der Sonderabfallentsorgung; Druckschrift zum 3. Abfallrechtlichen Kolloquium, Materialien zur Veranstaltung am 20.3.1996, Köln 1996.

Klett, Wolfgang/*Enders*, Rainald: Der Bauherr als Abfallbesitzer und Abfallerzeuger nach geltendem und künftigem Abfallrecht, BB 1996, 2003.

Klett, Wolfgang/*v.Köller*, H./*Schmitt-Gleser*, G. (Hrsg.): Kreislaufwirtschafts- und Abfallgesetz: Das Abfallregime auf dem Vormarsch in die Produktion; Druckschrift zu den 4. Kölner Abfalltagen; Materialien zur Veranstaltung in Köln am 14./15. Nov. 1995, Köln 1996.

Kloepfer, Michael: Gewerbemüllbeseitigung durch Private, VerwArch 1979, 195.

- Umweltrecht, München 1989.

- Umweltrecht, 2. Aufl., München 1998.

Kloepfer, Michael/*Follmann*, Werner: Lizenzentgelt und Verfassungsrecht, DÖV 1988, 573.

Klowait, Jürgen: Die Beteiligung Privater an der Abfallentsorgung, Baden-Baden 1995.

Knemeyer, Franz-Ludwig: Privaitiserung öffentlicher Aufgaben, WiVerw 1978, 65.

- Kommunale Wirtschaftsunternehmen zwischen Eigenverantwortlichkeit und Kontrollen, StT 1992, 317.

Knüppel, Hartmut: Umweltpolitische Instrumente: Analyse der Bewertungskriterien und Aspekte einer Bewertung, Baden-Baden 1989.

Koch, Hans-Joachim: Vereinfachung des materiellen Umweltrechts, NVwZ 1996, 215.

Köhler, Kim Christian: Betreiberrisiken bei der Finanzierung von Abfall- und Abwasserentsorgungsvorhaben, AJ 1995, 623.

Kohlhepp, Kay H.: Beschränkung des freien Warenverkehrs in der EG durch nationale Umweltschutzbestimmungen, DB 1989, 1455.

Köller, Henning von: Kreislaufwirtschafts- und Abfallrecht: Textausgabe mit Erläuterungen, Berlin 1995.

- Stellung und Aufgaben der Entsorgungsträger nach dem KrW-/AbfG, in: Hoffmann, L./Müller, K.-P. (Hrsg.), Kreislaufwirtschaft zwischen Realität und Utopie, Sehnde 1995, S. 13.

- Leitfaden Abfallrecht, 5. Auflage, Berlin 1997.

Konzak, Olaf: Kreislaufwirtschafts- und Abfallgesetz - Ausweitung, Umstrukturierung und Novellierung des abfallrechtlichen Regimes, Korrespondenz Abwasser 1996, 1709.

Konzak, Olaf/*Figgen*, Markus: Landesrechtliche Bestimmungen zu Andienungs- und Überlassungspflichten für besonders überwachungsbedürftige Abfälle, BB 1996, 753.

Kopp, Axel: Altautoentsorgung - Die Altauto-Verordnung und die Freiwillige Selbstverpflichtung der Wirtschaft, NJW 1997, 3292.

Kopp, Ferdinand O.: VwVfG Kommentar, 6. Auflage, München 1996.

Krahnefeld, Lutz: Die abfallrechtlichen Entsorgungspflichten, NuR 1996, 269.

Kreienbaum, Chr./*Wacker-Theodorakopoulos*, C.: Für eine umweltorientierte Abfallpolitik: Notwendiger Wettbewerb der abfallwirtschaftlichen Handlungsoptionen, Hamburg 1994.

Krieger, Hans Jürgen: Schranken der Zulässigkeit der Privatisierung öffentlicher Einrichtungen mit Anschluß- und Benutzungszwang, Speyer 1980.

Krieger, Stephan: Inhalt und Grenzen des Verwertungsbegriffs im deutschen, supra- und internationalen Abfallrecht, NuR 1995, 342.

- Sorgfaltspflichten des Abfallbesitzers bei der Entsorgung durch Dritte, DB 1996, 613.

Krings, Michael: Der Abfallbegriff nach geltendem und künftigem Abfallrecht aus europäischer und nationaler Sicht, WiVerw 1995, 103.

Krölls, Albert: Rechtliche Grenzen der Privatisierungspolitik, GewArch 1995, 129.

Kronisch, Joachim: Aufgabenverlagerung und gemeindliche Aufgabengarantie, Baden-Baden 1993.

Kummer, Heinz J./*Giesberts*, Ludger. Rechtsfragen der Privatisierung kommunaler Abfallentsorgung und Abwasserbeseitigung, NVwZ 1996, 1166.

Kunig, Philip: Der Abfallbegriff, NVwZ 1997, 209.

Kunig, Philip/*Paetow*, S./*Versteyl*, L.-A.: Kreislaufwirtschafts- und Abfallgesetz (KrW-/AbfG), Kommentar, München 1998.

Kunig, Philip/*Schwermer*, G./*Versteyl*, L.-A.: Abfallgesetz, Kommentar, 2. Auflage, München 1992.

Landmann, Robert von/*Rohmer*, G. (Hrsg.): Gewerbeordnung - Kommentar, Loseblatt, Stand: Oktober 1997, München.

Landsberg, Gerd: Privatisierung und Organisationsstrukturen in der Abfallentsorgung, StuG 1995, 203.

- Neues Landesabfallgesetz: Die Lücken schließen, StGR 1997, 112.

Landsberg, Gerd/*Schink*, Alexander: Ein Ende vom Elend des (Bundes-)Abfallgesetzes?, StuGR 1994, 67.

Langen, Eugen/*Bunte*, Hermann-Josef (Hrsg.): Kommentar zum deutschen und europäischen Kartellrecht, 7. Aufl., Neuwied u.a. 1994.

Laux, Eberhard: Die Privatisierung des Öffentlichen: Brauchen wir eine neue Kommunalverwaltung?, GemH 1994, 169.

Lecheler, Helmut: Privatisierung von Verwaltungsaufgaben, BayVBl. 1994, 555.

Leisner, Walter: Der Vorrang des Gesellschaftsinteresses bei den Eigengesellschaften der öffentlichen Hand, WiVerw 1983, 212.

Leitzke, Claus: Fortgeltung der auf Grundlage des AbfG erlassenen Rechtsverordnungen trotz Inkrafttreten des KrW-/AbfG?, UPR 1996, 177.

Lersner, Heinrich Frh.von/*Wendenburg*, Helge: Recht der Abfallbeseitigung, Band 1, Kommentar, Loseblatt, Stand: April 1998 (und älter, soweit Kommentierung des alten AbfG zitiert), Berlin.

Locher, Matthias: Transportgenehmigung und Genehmigung für Vermittlungsgeschäfte nach dem Kreislaufwirtschafts- und Abfallgesetz, DVBl. 1997, 145.

- Anzeigepflichten bei der Drittentsorgung von Abfällen, NuR 1997, 170.

Loosen, Thomas/*Sieger*, Peter: Das Kreislaufwirtschaftsgesetz aus kommunaler Sicht, Umwelt (VDI) 1995, 425.

Lottermoser, Susanne: Die Fortentwicklung des Abfallbeseitigungsrechts zu einem Recht der Abfallwirtschaft, Köln 1991.

Löwer, Wolfgang: Energieversorgung zwischen Staat, Gemeinde und Wirtschaft, Köln u.a. 1989.

Lübbe-Wolff, Gertrude (Hrsg.): Umweltschutz durch kommunales Satzungsrecht, 2. Auflage 1997.

- Die sechste Novelle zum Wasserhaushaltsgesetz, ZUR 1997, 61.

Lübbe-Wolff, Gertrude/*Steenken*, Annette: Privatisierung umweltbehördlicher Aufgaben, ZUR 1993, 263.

Lueder, Tilman E.: Die Angst vor dem Unweltbinnenmarkt - Der Abschied von einer binnenmarktsorientierten europäischen Abfallwirtschaftspolitik?, ZUR 1994, 165.

Lutz, Helmut: Kartellverbot und zwischenbetriebliche Kooperatin im deutschen Wettbewerbsrecht, GewArch 1997, 265.

Marburger, Peter/*Reinhardt*, M./*Schröder*, M. (Hrsg.): Umweltschutz und Wettbewerb, 12. Trierer Kolloquium zum Umwelt- und Technikrecht vom 22. bis 24. September 1996, Schriftenreihe Umwelt- und Technikrecht Band 38, Berlin 1997.

Martens, Wolfgang: Öffentlich als Rechtsbegriff, Bad Homburg v.d.H. u.a. 1969.

Maunz, Theodor/*Dürig*, Günter (Hrsg.): Kommentar zum Grundgesetz, Band I (Art. 1 - 12), Loseblatt Stand: November 1997, München.

Maurer, Harmut: Allgemeines Verwaltungsrecht, 11. Auflage, München 1997.

McGovern, Karsten: Flagge zeigen - Nur eine Modernisierung des Staatssektors kann überzogene Privatisierungsforderungen in der Abfallwirtschaft abwehren, MM 1995, 34.

Meins, Jürgen: Das neue Kreislaufwirtschafts- und Abfallgesetz, BayVBl. 1997, 66 (Teil 1), 100 (Teil 2).

Meyer, Udo/*Thiebel-Pahlke*, Christoph: Am Wendepunkt - Der Bund lenkt Abfälle aus Gewerbe und Produktion in neue Bahnen, AKP 3/1996, 43.

Meyer-Reuschhausen, Martin: Die Auswirkungen der Privatisierung öffentlicher Dienstleistungen auf die Umwelt am Beispiel von Energiewirtschaft und Abwasserbeseitigung, ZögU 1996, 79.

Michaelis, Peter: Ökonomische Aspekte der Abfallgesetzgebung, Tübingen 1993.

- Ein ökonomischer Orientierungsrahmen für die Umweltpolitik, Kieler Diskussionsbeiträge, März 1996.

- Verpackungsverordnung und Duales System aus ökonomischer Sicht, UPR 1998, 210.

Michaelis, Rüdiger: Der Beliehene, Münster 1969.

Möschel, Wernhard: Privatisierung als ordnungspolitische Aufgabe, in: Lange, Hermann (Hrsg.), Festschrift für Joachim Gernhuber zum 70. Geburtstag, Tübingen 1993, S. 905.

- Privatisierung und öffentliches Vergaberecht, WuW 1997, 120.

Müller, Jürgen: Die Wahl, Abwahl und Ersatzwahl von gemeindlichen Vertretern in Organen privatrechtlicher Gesellschaften nach nordrhein-westfälischem Kommunalrecht, NWVBl. 1997, 172.

Münch, Ingo von/*Kunig*, Philip (Hrsg.): Grundgesetz-Kommentar, Band 1 (Präambel bis Art. 20), 4. Auflage, München 1992.

- Grundgesetz-Kommentar, Band 2 (Art. 21 bis Art. 69), 3. Auflage, München 1995.

Mutius, Albert von: Grundfälle zum Kommunalrecht, JuR 1976, 652.

- Kommunalrecht, München 1996.

Noack, Ulrich: Gesellschaftsrechtliche Fragen kommunaler Beteiligung an Gesellschaften des Privatrechts, StGR 1995, 379.

Nogueira, Margarida: Unter den Hammer gekommen - Das Kreislaufwirtschafts- und Abfallgesetz führt zu einem Ausverkauf der kommunalen Abfallwirtschaft, MM 1995, 58.

Oebbecke, Janbernd: Die kommunale Beteiligung nach der Reform des nordrhein-westfälischen Kommunalrechts, StGR 1995, 387.

- Abfallmengenprognosen und Gebührenrecht, Jahrbuch des Umwelt- und Technikrechts 1996, 315.

Ossenbühl, Fritz: Die Erfüllung von Verwaltungsaufgaben durch Private, VVDStRL 29 (1971), 137.

- Rechtliche Aspekte der Elektrizitätsversorgung in den neuen Bundesländern, DÖV 1992, 1.

- Zur Kompetenz der Länder für ergänzende abfallrechtliche Regelungen, DVBl. 1996, 19.

Ossenkamp, Heinz: Verschlankung des Staates heißt vor allem: Reduzierung von Staatsaufgaben, ZG 1996, 160.

Osterloh, Lerke: Privatisierung von Verwaltungsaufgaben, VVDStRL 54 (1995), 204.

Otting, Olaf: Verwaltungsreform in den Kommunen - Das "Neue Steuerungsmodell", JA 1997, 237.

Palandt, Bürgerliches Gesetzbuch, Kommentar, 56. Auflage, München 1997.

Papier, Hans-Jürgen: Umweltschutz und technische Sicherheit im Unternehmen als Aufgabe des Staates, in: Schriftenreihe Umwelt- und Technikrecht, Band 26, Umweltschutz und technische Sicherheit im Unternehmen, Heidelberg 1994.

Pauly, Markus W./*Figgen*, M./*Hünnekens*, G.: Gemischtwirtschaftliche Entsorgungsunternehmen, Berlin 1997.

Peine, Franz-Joseph: Der Spielraum des Landesgesetzgebers im Abfallrecht, NWVBl. 1988, 193.

- Organisation und Finanzierung der Sonderabfallentsorgung, UPR 1992, 121.

- Die Verantwortung für Abfall, in: Blaurock, Uwe (Hrsg.), Verantwortlichkeit für Abfall in Deutschland und Frankreich, Baden-Baden 1992, S. 79.
- Die Organisation der Sonderabfallentsorgung in Brandenburg, LKV 1996, 352.
- Organisation und Finanzierung der Sonderabfallentsorgung - neuere Entwicklungen, UPR 1996, 161.
- Grenzen der Privatisierung - verwaltungsrechtliche Aspekte, DÖV 1997, 353.
- Andienung ohne Überlassung? - zur Interpretation des § 13 Abs. 4 Satz 4 KrW-/AbfG -, UPR 1997, 221.

Peters, Heinz-Joachim: Umweltverwaltungsrecht, 2. Auflage, Heidelberg 1996.
- Die Neuverteilung der Aufgaben zur Vermeidung, Verwertung und Beseitigung von Abfällen nach dem KrW-/AbfG, VBlBW 1997, 49.
- Entsorgungsfachbetriebe als besondere Form des Dritten im Kreislaufwirtschafts- und Abfallrecht, UPR 1997, 211.

Petersen, Frank: Das untergesetzliche Regelwerk zum Kreislaufwirtschafts- und Abfallgesetz, UPR 1996, 328.

Petersen, Frank/*Rid*, Urban: Das neue Kreislaufwirtschafts- und Abfallgesetz, NJW 1995, 7.

Pfitzner, Rolf: Versorgte Entsorger, MM 1/1995, 31.

Pietzcker, Jost: Die deutsche Umsetzung der Vergabe- und Nachprüfungsrichtlinien im Lichte der neuen Rechtsprechung, NVwZ 1996, 313.

Püttner, Günter (Hrsg.): Handbuch der kommunalen Wissenschaft und Praxis, Band 5: Kommunale Wirtschaft, 2. Auflage, Berlin u.a. 1984.
- Die öffentlichen Unternehmen, 2. Auflage, Stuttgart u.a. 1985.
- Die Vertretung der Gemeinden in wirtschaftlichen Unternehmen, DVBl. 1986, 748.
- Die Entsorgungsverantwortung der Kommunen, BB 1993, Beil. 10, S. 63.
- Privatisierung, LKV 1994, 193.
- Gefährdungen der kommunalen Selbstverwaltung - Eine grundsätzliche Besinnung -, DÖV 1994, 552.

Queitsch, Peter: Rechtliche Problemfelder der Verpackungsverordnung, UPR 1995, 246.
- Das neue Kreislaufwirtschafts- und Abfallgesetz, StuG 1995, 55.
- Das neue Kreislaufwirtschafts- und Abfallgesetz (KrW-/AbfG), UPR 1995, 412.
- Kreislaufwirtschafts- und Abfallrecht, Köln 1995.
- Abfallbegriff und Abfallüberlassungspflicht, StGR 1996, 330.

Rat von Sachverständigen f. Umweltfragen: Stellungnahme zum Entwurf des RAWG, ZAU 1993, 172.

Rehbinder, Eckard: Politische und rechtliche Probleme des Verursacherprinzips, Berlin 1973.

- Diskussionsbeitrag, Podiumsdiskussion: Das Duale System Deutschland: Wohltat oder Plage?, in: Schriftenreihe Umwelt- und Technikrecht, Band 38, Umweltschutz und Wettbewerb, Berlin 1997, S. 171 ff.

Rehn, Erich/*Cronauge*, Ulrich: Gemeindeordnung für das Land Nordrhein-Westfalen, Kommentar, Loseblatt, Stand: 5.9.1997, Siegburg.

Reiland, Werner: Rechtsfragen der kommunalen Abfallbeseitigung, BayVBl. 1975, 66.

Rengeling, Hans-Werner (Hrsg.): Kreislaufwirtschafts- und Abfallrecht, Köln u.a. 1994.

Riesenkampff, Alexander: Die private Abfallentsorgung und das Kartellrecht, BB 1995, 833.

Römer, Anselm U.: Weg von der Wegwerfgesellschaft? Einige Anmerkungen zur Verpackungsverordnung und zum Dualen System, ZfU 1994, 75.

Rudolf, Walter: Der öffentliche Dienst im Staat der Gegenwart, VVDStRL 37 (1979), 175.

Rutkowsky, Sven/*Tegner*, Henning: Rücknahmepflichten als Instrument der Abfallpolitik, ZfU 1996, 507.

Sachs, Michael (Hrsg.): Grundgesetz Kommentar, München 1996.

Sacksofsky, Eike: Wettbewerbliche Probleme der Entsorgungswirtschaft, WuW 1994, 320.

Salzwedel, Jürgen: Grundzüge des Umweltrechts, Berlin 1982.

Sandhövel, Armin: Marktorientierte Instrumente der Umweltpolitik: die Durchsetzbarkeit von Mengen- und Preislösungen am Beispiel der Abfallpolitik, Opladen 1994.

Schenkel, Werner: Acht Thesen zur Verpackungsverordnung und zum dualen Abfallwirtschaftssystem, ZAU 1991, 341.

- Das Duale System als Großversuch - eine Zwischenbilanz, ZAU 1993, 441.

Schiller-Dickhut, Reiner: Wenn der Markt den Müll lenkt - Was können die Kommunen trotz Kreislaufwirtschafts- und Abfallgesetz tun?, AKP 5/1997, 56.

Schimmelpfeng, Lutz/*Gessenich*, Stefan (Hrsg.): Das Kreislaufwirtschafts- und Abfallgesetz: neue Regelungen und Anforderungen, Heidelberg 1997.

Schink, Alexander: Organisationsformen für die kommunale Abfallwirtschaft, VerwArch 1994, 251.

- Auswirkungen des Kreislaufwirtschafts- und Abfallgesetzes sowie des Gesetzentwurfs zur Änderung des Landesabfallgesetzes NW auf Abfallwirtschaftssatzungen, GemH 1994, 241.
- Die Entwicklung des Umweltrechts im Jahre 1994 - Zweiter Teil -, ZAU 1995, 227.
- Auswirkungen des Kreislaufwirtschafts- und Abfallgesetzes auf die Entsorgungsstrukturen, DÖV 1995, 881.
- Erwartungen an die Abfallwirtschaftspolitik der Landesregierung und die Novelle des Landesabfallgesetzes, StGR 1996, 102.
- Von den Schwierigkeiten der Kommunen mit dem Kreislaufwirtschafts- und Abfall-gesetz, ZG 1996, 97.
- Der neue Abfallbegriff und seine Folgen, VerwArch 1997, 230.
- Öffentliche und private Entsorgung, NVwZ 1997, 435.
- Kommunalverfassungsrechtliche Grenzen und Möglichkeiten für die Teilnahme der kommunalen Gebietskörperschaften an der Kreislaufwirtschaft, UPR 1997, 201.
- Optimierung der Organisation der kommunalen Abfallentsorgung, Eildienst LKT 1997, 238 u. 278.
- Zivil- und strafrechtliche Verantwortlichkeit der Bediensteten der öffentlichen Verwaltung bei der Abfallbeseitigung, Eildienst LKT 1997, 302 und 338.

Schink, Alexander/*Schmeken*, W./*Schwade*, W.: Abfallgesetz des Landes NW, Kommentar, 2. Auflage, Tönisvorst 1996.

Schmeken, Werner: Organisationsformen in der Abfallwirtschaft, StuGB 1989, 7.

- Die Abfallwirtschaft und ihre Organisationsformen, StT 1989, 239.

Schmeken, Werner/*Schwade*, Wolfgang: Verordnung über die Vermeidung von Verpackungsabfällen, Kommentar, Düsseldorf 1991.

Schmidt, Christian: Auslastung von Müllverbrennungsanlagen, StT 1997, 442.

Schmidt, Reiner: Die Privatisierung öffentlicher Aufgaben als Problem des Staats- und Verwaltungsrechts, in: Biernat/Hendler/Schoch/Wasilewski (Hrsg.), Grundfragen des Verwaltungsrechts und der Privatisierung, Stuttgart u.a. 1994, 210.

Schmidt, Reiner (Hrsg.): Öffentliches Wirtschaftsrecht, Besonderer Teil 2, Berlin u.a. 1996.

- Der Übergang öffentlicher Aufgabenerfüllung in private Rechtsformen, ZGR 1996, 345.

Schmidt, Reiner/*Müller*, Helmut: Einführung in das Umweltrecht, 4. Auflage, München 1995.

Schmidt, Walter: Die hinkende Beleihung, NVwZ 1995, 38.

Schmidt-Aßmann, Eberhard: Kommunale Selbstverwaltung "nach Rastede", in: Franßen, Everhard/Redeker, Konrad/Schlichter, Otto/Wilke, Dieter (Hrsg.), Bürger - Richter - Staat, Festschrift für Horst Sendler, München 1991.

Schmidt-Jortzig, Edzard: Kommunalrecht, Stuttgart 1982.

Schmidt-Preuß, Matthias: Verwaltung und Verwaltungsrecht zwischen gesellschaftlicher Selbstregulierung und staatlicher Steuerung, VVDStRL 55 (1996), 160.

Schmitt-Tegge, Jan (Hrsg.): Kommunale und private Abfallbeseitigung, Sindelfingen 1987.

Schoch, Friedrich: Zur Situation der kommunalen Selbstverwaltung nach der Rastede-Entscheidung des Bundesverfassungsgerichts, VerwArch 1990, 18.

- Privatisierung der Abfallentsorgung, Köln u.a. 1992.

- Der Beitrag des kommunalen Wirtschaftsrechts zur Privatisierung öffentlicher Aufgaben, DÖV 1993, 377.

- Rechtsfragen der Privatisierung von Abwasserbeseitigung und Abfallentsorgung, DVBl. 1994, 1.

- Privatisierung von Verwaltungsaufgaben, DVBl. 1994, 962.

Schoepke, Peter: Gesichtspunkte zur Rechtsformfrage bei der Organisation der Abfallentsorgung, VBlBW 1995, 417.

Scholz, Rupert: Verkehrsüberwachung durch Private?, NJW 1997, 14.

Scholz, Rupert/*Aulehner*, Josef: Grundfragen zum Dualen System, BB 1993, 2250.

Schön, Wolfgang: Der Einfluß öffentlich-rechtlicher Zielsetzungen auf das Statut privatrechtlichen Eigengesellschaften der öffentlichen Hand, ZGR 1996, 429.

Schönershofen, Peter/*Binder-Falcke*, Doris: Zur wirtschaftlichen Betätigung der Gemeinden, VR 1997, 109.

Schrader, Christian: Produktverantwortung, Ordnungsrecht und Selbstverpflichtungen am Beispiel der Altautoentsorgung, NVwZ 1997, 943.

Schreiber, Rainer: Entsorgung als Aufgabe kommunaler Unternehmen, StT 1993, 563.

Schulte, Markus: Die Reichweite abfallrechtlicher Anforderungen im immissionsschutzrechtlichen Genehmigungsverfahren, UPR 1996, 436.

Schultz, Klaus-Peter: Die Übertragung von Pflichten auf Dritte und kartellrechtliche Probleme, in: Klett/v.Köller/Schmitt-Gleser (Hrsg.), Kreislaufwirtschafts- und Abfallgesetz, Druckschrift zu den 4. Kölner Abfalltagen, Köln 1996, S. 243 ff.

Schulze, Jürgen/*Berg*, Marcus: Sonderrechnung und kaufmännisches Controlling - am Beispiel der Stadt Braunschweig -, AJ 1994, 284.

Schumacher, Hermann: Die Übertragung öffentlicher Aufgaben der Gemeinden auf Dritte, LKV 1995, 135.

Schuppert, Gunnar Folke: Weniger Staat - mehr Privatwirtschaft?, Die Mitbestimmung 1993, 29.

- Die Erfüllung öffentlicher Aufgaben durch die öffentliclhe Hand, private Anbieter und Organisationen des Dritten Sektors, in: Ipsen, Jörn (Hrsg.), Privatisierung öffentlicher Aufgaben, Köln u.a. 1994, S. 17.

- Die Privatisierungsdiskussion in der deutschen Staatsrechtslehre, StWStP 1994, 541.

- Die öffentliche Verwaltung im Kooperationsspektrum staatlicher und privater Aufgabenerfüllung - Erscheinungsformen von Public Private Partnership als Herausforderung an Verwaltungsrecht und Verwaltungswissenschaft, in: Budäus/Eichhorn (Hrsg.), Public Private Partnership, Neue Formen öffentlicher Aufgabenerfüllung, Baden-Baden 1997, S. 93.

Schütte, Matthias: Zur Anwendung des Kartellverbotes (§ 1 GWB) auf gemischt-wirtschaftliche Entsorgungsunternehmen (public private partnerships), RdE 1994, 137.

Schwade, Wolfgang: Anforderungen an das Duale System aus kommunaler Sich, StGR 1991, 269.

Schwintowski, Hans-Peter: Gesellschaftsrechtliche Bindungen für entsandte Aufsichtsratsmitglieder in öffentlichen Unternehmen, NJW 1995, 1316.

Seer, Roman: Inhalt und Funktion des Begriffs "Betrieb gewerblicher Art" für die Besteuerung der öffentlichen Hand (Teil I), DStR 1992, 1751.

Selmayr, Martin: Wettbewerbswidrige Praktiken bei der Entsorgung von Verkaufsverpackungen im Rahmen des "Dualen Systems", UPR 1998, 99.

Selmer, Peter: Körperschaftsteuerpflicht für Hausmüllentsorgung, JuS 1997, 474.

Sinz, Klaus: Auswirkungen der Reformüberlegungen zur Besteuerung kommunaler Entsorgungsunternehmen auf die einzelnen Steuerarten, GemH 1994, 217.

- Rechtsformen und Besteuerung im Bereich Abfallentsorgung, AJ 1994, 60.

Spangenberg, Joachim/*Verheyen*, Roda: Von der Abfallwirtschaft zum Stoffstrom-Management, Gutachten im Auftrag der Friedrich-Ebert-Stiftung, Bonn 1996.

Spannowsky, Willy: Die Verantwortung der öffentlichen Hand für die Erfüllung öffentlicher Aufgaben und die Reichweite ihrer Einwirkungspflicht auf Beteiligungsunternehmen, DVBl. 1992, 1072.

- Der Einfluß öffentlich-rechtlicher Zielsetzungen auf das Statut privatrechtlicher Eigengesellschaften in öffentlicher Hand, ZGR 1996, 400.

- Das Kreislaufwirtschafts- und Abfallgesetz vor der Bewährungsprobe, in: Jahrbuch Umwelt- und Technikrecht 1996, 289.

Spies, Rainer: Von der Kooperation in der Abfallpolitik zur staatlich flankierten Selbstorganisation: Das Duale System, StWStP 1994, 267.

- Der "Grüne Punkt" als ökonomisches Instrument in der Abfallwirtschaftspolitik, ZAU 1994, 309.

Spoerr, Wolfgang: Rechtsprobleme abfallrechtlicher Andienungspflichten und zentraler Entsorgungseinrichtungen - untersucht am Beispiel der neu geordneten Sondermüllentsorgung in Berlin und Brandenburg, LKV 1996, 145.

Sponer, Wolf-Uwe: Unzulässigkeit der Gebührenerhebung bei privatrechtlicher Organisationsform, LKV 1995, 392.

Stallknecht, Heinrich: Lizenz und Lizenzentgelt: verfassungsrechtliche Überlegungen zu §§ 10 ff. LAbfG NW, Berlin 1992.

Steenbock, Reimer: Grenzen der Privatisierung öffentlicher Aufgaben, insbesondere der Abwasserbeseitigung, GemH 1987, 246.

Steiner, Udo: Der "beliehene Unternehmer", JuS 1969, 69.

- Öffentliche Verwaltung durch Private, DÖV 1970, 526.

- Öffentliche Verwaltung durch Private, Hamburg 1975.

- Verfassungsfrage einer Einbeziehung von Sachverständigen nach § 36 GewO in die Prüfungen überwachungsbedürftiger Anlagen, BB 1987, 1824 ff.

Stern, Klaus/*Püttner*, Günter: Die Gemeindewirtschaft, Recht und Realität, Stuttgart u.a. 1965.

Stober, Rolf: Die privatrechtlich organisierte öffentliche Verwaltung, NJW 1984, 449.

- Handbuch des Wirtschaftsverwaltungs- und Umweltrechts, Stuttgart 1989.

Strecker, Arthur/*Berndt*, Dieter: Kommentar zur Verpackungsverordnung, Heidelberg 1992.

Struß, Stephan: Abfallwirtschaftsrecht, Köln u.a. 1991.

Stuible-Treder, Jutta: Der Beliehene im Verwaltungsrecht, Stuttgart 1986.

Tabet, André: Gründung eines Eigenbetriebes in der Entsorgungswirtschaft - Eine Alternative zur Privatisierung, AJ 1996, 29.

Tegge, Elisabeth: Tierkörperbeseitigungsgesetz, Köln u.a. 1977.

Tettinger, Peter J.: Randnotizen zum neuen Recht der Abfallwirtschaft, GewArch 1988, 41.

- (Hrsg.): Rechtlicher Rahmen für Public-Private-Partnerships auf dem Gebiet der Entsorgung, Stuttgart u.a. 1994.

- Entgelte in der Entsorgungswirtschaft, NWVBl. 1996, 81.
- Die rechtliche Ausgestaltung von Public Private Partnership, DÖV 1996, 764.
- Privatisierungskonzepte für die Abfallwirtschaft, in: Wendt, Rudolf/Höfling, Wolfram/Karpen, Ulrich/Oldiges, Martin (Hrsg.), Staat, Wirtschaft, Steuern, Festschrift für Karl Heinrich Friauf zum 65. Geburtstag, Heidelberg 1996, S. 569 ff.

Tettinger, Peter/*Asbeck-Schröder*, C./*Mann*, T.: Vorrang der Abfallverwertung, Berlin, Heidelberg 1993.

Tettinger, Peter J./*Mann*, Thomas: Abfallrecht an der Schwelle zur Kreislaufwirtschaft, in: Jahrbuch Umwelt- und Technikrecht 1995, 113.

Thomé-Kozmienski, Sophie: Die Verpackungsverordnung, Berlin 1994.

Tiebel-Pahlke, Christoph: Abfallwirtschaftliche Planung und neue kommunela Organisationsmodelle, AJ 12/1996, 41.

Tischer, Bernd-Michael: Auswirkungen des neuen Abfallbegriffes auf die Genehmigungsbedürftigkeit von ortsfesten Abfallentsorgungsanlagen, UPR 1997, 238.

Töpfer, Klaus: Bundesregierung beschließt neues Abfallgesetz, Umwelt (BMU) 1993, 198.

- Kreislauf statt Beseitigung: Das neue Abfallgesetz, StT 1993, 374.

Trienekens, Hellmut: Ökologische Ziele stiften ökonomischen Nutzen, ZAU 1991, 345.

- Duales System - Anspruch und Wirklichkeit -, ZAU 1993, 444.

Unruh, Georg-Christoph von: Kommunale Selbstverwaltung - ein verpflichtendes Recht, BayVBl. 1996, 225.

Unruh, Peter: Die Zulässigkeit landesrechtlicher Andienungspflichten für Sonderabfälle, Baden-Baden 1997.

Versmann, Andreas: Abfallrecht und Bergbau, ZUR 1995, 183.

Versteyl, Ludger-Anselm: Auf dem Weg zu einem neuen Abfallbegriff, NVwZ 1993, 961.

Versteyl, Ludger-Anselm/*Wendenburg*, Helge: Änderungen des Abfallrechts, NVwZ 1994, 833.

- Änderungen des Abfallrechts: Aktuelles zum Kreislaufwirtschafts- und Abfallgesetz sowie dem untergesetzlichen Regelwerk, NVwZ 1996, 937.

Vitzthum, Wolfgang Graf : Gemeinderechtliche Grenzen der Privatisierung, AöR 104 (1979), 580.

Vogel, Klaus: Öffentliche Wirtschaftseinheiten in privater Hand, Hamburg 1959.

Vogt, Franz: Gemeindliches Einvernehmen bei Bauvorhaben, BayVBl. 1969, 56.

Voigt, Rüdiger: Das Verursacherprinzip im Umweltrecht, WiVerw. 1983, 142.

Waechter, Kay: Kommunalrecht, Köln u.a. 1993.

Wahl, Rainer: Die Einschaltung privatrechtlich organisierter Verwaltungseinrichtungen in den Straßenbau, DVBl. 1993, 517.

Wallenberg, Gabriela von: Kartellrecht unter Berücksichtigung des europäischen Rechts, Neuwied u.a. 1997.

Wallerath, Maximilian: Öffentliche Bedarfdeckung und Verfassungsrecht, Baden-Baden 1988.

Weber, Bernhard: Ordnungspolitische und fusionsrechtliche Fragen der Entsorgungswirtschaft, RdE 1995, 91.

Weber, Peter/*Seitz*, Friedrich: Der Sachverständige bei der Prüfung überwachungsbedürftiger Anlagen - ein Beliehener?, GewArch 1980, 151.

Weidemann, Clemens: Die behördliche Feststellung nach § 6 III Verpackungsverordnung, DVBl. 1992, 1568.

- Umweltschutz durch Abfallrecht - Eine kritische Bewertung des neuen Kreislaufwirtschafts- und Abfallgesetzes, NVwZ 1995, 631.

- Übergangsprobleme bei der Privatisierung des Abfallwesens, NJW 1996, 2757.

- Kreislaufwirtschaft contra dezentrale Verwaltungswirtschaft - von den Schwierigkeiten bei der Umsetzung eines Privatisierungsgesetzes, GewArch 1997, 311.

- Die materielle Privatisierung der Hausmüllentsorgung nach § 16 Abs. 2 des Kreislaufwirtschafts- und Abfallgesetzes, DVBl. 1998, 661.

- Nochmals: Die Abgrenzung von Abfallverwertung und Abfallbeseitigung, NVwZ 1998, 258.

Weidemann, Clemens/*Beckmann*, Martin: Organisation der Sonderabfallentsorgung, Berlin 1996.

Wenzel, Dieter: Wasserversorgung und Abwasserentsorgung in privater Hand, Städtetag 1992, 532.

Weyreuther, Felix: Gebühren ohne Gegenleistung, UPR 1997, 261.

Wicke, Lutz: Umweltökonomie, 3. Auflage, München 1991.

Widmann, Werner: Umsatzsteuerfragen bei der Abfallentsorgung und Wertstoffverwertung durch die öffentliche Hand, UR 1992, 9.

Wieberneit, Bernd: Zeitgemäße Gestaltung von Entsorgungsverträgen, BB 1997, 2333.

Wieland, Joachim: Die Selbstverwaltung der Gemeinden im Spannungsverhältnis zwischen Verwaltungseffizienz und Bürgernähe, DV 1991, 343.

Wieland, Joachim/*Hellermann*, Johannes: Der Schutz des Selbstverwaltungsrechts der Kommunen gegenüber Einschränkungen ihrer wirtschaftlichen Betätigung im nationalen und europäischen Recht, Rechtsgutachten für den Verband kommunaler Unternehmen e.V., Köln 1995.

- Das Verbot ausschließlicher Konzessionsverträge und die kommunale Selbstverwaltung, DVBl. 1996, 401.

Wiesemann, Hermann: Benutzungsgebühren und Privatisierung, NWVBl. 1998, 257.

Wilmowsky, Peter von: Abfallwirtschaft im Binnenmarkt - Europäische Probleme und amerikanische Erfahrungen, Düsseldorf 1990.

Winkelmann, Martin: Private Abfallentsorgung in einer dualen Abfallwirtschaft, UPR 1991, 169.

Winterfeld, Detloff von: Die Verpackungsverordnung - rechtliche Rahmenbedingungen der Verpackungsentsorgung in der deutschen und EG-Gesetzgebung, in: Everling, Ulrich u.a. (Hrsg.), Europarecht, Kartellrecht, Wirtschaftsrecht, Festschrift für Arved Deringer, Baden-Baden 1993, S. 195 ff.

Wirtz, Christian: Die Auswirkungen des Kreislaufwirtschaftsgesetzes für die Kommunen, Köln 1995.

Wissenschaftlicher Beirat der Gesellschaft für öffentliche Wirtschaft: Privatisierungsdogma widerspricht Sozialer Marktwirtschaft - Öffentliche Unternehmen sind unverzichtbar zur Erfüllung öffentlicher Aufgaben, ZögU 1994, 195.

Witte-Wegmann, Gertrud: Die Privatisierung städtischer Aufgaben, in: Stiefel, Ernst C. u.a. (Hrsg.), Iusto Iure, Festgabe für Otto Sandrock zum 65. Geburtstag, Heidelberg 1995, S. 333.

Wolfers, Benedikt: Produkt oder Abfall? Die Grenzen des neuen Abfallrechts, NVwZ 1998, 225.

Wolff, Hans J./*Bachof*, Otto/*Stober*, Rolf: Verwaltungsrecht II, 5. Auflage, München 1987.

Wulfhorst, Reinhard: Die Konkretisierung des Kreislaufwirtschafts- und Abfallgesetzes - eine Aufgabe für den Landesgesetzgeber?, NVwZ 1997, 975.

Zahn, Christian/Landsberg, Gerd, zit. in: Kommunen fordern Planungssicherheit/ Kreislaufwirtschaftsgesetz verursacht Investitionsstau, StuG 1995, 194.

Sachverzeichnis

Abfall
- aus anderen Herkunftsbereichen 63, 70 ff., 175
- aus privaten Haushaltungen 63 ff., 108 ff., 174
- besonders überwachungsbedürftiger 70, 86 ff.
- zur Beseitigung 70 ff., 78 ff., 269
- zur Verwertung 70, 78 ff., 269

Abfallbegriff 34, 57, 78 ff.
- alter 34 f., 78 ff., 179
- erweiterter 34
- neuer 61, 78 ff.

Abfallbesitzer
- Begriff 35 f.
- als „Dritter“ 41

Abfallerzeuger 61
Abfallgebühren 128, 231 ff. 262
Abfallgebührensatzung 122, 137 ff.
Abfallgesetz 21, 33 ff.
Abfallrahmenrichtlinie 170 f.
Abfallsatzung 67 ff., 136 f.
Altautoverordnung 148 ff.
Amtshaftung 142 f.
Andienungspflichten 86 ff., 91 ff., 99
Anlagen
- Auslastung 75 ff., 82, 270 ff.
- Betreiber 73
- eigene 72 ff., 269
- Inhaber 47 f.

Anlagenzwang 48 f., 145
Anschluß- und Benutzungszwang 46, 66 ff., 74, 269
Aufgabentheorie 130 f.
Aufsicht über private Entsorgungsträger 139 f.
Ausfuhrbeschränkung 159 ff.
Ausschluß von der Entsorgung 22, 37 ff., 85 f., 92 f., 100, 175 f.
Ausschreibung 221, 280 f.

Batterieverordnung 150 ff.
Beauftragung
- Anspruch auf 42, 102 f.
- Dritter 40 ff., 65 f., 74 f., 100, 175 f.
- durch öffentlich-rechtliche Entsorgungsträger 40 ff., 100 ff.
- durch Abfallerzeuger und -besitzer 44, 47, 65 f., 74 f., 103 f.
- Privatisierungsform 44 ff.
- umweltpolitische Bewertung 263 ff., 280 ff.
- von Verbänden und Einrichtungen der Selbstverwaltungskörperschaften 104 ff.
- zur Schaffung eines Marktes 43. 46 f.

Behinderungs- und Diskriminierungsverbot 218 f., 225 f.
Beleihung 28 f., 31, 54, 129 ff., 140, 186 f., 206
- Dritter 133 ff.
- Funktionsvorbehalt 186 f.
- Theorien 130 ff.
- von Verbänden und Einrichtungen der Kammern 133

Beseitigung in eigenen Anlagen 72 ff., 82 f.
Betreibermodell 28
Bioabfallkompostierung 67, 69

Daseinsvorsorge 23, 173
Demokratieprinzip 187 f.
Dritter 40 f., 100 f.

Drittbeauftragung 40 ff., 65 f. 74 f., 100, 175 f.
Duales System 51 f., 226 ff., 248 ff.
Duldungspflichten 120 f., 128 f.
DSD 51 f., 69, 225 ff., 248 ff.

Effizienz 30, 240, 241 ff.
Effektivität 30, 240, 243 ff.
Eigenbetrieb 36, 45, 101, 103
Eigenentsorgung 73, 121
eigene Verwertung 64 ff.
Eigengesellschaft 29, 45 f., 134, 267 f.
Einfuhrbeschränkung 165
Einrichtungen der Kammern 104, 105 f., 107 ff.
Entgelte 237 f., 262
Entsorgung
- außerhalb zugelassener Anlagen 48 f., 55 f., 145, 152 f.
- Begriff 36
Entsorgungsanspruch 36, 64
Entsorgungsmonopol 36, 59, 167 ff.
Entsorgungspflicht
- Befreiung 40
- Definition 33, 60
- der Erzeuger und Besitzer 37 ff., 60, 62, 84 ff., 99 f., 176 ff.
- der öffentlich-rechtlichen Entsorgungsträger 36 f., 62 ff.
- Übergang 38 f., 39, 52 ff., 55 f.
- Übertragung 107 ff., 119
- Zuordnung nach AbfG 33 ff.
- Zuordnung nach KrW-/AbfG 60 ff., 176 ff., 258 ff.
Entsorgungssicherheit 76, 244
Entsorgungsträger
- öffentlich-rechtliche 36, 62 f.
- private 105, 111
Erfassungssystem 50
Erfüllungsgehilfe 65, 74, 103 f., 107
Erzeuger und Besitzer 60 f., 84 ff.
Europarecht 158 ff.

formelle Privatisierung s. Privatisierung
funktionale Privatisierung s. Privatisierung
Funktionsvorbehalt 185 ff.
Fusionskontrolle 216 ff., 225

Garantiegeber 51, 251
Gebietsbezogenheit 76 f.
Gebühren 128, 231 ff., 262
Gebührenerhebung
- durch öffentlich-rechtliche Entsorgungsträger 231 ff.
- durch Beliehene 122, 235 ff.
- Satzung 122, 137 ff.
Gebührenpflicht 42
Gemeindeordnung 191 ff.
gemischt-öffentliche Gesellschaften 29 f.
gemischt-wirtschaftliche Entsorgung 42 f., 193 ff., 205, 213 ff.
- umweltpolitische Bewertung 279 f.
gemischt-wirtschaftliche Unternehmen 29 f., 134, 267 f.
Gesellschaftsrecht 199 ff.
Gesetzgebungskompetenz 77 f., 88
Gewaltenteilungsgrundsatz 139
gewerblicher Abfall: s. Abfall aus anderen Herkunftsbereichen
„Grüner Punkt" 51, 226, 248, 253
Grundpflicht 63, 75

Haftung bei Pflichtenübertragung 141 ff.
Hauptzweck 80
hoheitliche Befugnisse 52, 54, 131 ff., 185 ff.
- bei Pflichtenübertragung 119 ff., 128 f., 131 ff.

illegale Entsorgung 143, 251
Inpflichtnahme, normative 27, 39, 58
Internalisierung externer Kosten 246, 254 f., 259 f.

Kartellrecht 213 ff.
Kartellverbot 219 ff., 226 ff.
kommunale Selbstverwaltung 172 ff.
Kooperation 278 ff.
Kosten 231 ff.

Kreislaufwirtschafts- und Abfallgesetz 22 f., 60 ff.

Landesregelungen 77 f, 86 ff.
Lizenzentgelt 51 f., 97, 230, 249, 252 f.

Monopolisierung 167 ff., 256 f., 280

Nebenbestimmung 117 f.
nichtwirtschaftliche Betätigung der Gemeinde 192, 193 ff, 197 f.

öffentliche Interessen 75 ff., 114, 126, 269
öffentlicher Auftrag 206 f.
öffentlicher Auftraggeber 204 f.
öffentliche Unternehmen 167 ff.
Organisationsformen 36
Organisationsprivatisierung s. Privatisierung
Organisationsrecht, öffentliches 191 ff.

Planungsunsicherheit 269 ff.
Privatisierung
- Aufgaben-
- Begriff 24 f.
- formelle 25 f., 30, 45 f.
- Formen 24 ff.
- funktionale 27 f., 31, 45 f., 106 f., 231 ff.
- materielle 26 f., 30 f., 40, 54, 58, 99 f., 185
- Motive 30 ff.
- Organisationspriviatisierung 25 f., 30, 45 f., 191 ff.
Privatisierungsdiskussion 24 ff., 31 f.
Produktverantwortung 50, 86, 245
Public Private Partnership 29

Rechtsstellungstheorie 131 f.
Rechtsstaatsprinzip 188
Regiebetrieb 36, 45, 101, 103
Rückgabepflichten 69, 83
Rückkoppelungseffekt 252, 257
Rücknahmepflichten 49 ff., 56 ff., 69, 83, 146 ff., 153, 247 ff.
- Kartellrecht 225 ff.
- sekundäres Gemeinschaftsrecht 171 f.
- Selbstverwaltungsgarantie 182 f.
- umweltpolitische Bewertung 247 ff., 283
- Warenverkehrsfreiheit 164 ff.

Sach- und Fachkunde 101 f., 124 ff.
Sammlung 70
Satzung 67 ff., 122, 128, 136 ff.
Satzungsbefugnis privater Entsorgungsträger 128, 136 ff.
„Schnittstelle Null“ 52, 228, 230
Selbstverwaltung s. kommunale Selbstverwaltung
Sonderabfallentsorgung 39, 88 ff.
- umweltpolitische Bewertung 260 f.
Sozialstaatsprinzip 189
Sperrwirkung 67, 77, 88, 90, 97
Steuerung
- gemischt-wirtschaftlicher Unternehmen 200 ff.
- Steuerungspotential der Privatisierungsregelungen 240 ff.
- durch die Kommunen 268 ff.
Steuerpflicht öffentlicher Entsorgungsbetriebe 208 ff.
Steuerrecht 208 ff.

TA Siedlungsabfall 271 f.
Trittbrettfahrer 255 f., 257

Überlassungspflicht 55, 63 ff.
- als „bundesrechtlicher Benutzungszwang“ 67
- Ausnahmen 65 ff., 69 ff., 70 ff., 83
- Befreiung 68 f.
- Definition 60 f., 87
- für Abfälle aus anderen Herkunftsbereichen 70 ff.
- für Abfälle aus privaten Haushaltungen 63 ff.

- gegenüber den öffentlich-rechtlichen Entsorgungsträgern 36, 42, 63 ff.
- gegenüber privaten Entsorgungsträgern 120 f., 128 f.
- landesrechtliche 86 ff., 96 ff., 99
- und Beauftragung Dritter 65 f., 74 f., 103 f.
- und Entsorgungspflicht 62, 83 f.
- und Warenverkehrsfreiheit 159 ff.

Übertragung von Entsorgungspflichten 60, 83, 107 ff.
- Anspruch auf 118 f., 127
- auf Dritte 123 ff.
- auf Verbände und Einrichtungen 107 ff.
- Befristung 123
- Entsorgung von Haushaltsabfällen 108 ff.
- Ermessen 118 f., 127
- Finanzierung 235 ff.
- Kartellrecht 223 f.
- Privatisierungsform 129 ff.
- Rechtsfolgen 119 ff., 128 f.
- Selbstverwaltungsgarantie 180 ff.
- Steuerpflicht 212 f.
- umweltpolitische Bewertung 261 ff., 282 f.
- Zustimmung der öffentlich-rechtlichen Entsorgungsträger 114 ff., 127

Überwachung 93 ff., 139 f.
umweltpolitische Bewertungskriterien 240 ff.
Unternehmen 214 f.
Unternehmen mit Sonderrechten 167 ff.

Verbände 104 f., 107 ff., 222 f.
Verbandszweck 112 f.
Verbrennung 78
Vergabekriterien 207 f.
Vergaberecht 203 ff.
Verordnungsermächtigung 88
Verpackungsverordnung 22, 49 ff., 56 ff., 69, 146 ff., 246 ff.
- Novelle 146 ff.
- Steuerungsstruktur 49 ff., 248 ff.
- umweltpolitische Bewertung 248 ff.

Versatz 78
Verursacherprinzip 23, 38, 246
Verwaltungsaufgabe 130
Verwaltungshelfer 27 f., 43, 45, 106 f., 176, 185, 221, 231 ff.
Verwaltungssubstitution 29, 31, 58
Verwertung 64 ff, 78 ff., 269 f.

Warenverkehrsfreiheit 158 ff.
Werkvertrag 41
wirtschaftliche Betätigung der Gemeinde 192 f., 195 f., 198 f.
wirtschaftlichere Entsorgung 47 f., 52 ff., 144 f., 152, 183 f.
Wirtschaftsgut 34, 78

Zuordnung der Entsorgungspflichten
- nach altem Recht 33 ff.
- nach neuem Recht 60 ff., 176 ff.
- umweltpolitische Bewertung 258 ff.

Zustimmung der öffentlich-rechtlichen Entsorgungsträger 114 ff., 181 f.
- Rechtsnatur 115 f.
- Ermessen 116 f.
- unter Nebenbestimmungen 117 f., 182

Zuverlässigkeit 101 f., 124 ff.